U0516686

河北方言研究丛书

桑宇红 主编

钱曾怡 张振兴 顾问

# 衡水武邑县方言研究

张晓静◎著

本书受山西师范大学哲学社会科学基础研究基金项目
"河北冀鲁官话语法研究"（SK1612）资助

中华书局

**图书在版编目(CIP)数据**

衡水武邑县方言研究/张晓静著;桑宇红主编. —北京:中华书局,2023.1
(河北方言研究丛书)
ISBN 978-7-101-15943-1

Ⅰ.衡…　Ⅱ.①张…②桑…　Ⅲ.北方方言-方言研究-武邑县　Ⅳ.H172.1

中国版本图书馆 CIP 数据核字(2022)第 193059 号

| | |
|---|---|
| 书　　　名 | 衡水武邑县方言研究 |
| 著　　　者 | 张晓静 |
| 主　　　编 | 桑宇红 |
| 顾　　　问 | 钱曾怡　张振兴 |
| 丛 书 名 | 河北方言研究丛书 |
| 责任编辑 | 刘岁晗 |
| 责任印制 | 管　斌 |
| 出版发行 | 中华书局 |
| | (北京市丰台区太平桥西里 38 号　100073) |
| | http://www.zhbc.com.cn |
| | E-mail:zhbc@zhbc.com.cn |
| 印　　　刷 | 三河市宏盛印务有限公司 |
| 版　　　次 | 2023 年 1 月第 1 版 |
| | 2023 年 1 月第 1 次印刷 |
| 规　　　格 | 开本/850×1168 毫米　1/32 |
| | 印张 10　插页 2　字数 270 千字 |
| 印　　　数 | 1-900 册 |
| 国际书号 | ISBN 978-7-101-15943-1 |
| 定　　　价 | 58.00 元 |

# 目 录

# 《河北方言研究丛书》序

河北师范大学桑宇红教授于 2015 年 11 月 28 日至 29 日在石家庄主持召开了"首届河北方言学术研讨会",首次提出了在河北省境内进行系列方言调查,并出版方言研究丛书的规划。在这之后,桑教授以河北师范大学文学院为基地,紧抓规划的落实工作。例如:

2016 年 7 月举办了为期 10 天的"河北方言调查高级研修班",邀请相关专家对省内外一批汉语方言调查人员进行系统的专业培训;

2017 年 5 月举行了"《河北方言研究丛书》启动仪式暨河北方言研讨会",正式落实河北方言系列调查及出版研究丛书的规划;

2017 年 6 月召开了"《河北方言研究丛书》编写研讨会",讨论并确定河北方言研究丛书的编写大纲,由有关专家对大纲的一些细节问题做了说明;

2018 年 10 月召开了"《河北方言研究丛书》审稿研讨会",对一批已有丛书初稿进行审读,并请有关专家对相关问题进行分析讲解和评议。

承桑宇红教授和河北其他师友的照顾和爱护,我有机会陆续参加了以上所说的一些活动,跟同行们一起学习研讨,多有受益。经过几年努力,《河北方言研究丛书》一批书稿相继完成,我又再承关照,得以先一步研读。称谢之余,也倍感欣慰。

河北省境内的汉语方言以冀鲁官话为主,分布于唐山、石家庄等大部分地区。除此之外还有分布于承德一带的北京官话,分布于东南部一些县市的中原官话,以及分布于张家口、邯郸一带的晋方言。本次河北汉语方言调查的布点以及研究丛书的书稿,也反映了河北方言这种多样性和复杂性的语言事实。语言事实是最重要的,做到了这一点,本次调查和丛书书稿就是值得充分肯定的。例如我仔细拜读过《唐山曹妃甸方言研究》初稿(成稿或许有调整),曹妃甸方言属于一种三声调的冀鲁官话,声调异读的现象很显著,口语里"日"字声调有三读:

平声 $z_1^{42}$ ～头:太阳

上声 $z_1^{213}$ 立秋十八～,寸草都结籽儿

去声 $z_1^{453}$ ～子

"双"字声调有两读:

平声 $ṣuaŋ^{42}$ 一～

去声 $ṣuaŋ^{453}$ ～胞儿

在音节结构上,也有一些特殊的现象, [mu] 音节通常读成自成音节的 [m]:

木匠 $m^{453-24}tɕiŋ^{0}$　　　木头 $m^{453-24}t^hu^{0}$

母鸡 $m^{213-21}tɕi^{13}$　　　柏木 $pai^{213-21}m^{13}$

文白异读也很有意思,古见组字白读声母颚化,文读不颚化:

隔白 $tɕie^{453}$ ～壁儿 / 隔文 $kɤ^{42}$ ～离

客白 $tɕ^hie^{213}$ 男～ / 客文 $^kkɤ^{453}$ ～人

口语常用的词汇里,唐山曹妃甸方言也有一些特殊的说法。例如:灌溉系统中东西向的主水渠叫"挡 $taŋ^{213}$"或"大直干 $ta^{453-44}tṣɤ^{42-44}kan^{453}$";田地里的进水口叫"用毛 $iuŋ^{453-44}mau^{42}$"或"毛渠 $mau^{42-44}tɕ^hy^{42}$";果实散落下来叫"掉脚儿 $tiau^{453-42}tɕiaur^{213}$";一人深、三四米宽的大水坑叫"大坞 $ta^{453-42}u^{453}$";给马、

牛、羊配种叫"群⁼儿上咧 $tɕ^hyər^{42}ʂ$（aŋ-əŋ）$^{213-21}liɛ^{13}$"，给猪配种叫"打圈 $ta^{213-21}tɕyan^{453}$"；都是本地人，比较封闭的村庄叫"死庄音⁼儿 $ʂ1^{213-24}tʂuaŋ^{42}iər^0$"。

我们还可以举出唐山曹妃甸方言以及其他书稿里很多类似的特殊现象。这些特殊现象在冀鲁官话或其他官话里也许不算太特别，但跟其他非官话方言比较起来，就显得突出了。当然，也可以举出相反的例子。曹妃甸简易的农村厕所叫"茅司 $mɑu^{42}s1^{13}$"，也常见于东南地区的非官话方言。这使我想起好些年以前读李行健主编的《河北方言词汇编》，看到河北有的地方也把包括式的咱、咱们说成上声的 [năn]，第二人称单数也可以说"侬、汝"，第三人称单数也有说成"伊"或"渠"的，"吃、喝、抽"不分，都说成"吃饭、吃烟、吃酒"，甚至还有的地方也把房子叫"处宅"，跟浙南闽方言的说法相同，就是福建闽方言有些地方的"厝宅"。刚看到的时候难免有些诧异，怎么河北方言这些说法跟东南地区的非官话方言一样了？其实调查深入了，语言事实看多了，就不觉得奇怪了。这就是汉语方言的分歧性和统一性的本质特征。

河北方言有其特殊的重要性。河北地区方言的调查研究，对于深入了解今普通话的基础方言北京官话的形成具有重要的现实意义和理论价值。因此，说到《河北方言研究丛书》的时候，很自然就会联想到在此之前河北地区汉语方言的调查研究及其重要论著。从林语堂、赵元任早期对河北地区方言的关注说起，一直到后来贺登崧、王辅世的宣化地区地理语言学调查，再到二十世纪五六十年代以后的河北方言调查，以及再往后的陈淑静、刘淑学、吴继章等先生的很多调查研究，都给现在的河北方言调查研究奠定了良好的基础。这些调查研究产生了一批极其重要的学术论著，上文说到的李行健主编的《河北方言词汇编》

就是其中之一。但最重要的应该首推由河北省昌黎县县志编纂委员会和中国科学院语言研究所合编的《昌黎方言志》。

　　《昌黎方言志》是现代汉语方言调查研究最著名的经典作品之一，是现代汉语地方方言调查研究的范本，当然更是《河北方言研究丛书》的范本。《昌黎方言志》全面、详细地记录了河北昌黎方言的语言事实，对语言事实的描写和分析细致而精到，尤其值得我们后来者认真学习。以下举昌黎方言的声调分析为例。

　　昌黎城关声调连轻声在内有 7 个：

　　　　阴平 32　　　　上声 213　　　　阴去 55 不用于轻声前
　　　　阳平甲 13+ 非轻声　　　　　　阳去 24 多用于轻声前
　　　　阳平乙 11+ 轻声
　　　　轻声　　（轻声正式入调）

　　如果不考虑轻声，昌黎话只有阴平、阳平、上声、去声四个声调。但昌黎话有很重要的轻声调，它跟阳平、去声关联密切。所以首先要把轻声入调，然后再把阳平分为甲、乙两类，把去声分为阴去和阳去。这样昌黎话就是 7 个声调，这是根据昌黎话的语言事实分析出来的。关于阳平乙和阳去，《昌黎方言志》有两段非常深刻的分析：

　　　　我们现在把 13 调〴、11 调〳、24 调〵都作为独立的调类（阳平甲 13〴，阳平乙 11〳，阳去 24〵），调号记在比较线的左边，不认为变调，调号不记在比较线的右边。这只是处理昌黎城关声调的一种方式，并不排斥其他处理法。按现在的说法，阳平甲不在轻声前出现，阳平乙只在轻声前出现，两个声调并不对立（不在同一语音环境里出现），是否能并为一类呢？如果把这两类合并为一个阳平调，可以把单用的 13 调认为本调，在轻声前的 11 调认为变调。不过这样处理是有困难的。因为单读ㄟ调的字(如"黄")在轻声前可以读11调ㄩ(如"黄·瓜"),也可以读24调ㄚ(如"黄·病")。什么时候读11调ㄩ,什么时候读24调ㄚ,还不能说出语音的条件,要一个一个列举。既然要——列举,不如索性把11调和24调都认为独立的调类,比较妥当一些。

24调ㄚ是不能不自成一类的。第一,"柜、被"等字可以单用,都是24调ㄚ,跟"贵、背腹~"(都是55调ㄧ)不同音。第二,"饭"读24调ㄚ,跟读13调ㄟ的"矾"不同音。"天寒"的"寒"是13调ㄟ,"天旱"的"旱"是24调ㄚ。24调ㄚ不能跟13调ㄟ合并。

以上这段话,音位的理论说得多么深入浅出!不固囿于理论,从语言实际出发,尊重语言事实,进行分析和解释,这是联系实际的真正理论。

我在这里重提《昌黎方言志》,就是希望从事方言调查研究的朋友们,在进行田野调查的同时,也要注意读书,尤其读经典性的书。对于前辈学者大家,要虚心学习,要有敬畏感,要有崇敬心!

遵照桑宇红教授嘱咐,拜读《河北方言研究丛书》书稿之后,写下以上几段话,愿与作者和读者诸君共勉之。

张振兴
2019 年 8 月于北京康城花园

# 第一章 导 言

## 第一节 概 况

### 一、地理人口

武邑县位于河北东南部,衡水地区东北部,地处东经115°45′~116°08′,北纬37°37′~38°00′之间,东西最宽27千米,南北最长42.5千米,总面积830.1平方千米。东邻阜城县、景县,北与武强县毗连,东北与泊头市为邻,西接衡水市桃城区、深州市,南与枣强县接壤。地处京津都市经济圈和临港经济半径辐射范围之内,北距北京260千米、天津240千米,西距石家庄120千米,东距黄骅港170千米,南距郑州460千米。

武邑总人口33.5万。其中农业人口27.9万,绝大多数为汉族人。少数民族皆由外地迁入。

### 二、历史沿革

武邑秦属钜鹿郡。西汉高祖五年(前202),县境内置武邑、观津、东昌三县。东汉安帝延光元年(122)废东昌县,地入武邑县。西晋时置武邑国,领武邑、武遂、观津三县,惠帝时国除。东晋元帝太兴二年(319)置武邑郡,领武邑、武强、武遂、观津、阜城五县。北齐天保七年(556),撤武邑郡、县,属冀州。北魏神光二年,武强县并入武邑县。隋开皇六年(586),废观津县入武邑县。开皇十六年(596),分武邑、信都、下博三县地置衡水县,武邑西南部划入衡水县。同年,武强县置昌亭县。大业三年(607),废昌亭县入武邑县。唐武德四年(621),武邑县置昌亭县、观津县。贞观元年(627),废昌亭县、观津县,地入武邑县。此后,历经宋、金、元、明、清五朝,武邑境域没有大的变动。自唐至清,武邑县皆属冀州。民国年间,武邑先属直隶省冀州,后改属大名道。1938 年建立武邑县抗日民主政府,属冀南区,1949 年 8 月属河北省衡水专区,1952 年 11 月划归石家庄专区。1958 年 12 月撤销武邑县,并入衡水县。1962 年 3 月复置武邑县,同年 6 月复置衡水专区,武邑县属之。1970 年衡水专区改为衡水地区。1996 年,衡水撤地建市,武邑仍属之,至今。

**三、行政区划**

截至 2019 年,武邑县辖 7 镇(武邑镇、清凉店镇、龙店镇、桥头镇、审坡镇、赵桥镇、韩庄镇)、2 乡(紫塔乡、圈头乡)、1 区(县经济开发区),共 524 个行政村①。

# 第二节　内部差异

滏阳河自南向北贯穿武邑,河东和河西方言差别较大,主要表现在语音方面。河西挨着深州的地方(比如圈头乡西部、龙店镇西南部等)接近深州方言;龙店镇西北部、赵桥镇西部等挨着武强的地方都接近武强话;武邑镇西部挨着衡水桃城区的地方属于衡水方言。河东方言内部一致性较高。

1. 知、章、庄组的分合

龙店镇孙村接近深州方言,知、章、庄合并,且基本上读 [tʂ tʂʰ ʂ]。武邑镇西部接近衡水市桃城区,以邱刘庄为例,除了知章少部分字读 [tɕ tɕʰ ɕ] 和 [tʂ tʂʰ ʂ] 外,绝大部分知章字和全部庄组字读 [ts tsʰ s]:假开三章组读 [tɕ ɕ],遇合三鱼韵知章读 [tɕ

---

tɕʰ ɕ]、虞韵章组仄声字读 [tɕ tɕʰ ɕ]，止开三支韵知组读 [tɕ tɕʰ ɕ]，山开三薛韵、臻开三质韵、臻合三术韵章组读 [tɕ tɕʰ ɕ]，深开三缉韵、曾开三职韵、梗开三昔韵知章读 [tɕ tɕʰ ɕ]；遇合三虞韵知章平声字读 [tʂ tʂʰ ʂ]，蟹开三知章读 [tʂ tʂʰ ʂ]，止开三脂、之韵知组读 [tʂ tʂʰ]，臻开三真韵知组、宕开三知组读 [tʂ tʂʰ ʂ]；剩下的除个别字外都读 [ts tsʰ s]。武邑县其他乡镇的知章庄分合基本相同（见第二章第四节）。

2. 疑、影母字的今读音

武邑镇西部以邱刘庄为例，疑母除了果、梗两摄的个别字（如：俄鹅我讹额）今读 [ŋ] 外，与影母字合并，其中大部分开口呼一等字今读 [n]，其他读 [Ø]。武邑县南部清凉店镇以东沙窝村为例、紫塔乡以韩孟村为例，疑、影母字绝大部分开口呼一等字今读 [ŋ]，其他读 [Ø]。武邑县其他区域疑、影母字大部分开口呼一等字今读 [n]，其他读 [Ø]。

3. 日母字的今读音

武邑县日母字今读音有 [l z Ø ʅ] 四种情况。其中止摄日母字武邑县各乡镇比较统一，一般读 [ʅ]。日母字读 [l] 也均集中在个别字，如：芮蕊扔绕~线。有差异的地方主要表现在读 [z] 和读 [Ø] 的比例方面：武邑县西南部如武邑镇西部、圈头乡等，日母字基本读 [Ø]；武邑县其他地方日母字既有读 [z] 的，又有读 [Ø] 的，武邑县南部、西部如清凉店镇、龙店镇西部日母字虽有部分读 [z]，但读 [Ø] 的比例也高于其他乡镇；而龙店镇东部、赵桥镇、韩庄镇、桥头镇、审坡镇、紫塔乡等地日母字读音情况基本一致，即读 [z] 音之字为读 [Ø] 音的近 2 倍。

4. [u] 是否有舌尖元音 [ʮ] 变体

除了接近深州的滏阳河河西的区域 [u] 没有舌尖元音 [ʮ] 变体外，其他地方 [tʂ tʂʰ ʂ z] 与 [u uo] 相拼时，[u uo] 实际读音为舌尖元音 [ʮ] 和 [ʮo]。

5. 中古来母字今读是否有 [u] 介音

武邑镇、清凉店镇、审坡镇、赵桥镇有，其他地方无。

6. 中古端母字的读音

武邑县南部的紫塔乡端母字有的读成 [tɕ]，如：钉靪疔顶鼎订 [tɕiəŋ]，个别透母字读成 [tɕʰ]，如：听厅 [tɕʰiəŋ]。

7. 中古见精组字的读音

清凉店镇臻摄魂没、谆术、文物韵及曾摄蒸韵的见组字、精组部分字韵母读 [iuən]，比较特殊，如：损逊荀旬循巡汛殉笋熏勋训 [ɕiuən]，均钧菌君军郡 [tɕiuən]，群裙 [tɕʰiuən]，润允匀云熨韵运晕孕 [iuən]。

8. 调类、调型

武邑县境内都只有四个调类，且调型基本一致。例外是：赵桥镇接近武强的区域，以赵西村为例，其阴平调的调型为升降调，比较特殊。

# 第三节　关于武邑方言的研究

《中国语言地图集》(第 2 版)把武邑方言归属于冀鲁官话石济片赵深小片。历代的武邑县志很多，但其中并没有方言方面的记载。目前涉及武邑方言研究的专著很少，论文已有一些。

论文方面主要有钱曾怡等《河北东南部三十九县市方音概况》，李巧兰的博士论文《河北省 "X-儿" 的形式研究》，张晓静的硕士论文《武邑方言音系兼论汉语儿化韵》、博士论文《河北武邑方言语法研究》及数篇期刊论文如《河北武邑方言的复数标记 "们"》《武邑方言的 D 变韵》《河北武邑方言 "家" 的用法》等。其中钱曾怡、李巧兰的文章只是顺带零星地提到了武邑方言中读音的一些特点，如提及武邑 "儿" 音的特点、武邑的儿化韵与普通话相同等等。张晓静论文全面描写了武邑方言的语音、语法现象,重点讨论了武邑方言中闪音型儿化韵的成因、复数标记"们"和中指代词"乜"、多功能成分"可、咾、家"的用法及 D 变韵。

专著方面有河北北京师范学院《河北方言概况》、李行健《河北方言词汇编》、唐健雄《武邑方言》、河北省地方志编纂委员会《河北省志·方言志》。其中《河北方言概况》确定了武邑方言的归属,提及了武邑方言中存在的一些特殊语音现象。《河北方言词汇编》描写了整个河北省的特有词汇。哪些词汇属于全省通用的,哪些词汇属于某些地方特有的,都一一标注,十分详细、全面。《武邑方言》描写了武邑镇方言的语音、词汇、语法。其中对语法部分的描写略显单薄,对武邑儿化韵的描述还有待商榷。书末绘制了简单的方言地图。《河北省志·方言志》对整个河北省的方言语法现象进行了概述,也提到了武邑方言中的个别语法现象。

## 第四节 本书所用符号

本书记录声调调值采用五度制标音法。调值以上标的方式写在音节的右上方。记录连读变调时,本调和变调用"-"连接。

"~"表示引述,一部分字加注例词或注释,其中以浪线"~"代表该字。

"*"表示不合法的语句。

"/"表示两种说法完全相同,可互相替换。

"( )"表示某成分可有可无。

上标"="表示所记为同音字。

## 第五节 调查情况说明

武邑县核心区域即滏阳河以东方言内部一致性较强,武邑镇话能作为武邑县话的代表。本书音系以武邑镇王金素的发音为代表,调查时间为 2018 年 10 月至 2019 年 4 月。另外,为了了解武邑县内部的语言差异,在一些有特色的代表点至少分别找了一名调查人,每人大致调查 12 个小时,调查时间为 2019 年 7 月 13 日至 2019 年 8 月 15 日。我们在武邑镇、赵桥镇的河东、河西各采了一个点。在龙店镇西南部的孙村采点作为圈头河西话的代表。而圈头河东话和武邑话接近,我们采用已有的调查资料,语料来源地是苗八公村,此村位于圈头乡政府附近,能代表圈头河东话。其他乡镇都位于河东,我们各选了一个调查点。具体如下:

王金素 女 1956 年生 武邑县武邑镇小郭王思公村 初中 务农

张晓静 女 1984 年生 武邑县武邑镇西张桥村 研究生 大学教师

刘卷平 男 1947 年生 武邑县武邑镇邱刘庄村 小学 务农

杨石来 男 1951 年生 武邑县清凉店镇东沙窝村 小学 个体商户(成年后一直在清凉店镇居住,会说流利的镇上话)

楚邦伍 男 1955 年生 武邑县桥头镇楚桥头村 高中 务农

张根生 男 1955 年生 武邑县韩庄镇细粉张村 高中 村会计

马红星 男 1950 年生 武邑县赵桥镇马塔房村 初中 务农

史云升 男 1948 年生 武邑县赵桥镇赵西村 小学 村会计

谷爱荣 女 1977 年生 武邑县龙店镇大谷口村 初中 务农

孙亚丽 女 1977 年生 武邑县龙店镇孙村 高中 职工

姜喜朋 男 1957 年生 武邑县审坡镇花园村 高中 务农

王银洲 男 1951 年生 武邑县大紫塔乡韩孟村 小学 大队会计

# 第二章　音　系

## 第一节　声韵调系统

### 一、声母

武邑方言包括零声母在内，共 22 个声母：

p 布病步别　pʰ 怕盘铺扑　m 忙梦门米　f 发福房佛

t 到地读对　tʰ 天田特土　n 努奶你女　　　　　　　　　l 老轮连两

ts 装纸抓砸　tsʰ 擦茶床闯　　　　　　s 四嫂锁塑

tɕ 鸡假军静　tɕʰ 气掐权群　　　　　　ɕ 西笑宿俗

tʂ 注猪张着　tʂʰ 抄扫出抽　　　　　　ʂ 烧勺绳树　ʐ 肉热饶人

k 个故嘎高　kʰ 靠哭夸筐　　　　　　x 胡喝黄后

ø 昂矮云应

说明：

1. 声母 [n] 在该方言中有两个条件变体，即在开口呼、合口呼韵母前为 [n]，在齐齿呼、撮口呼韵母前为 [ɲ]。

2. 声母 [tʂ tʂʰ ʂ ʐ] 发音时，位置较靠前，且摩擦性较强，实际为顶音。声母 [ʐ] 的实际音值为近音 [ɻ]，摩擦较轻，只有强调时摩擦较重，为浊擦音 [ʐ]。考虑学界约定俗成的写法，我们依然记为 [ʐ]。

### 二、韵母

武邑包括边际音节 iai、uau 在内共 39 个韵母：

| ɿ 资次此思 | i 闭益地七 | u 亩没猪竹 | y 女律局鱼 |
|---|---|---|---|
| ʅ 知吃食湿 | | | |
| ɭ 儿二耳 | | | |
| ɚ 儿二耳 | | | |
| a 巴打铡法 | ia 加佳瞎押 | ua 瓜抓刷话 | ye 靴月钥角 |
| | ie 姐界爹叶 | | |
| ɤ 哥波抹合 | | uo 多说握左 | |
| ai 该太亥白 | iai 矮 | uai 怪坏歪外 | |
| ei 杯黑没贼 | | uei 对惠卫穗 | |
| au 包高勺贸 | iau 标条交钥 | uau □ | |
| ou 头周口肉 | iou 牛秋九六 | | |
| an 半担甘暗 | ian 边点减烟 | uan 短川关碗 | yan 捐全远愿 |
| ən 本分枕根 | in 林巾心淋 | uən 吞寸淋问 | yn 军训孕云 |
| aŋ 当方房港 | iaŋ 良江向昂 | uaŋ 壮窗荒王 | |
| əŋ 绳灯能冷 | iŋ 冰丁京杏 | uŋ 东龙中翁 | yŋ 兄永穷用 |

说明:

1. 韵母 [iai] 只有一个"矮"字常用;韵母 [uau] 只有一个"[uau$^{224}$] □"字,用作驾驭牛、马时的命令语,且均自成音节,所以我们处理为边际音节。

2. 韵母 [a] 或以 [a] 为韵腹的韵母与发音位置较靠前的声母相拼时读成 [a],与发音位置较靠后的声母相拼时读成 [ɑ]。

3. 以 [i] 开头的音节,同一个人发音时有时候有摩擦,读成 [j]。

4. 以 [u] 开头的音节,发生唇齿化,同一个人发音时有时候摩擦很轻,读成 [ʋ];有时摩擦较重,读成 [v]。[u] 与声母 [tʂ tʂʰ ʂ ʐ] 相拼时,实际音值是 [ʮ]。

5. [ie ye] 韵母,有时发音开口度大些,读成 [iɛ yɛ],是自由变体。

6. [ɭ] 发音时舌头使劲往前平伸,紧紧顶住上齿,阻塞气流,气流从舌头两边出来,同时舌尖稍微向上卷起,是个自成音节的边音。此音节的词文读音都是 [ɚ],与普通话相同。

7. 韵母 [ɤ] 和声母 [tʂ tʂʰ ʂ ʐ] 相拼时,比较靠前,接近央元音 [ə]。

8. 韵母 [uo] 中的 [o] 发音开口度较大,唇形较展,接近央元音 [ə]。[uo] 不与卷舌声母 [tʂ tʂʰ] 相拼,也很少与声母 [ʂ ʐ] 相拼。在零星存在的与声母 [ʂ ʐ] 相拼的音节中,实际音值是 [ɥo],如:若弱热说朔硕。其中"朔硕"在年轻人的人名用字中,可以读 [ʂuo]。

9. 韵母 [ai ei] 的发音动程较短,接近 [aɪ eɪ]。

10. 韵母 [an ian uan yan] 发音时,元音有鼻化色彩,严式记音应为 [aⁿ iaⁿ uaⁿ yaⁿ]。

11. 韵母 [au iau] 的韵尾 [u] 发得往往不到位,近似于 [o],甚至有时近似于 [ɔ]。

12. 韵母 [uŋ] 有且只有在零声母时,有 [uəŋ] 的变体。

### 三、声调

武邑方言共有阴平、阳平、上声、去声四个调类:

阴平　224　　天班宽出飞专安伤低竹知杯七
阳平　53　　穷陈床含徐扶才糖瓶鹅人龙局
上声　45　　口瞅盏古纸走短好首死粉武女染
去声　31　　抗汗唱菜事宋放共镇注病月六那

# 第二节　单字音表

说明:

1. 声母、韵母的顺序分别是:

①p、pʰ、m、f、t、tʰ、n、l、ts、tsʰ、s、tɕ、tɕʰ、ɕ、tʂ、tʂʰ、ʂ、ʐ、k、kʰ、x、Ø

②ʅ、ʅ、i、u、y、a、ia、ua、ie、ye、ɤ、uo、l̩、ɚ、iai、uau、ai、uai、ei、uei、au、iau、ou、iou、an、ian、uan、yan、ən、in、uən、yn、aŋ、iaŋ、uaŋ、əŋ、iŋ、uŋ、yŋ

2. 表中加"□"处表示有音无字。

3. 表中的空白处表明声母韵母不相配合。

4. 表中有少数字重出,表示此字有多个读音。只有当该字的不同读音区别意义时,才在字表下以附注形式予以解释;否则,只单纯将其不同读音列在表中的相应位置。

5. 一部分字加注例词或注释,其中以浪线"～"代表该字,如"呲～打";某些字(词)兼有例词和注释,注文中用冒号":"来分割,如"簸～～:动词"。

表 2-1　武邑方言单音字表

| | ʅ | | | | ʅ | | | | i | | | | u | | | |
|---|---|---|---|---|---|---|---|---|---|---|---|---|---|---|---|---|
| | 224 | 53 | 45 | 31 | 224 | 53 | 45 | 31 | 224 | 53 | 45 | 31 | 224 | 53 | 45 | 31 |
| p | | | | | | | | | 逼 | 鼻 | 比 | 毙 | 不 | 醭 | 补 | 布 |
| pʰ | | | | | | | | | 批 | 皮 | 痞 | 屁 | 扑 | 脯 | 蒲 | 铺 |
| m | | | | | | | | | 眯 | 迷 | 米 | 蜜 | | 模 | 某 | 木 |
| f | | | | | | | | | | | | | 福 | 扶 | 斧 | 富 |
| t | | | | | | | | | 低 | 敌 | 底 | 地 | 督 | 读 | 肚 | 度 |
| tʰ | | | | | | | | | 踢 | 题 | 体 | 替 | 秃 | 涂 | 吐 | 兔 |
| n | | | | | | | | | <u>衣</u> | 泥 | 你 | 腻 | □① | 奴 | 努 | 怒 |
| l | | | | | | | | | | 梨 | 礼 | 立 | 捋 | 炉 | 鲁 | 路 |
| ts | 枝 | **纸** | 止 | 志 | | | | | | | | | **组** | 族 | **组** | 助 |
| tsʰ | 眵 | 辞 | 此 | 翅 | | | | | | | | | 粗 | 锄 | 楚 | 醋 |
| s | 涩 | 时 | 屎 | 是 | | | | | | | | | 肃 | <u>熟</u> | 数 | 素 |
| tɕ | | | | | | | | | 鸡 | 集 | 挤 | 计 | | | | |
| tɕʰ | | | | | | | | | 漆 | 旗 | 起 | 气 | | | | |
| ɕ | | | | | | | | | 西 | 习 | 洗 | 细 | | | | |

| | ɿ | | | | ʅ | | | | i | | | | u | | | |
|---|---|---|---|---|---|---|---|---|---|---|---|---|---|---|---|---|
| | 224 | 53 | 45 | 31 | 224 | 53 | 45 | 31 | 224 | 53 | 45 | 31 | 224 | 53 | 45 | 31 |
| tʂ | | | | | 知 | 直 | | 治 | | | | | 猪 | | 煮 | 住 |
| tʂʰ | | | | | 尺 | 池 | 耻 | 赤 | | | | | 输 | 除 | 杵 | 处 |
| ʂ | | | | | 识 | 石 | 世 | | | | | | 书 | | 鼠 | 树 |
| ʐ | | | | | | | | 日 | | | | | 如 | | 乳 | 入 |
| k | | | | | | | | | | | | | 谷 | 跍 | 鼓 | 雇 |
| kʰ | | | | | | | | | | | | | 哭 | | 苦 | 库 |
| x | | | | | | | | | | | | | 呼 | 糊 | 虎 | 护 |
| ø | | | | | | | | | 一 | 姨 | 尾 | 意 | 屋 | 吴 | 武 | 雾 |

纸 tsɿ$^{53}$ ～儿铺儿:卖花圈之类的店铺　　衣 ni$^{224}$ ～胞儿:动物的胎盘　① □儿 nʐur$^{53}$ 柿～:晒干了的柿子　组 tsu$^{224}$ 名词　组 tsu$^{45}$ 动词　处 tʂʰu$^{31}$ 此字在一般情况下读去声,在"处理"一词中有去声和阳平两读,当低价甩卖商品理解时读阳平

### 表 2-1（续 1）

| | y | | | | a | | | | ia | | | | ua | | | |
|---|---|---|---|---|---|---|---|---|---|---|---|---|---|---|---|---|
| | 224 | 53 | 45 | 31 | 224 | 53 | 45 | 31 | 224 | 53 | 45 | 31 | 224 | 53 | 45 | 31 |
| p | | | | | 八 | 拔 | 把 | 爸 | | | | | | | | |
| pʰ | | | | | 趴 | 爬 | | 怕 | | | | | | | | |
| m | | | | | 妈 | 麻 | 马 | 骂 | | | | | | | | |
| f | | | | | 法 | 罚 | 砝 | | | | | | | | | |
| t | | | | | 答 | 达 | 打 | 大 | | | | | | | | |
| tʰ | | | | | 濌 | | 他 | 踏 | | | | | | | | |
| n | | | 女 | | | 拿 | 哪 | 那 | | | | | | | | |
| l | | 驴 | 铝 | 绿 | 拉 | 剌 | □① | 蜡 | | | | | | | | |
| ts | | | | | 楂 | 闸 | 眨 | 炸 | | | | | 抓 | | 爪 | |
| tsʰ | | | | | 插 | 查 | 蹅 | 岔 | | | | | 抓 | | | |
| s | | | | | 杀 | 霎 | 洒 | □② | | | | | 刷 | | 耍 | |
| tɕ | 菊 | 局 | 举 | 锯 | | | | | 家 | 驾 | 假 | 价 | | | | |
| tɕʰ | 区 | 渠 | 娶 | 去 | | | | | 掐 | 卡 | 卡 | 恰 | | | | |
| ɕ | 煦 | 俗 | 许 | 续 | | | | | 瞎 | 匣 | | 下 | | | | |

续表

| | y 224 | y 53 | y 45 | y 31 | a 224 | a 53 | a 45 | a 31 | ia 224 | ia 53 | ia 45 | ia 31 | ua 224 | ua 53 | ua 45 | ua 31 |
|---|---|---|---|---|---|---|---|---|---|---|---|---|---|---|---|---|
| tʂ | | | | | | | | | | | | | | | | |
| tʂʰ | | | | | | | | | | | | | | | | |
| ʂ | | | | | | 蛇 | 傻 | | | | | | | | | |
| ʐ | | | | | | | | | | | | | | | | |
| k | | | | | 痂 | 旮 | 嘎 | | | | | | 瓜 | | 寡 | 挂 |
| kʰ | | | | | □③ | | 卡 | | | | | | 夸 | | 侉 | 跨 |
| x | | | | | 哈 | 蛤 | 哈 | | | | | | 花 | | 滑 | 画 |
| ∅ | 淤 | 鱼 | 雨 | 褕 | | | | | 鸭 | 牙 | 哑 | 轧 | 挖 | 娃 | 瓦 | 袜 |

焌 ɕy$^{224}$ ~着哩:火或蒸汽的热力碰到物体　淤 y$^{224}$ ~住哩:陷　渥 tʰa$^{224}$ 汗~湿了　① □ la$^{45}$ ~嘛:脏　踏 tsʰa$^{45}$ 把~湿了:踩　② □ sa$^{31}$ 让细小的颗粒漏下去　旮 ka$^{53}$ 量词　③ □ kʰa$^{224}$ 晒得~~的:干透　卡 kʰa$^{45}$ ~片:饭　哈 xa$^{224}$ ~腰儿　哈 xa$^{45}$ 一~口:一拃　驾 tɕia$^{53}$ 驱赶牲口往前走　卡 tɕʰia$^{53}$ ~脚:鞋小夹脚　卡 tɕʰia$^{45}$ 夹东西的器具:发~　抓 tsua$^{224}$ ~着　抓 tsʰua$^{224}$ 跳起来接住高空抛物　侉 kʰua$^{45}$ 说话带外地口音

表2-1（续2）

| | ie 224 | ie 53 | ie 45 | ie 31 | ye 224 | ye 53 | ye 45 | ye 31 | ɤ 224 | ɤ 53 | ɤ 45 | ɤ 31 | uo 224 | uo 53 | uo 45 | uo 31 |
|---|---|---|---|---|---|---|---|---|---|---|---|---|---|---|---|---|
| p | 憋 | 别 | □① | 别 | | | | | 菠 | 脖 | 簸 | 簸 | | | | |
| pʰ | 撇 | | 撇 | | | | | | 泼 | 婆 | 破 | | | | | |
| m | | | | 灭 | | | | | 摸 | 磨 | 抹 | 莫 | | | | |
| f | | | | | | | | | | 佛 | | | | | | |
| t | 爹 | 碟 | | | | | | | 德 | | | | 多 | 夺 | 躲 | 剁 |
| tʰ | 且 | | | | | | | | | | 特 | | 脱 | □③ | 妥 | 拓 |
| n | | 茶 | 镊 | | | | | 虐 | 恶 | 鹅 | | | | 挪 | | 糯 |
| l | | | 咧 | 裂 | 掠 | | 略 | | | | | 乐 | 啰 | 撪 | 膁 | 洛 |
| ts | | | | | | | | | 责 | 则 | | | 捉 | 镯 | 撮 | 坐 |
| tsʰ | | | | | | | | | | | 测 | | 挫 | 矬 | | 锉 |
| s | | | | | | | | | 塞 | | 色 | | 缩 | □④ | 锁 | 塑 |

续表

| | ie | | | | ye | | | | ɤ | | | | uo | | | |
|---|---|---|---|---|---|---|---|---|---|---|---|---|---|---|---|---|
| | 224 | 53 | 45 | 31 | 224 | 53 | 45 | 31 | 224 | 53 | 45 | 31 | 224 | 53 | 45 | 31 |
| tɕ | 节 | 杰 | 姐 | 戒 | 决 | 掘 | | 倔 | | | | | | | | |
| tɕʰ | 客 | 茄 | | 怯 | 确 | 瘸 | | 却 | | | | | | | | |
| ɕ | 血 | □② | 写 | 谢 | 雪 | | 穴 | | | | | | | | | |
| tʂ | | | | | | | | | 浙 | 辙 | 者 | 遮 | | | | |
| tʂʰ | | | | | | | | | 车 | | 扯 | 撤 | | | | |
| ʂ | | | | | | | | | 赊 | 舌 | 舍 | 社 | 说 | | | 硕 |
| ʐ | | | | | | | | | | | 惹 | 热 | | | | 弱 |
| k | | | | | | | | | 哥 | 硌 | 各 | 个 | 郭 | 国 | 果 | 过 |
| kʰ | | | | | | | | | 括 | 搁 | 可 | 课 | 括 | | | 扩 |
| x | | | | | | | | | 喝 | 蛤 | | 贺 | 劐 | 活 | 火 | 货 |
| ø | 噎 | 爷 | 野 | 叶 | 约 | | 哕 | 岳 | 俄 | 恶 | 饿 | | 踒 | 蛾 | 我 | 卧 |

**别** pie⁵³ ~人　①□ pie⁴⁵⁻²¹³ ~楞:用目光斜视人　**别** pie³¹ ~扭　**撇** pʰie²²⁴ ~汤　**撇** pʰie⁴⁵ 左~子　**茶** nie⁵³ 发~:发呆　②□ ɕie⁵³ 为人厉害、泼辣　**簸** pɤ⁴⁵ ~一~:动词　**簸** pɤ³¹ ~箕:名词　**恶** nɤ²²⁴ ~人　**塞** sɤ²²⁴ 闭~　**色** sɤ³¹ 好~　**括** kɤ²²⁴ ~号儿　**搁** kɤ⁵³ ~住:夹住　**恶** ɤ⁴⁵ ~心　③□ tʰuo⁵³ 面条儿~住:黏在一起了　**矬** tsʰuo⁵³ 矮　④□ suo⁵³ 形容小孩儿调皮捣蛋　**括** kʰuo²²⁴ 包~

表2-1(续3)

| | ɭ | | | | ɚ | | | | iai | | | | uau | | | |
|---|---|---|---|---|---|---|---|---|---|---|---|---|---|---|---|---|
| | 224 | 53 | 45 | 31 | 224 | 53 | 45 | 31 | 224 | 53 | 45 | 31 | 224 | 53 | 45 | 31 |
| p | | | | | | | | | | | | | | | | |
| pʰ | | | | | | | | | | | | | | | | |
| m | | | | | | | | | | | | | | | | |
| f | | | | | | | | | | | | | | | | |
| t | | | | | | | | | | | | | | | | |
| tʰ | | | | | | | | | | | | | | | | |
| n | | | | | | | | | | | | | | | | |
| l | | | | | | | | | | | | | | | | |
| ts | | | | | | | | | | | | | | | | |
| tsʰ | | | | | | | | | | | | | | | | |
| s | | | | | | | | | | | | | | | | |

续表

| | ɭ | | | | ɚ | | | | iai | | | | uau | | | |
|---|---|---|---|---|---|---|---|---|---|---|---|---|---|---|---|---|
| | 224 | 53 | 45 | 31 | 224 | 53 | 45 | 31 | 224 | 53 | 45 | 31 | 224 | 53 | 45 | 31 |
| tɕ | | | | | | | | | | | | | | | | |
| tɕʰ | | | | | | | | | | | | | | | | |
| ɕ | | | | | | | | | | | | | | | | |
| tʂ | | | | | | | | | | | | | | | | |
| tʂʰ | | | | | | | | | | | | | | | | |
| ʂ | | | | | | | | | | | | | | | | |
| ʐ | | | | | | | | | | | | | | | | |
| k | | | | | | | | | | | | | | | | |
| kʰ | | | | | | | | | | | | | | | | |
| x | | | | | | | | | | | | | | | | |
| ∅ | | 儿 | 耳 | 二 | | 儿 | 耳 | 二 | | 矮 | | | □① | | | |

儿 ɭ$^{53}$ ~女　耳 ɭ$^{45}$ ~朵　二 ɭ$^{31}$ 第~　　儿 ɚ$^{53}$ ~科　耳 ɚ$^{45}$ 中~炎　二 ɚ$^{31}$ 这人儿真~

① □ uau$^{224}$ 用作驾驭牲口时的命令语

### 表 2-1（续4）

| | ai | | | | uai | | | | ei | | | | uei | | | |
|---|---|---|---|---|---|---|---|---|---|---|---|---|---|---|---|---|
| | 224 | 53 | 45 | 31 | 224 | 53 | 45 | 31 | 224 | 53 | 45 | 31 | 224 | 53 | 45 | 31 |
| p | 掰 | 白 | 摆 | 败 | | | | | 笔 | | | 避 | | | | |
| pʰ | 拍 | 牌 | | 派 | | | | | 披 | 陪 | 配 | | | | | |
| m | | 埋 | 买 | 卖 | | | | | 没 | 眉 | 美 | 墨 | | | | |
| f | 膊 | | | | | | | | 飞 | 肥 | | 废 | | | | |
| t | 呆 | □① | 逮 | 带 | | | | | 得 | □③ | | | 堆 | | 怼 | 对 |
| tʰ | 态 | 台 | 太 | | | | | | | 忒 | | | 推 | | 腿 | 退 |
| n | 挨 | 挨 | 奶 | 碍 | | | | | | | 恁 | 内 | | | | |
| l | 赖 | 来 | | 赖 | | | □② | | 勒 | 雷 | 垒 | 累 | 勒 | 雷 | 垒 | 瑞 |
| ts | 窄 | 宅 | 宰 | 债 | | 拽 | 拽 | | □④ | 贼 | | | 追 | | 嘴 | 最 |
| tsʰ | 册 | 柴 | 彩 | | 揣 | | 踹 | | | | | | 吹 | 锤 | | 翠 |
| s | 色 | 塞 | | 晒 | 摔 | | 甩 | 帅 | 塞 | 谁 | | | 尿 | 随 | 水 | 睡 |
| tɕ | | | | | | | | | | | | | | | | |
| tɕʰ | | | | | | | | | | | | | | | | |
| ɕ | | | | | | | | | | | | | | | | |

续表

| | ai | | | | uai | | | | ei | | | | uei | | | |
|---|---|---|---|---|---|---|---|---|---|---|---|---|---|---|---|---|
| | 224 | 53 | 45 | 31 | 224 | 53 | 45 | 31 | 224 | 53 | 45 | 31 | 224 | 53 | 45 | 31 |
| tʂ | | | 鉥 | | | | | | | | | | | | | |
| tʂʰ | | | | | | | | | | | | | | | | |
| ʂ | | | | | | | | | | | | | | | | |
| ʐ | | | | | | | | | | | | | | 蕊 | 芮 | |
| k | 该 | | 改 | 盖 | 乖 | | 拐 | 怪 | | | 给 | 给 | 闺 | | 鬼 | 贵 |
| kʰ | 开 | | 楷 | | 掴 | | 摑 | 快 | 剋 | 剋 | | | 亏 | | 逵 | 愧 |
| x | | 孩 | 海 | 害 | 怀 | | | 坏 | 黑 | 谁 | | | 灰 | 回 | 毁 | 会 |
| ∅ | 哀 | | | 爱 | 歪 | | 崴 | 外 | | | | | 煨 | 围 | 伟 | 喂 |

① □ tai$^{53}$ 捉迷藏时，小孩儿感觉对方找不到自己了，趁人不备突然出来时说的话，有得意别人找不到他之意 **挨** nai$^{224}$ ～着 **挨** nai$^{53}$ ～打 **塞** sai$^{53}$ 强～:吃不了硬吃 ② □ luai$^{45}$ 薅 **没** mei$^{224}$ ～有 **得** tei$^{224}$ 棒，好 ③ □ tei$^{53}$ 驱赶牲口往前走 **勒** lei$^{224}$ ～死 ④ □ tsei$^{224}$ ～着点儿劲儿: 悠着点儿劲儿 **塞** sei$^{224}$ ～进去 **剋** k$^h$ei$^{224}$ 捏着一点肉皮用手指甲使劲往里抠 **剋** k$^h$ei$^{53}$ 呵斥 **勒** luei$^{224}$ ～头带子:死者的家属绑在头上的白带子

表 2-1（续 5）

| | au | | | | iau | | | | ou | | | | iou | | | |
|---|---|---|---|---|---|---|---|---|---|---|---|---|---|---|---|---|
| | 224 | 53 | 45 | 31 | 224 | 53 | 45 | 31 | 224 | 53 | 45 | 31 | 224 | 53 | 45 | 31 |
| p | 包 | 薄 | 保 | 抱 | 标 | | 表 | □② | | | | | | | | |
| pʰ | 抛 | 刨 | 跑 | 泡 | 飘 | 瓢 | 漂 | 票 | 剖 | | | | | | | |
| m | 摩 | 猫 | 毛 | 帽 | | 描 | 秒 | 庙 | | 谋 | 某 | | | | | |
| f | | | 否 | | | | | | | | 否 | | | | | |
| t | 刀 | 捯 | 岛 | 到 | 叼 | | | 吊 | 都 | | 斗 | 逗 | 丢 | 留 | | |
| tʰ | 掏 | 桃 | 讨 | 套 | 挑 | 笤 | 挑 | 粜 | 偷 | 投 | | 透 | | | | |
| n | 孬 | 熬 | 袄 | 闹 | □③ | | 鸟 | 尿 | 殴 | | 熰 | 沤 | 妞 | 牛 | 扭 | 谬 |
| l | 捞 | | 老 | 乐 | 撩 | 燎 | | 尥 | 搂 | 楼 | 篓 | 露 | 溜 | 刘 | 绺 | 馏 |

续表

| | au 224 | au 53 | au 45 | au 31 | iau 224 | iau 53 | iau 45 | iau 31 | ou 224 | ou 53 | ou 45 | ou 31 | iou 224 | iou 53 | iou 45 | iou 31 |
|---|---|---|---|---|---|---|---|---|---|---|---|---|---|---|---|---|
| ts | 遭 | 凿 | 早 | 灶 | | | | | □④ | | 走 | 就 | | | | |
| tsʰ | 操 | 曹 | 草 | 矂 | | | | | 搊 | 愁 | 瞅 | 凑 | | | | |
| s | 臊 | | 嫂 | 潲 | | | | | 馊 | □⑤ | 搜 | 瘦 | | | | |
| tɕ | | | | | 交 | 嚼 | 铰 | 噍 | | | | | 疚 | 舅 | 酒 | 救 |
| tɕʰ | | | | | 劁 | 娇 | 巧 | 鞘 | | | | | 秋 | 球 | 糗 | |
| ɕ | | | | | 消 | 学 | 小 | 酵 | | | | | 休 | | | 锈 |
| tʂ | 招 | 着 | | 赵 | | | | | 粥 | 轴 | 肘 | 皱 | | | | |
| tʂʰ | 焯 | 潮 | 扫 | 倒 | | | | | 抽 | 仇 | 丑 | 臭 | | | | |
| ʂ | □① | 愀 | 少 | 绍 | | | | | 叔 | 熟 | 手 | 寿 | | | | |
| ʐ | | 饶 | 扰 | 绕 | | | | | □⑥ | 揉 | | 肉 | | | | |
| k | 高 | 稿 | 膏 | | | | | | 沟 | 狗 | 够 | | | | | |
| kʰ | | 考 | 靠 | | | | | | 抠 | □⑦ | 口 | 扣 | | | | |
| x | 薅 | 毫 | 好 | 号 | | | | | 齁 | 猴 | 吼 | 后 | | | | |
| ø | | | | 奥 | 邀 | 摇 | 舀 | 跃 | 欧 | | 偶 | | 悠 | 油 | 有 | 诱 |

毛 mau⁴⁵ 一~钱　　乐 lau³¹ 一~亭:河北地名　　倒 tʂʰau³¹ 让人往后退　　① □ ʂau²²⁴ ~生:老实、胆小、懦弱　　愀 sau⁵³ 傻　　② □ piau³¹ ~住:绑住　　③ □儿 niɻaur²²⁴ 吓得~~的　　邀 iau²²⁴ ~戚:堂岳父母请新姑爷吃饭　　熰 nou⁴⁵ 贬义,指抽烟频繁　　④ □ tsou²²⁴ 捆绑　　搊 tsʰou²²⁴ ~起来:从下面向上用力扶起人或掀起重物　　⑤ □ sou⁵³ ~嘛:什么　　⑥ □ ʐou²²⁴ ~倒:用胳膊肘把人弄倒　　⑦ □ kʰou⁵³ 指人性格泼辣

表2-1（续6）

| | an 224 | an 53 | an 45 | an 31 | ian 224 | ian 53 | ian 45 | ian 31 | uan 224 | uan 53 | uan 45 | uan 31 | yan 224 | yan 53 | yan 45 | yan 31 |
|---|---|---|---|---|---|---|---|---|---|---|---|---|---|---|---|---|
| p | 班 | 板 | | 拌 | 煸 | 匾 | 扁 | 变 | | | | | | | | |
| pʰ | 判 | 盘 | | 盼 | 偏 | 便 | 谝 | 骗 | | | | | | | | |
| m | 慢 | 蛮 | 满 | 漫 | | 绵 | 免 | 面 | | | | | | | | |
| f | 翻 | 烦 | 反 | 饭 | | | | | | | | | | | | |

续表

| | an | | | | ian | | | | uan | | | | yan | | | |
|---|---|---|---|---|---|---|---|---|---|---|---|---|---|---|---|---|
| | 224 | 53 | 45 | 31 | 224 | 53 | 45 | 31 | 224 | 53 | 45 | 31 | 224 | 53 | 45 | 31 |
| t | 但 | | 胆 | 蛋 | 掂 | | 踮 | 惦 | 端 | | 短 | 断 | | | | |
| tʰ | 摊 | 痰 | 毯 | 探 | 天 | 田 | 腆 | | | 团 | 疃 | | | | | |
| n | 庵 | 难 | 埯 | 岸 | 蔫 | 年 | 捻 | 念 | | | 暖 | | | | | |
| l | | 蓝 | 揽 | 烂 | | 连 | 脸 | 链 | | 滦 | 卵 | 乱 | | | | |
| ts | 簪 | | 攒 | 站 | | | | | 砖 | | 转 | 钻 | | | | |
| tsʰ | 掺 | 馋 | 产 | 灿 | | | | | 穿 | **钻** | 喘 | 窜 | | | | |
| s | 三 | | 馓 | 散 | | | | | 闩 | | | 蒜 | | | | |
| tɕ | | | | | 间 | | 拣 | 见 | | | | | 捐 | | 卷 | 娟 |
| tɕʰ | | | | | 铅 | 钱 | 浅 | 潜 | | | | | 圈 | 泉 | 犬 | 劝 |
| ɕ | | | | | 先 | 闲 | 显 | **馅** | | | | | 暄 | 悬 | 癣 | 陷 |
| tʂ | **蝫** | | 展 | 占 | | | | | | | | | | | | |
| tʂʰ | 搀 | 缠 | | 颤 | | | | | | | | | | | | |
| ʂ | 煽 | | 伞 | 骟 | | | | | | | | | | | | |
| ʐ | | 然 | 染 | | | | | | | | 软 | | | | | |
| k | 泔 | | 擀 | 干 | | | | | 官 | | 管 | 惯 | | | | |
| kʰ | 勘 | | 砍 | 看 | | | | | 宽 | | 款 | | | | | |
| x | 憨 | 还 | **罕** | 旱 | | | | | 欢 | 环 | 缓 | 换 | | | | |
| ø | 安 | | | 案 | 烟 | 严 | 演 | 验 | 剜 | 完 | 挽 | 腕 | 冤 | 缘 | 远 | 怨 |

**蝫** tʂan²²⁴ ~花儿　　**罕** xan⁴⁵ ~见:指人小气　　**蹁** pian⁴⁵ 踝　　**钻** tsʰuan⁵³ 木工用具

表2-1（续7）

| | ən | | | | in | | | | uən | | | | yn | | | |
|---|---|---|---|---|---|---|---|---|---|---|---|---|---|---|---|---|
| | 224 | 53 | 45 | 31 | 224 | 53 | 45 | 31 | 224 | 53 | 45 | 31 | 224 | 53 | 45 | 31 |
| p | 锛 | 甬 | 本 | 奔 | 斌 | | 殡 | | | | | | | | | |
| pʰ | **喷** | 盆 | **喷** | | **贫** | 频 | 品 | 聘 | | | | | | | | |
| m | 焖 | 门 | 闷 | | | 民 | 抿 | | | | | | | | | |
| f | 分 | 坟 | 粉 | 粪 | | | | | | | | | | | | |

| | ən | | | | in | | | | uən | | | | yn | | | |
|---|---|---|---|---|---|---|---|---|---|---|---|---|---|---|---|---|
| | 224 | 53 | 45 | 31 | 224 | 53 | 45 | 31 | 224 | 53 | 45 | 31 | 224 | 53 | 45 | 31 |
| t | 鸽 | | | 扽 | | | | | 吨 | | 盹 | 炖 | | | | |
| tʰ | 吞 | | | | | | | | 吞 | 屯 | 疃 | 褪 | | | | |
| n | 恩 | | | 摁 | | | | | | | | | | | | |
| l | | | | | 拎 | 临 | | 论 | | 淋 | 嫩 | | | | | |
| ts | | | □① | | | | | | 尊 | | 准 | 俊 | | | | |
| tsʰ | | 蠢 | □② | | | | | | 皴 | **蹲** | 蠢 | 寸 | | | | |
| s | 森 | | | 渗 | | | | | **孙** | **孙** | 损 | 顺 | | | | |
| tɕ | | | | | 襟 | 紧 | 劲 | | | | | | 军 | | 菌 | |
| tɕʰ | | | | | 亲 | 芹 | 侵 | 吣 | | | | | | | 裙 | |
| ɕ | | | | | 心 | 寻 | 信 | | | | | | 熏 | 旬 | 笋 | 驯 |
| tʂ | 针 | 疹 | 枕 | | | | | | | | | | | | | |
| tʂʰ | 抻 | 沉 | 沉 | | | | | | | | | | | | | |
| ʂ | **沈** | 神 | **沈** | 肾 | | | | | | | | | | | | |
| ʐ | | 任 | 忍 | 认 | | | | | | | 允 | 润 | | | | |
| k | 跟 | | 艮 | 跟 | | | | | | | 磙 | 棍 | | | | |
| kʰ | | | 垦 | | | | | | 昆 | | 捆 | 困 | | | | |
| x | | 含 | 狠 | 恨 | | | | | 婚 | 浑 | 混 | 混 | | | | |
| ø | 恩 | | | | 阴 | 银 | 饮 | **引** | 瘟 | 纹 | 稳 | 问 | 晕 | 云 | 允 | 运 |

喷 pʰən²²⁴ ～出来　喷儿 pʰɚ³¹ 瓜果长势最旺的时候　鸽 tən²²⁴ 啄　恩 nən²²⁴ 报～
① □ tsən⁴⁵ ～着个脸儿：绷着脸，脸色难看　② □ tsʰən³¹ 同"衾"，女性常用　沉 tsʰən⁵³ 形容词　沉 tsʰən³¹ 动词　沈 ʂən²²⁴ ～阳　沈 ʂən⁴⁵ 姓　跟 kən²²⁴ 动词　跟 kən³¹ 介词　恩 ən²²⁴ 周～来　贫 pʰin²²⁴ 指小孩调皮捣蛋　引 in³¹ ～针　蹲 tsʰuən⁵³ ～着腿喋　孙 suən²²⁴ ～子　孙 suən⁵³ ～得慌：无聊；长得刚～喋：难看　混 xuən⁴⁵ 弄～　混 xuən³¹ 瞎～

### 表2-1（续8）

| | aŋ | | | | iaŋ | | | | uaŋ | | | | əŋ | | | |
|---|---|---|---|---|---|---|---|---|---|---|---|---|---|---|---|---|
| | 224 | 53 | 45 | 31 | 224 | 53 | 45 | 31 | 224 | 53 | 45 | 31 | 224 | 53 | 45 | 31 |
| p | 帮 | 梆 | 绑 | 棒 | | | | | | | | | 崩 | 甭 | | 蹦 |
| pʰ | 乒 | 旁 | 耪 | 胖 | | | | | | | | | 烹 | 朋 | 捧 | 碰 |
| m | | 忙 | 莽 | | | | | | | | | | 蒙 | 盟 | 蠓 | 梦 |
| f | 方 | 房 | 访 | 放 | | | | | | | | | 疯 | 锋 | | 凤 |
| t | 裆 | | 挡 | 当 | | | | | | | | | 蹬 | | 等 | 澄 |
| tʰ | 汤 | 膛 | 躺 | 趟 | | | | | | | | | 熥 | 誊 | | |
| n | 齉 | 囊 | 攮 | | | 娘 | 仰 | 酿 | | | | | | □⑥ | | 弄 |
| l | | □① | 朗 | | | 凉 | 两 | 量 | | | | | | | 冷 | 愣 |
| ts | 脏 | | | 葬 | | | | | 装 | | □④ | 壮 | 睁 | | | 挣 |
| tsʰ | 伧 | 藏 | | | | | | | 疮 | 幢 | 闯 | 创 | 撑 | 层 | | 蹭 |
| s | 丧 | 丧 | 嗓 | 丧 | | | | | 霜 | □⑤ | 爽 | | 生 | | 省 | |
| tɕ | | | | | □② | | 讲 | 将 | | | | | | | | |
| tɕʰ | | | | | 腔 | 墙 | 抢 | □③ | | | | | | | | |
| ɕ | | | | | 香 | 详 | 想 | 相 | | | | | | | | |
| tʂ | 张 | | 掌 | 胀 | | | | | | | | | 蒸 | | 整 | 正 |
| tʂʰ | 昌 | 场 | 厂 | 唱 | | | | | | | | | 称 | 承 | 逞 | 秤 |
| ʂ | 伤 | | 赏 | 上 | | | | | | | | | 升 | 绳 | | 剩 |
| ʐ | | | 嚷 | 让 | | | | | | | | | 扔 | 仍 | | |
| k | 钢 | 刚 | 岗 | 杠 | | | | | 光 | | 广 | 桄 | 耕 | | 埂 | 更 |
| kʰ | 糠 | 扛 | 扛 | 炕 | | | | | 筐 | 狂 | | 矿 | 坑 | | | |
| x | 夯 | 行 | | | | | | | 慌 | 黄 | 谎 | 晃 | 亨 | 衡 | | 横 |
| ø | 肮 | 昂 | | | 秧 | 瓤 | 痒 | 样 | 汪 | 王 | 往 | 旺 | | | | |

① □ laŋ$^{53}$ ~人：坑人　伧 tsʰaŋ$^{224}$ 形容家畜野性足　丧 saŋ$^{224}$ 报~　丧 saŋ$^{53}$ 哭~着脸　丧 saŋ$^{31}$ ~失　扛 kʰaŋ$^{224}$ 用肩膀承担　扛 kʰaŋ$^{45}$ 支撑,忍耐:有病~着不看　② □ tɕian$^{224}$ 动物下幼崽　③ □ tɕʰian$^{31}$ 一个~俩:顶,相当　④ □ tsuaŋ$^{45}$ 整理,把杂乱的细条状物体捋顺　⑤ □ suaŋ$^{53}$ 大~碗:大海碗　熥 tʰəŋ$^{224}$ 把凉了的熟食蒸热　⑥ □ nəŋ$^{53}$ ~~脚儿:掂着脚　更 kəŋ$^{31}$ ~加

表 2-1（续 9）

| | iŋ | | | | uŋ | | | | yŋ | | | |
|---|---|---|---|---|---|---|---|---|---|---|---|---|
| | 224 | 53 | 45 | 31 | 224 | 53 | 45 | 31 | 224 | 53 | 45 | 31 |
| p | 冰 | 甭 | 饼 | 病 | | | | | | | | |
| pʰ | 乒 | 凭 | | | | | | | | | | |
| m | | 明 | | 命 | | | | | | | | |
| f | | | | | | | | | | | | |
| t | 丁 | | 顶 | 钉 | 东 | | 懂 | 洞 | | | | |
| tʰ | 厅 | **挺** | **挺** | | 统 | 铜 | 捅 | 痛 | | | | |
| n | | **拧** | **拧** | **拧** | | 农 | | **浓** | | | | |
| l | | 零 | 领 | 令 | | 笼 | 垄 | | | | | |
| ts | | | | | 忠 | | 总 | 种 | | | | |
| tsʰ | | | | | 充 | 虫 | 宠 | 冲 | | | | |
| s | | | | | 松 | 怂 | 耸 | 送 | | | | |
| tɕ | **更** | | 井 | 镜 | | | | | | | 炯 | |
| tɕʰ | 倾 | 赌 | 请 | 庆 | | | | | | 穷 | 倾 | |
| ɕ | 星 | 姓 | 醒 | 姓 | | | | | 凶 | 熊 | | |
| tʂ | | | | | | | | | | | | |
| tʂʰ | | | | | | | | | | | | |
| ʂ | | | | | | | | | | | | |
| ʐ | | | | | 融 | | | | | | | |
| k | | | | | 工 | | 拱 | 共 | | | | |
| kʰ | | | | | 空 | | 恐 | 控 | | | | |
| x | | | | | 轰 | 红 | 哄 | 哄 | | | | |
| ∅ | 鹰 | 蝇 | 影 | 硬 | 翁 | | | 瓮 | 拥 | 容 | 勇 | 佣 |

**挺** tʰiŋ$^{53}$ ~直：动词　　**挺** tʰiŋ$^{45}$ ~好：副词　　**拧** niŋ$^{53}$ 用两只手握住物体的两端分别向相反的方向用力转动　　**拧** niŋ$^{45}$ 控制住物体并向里或向外转　　**拧** niŋ$^{31}$ 倔强　　**更** tɕiŋ$^{224}$ 起五～　　**浓** nuŋ$^{31}$ 用于指下雨后道路泥泞难走　　**哄** xuŋ$^{45}$ ~小孩儿　　**哄** xuŋ$^{31}$ 起～

# 第三节　文白异读

徐通锵《历史语言学》认为："文白异读在汉语中是一种常见的语言现象,是语词中能体现雅/土这种不同风格色彩的音类差异。平常说的'文读词、白读词'之类的说法是模糊的、不确切的,因为文白异读的'异'不是词的'异',而是词中的某一个音类的'异'……'文'与'白'代表两种不同的语音系统,大体说来,白读代表本方言的土语,文读则是以本方言的音系所许可的范围吸收某一标准语(现代的或古代的)的成分,从而在语音上向这一标准语靠拢。"[①]

武邑方言中一部分字根据其组词不同,有文白两读。文读音形式多出现于比较文的从普通话中引入的词,白读音形式多出现于比较土俗的方言词或日常生活用词。

## 一、声母类文白异读

1. 古影、疑母开口一等字(含个别二三等字)文读为零声母,白读为前鼻音声母(另,个别古以母开口三等字的文白读也与之相同,一并列于此)。

表 2-2　声母类文白异读例字表

| 例字 | 文读 | 白读 | 例字 | 文读 | 白读 |
|---|---|---|---|---|---|
| 鹅果开一疑 | $ɣ^{53}$ ~蛋脸 | $nɣ^{53}$ 大白~ | 鞍山开一影 | $an^{224}$ ~山 | $nan^{224}$ ~子 |
| 碍蟹开一疑 | $ai^{31}$ 妨~ | $nai^{31}$ ~事儿 | 案山开一影 | $an^{31}$ 图~ | $nan^{31}$ ~子 |
| 艾蟹开一疑 | $ai^{31}$ ~灸 | $nai^{31}$ ~草 | 恩臻开一影 | $ən^{224}$ 周~来 | $nən^{224}$ 广~:人名 |
| 爱蟹开一影 | $ai^{31}$ ~心 | $nai^{31}$ ~好 | 恶宕开一影 | $ɣ^{31}$ ~有~报 $ɣ^{45}$ ~心 | $nɣ^{224}$ ~人 |

---

[①] 《历史语言学》383～384页,商务印书馆2008年。

续表

| 例字 | 文读 | 白读 | 例字 | 文读 | 白读 |
|---|---|---|---|---|---|
| 衣止开三影 | $i^{224}$ ~服 | $ni^{224}$ ~胞 | 额梗开二疑 | $\gamma^{53}$ 小~:贷款 | $n\gamma^{53}$ 名~ |
| 仰宕开三疑 | $ia\eta^{45}$ ~头 | $nia\eta^{45}$ 后~:炮 | 赢梗开三以 | $i\eta^{53}$ 输~ | $ni\eta^{53}$ ~嗉 |
| 偶流开一疑 | $ou^{45}$ ~像 | $nou^{224}$ 木~ | 样宕开三以 | $ia\eta^{31}$ 一~ | $nia\eta^{31}$ 牛~绳 |
| 安山开一影 | $an^{224}$ 天~:门 | $nan^{224}$ 平~ | | | |

2.古日母的文白异读有三种情况:(1)文读为[z̩],白读为[l̩]（个别禅母字的文白读与之相同）;(2)文读为[z̩],白读为[ø]（个别古云以母字的文白读与之相同）;(3)文读为[ø],白读为独立成音节的[l̩]。

表2-2（续1）

| 例字 | 文读 | 白读 | 例字 | 文读 | 白读 |
|---|---|---|---|---|---|
| 蕊止合三日 | $z̩uei^{45}$ 人名用字 | $luei/lei^{45}$ 花~ | 入深开三日 | $z̩u^{31}$ 出~ | $y^{31}$ ~殓 |
| 瑞止合三禅 | $z̩uei^{31}$ ~雪 | $lei^{31}/luei^{31}$ 人名用字 | 绒通合三日 | $z̩u\eta^{53}$ ~毛儿 | $y\eta^{53}$ ~衣 |
| 绕效开三日 | $z̩au^{31}$ ~圈儿 | $lau^{31}$ ~线:把线缠在纺车的落子上 | 荣梗合三云 | $z̩u\eta^{53}$ 光~ | $y\eta^{53}$ 人名用字 |
| 褥通合三日 | $z̩u^{31}$ 床单被~ | $y^{31}$ ~子 | 让宕开三日 | $z̩a\eta^{31}$ ~人不说好儿:介词 | $ia\eta^{31}$ ~给他:动词 |
| 容通合三以 | $z̩u\eta^{53}$ 美~ | $y\eta^{53}$ ~易 | 染咸开三日 | $z̩an^{45}$ 感~ | $ian^{45}$ ~色儿 |
| 如遇合三日 | $z̩u^{53}$ 假~ | $y^{31}$ 不~他 | 仁臻开三日 | $z̩ən^{53}$ ~义 | $i\gamma˞^{53}$ 豆~儿 |
| 润臻合三日 | $z̩uən^{31}$ 滋~ | $yn^{31}$ ~~ | 饶效开三日 | $z̩au^{53}$ 求~ | $iau^{53}$ ~上一个 |
| 揉流开三日 | $z̩ou^{53}$ ~腿 | $iou^{53}$ ~面 | 儿止开三日 | $ɚ^{53}$ ~科 | $l̩^{53}$ ~女 |

| 例字 | 文读 | 白读 | 例字 | 文读 | 白读 |
|------|------|------|------|------|------|
| 柔流开三日 | zou$^{53}$ 温~ | iou$^{53}$ 性子~ | 耳止开三日 | ɚ$^{45}$ 木~ | l̩$^{45}$ ~朵 |
| 嚷宕开三日 | zaŋ$^{45}$ ~~ | iaŋ$^{45}$ 吃~ | 二止开三日 | ɚ$^{31}$ 这人儿真~ | l̩$^{31}$ 第~ |
| 人臻开三日 | zən$^{53}$ ~们 | in$^{53}$ ~家 | 软山合三日 | zuan$^{45}$ ~件 | yan$^{45}$ ~和 |

3.古见精组部分字文读音为 [ts s] 或 [k kʰ],白读音为 [tɕ tɕʰ ɕ],说明这部分字的腭化比普通话要快。

表 2-2（续2）

| 例字 | 文读 | 白读 | 例字 | 文读 | 白读 |
|------|------|------|------|------|------|
| 俗通合三心 | su$^{53}$ ~气 | ɕy$^{53}$ 刚~哩 | 耕梗开二见 | kəŋ$^{224}$ ~牛 | tɕin$^{224}$ ~地 |
| 足通合三精 | tsu$^{53}$ 知~<br>tsu$^{224}$ ~球 | tɕy$^{224}$ 识~:满足 | 更梗开二见 | kəŋ$^{224}$ ~正<br>kəŋ$^{31}$ ~加 | tɕin$^{224}$ 起五~ |
| 损臻合一心 | suən$^{45}$ ~人 | ɕyn$^{45}$ ~失 | 坑梗开二见 | kʰəŋ$^{224}$ 挖~ | tɕʰin$^{224}$ 大~:大水坑 |
| 客梗开二见 | kʰɤ$^{31}$ 请~ | tɕʰie$^{224}$ 来~哩 | | | |

## 二、韵母类文白异读

1.部分蟹止摄字、个别臻梗摄入声字文读音的韵母为 [i],部分曾摄入声字文读音的韵母为 [ɤ],这些字白读音的韵母为 [ei] 或 [uei];部分宕摄入声字、个别江摄入声字文读音的韵母为 [ɤ],个别宕摄入声字、个别果摄字文读音的韵母为 [uo],白读音的韵母为 [au];部分宕江摄入声字文读音的韵母为 [ye],白读音的韵母为 [iau]。

### 表2-3　韵母类文白异读例字表

| 例字 | 文读 | 白读 | 例字 | 文读 | 白读 |
|---|---|---|---|---|---|
| 坏蟹合一滂 | pʰi²²⁴ 脱~子 | pʰei²²⁴ ~墙 | 摸宕开一明 | mɤ²²⁴ 偷偷~~ | mau²²⁴ ~鱼 |
| 披止开三滂 | pʰi²²⁴ 雨~ | pʰei²²⁴ ~上 | 乐宕开一来 | lɤ³¹ ~呵儿 ye³¹ 音~ | lau³¹ ~亭 iau³¹ 仁者~山, 智者~水 |
| 避止开三並 | pi³¹ ~开 | pei³¹ ~雨儿 | 朵果合一端 | tuo⁴⁵ 花~ | tau⁴⁵ 耳~ |
| 密臻开三明 | mi³¹ ~码 | mei³¹ 刚~嚏 | 托宕开一透 | tʰuo²²⁴ ~儿 | tʰau²²⁴ ~生 |
| 壁梗开四帮 | pi³¹ ~虎 | pei³¹ 影~ | 疟宕开三疑 | nye³¹ ~疾 | iau³¹ 发~子 |
| 墨曾开一明 | mɤ³¹ ~水 | mei³¹ ~汁 | 跃宕开三以 | ye³¹ 鲤鱼~龙门 | iau³¹ 跳~ |
| 得曾开一端 | tɤ⁵³ ~失 | tei²²⁴ ~住 | 约宕开三影 | ye²²⁴ 大~ | iau²²⁴ ~~ |
| 刻曾开一见 | kʰɤ³¹ 时~ | kʰei²²⁴ 用刀~ | 觉江开二见 | tɕye²²⁴ 自~ | tɕiau²²⁴ ~着 tɕiau³¹ 睡~ |
| 勒曾开一来 | lɤ³¹ ~索 | lei²²⁴ ~死 luei²²⁴ ~头带子 | 雀宕开三精 | tɕʰye³¹ 麻~ | tɕʰiau³¹ 大~儿 |
| 塞曾开一心 | sɤ³¹ 闭~ | sei²²⁴/suei²²⁴ ~进去 sai²²⁴ ~瓶 sai⁵³ 强~:吃不了硬吃 | 学江开二匣 | ɕye⁵³ ~校 | ɕiau⁵³ 上~儿 |
| 剥江开二帮 | pɤ²²⁴ ~削 | pau²²⁴ ~皮 | 略宕开三来 | lye³¹ 省~ | liau³¹ 侵~ |
| 泊宕开一並 | pɤ²²⁴ 梁山~ | pʰau²²⁴ 骆~庄儿 | 削宕开三心 | ɕye²²⁴ 剥~ | ɕiau²²⁴ ~皮 |

　　2. 部分曾梗摄入声字文读音的韵母为[ɤ]，白读音的韵母为[ai]。

表 2-3（续 1）

| 例字 | 文读 | 白读 | 例字 | 文读 | 白读 |
|---|---|---|---|---|---|
| 侧曾开三庄 | tsʰɣ³¹ ~面 | tsai⁴⁵ ~歪 | 泽梗开二澄 | tsɣ⁵³ 色~ | tsai⁵³ 人名用字 |
| 色曾开三生 | sɣ²²⁴ 颜~<br>sɣ³¹ 好~ | sai²²⁴ 上~ | 择梗开二澄 | tsɣ⁵³ 选~ | tsai⁵³ ~菜 |
| 伯梗开二帮 | pɣ⁵³ ~父 | pan⁴⁵ 大大~子<br>pai⁴⁵ 叔~兄弟 | | | |

3. 部分古曾摄入声字文读音的韵母为 [uo]，白读音的韵母为 [uei] 或 [uai]；部分果摄字、个别咸摄入声字文读音的韵母为 [ɣ]，白读音的韵母为 [uo]；部分山摄入声字文读音的韵母为 [uo]，白读音的韵母为 [ɣ]；部分通摄字文读音的韵母为 [u]，白读音的韵母为 [ou]。

表 2-3（续 2）

| 例字 | 文读 | 白读 | 例字 | 文读 | 白读 |
|---|---|---|---|---|---|
| 国曾合一见 | kuo⁵³/kuo⁴⁵ 中~ | kuei²²⁴ 姓~ | 蛾果开一疑 | ɣ⁵³ ~眉山 | uo⁵³ ~儿 |
| 或曾合一匣 | xuo³¹ ~然率 | xuei⁵³/xuai⁵³ ~者 | 豁山合一晓 | xuo²²⁴ ~子嘴儿 | xɣ²²⁴ ~出去 |
| 合咸开一见 | xɣ⁵³ ~起来 | xuo⁵³ 菜~子 | 括山合一见 | kʰuo²²⁴ 包~ | kʰɣ²²⁴ ~号儿 |
| 荷果开一晓 | xɣ⁵³ ~花;薄~ | xuo⁵³ ~包鸡蛋 | 熟遇合一禅 | su⁵³ 不~悉 | ʂou⁵³ 食物不~ |
| 饿果开一疑 | ɣ³¹ 饥~ | uo³¹ ~嗽 | 叔通合一书 | su²²⁴ ~伯兄弟 | ʂou²²⁴ 二~ |
| 何果开一匣 | xɣ⁵³ 姓~ | xuo⁵³ ~庄儿 | | | |

# 第四节　音韵比较

把武邑方言和中古音系做对比，可以看出古今语音的演变规律。以下将武邑方言的声母、韵母、声调与《广韵》音系进行比较。例外的字音没有列入表中进行比较,比如:个别见母字今读 [tɕʰ ɕ kʰ x],如:起 [tɕʰi⁴⁵]、气 [tɕʰi³¹]、懈 [ɕie³¹]、桧 [xuei³¹]、合 [xɤ⁵³]、磺 [xuaŋ⁵³]、愧 [kʰuei³¹]、括 [kʰuo²²⁴]、昆 [kʰuən²²⁴]、会刽 [kʰuai³¹];个别溪母字今读 [ɕ],如溪 [ɕi²²⁴] 等等。进行比较的时候,尽量选取有文白异读的字,尤其是当该字的文白读音能代表武邑方言中的各种读音情况时。如果文读音和白读音的韵母相同,声母不同,就列入声母表中进行比较;如果文读音和白读音的声母相同,韵母不同,就列入韵母表中进行比较。一个字后面有几个音节,代表此字有几读。

**一、声母演变特点**

1. 中古全浊声母字清化,今读塞音、塞擦音时,平声送气,仄声不送气。

2. 中古知、章组声母在武邑方言中,根据古韵摄、等、开合口的不同,读为两套声母,分别为 [ts tsʰ s] 和 [tʂ tʂʰ ʂ]。

不管是阴声韵、阳声韵还是入声韵,知组二等读 [ts tsʰ s] 声母,和庄组字合并①,如:茶岔 [tsʰa]、晒 [sai] 帅 [suai]、产铲 [tsʰan]、站蘸 [tsan]、森渗 [sən]、扎眨 [tsa]、测侧 [tsʰɤ]、杀 [sa] 刷 [sua]。

知组三等、章组字读 [ts tsʰ s] 和 [tʂ tʂʰ ʂ] 两套声母。一部分同庄组合并,另一部分与庄组的读音对立。知三、章组字在武邑话中读同庄组声母(读 [ts] 组)的有:

止开三章组字:支枝肢纸只脂旨指至滓志芝止趾址,读 [tsɿ];眵齿翅,读 [tsʰɿ];匙是氏尸屎视诗始试时市,读 [sɿ]。

蟹合三知、章组字:缀赘,读 [tsuei];税,读 [suei]。

止合三知、章组字:追坠锥,读 [tsuei];槌锤吹炊垂,读

---

① 个别庄组字读 [tʂ tʂʰ ʂ],如:假合二崇母傻 [ʂa]、效开二初母抄钞 [tʂʰau]、流开三庄母皱 [tʂou]、山开二生母删疝 [ʂan]。

[tsʰuei];水睡,读 [suei];谁,读 [sei]。

　　山合三知、章组阳声韵字:转~眼儿转~圈传二人~专砖,读 [tsuan];传~达椽川穿喘串船,读 [tsʰuan]。

　　臻合三知、章组阳声韵字:准,读 [tsuən];椿春蠢唇纯,读 [tsʰuən];顺舜读 [suən]。

　　通合三知、章组阳声韵字:中忠终众重轻~钟盅,读 [tsuŋ];虫充宠重~复冲,读 [tsʰuŋ]。

　　其他知三、章组字读 [tʂ] 组声母,与庄组对立。

　　3. 中古日母字在武邑话中的读音与普通话大部分相同,一小部分读成了零声母字;止开三日母字读成了声化韵;个别日母字与古来母字合并。

　　假开三日母字:惹,读 [ie];咸开三日母字:染,读 [ian];宕开三日母字:瓤嚷,读 [iaŋ];遇合三、通合三日母字:襦褥,读 [y];山合三日母字:软,读 [yan];臻合三日母字:润闰,读 [yn]。

　　止开三日母字:儿二耳 [ʅ];

　　止合三日母字:蕊,读 [lei];曾开三日母字:扔,读 [ləŋ]。

　　4. 中古疑母字在武邑话中的读音绝大部分与普通话中相同,一小部分与古泥母字合并了。如:果开一、果合一疑母字:鹅讹,读 [nɤ];蟹开一、蟹开二疑母字:碍挨,读 [nai];效开一疑母字:熬傲,读 [nau];山开一疑母字:岸,读 [nan]。个别混入了合口,如:果开一疑母字:蛾饿,读 [uɤ]。

　　5. 中古影母字在武邑话中的读音绝大部分与普通话中相同,一小部分与古泥母字合并了。

　　蟹开一、蟹开二影母字:爱挨~打,读 [nai];效开一影母字:爊~白菜袄懊,读 [nau];流开一影母字:沤怄,读 [nou];咸开一、山开一影母字:庵暗埯~豆子安鞍按案,读 [nan];臻开一影母字:恩,读 [nən];宕开一影母字:恶善~,读 [nɤ]。

表2-5　武邑方言与《广韵》声母比较表

| 组 | | 清 | 次清 | 全浊（平） | 全浊（仄） | 次浊 | 清 | 全浊（平） | 仄 |
|---|---|---|---|---|---|---|---|---|---|
| 帮组 | | 帮 p 帮 paŋ$^{224}$ | 滂 pʰ 屁 pʰi$^{31}$ | 並 pʰ 袍 pʰau$^{53}$ | p 抱 pau$^{31}$ | 明 m 毛 mau$^{53}$ | | | |
| 非组 | | 非 f 非 fei$^{224}$ | 敷 f 费 fei$^{31}$ | 奉 f 肥 fei$^{53}$ | f 复 fu$^{224}$ | 微 ∅ 微 uei$^{224}$ | | | |
| 端组 | | 端 t 多 tuo$^{224}$ | 透 tʰ 拖 tʰuo$^{224}$ | 定 tʰ 驮 tʰuo$^{53}$ | t 大 ta$^{31}$ | 泥 n 挪 nuo$^{53}$；来 l 罗 luo$^{53}$ | | | |
| 精组 | 今洪 | 精 ts 左 tsuo$^{224}$ | 清 tsʰ 搓 tsʰuo$^{224}$ | 从 tsʰ 矬 tsʰuo$^{53}$ | ts 坐 tsuo$^{31}$ | | 心 s 腮 sai$^{224}$ | 邪 tsʰ 词 tsʰɿ$^{53}$；s 松 suŋ$^{224}$ | 辛 sɿ$^{31}$ |
| | 今细 | 精 tɕ 姐 tɕie$^{45}$ | 清 tɕʰ 妻 tɕʰie$^{53}$ | 从 tɕʰ 齐 tɕʰi$^{53}$ | 从 tɕ 剂 tɕi$^{31}$ | | 心 ɕ 西 ɕi$^{224}$ | 邪 ɕ 邪 ɕie$^{53}$ | 谢 ɕ 谢 ɕie$^{31}$ |
| 知组 | 知组二等字 | 知 tʂ 罩 tʂau$^{45}$ | 彻 tʂʰ | 澄 tʂʰ 锤 tʂʰuei$^{53}$ | tʂ 坠 tʂuei$^{31}$ | | | | |
| | 部分知组三等字 | 知 tɕ 追 tɕuei$^{224}$ | 彻 tɕʰ | 澄 tɕʰ 传 tʂʰuan$^{53}$ | tʂ 站 tʂan$^{31}$ | | | | |
| | 部分知组三等字 | | | | | | | | |
| 庄组 | | 庄 tʂ 渣 tʂa$^{45}$ | 初 tʂʰ 权 tʂʰa$^{31}$ | 崇 tʂʰ 茬 tʂʰa$^{53}$ | tʂ 乍 tʂa$^{31}$ | | 生 ʂ 沙 ʂa$^{224}$ | | |
| 章组 | 部分章组字 | 章 tʂ 专 tʂau$^{224}$ | 昌 tʂʰ 车 tʂʰa$^{45}$ | 船 ʂ 蛇 ʂə$^{53}$；乘 ʂ | ʂ 射 ʂɿ$^{31}$ | | 书 ʂ 书 ʂu$^{224}$ | 禅 ʂ 勺 ʂau$^{53}$；tsʰ 仇 tʂʰou$^{53}$ | 树 ʂu$^{31}$ |
| | 部分章组字 | 章 tɕ 专 tɕuan$^{224}$ | 昌 tɕʰ 穿 tɕʰuan$^{224}$ | 船 tʂʰ 船 tʂʰuan$^{53}$ | s 顺 ʂuan$^{31}$ | | 书 ɕ 水 ʂuei$^{45}$ | 禅 tʂʰ 蟬 tʂʰan$^{53}$；s 时 ʂɿ$^{53}$ | 睡 ʂuei$^{31}$ |
| 日组 | 大部分日母字 | | | | | 日 ʐ 热 ʐə$^{31}$ | | | |
| | 止摄日母字 | | | | | ∅ 儿 ɚ$^{53}$；∅ 二 ɚ$^{45}$ | | | |
| | 小部分日母字 | | | | | ∅ 日 染 ian$^{45}$ | | | |
| 见晓组 | 今洪 | 见 k 哥 kɤ$^{224}$ | 溪 kʰ 可 kʰɤ$^{45}$ | 群 kʰ 狂 kʰuaŋ$^{53}$ | k 柜 kuei$^{31}$ | 疑 n 捏 m$^{31}$；∅ 我 uɤ$^{45}$ | 晓 x 海 xai$^{224}$ | 匣 x 华 xua$^{53}$ | |
| | 今细 | 见 tɕ 要 tɕiau$^{31}$ | 溪 tɕʰ 去 tɕʰy$^{31}$ | 群 tɕʰ 桥 tɕʰiau$^{53}$ | 具 tɕy$^{31}$ | 疑 ∅ 语 y$^{45}$ | 晓 ɕ 希 ɕi$^{224}$ | 匣 ɕ 匣 ɕia$^{53}$ | |
| 影组 | | 影 ∅ 要 iau$^{31}$；ŋ 爱 nai$^{31}$ | | | | 云 ∅ 卫 uei$^{31}$；以 ∅ 逾 y$^{53}$ | | | |

**二、韵母演变特点**

1. 韵母简化,没有入声韵尾,鼻音韵尾有两个,分别是 [n] 和 [ŋ]。

2. 中古遇合三鱼虞韵来母字"庐",庄组字、非组字,生母字"数";流开三尤韵(平賍上去)非组字,生母字"漱";臻合三物韵非组字;通合三屋韵非组字,心母字、知母字"竹",章母字"祝";通合三烛韵精组字等的韵母在武邑话中读作 [u]。而中古遇合三鱼虞韵知组字、章组字,日母字"如乳";流开三尤韵章组字"帚";臻合三術韵知组字、章组字;通合三屋韵彻母字"畜";通合三烛韵章组"烛嘱触赎属"等字、日母"褥"等字的韵母在武邑话中读作 [ʮ]。

3. 中古山合三薛韵书母"说"在武邑话中读为 [ʯo]。

4. 中古蟹开二佳韵影母"矮"读为零声母的 [iai]。

5. 部分蟹止摄合口来母字、个别止摄合口禅母字、个别曾摄开口来母字有 [u] 介音,读为 [luei],如:雷、累、类、儡、泪、垒、擂、瑞、肋。

6. 部分蟹止摄开口帮组字、部分臻摄入声字、部分曾摄入声字的韵母合并,读为 [ei],如:披、坯、婢、避、笔、密、墨、得、勒。

7. 部分宕摄开口三等入声字、个别江摄入声字、个别山摄入声字的韵母合并,读为 [iau],如:雀、嚼、学、略、屑、削、觉、跃、约、疟。

8. 个别曾摄开口三等入声字、部分梗摄开口二等入声字的韵母合并,读为 [ai],如:侧、色、迫、泽、择、册、策、责。

表2-6　武邑方言与《广韵》韵母比较表

| | 一等 | | | 二等 | | | | 三等 | | | | 四等 | | |
|---|---|---|---|---|---|---|---|---|---|---|---|---|---|---|
| | 帮系 | 端系 | 见系 | 帮系 | 端系 | 知系 | 见系 | 帮系 | 端系 | 知系 | 见系 | 帮系 | 端系 | 见系 |
| 果开 | 波 puɤ²²⁴ | 大 ta³¹ 左 tsuo⁴⁵ | 哥 kɤ²²⁴ 蛾 uŋ⁵³ | | | | | | 姐 tɕie⁴⁵ | | 茄 tɕie⁵³ | | | |
| 果合 | | 垛 tuo³¹ 唾 tʰu³¹ | 果 kuo⁴⁵ 科 kʰu²²⁴ | | | | | | | | 瘸 tɕʰye⁵³ | | | |
| 假开 | | | | 把 pa⁴⁵ | 拿 na⁵³ | 茶 tsʰa⁵³ | 痲 ka²²⁴ 家 tɕia²²⁴ | | | 车 tɕʰɤ²²⁴ 惹 ʐɤ⁴⁵ | 夜 ie³¹ | | | |
| 假合 | | | | | | 耍 sua⁴⁵ 傻 sa⁴⁵ | 瓜 kua²²⁴ | | | | | | | |
| 遇合 | 布 pu²²⁴ | 帮 tou²²⁴ 土 tʰu⁴⁵ 错 tsʰuo³¹ | 姑 ku²²⁴ | | | | | 夫 fu²²⁴ | 庐 lu⁵³ 女 ny⁴⁵ | 猪 tsu²²⁴ 初 tsʰu²²⁴ 所 suo⁴⁵ | 鱼 y⁵³ 去 tɕʰy³¹ | | | |
| 蟹开 | 贝 pei³¹ | 带 tai³¹ | 改 kai⁴⁵ | 埋 mai⁵³ | 奶 nai⁴⁵ | 斋 tsai²²⁴ 洒 sa⁴⁵ | 界 tɕie³¹ 挨 nai⁵³ 淮 ia⁴⁵ 矮 iai⁴⁵ | 而 pi³¹ | 例 li³¹ | 制 tʂɿ³¹ | 艺 i³¹ | 闭 pi³¹ 篦 pʰei³¹ | 帝 ti³¹ 婿 sy³¹ | 计 tɕi³¹ |
| 蟹合 | | 堆 tsuei²²⁴ 雷 lei⁵³ | 盔 kʰuei²²⁴ 块 kʰuai³¹ | | | 拽 tsuai⁴⁵ | 怪 kuai²²⁴ 话 xua³¹ | 废 fei³¹ | 脆 tsʰuei³¹ | 税 suei³¹ | 卫 uei³¹ | | | 桂 kuei³¹ 携 ɕie⁵³ 睡 tɕʰi³¹ |
| 止开 | 背 pei³¹ | | | | | | | 碑 pei²²⁴ 披 pʰi³¹ | 离 li⁵³ 此 tsʰɿ³¹ | 知 tʂɿ²²⁴ 狮 sɿ³¹ 慈 sei³¹ 圆 tsʰɿ³¹ 箍 sa²²⁴ 三 ɿ³¹ 儿 ʅ₃ | 几 tɕi⁵³ | | |
| 止合 | | | | | | | | 非 fei²²⁴ 尾 uei⁴⁵ i⁴⁵ | 累 lei³¹ 嘴 tsuei³¹ | 吹 tsʰuei²²⁴ 谁 sei⁵³ 帅 suai³¹ | 规 kuei²²⁴ 计 tɕi³¹ | | | |
| 效开 | 保 pau⁴⁵ | 刀 tau²²⁴ | 高 kau²²⁴ | 包 pau²²⁴ | 闹 nau³¹ | 抓 tsua²²⁴ 抄 tsʰau²²⁴ | 交 tɕiau²²⁴ | 表 piau⁴⁵ | 焦 tsiau²²⁴ | 超 tʂʰau²²⁴ | 桥 tɕʰiau⁵³ | | | 叫 tɕiau³¹ |

表 2-6（续 1）

| | 一等 帮系 | 一等 端系 | 一等 见系 | 二等 帮系 | 二等 端系 | 二等 知系 | 二等 见系 | 三等 帮系 | 三等 端系 | 三等 知系 | 三等 见系 | 四等 帮系 | 四等 端系 | 四等 见系 |
|---|---|---|---|---|---|---|---|---|---|---|---|---|---|---|
| 流开 | 剖 pʰau²²⁴ 苗 mu⁴⁵ | 偷 tʰou²²⁴ 嗽 suo²²⁴ | 后 xou⁵³ | | | | | 否 fau⁴⁵ fou⁴⁵ 负 fu³¹ 彪 piau²²⁴ 谬 niou³¹ | 柳 liou⁴⁵ 廖 liau³¹ 就 tsou³¹ | 丑 tsʰou⁴⁵ 瘦 su³¹ 帚 tʂu³¹ | 九 tɕiou⁴⁵ | | | |
| 咸开舒 | | 眈 tang⁴⁵ | 暗 nan³¹ | | | 站 tsan³¹ 赚 tsuan³¹ | 陷 ɕian³¹ ɕyan³¹ 鸽 tɕan²²⁴ | 贬 pian⁴⁵ | 殓 liau³¹ | 占 tsan²²⁴ 柒 tɕian⁴⁵ | 脸 lian⁴⁵ | | 店 tian³¹ | 歉 tɕʰian³¹ |
| 咸开入 | | 答 ta²²⁴ | 合 xɤ⁵³ 蛤 xa⁵³ | | | 扎 tsa²²⁴ | 掐 tɕʰia²²⁴ | | 猎 lie³¹ | 折 sɿ⁵³ | 叶 ie³¹ | | 跌 tie²²⁴ | 夹 tɕia²²⁴ 协 ɕie⁵³ |
| 咸合舒 | 凡 fan⁵³ | | | | | | | | | | | | | |
| 咸合入 | 法 fa²²⁴ | | | | | | | | | | | | | |
| 深开舒 | | | | | | | | 禀 pin⁴⁵ 品 pʰin⁴⁵ | 淋 lin⁵³ luan³¹ 寻 ɕyn⁵³ | 沉 tʂən³¹ 瘆 tsan²²⁴ | 音 in²²⁴ | | | |
| 深开入 | | | | | | | | | 习 ɕi⁵³ | 蛰 tʂʅ⁵³ 湿 sʅ²²⁴ 湿 sʅ²²⁴ 入 tsu³¹ 入 sʅ³¹ | 急 tɕi⁵³ | | | |
| 山开舒 | | 丹 tan²²⁴ | 安 nan²²⁴ | | | 山 san²²⁴ | 间 tɕian²²⁴ | 篇 pʰian²²⁴ | 连 lian²²⁴ | 展 tsan⁴⁵ | 件 tɕian³¹ | 边 pian²²⁴ | 天 tʰian²²⁴ | 见 tɕian³¹ 研 tɕian⁴⁵ |
| 山开入 | | 达 ta⁵³ | 割 kɤ²²⁴ | | | 察 tsʰa⁵³ | 瞎 ɕia²²⁴ | 别 pie⁵³ | 列 lie³¹ 薛 ɕye⁵³ | 蜇 tʂɤ²²⁴ | 杰 tɕie⁵³ 揭 tɕie³¹ | 撇 pʰie⁵³ 篾 mi⁵³ | 铁 tʰie²²⁴ 屑 ɕiau²²⁴ | 结 tɕie⁵³ |
| 山合舒 | 搬 pan²²⁴ | 瞒 tʰuan⁴⁵ tʰuan⁴⁵ 暖 nuan⁴⁵ | 官 kuan²²⁴ | | | 拴 suan²²⁴ | 关 kuan²²⁴ 还 xan⁵³ | 反 fan²²⁴ 晚 uan⁴⁵ | 恋 lian³¹ 全 tɕʰyan⁴⁵ | 软 zuan⁴⁵ 软 tɕyan⁴⁵ | 圈 tɕyan³¹ 沿 ian⁵³ | | | 犬 tɕʰyan⁴⁵ |
| 山合入 | 泼 pʰo²²⁴ | 脱 tʰuo²²⁴ 捋 lu³¹ | 括 kʰuo²²⁴ 括 kʰuo²²⁴ | | | 刷 sua²²⁴ | 刮 kua²²⁴ | 法 fa²²⁴ 袜 ua³¹ | 劣 lie³¹ lye³¹ | 拙 tsuo⁵³ 说 suo⁷⁷⁴ | 悦 ye³¹ | | | 血 ɕie²²⁴ ɕye²²⁴ |

表 2-6（续 2）

| | 一等 | | | 二等 | | | | 三等 | | | | 四等 | | |
|---|---|---|---|---|---|---|---|---|---|---|---|---|---|---|
| | 帮系 | 端系 | 见系 | 帮系 | 端系 | 知系 | 见系 | 帮系 | 端系 | 知系 | 见系 | 帮系 | 端系 | 见系 |
| 臻开舒 | 喷 pʰən$^{224}$ / pʰəŋ$^{224}$ | 吞 tʰuan$^{224}$ tʰən$^{224}$ | 跟 kən$^{224}$ | | | | | 宾 pin$^{224}$ | 亲 tɕʰin$^{224}$ | 真 tʂən$^{224}$ / 刀儿 itʂ$^{31}$ | 巾 tɕin$^{224}$ | | | |
| 臻开入 | | 扽 tən$^{31}$ | 困 kʰuan$^{31}$ | | | | | 笔 pei$^{224}$ | 七 tɕʰi$^{224}$ | 虱 sɿ$^{53}$ 失 ʂɿ | 吉 tɕi$^{224}$ | | | |
| 臻合舒 | 没 mei$^{53}$ / mən$^{224}$ mu$^{53}$ | 拖 tan$^{31}$ / 损 suan$^{45}$ 损 ɕyn$^{45}$ | 坤 kʰuan$^{31}$ | | | | | 分 fən$^{224}$ / 文 uan$^{53}$ | 笋 ɕyn$^{45}$ | 顺 suan$^{31}$ | 均 tɕyn$^{224}$ / 尹 in$^{45}$ / 荤 xuan$^{224}$ | | | |
| 臻合入 | | 突 tʰu$^{224}$ | 骨 ku$^{224}$ | | | | | 佛 fu$^{224}$ fɤ$^{53}$ | 率 ly$^{31}$ / 律 ly$^{31}$ | 出 tɕʰu$^{31}$ | 屈 tɕʰy$^{224}$ / 撅 tɕyɤ$^{53}$ | | | |
| 宕开舒 | 帮 paŋ$^{224}$ | 当 taŋ$^{224}$ | 钢 kaŋ$^{224}$ | | | | | | 娘 niaŋ$^{53}$ | 张 tʂaŋ$^{224}$ / 庄 tsuaŋ$^{224}$ / 饷 ɕiaŋ$^{45}$ | 缰 kaŋ$^{224}$ / 强 tɕʰiaŋ$^{53}$ | | | |
| 宕开入 | 泊 pɤ$^{224}$ / 泊 pʰɤ$^{224}$ | 骆 luo$^{31}$ lau$^{31}$ / 乐 lɤ$^{31}$ | 各 kɤ$^{45}$ / 郝 xau$^{45}$ | | | | | | 略 lyɤ$^{31}$ / 略 liau$^{31}$ | 着 tʂau$^{224}$ | 约 tɕyɤ$^{224}$ / 约 iau$^{224}$ | | | |
| 宕合舒 | | | 光 kuaŋ$^{224}$ | | | | | 方 faŋ$^{224}$ / 亡 uaŋ$^{53}$ | | | 筐 kʰuaŋ$^{224}$ | | | |
| 宕合入 | | | 扩 kʰuo$^{31}$ / kʰɤ$^{31}$ | | | | | | | | | | | |
| 江开舒 | | | | 邦 paŋ$^{224}$ | 攮 naŋ$^{45}$ | 撞 tsuaŋ$^{31}$ | | | | | | | | |
| 江开入 | | | | 剥 pɤ$^{224}$ / 剥 pau$^{224}$ | | 桌 tsuo$^{224}$ | | | | | | | | |
| 曾开舒 | 朋 pʰəŋ$^{53}$ | 等 təŋ$^{45}$ | 肯 kʰən$^{45}$ / 恒 xəŋ$^{53}$ | | | | | 冰 piŋ$^{224}$ | 凌 liŋ$^{53}$ | 征 tʂəŋ$^{224}$ | 拟 niŋ$^{53}$ tɕʰiŋ$^{31}$ / 孕 yn$^{31}$ | | | |
| 曾开入 | 墨 mɤ$^{31}$ / 墨 mei$^{31}$ | 得 tɤ$^{53}$ 得 tei$^{224}$ / 忒 tʰuei$^{224}$ 塞 sai$^{224}$ | 刻 kʰɤ$^{31}$ / 刻 kʰei$^{224}$ | | | | | 逼 pi$^{224}$ pei$^{53}$ | 息 ɕi$^{224}$ | 植 tʂɿ$^{53}$ / 侧 tsʰɿ$^{31}$ / 侧 tsai$^{45}$ | 极 tɕi$^{53}$ | | | |

表 2-6（续 3）

| | 一等 帮系 | 一等 端系 | 一等 见系 | 二等 帮系 | 二等 端系 | 二等 知系 | 二等 见系 | 三等 帮系 | 三等 端系 | 三等 知系 | 三等 见系 | 四等 帮系 | 四等 端系 | 四等 见系 |
|---|---|---|---|---|---|---|---|---|---|---|---|---|---|---|
| 曾合舒 | | | 弘xuŋ$^{53}$ | | | | | | | | | | | |
| 曾合入 | | | 国kuo$^{45}$ 国kuei$^{224}$ 或xuai$^{53}$ | | | | | | | | 域y$^{31}$ | | | |
| 梗开舒 | 猛maŋ$^{45}$ | 打ta$^{45}$ 冷laŋ$^{45}$ | | | | 撑tsʰaŋ$^{224}$ | 坑kʰaŋ$^{224}$ | 兵piŋ$^{224}$ 盟maŋ$^{53}$ | 令liŋ$^{31}$ | 贞tʂaŋ$^{224}$ 桢tʂaŋ$^{224}$ | 京tɕiŋ$^{224}$ | 瓶pʰiŋ$^{53}$ | 丁tiŋ$^{224}$ | 经tɕiŋ$^{224}$ |
| 梗开入 | 伯pi$^{53}$ 伯pan$^{45}$ 伯pai$^{45}$ | | | | | 择tsʰɣ$^{53}$ 择tsai$^{53}$ | 客kʰɣ$^{31}$ 客tɕʰie$^{224}$ | 碧pi$^{31}$ | 昔ɕi$^{224}$ | 射ʂ$^{31}$ 石ʑɿ$^{53}$ | 逆ni$^{31}$ 剧tɕy$^{31}$ | 璧pi$^{31}$ 璧pei$^{31}$ | 笛ti$^{53}$ | 激tɕi$^{224}$ |
| 梗合舒 | | | | | | | 矿kʰuaŋ$^{31}$ 横xaŋ$^{31}$ 矱xuŋ$^{224}$ | | | | 兄ɕyŋ$^{224}$ 荣ʐuŋ$^{53}$ 倾tɕʰiŋ$^{224}$ | | | 萤iŋ$^{53}$ |
| 梗合入 | | | | | | | 获xuo$^{31}$ 划xua$^{31}$ | | | | 坲i$^{31}$ | | | |
| 通合舒 | 弄nuŋ$^{31}$ 麷naŋ$^{224}$ | | 公kuŋ$^{224}$ 翁uŋ$^{224}$ | | | | | 风faŋ$^{224}$ | 隆luŋ$^{31}$ | 中tʂuŋ$^{224}$ 绒ʐuŋ$^{53}$ | 弓kuŋ$^{224}$ 雄ɕyŋ$^{53}$ | | | |
| 通合入 | 卜pei$^{224}$ 曝pau$^{31}$ | 秃tʰu$^{224}$ | 哭kʰu$^{224}$ 沃ux$^{31}$ | | | | | 福fu$^{224}$ | 宿ɕy$^{224}$ 缩ɕiou$^{224}$ | 竹tʂu$^{224}$ 缩suo$^{224}$ 叔ɕou$^{224}$ 橘ɿ$^{31}$ 橘ɿ$^{31}$ | 育y$^{31}$ | | | |

### 三、声调演变特点

武邑方言有阴平、阳平、上声、去声四个调类。中古平声、上声、去声、入声四个调类的归派与普通话基本相同。

不同之处主要表现在:

(一)古平声字归上声的比普通话多

古清平字归上声的,如:滋虽褒骄豌宣喧桑相侵拼;次浊平声字归上声的,如:奴梧违;全浊平归上声的,如:祈嫖焚裳。

(二)古上声字、入声字归阴平的比普通话多

1. 古上声字归阴平的比普通话多,古清上声字归阴平的,如:指址轨匪铰沼狡缴晓灸朽慷奖懵且;次浊上声字归阴平的,如:侮以纲;全浊上字归阴平的,如:技鳔负咎。

2. 古次浊入声字归阴平的,如:页掠勒液;古全浊入声字归阴平的,如:袭突籍。

3. 最突出的是古清入声字归阴平的比普通话多。

常用清声母入声字共 257 个字,其中归入阴平的有 164 个,归入去声的有 53 个,归入阳平的有 25 个,归入上声的有 15 个。

**表 2–7　武邑方言古清声母入声字归派情况表**

| 阴平 | 阳平 | 上声 | 去声 |
|---|---|---|---|
| 答鸽喝塌扎夹甲鸭接折挟法涩执湿级吸揖擦撒割八扎杀瞎鳖薛蜇浙揭歇蝎憋节结噎拨挖黪豁挖刷刮雪说决血笔悉虱失吉一不骨忽胳作索搁恶削脚约郭劂剥臬熄捉角北<u>得</u>塞黑逼息织百窄孵摘责革僻脊惜只滴踢吃适激锡滴卜速谷屋窒福肃竹缩粥菊蓄叔嘱锅色踏溻磕插掐贴缉撮渴撒铁切脱泼缺七漆膝窟出屈托戳忒拍拆尺戚劈扑秃哭曲急掇释客汁塔饺鲫灸搭押积击烛匹压觉室隔葛 | 合劫胁急又别卒博阁着酌琢德则植格嫡国又察舌壳酿洁<u>得</u><u>伯</u>塞 | 眨给设哕各郝的国撮朴伯媳葛又触侧 | 鬏剔摄萨喝轧泄撤发阔毕必戌率雀霍即<u>侧</u>赫吓碧迹益壁绩腹筑祝畜束踏恰怯泣猝错鹊却廓测魄<u>客</u>栅覆畜触又促握又式亿克赤辑 |

表 2–8 衡水武邑方言与《广韵》声调比较表

| | | 阴平 | 阳平 | 上声 | 去声 |
|---|---|---|---|---|---|
| 平 | 清 | 多缸车空 | | 滋虽褒骄<br>（极少数） | |
| | 次浊 | | 棉农麻流 | 奴梧违<br>（个别） | |
| | 全浊 | | 河层全桥 | 祈嫖焚裳<br>（极少数） | |
| 上 | 清 | 指址轨匪<br>（少数） | | 锁果请桶 | |
| | 次浊 | 侮以纲<br>（极少数） | | 雨奶搂勇 | |
| | 全浊 | 技鳔负咎<br>（极少数） | | | 跪抱奉重 |
| 去 | 清 | | | | 亚种去庆 |
| | 次浊 | | | | 二雾弄用 |
| | 全浊 | | | | 大病住号 |
| 入 | 清 | 甲鸭哭曲<br>（大多数） | 卒阁着格<br>（少数） | 眨给设触<br>（极少数） | 祝促错筑<br>（小部分） |
| | 次浊 | 页掠勒液<br>（极少数） | | | 猎叶玉欲 |
| | 全浊 | 袭突籍<br>（个别） | 盒闸熟俗 | | |

# 第五节　共时音变

## 一、两字组连读变调
### （一）一般非轻声两字组连读变调

表 2-9　非轻声两字组连调表[①]

| 　　　　后字<br>前字 | 阴平 224 | 阳平 53 | 上声 45 | 去声 31 |
|---|---|---|---|---|
| 阴平 224 | 224＋224 | 224＋53 | **31＋45** | 224＋31 |
| 阳平 53 | 53＋224 | 53＋53 | 53＋45 | 53＋31 |
| 上声 45 | 45＋224 | 45＋53 | 45＋45 | 45＋31 |
| 去声 31 | 31＋224 | 31＋53 | 31＋45 | 31＋31 |

例词：

### 前字阴平 [224]

1. 阴平 ＋ 阴平：224＋224 → 224＋224

   开关 $k^hai^{224}kuan^{224}$　　　　吃光 $tʂ^hʅ^{224}kuaŋ^{224}$

   青漆 $tɕ^hiŋ^{224}tɕ^hi^{224}$　　　　刷漆 $sua^{224}tɕ^hi^{224}$

2. 阴平 ＋ 阳平：224＋53 → 224＋53

   开门 $k^hai^{224}mən^{53}$　　　　开学儿 $k^hai^{224}ɕiɻaur^{53}$

   出门儿 $tʂ^hu^{224}mɚ^{53}$　　　　吃席 $tʂ^hʅ^{224}ɕi^{53}$

3. 阴平 ＋ 上声：224＋45 → **31＋45**

   亲眼 $tɕ^hin^{31}ian^{45}$　　　　抓紧 $tsua^{31}tɕin^{45}$

   喝水 $xɤ^{31}suei^{45}$　　　　烧火 $ʂau^{31}xuo^{45}$

4. 阴平 ＋ 去声：224＋31 → 224＋31

   开会 $k^hai^{224}xuei^{31}$　　　　猪肉 $tʂu^{224}zou^{31}$

---

[①]　加粗的部分表示发生了变调。

吃药 tʂʰʅ²²⁴iau³¹　　　　　　开业 kʰai²²⁴ie³¹

## 前字阳平 [53]

1. 阳平 + 阴平：53＋224 → 53＋224
   红花儿 xuŋ⁵³xuær²²⁴　　　　头七 tʰou⁵³tɕʰi²²⁴
   白天 pai⁵³tʰian²²⁴　　　　　合适 xɤ⁵³ʂʅ²²⁴

2. 阳平 + 阳平：53＋53 → 53＋53
   红糖 xuŋ⁵³tʰaŋ⁵³　　　　　凉席 liaŋ⁵³ɕi⁵³
   食堂 ʂʅ⁵³tʰaŋ⁵³　　　　　学舌儿 ɕiau⁵³ʂɤr⁵³

3. 阳平 + 上声：53＋45 → 53＋45
   明抢 miŋ⁵³tɕʰiaŋ⁴⁵　　　　全国 tɕʰyan⁵³kuo⁴⁵
   学好儿 ɕiau⁵³xaur⁴⁵　　　　白酒 pai⁵³tɕiou⁴⁵

4. 阳平 + 去声：53＋31 → 53＋31
   难受 nan⁵³ʂou³¹　　　　　流汗 liou⁵³xan³¹
   难弄 nan⁵³nəŋ³¹　　　　　直线 tʂʅ⁵³ɕian³¹

## 前字上声 [45]

1. 上声 + 阴平：45＋224 → 45＋224
   小鸡儿 ɕiau⁴⁵tɕiɻɤ²²⁴　　　买漆 mai⁴⁵tɕʰi²²⁴
   小叔 ɕiau⁴⁵ʂou²²⁴　　　　雨衣 y⁴⁵i²²⁴

2. 上声 + 阳平：45＋53 → 45＋53
   小鱼儿 ɕiau⁴⁵yɻɤ⁵³　　　　小学儿 ɕiau⁴⁵ɕiɻaur⁵³
   手术 ʂou⁴⁵su⁵³　　　　　水壶 suei⁴⁵xu⁵³

3. 上声 + 上声：45＋45 → 45＋45
   酒厂 tɕiou⁴⁵tʂʰaŋ⁴⁵　　　　小米儿 ɕiau⁴⁵miɻɤ⁴⁵
   彩礼 tsʰai⁴⁵li⁴⁵　　　　　雨伞 y⁴⁵san⁴⁵

4. 上声 + 去声：45＋31 → 45＋31
   小尽 ɕiau⁴⁵tɕin³¹　　　　　小错儿 ɕiau⁴⁵tsʰuɻɤr³¹
   好受 xau⁴⁵ʂou³¹　　　　　炒菜 tsʰau⁴⁵tsʰai³¹

## 前字去声 [31]

1. 去声 + 阴平：31+224 → 31+224

降温 tɕiaŋ³¹uən²²⁴　　　　　四页儿 sʅ³¹iɛr²²⁴

绿灯 ly³¹təŋ²²⁴　　　　　　腊八儿 la³¹pær²²⁴

2. 去声 + 阳平：31+53 → 31+53

汽油 tɕʰi³¹iou⁵³　　　　　　认实 zən³¹sʅ⁵³

入门儿 zu³¹mɚ⁵³　　　　　　木盒儿 mu³¹xɤr⁵³

3. 去声 + 上声：31+45 → 31+45

漏水 lou³¹suei⁴⁵　　　　　　要好儿 iau³¹xaur⁴⁵ 讲究穿戴

送礼 suŋ³¹li⁴⁵　　　　　　　木板 mu³¹pan⁴⁵

4. 去声 + 去声：31+31 → 31+31

菜饭 tsʰai³¹fan³¹　　　　　　受气 ʂou³¹tɕʰi³¹

上药 ʂaŋ³¹iau³¹　　　　　　热菜 zɤ³¹tsʰai³¹

（二）轻声两字组连读调

表 2-10　非叠字组轻声两字组连调①

| | 轻声 | | | |
|---|---|---|---|---|
| | 原单字调<br>阴平 224 | 原单字调<br>阳平 53 | 原单字调<br>上声 45 | 原单字调<br>去声 31 |
| 阴平 224 | | | | 224+0、*45+0、*<br>*53+0* |
| 阳平 53 | 45+0、53+0 | 45+0、53+0 | 45+0、53+0 | 45+0、53+0 |
| 上声 45 | *45+0、53+0* | | *45+0、53+0* | 45+0、*53+0* |
| 去声 31 | 53+0 | 53+0 | 53+0 | 53+0、31+0 |

---

① 表中只显示轻声词的实际调值，如前字阳平和原单字调为阴平的后字组
成的轻声词其词调模型有两种，分别为 45+0、53+0；空白处表示没有相应的
例词；斜体部分表示这种词调模型的例词极少，几乎是穷尽举例。

　　武邑方言非叠字组轻声两字组连调一般分为 A、B 两组情况:A 组前字不变调;B 组前字为阳平的,变读同上声调;前字为去声的,变读同阳平调。个别前字为阴平的非叠字组轻声两字组连调,前字变读同上声调或者阳平调;个别前字为上声的,变读同阳平调。

　　例词:

前字阴平 [224]

阴平 + 原单字调去声的轻声:

A 组:224＋0 → 224＋0

　福气 fu$^{224}$tɕ$^h$i$^0$ 　　　　　阴历 in$^{224}$li$^0$

　节目儿 tɕie$^{224}$mur$^0$ 　　　　责任 tsai$^{224}$zən$^0$

B 组:224＋0 → 45＋0

　干饭 kan$^{45}$fan$^0$ 焖的大米饭

前字阳平 [53]

阳平 + 原单字调阴平的轻声:

A 组:53＋0 → 53＋0

　南瓜 nan$^{53}$kua$^0$ 　　　　　良心 liaŋ$^{53}$ɕin$^0$

　南边儿 nan$^{53}$pɐr$^0$

B 组:53＋0 → 45＋0

　学生 ɕiau$^{45}$səŋ$^0$ 　　　　　娘花 niaŋ$^{45}$xuo$^0$ 棉花

　茴香 xuei$^{45}$ɕiaŋ$^0$ 　　　　　婆家 p$^h$ɤ$^{45}$tɕia$^0$

阳平 + 原单字调阳平的轻声:

A 组:53＋0 → 53＋0

　合同 xɤ$^{53}$t$^h$uŋ$^0$ 　　　　　长虫 tʂ$^h$aŋ$^{53}$tʂ$^h$uŋ$^0$ 蛇

B 组:53＋0 → 45＋0

　明白 miŋ$^{45}$pai$^0$ 　　　　　眉毛 mei$^{45}$mau$^0$

　石头 ʂ$^{45}$t$^h$ou$^0$ 　　　　　门帘 mən$^{45}$lian$^0$

阳平 + 原单字调上声的轻声:

A 组:53＋0 → 53＋0

年景 nian⁵³tɕiŋ⁰　　　　　凉粉 liaŋ⁵³fən⁰

苹果 pʰiŋ⁵³kuo⁰

B 组：53＋0 → 45＋0

柴火 tsʰai⁴⁵xuo⁰　　　　　抬举 tʰai⁴⁵tɕy⁰

寒碜 xan⁴⁵tsʰən⁰　　　　　笤帚 tʰiau⁴⁵tʂu⁰

阳平 ＋ 原单字调去声的轻声：

A 组：53＋0 → 53＋0

勤快 tɕʰin⁵³kʰuai⁰　　　　难为 nan⁵³uei⁰

农历 nuŋ⁵³li⁰　　　　　　植物儿 tʂʅ⁵³ur⁰

B 组：53＋0 → 45＋0

难处 nan⁴⁵tʂʰu⁰　　　　　羊肉 iaŋ⁴⁵ʐou⁰

实惠 ʂʅ⁴⁵xuei⁰　　　　　　毒药 tu⁴⁵iau⁰

#### 前字上声 [45]

上声 ＋ 原单字调阴平的轻声：

A 组：45＋0 → 45＋0

打听 ta⁴⁵tʰiŋ⁰

B 组：45＋0 → 53＋0

主家 tʂu⁵³tɕia⁰

上声 ＋ 原单字调上声的轻声：

A 组：45＋0 → 45＋0

多少 tuo⁴⁵ʂau⁰

B 组：45＋0 → 53＋0

小姐 ɕiau⁵³tɕie⁰

上声 ＋ 原单字调去声的轻声：

A 组：45＋31 → 45＋0

躺柜 tʰaŋ⁴⁵kuei⁰　　　　　小月儿 ɕiau⁴⁵yɤr⁰

多么 tuo⁴⁵mɤ⁰　　　　　　寡妇 kua⁴⁵fu⁰

B 组：45＋0 → 53＋0

扫帚 sau⁵³tʂu⁰

## 前字去声 [31]

去声 + 原单字调阴平的轻声：

B 组：$31+0 \rightarrow 53+0$

弟兄 $ti^{53}\varphi y \eta^0$　　　　　烙铁 $lau^{53}t^hie^0$

大工 $ta^{53}ku\eta^0$ 泥瓦匠　　　地方儿 $ti^{53}fær^0$

去声 + 原单字调阳平的轻声：

B 组：$31+0 \rightarrow 53+0$

院墙 $yan^{53}t\varphi^hia\eta^0$　　　　壮实 $tsua\eta^{53}ʂʅ^0$

叫驴 $t\varphi iau^{53}ly^0$ 公驴　　　丈人 $tʂa\eta^{53}z\text{ə̩}n^0$

去声 + 原单字调上声的轻声：

B 组：$31+0 \rightarrow 53+0$

豆腐 $tou^{53}fu^0$　　　　　对眼儿 $tuei^{53}iɤr^0$

下水 $\varphi ia^{53}suei^0$　　　　面子 $mian^{53}tsʅ^0$

去声 + 原单字调去声的轻声：

A 组：$31+0 \rightarrow 31+0$

护士 $xu^{31}sʅ^0$　　　　　运气 $yn^{31}t\varphi^hi^0$

这么 $tʂɤ^{31}mɤ^0$　　　　厚道 $xou^{31}tau^0$

B 组：$31+0 \rightarrow 53+0$

木匠 $mu^{53}t\varphi ia\eta^0$　　　　力气 $li^{53}t\varphi^hi^0$

腊月 $la^{53}ye^0$　　　　　绿豆 $ly^{53}tou^0$

表 2-11　叠字组轻声两字组连读调

| | 轻声 | |
| --- | --- | --- |
| | A 组 | B 组 |
| 阴平 224 | 224+0 | *45+0* |
| 阳平 53 | 53+0（个别叠字组为名词） | 45+0 |
| 上声 45 | 45+0 | |
| 去声 31 | 31+0 | 53+0 |

　　武邑方言叠字组轻声两字组连调模式分为 A、B 两组模式：A 组前字不变调；B 组前字变调，具体情况为：个别前字为阴平的叠字组轻声两字组连调，前字由阴平调变读同上声调；前字为阳平的叠字组轻声两字组连调，前字由阳平调变读同上声调；前字为去声的叠字组轻声两字组连调，前字由去声调变读同阳平调。一般表尝试、短时义的动词叠字组轻声连调模式为 A 组；而名词叠字组的轻声连调模式为 B 组。

　　例词：

前字阴平 [224]

A 组：$224 + 0 \rightarrow 224 + 0$

　　相相 $\varphi$iaŋ$^{224}$$\varphi$iaŋ$^0$ 相亲　　　　说说 ʂuo$^{224}$ʂuo$^0$

　　冰冰 piŋ$^{224}$piŋ$^0$　　　　　　开开 k$^h$ai$^{224}$k$^h$ai$^0$

B 组：$224 + 0 \rightarrow 45 + 0$

　　兜兜 tou$^{45}$tou$^0$

前字阳平 [53]

A 组：$53 + 0 \rightarrow 53 + 0$

　　闻闻 uən$^{53}$uən$^0$　　　　　　量量 liaŋ$^{53}$liaŋ$^0$

　　平平 p$^h$iŋ$^{53}$p$^h$iŋ$^0$ 动作　　　舅舅 t$\varphi$iou$^{53}$t$\varphi$iou$^0$

B 组：$53 + 0 \rightarrow 45 + 0$

　　圆圆 yan$^{45}$yan$^0$ 人名　　　　爷爷 ie$^{45}$ie$^0$

行儿行儿 xær$^{45}$xær$^0$ 对小孩儿的蔑称

前字上声 [45]

A 组：$45 + 0 \rightarrow 45 + 0$

　　扫扫 tʂ$^h$au$^{45}$tʂ$^h$au$^0$　　　　打打 ta$^{45}$ta$^0$

　　瞅瞅 ts$^h$ou$^{45}$ts$^h$ou$^0$　　　　找找 tsau$^{45}$tsau$^0$

前字去声 [31]

A 组：$31 + 0 \rightarrow 31 + 0$

　　看看 k$^h$an$^{31}$k$^h$an$^0$　　　　　弄弄 nuŋ$^{31}$nuŋ$^0$

去去 tɕʰi³¹tɕʰi⁰　　　　　晾晾 liaŋ³¹liaŋ⁰

B 组:31+0 → 53+0

爸爸 pa⁵³pa⁰　　　　　道儿道儿 tʐaur⁵³tʐaur⁰

静静 tɕiŋ⁵³tɕiŋ⁰ 人名　　　妹妹 mei⁵³mei⁰

（三）特殊的非轻声两字组连调 —— 中和调

武邑方言中还有一部分非轻声两字组对应于其他方言（如北京话）中的轻声两字组，这部分非轻声两字组连读时，不论前字变调与否，后字均中和为一种不轻不短的调子，性质上介于原单字调和轻声之间（老派一般均读得不轻不短；新派读得有点不稳定，有时不轻不短，有时偏向于轻短）。依据学界的惯例，我们把这种调子称为中和调。武邑方言中非叠字两字组中和调和叠字两字组中和调的调值相同，二者的词调模型也相同。

1. 非叠字两字组中和调

表 2-12　非叠字两字组中和调[①]

| | 中和调 | | | |
|---|---|---|---|---|
| | 原单字调阴平 | 原单字调阳平 | 原单字调上声 | 原单字调去声 |
| 阴平 224 | 31+33 | 31+33、*213+33* | 31+33 | 31+33、*213+33* |
| 阳平 53 | | | | |
| 上声 45 | 213+33 | 213+33 | 213+33 | 213+33 |
| 去声 31 | 31+33 | 31+33 | *31+33* | *31+33* |

① 表中只显示中和调的词调模型，如前字为阴平的中和调词调模型有两种，分别为 31+33、213+33；空白处表示没有相应的例词；斜体部分表示这种词调模型的例词极少，几乎是穷尽举例。

　　武邑方言中前字为阳平的非叠字两字组连读调没有产生带中和调的词调模型；前字为阴平的非叠字两字组连调产生中和调的同时，前字由阴平调变读同去声调；个别前字为阴平的非叠字两字组连调产生中和调的同时，其词调模型变得与前字为上声的两字组中和调词调模型相同；前字为上声的非叠字两字组连调产生中和调的同时，前字调型由上声调型变得和阴平调型类似；前字为去声非叠字的两字组连调产生中和调的同时，前字的调值和调型都不发生变化。

　　具有此种词调模型的非叠字两字组多为名词或表示状态的形容词以及个别动词。

　　例词：

前字阴平 [224]

阴平 + 阴平：224＋224 → 31＋33

生铁 səŋ³¹tʰie³³　　　　　　掰开 pai³¹kʰai³³
公鸡 kuŋ³¹tɕi³³　　　　　　风箱 fəŋ³¹ɕiaŋ³³

阴平 + 阳平：

224＋53 → 31＋33

山羊 san³¹iaŋ³³　　　　　　收拾 ʂou³¹ʂʅ³³
结实 tɕie³¹ʂʅ³³　　　　　　缰绳 kaŋ³¹ʂəŋ³³

224＋53 → 213＋33

高粱 kau²¹³liaŋ³³　　　　　家来 tɕia²¹³lai³³

阴平 + 上声：224＋45 → 31＋33

谷雨 ku³¹y³³　　　　　　　轻巧 tɕʰiŋ³¹tɕʰiau³³
疯狗 fəŋ³¹kou³³　　　　　　烧饼 ʂau³¹piŋ³³

阴平 + 去声：

224＋31 → 31＋33

兄弟 ɕyŋ³¹ti³³　　　　　　窗户 tsʰuaŋ³¹xu³³
炊帚 tsʰuei³¹tʂu³³　　　　　菠菜 pɤ³¹tsʰai³³

224＋31 → 213＋33

高垫 kau²¹³tian³³ 草苫子　　　　家去 tɕia²¹³tɕʰi³³

### 前字上声 [45]

上声 ＋ 阴平：45＋224 → 213＋33

草鸡 tsʰau²¹³tɕi³³　　　　　手巾 ʂou²¹³tɕin³³

火烧 xuo²¹³ʂau³³　　　　　尾巴 i²¹³pa³³

上声 ＋ 阳平：45＋53 → 213＋33

草鱼 tsʰau²¹³y³³　　　　　伙食 xuo²¹³ʂɻ³³

米猫 mi²¹³mau³³ 母鸡　　　草驴 tsʰau²¹³ly³³ 母驴

上声 ＋ 上声：45＋45 → 213＋33

苦水 kʰu²¹³suei³³　　　　　老鼠 lau²¹³ʂu³³

显摆 ɕian²¹³pai³³

上声 ＋ 去声：45＋31 → 213＋33

本事 pən²¹³sɻ³³　　　　　买卖 mai²¹³mai³³

手续 ʂou²¹³ɕy³³　　　　　满月 man²¹³ye³³

### 前字去声 [31]

去声 ＋ 阴平：31＋224 → 31＋33

下边儿 ɕia³¹pɐr³³　　　　　后边儿 xou³¹pɐr³³

上边儿 ʂaŋ³¹pɐr³³

去声 ＋ 阳平：31＋53 → 31＋33

冻凌 tuŋ³¹liŋ³³ 冰凌　　　　上头 xaŋ³¹tʰou³³

外国 uai³¹kuo³³

去声 ＋ 上声：31＋45 → 31＋33

糯米 tɕian³¹mi³³

去声 ＋ 去声：31＋31 → 31＋33

近视 tɕin³¹sɻ³³

2.叠字两字组中和调

表 2-13　叠字两字组中和调

|  | 中和调 |
|---|---|
| 阴平 224 | 31＋33 |
| 阳平 53 | *213+33* |
| 上声 45 | 213＋33 |
| 去声 31 |  |

　　武邑方言前字为去声的叠字两字组连读调没有产生带中和调的词调模型;前字为阴平的叠字两字组连调产生中和调的同时,前字由阴平调变读同去声调;前字为阳平的叠字两字组连读调产生带中和调的情况极少,仅有 1 例,且和前字为上声的叠字两字组连读调产生带中和调的词调模型相同;前字为上声的叠字两字组连调产生中和调的同时,前字调型变得和阴平调型类似。

　　具有中和调模型的叠字两字组一般为名词叠字组;少数为表示结果义、状态义的动词、形容词叠字组。

　　例词:

前字阴平 [224]

阴平 ＋ 阴平:224＋224 → 31＋33

　　妈妈 ma³¹ma³³　　　　　　　开开 kʰai³¹kʰai³³

　　天天儿 tʰian³¹tʰiɛ̱r³³　　　　叨叨 tau³¹tau³³

前字阳平 [53]

阳平 ＋ 阳平:53＋53 → 213＋33

　　阳儿阳儿 iɻær²¹³iɻær³³

前字上声 [45]

上声 ＋ 上声:45＋45 → 213＋33

　　好儿好儿 xaur²¹³xuar³³　　　奶奶 nai²¹³nai³³

　　姐姐 tɕie²¹³tɕie³³　　　　　　腆腆 tʰian²¹³tʰian³³

（四）小结

武邑方言中非轻声两字组连读时一般没有变调现象，只有当两字组组合是"阴平 + 上声"的时候，其连读情况与"去声 + 上声"的两字组连调中和。

轻声两字组连调的一般规律可以总结为：A 组前字不变调；B 组前字为阳平的非叠字组轻声两字组连调，前字由阳平调变读同上声调；前字为去声的非叠字组轻声两字组连调，前字由去声调变读同阳平调。

从前字是否发生变调的角度观察，可以看出轻声两字组连调的前字变调情况与非轻声两字组连调产生中和调的前字变调情况正好互补：前者是阳平变上声，去声变阳平；后者是阴平变去声，上声调型变得和阴平调型类似。这和北方其他方言中的轻声前两字组连调循环变读的词调模型相似。这似乎也正说明了中和调是向轻声过渡的一种调。

（五）特殊变调

武邑方言中的"一、不、八"、人称代词、指示代词等变调比较特殊，分别如下：

"一"的单字调为阴平 [224]，变调一般有两种，一是变读同上声 [45]，一是变读同去声 [31]。也有时不变，如：

1. 一霎儿 i$^{45}$ʂær$^{53}$　　　一年 i$^{45}$nian$^{53}$
2. 一会儿 i$^{31}$xuə$^{45}$　　　一绺儿 i$^{31}$liʐour$^{31}$ 一条儿
3. 一年 i$^{224}$nian$^{53}$

值得注意的是，不强调或是语速快的时候，"一"还变读为中和调，如：一霎儿 i$^{33}$ʂær$^{53}$、以后 i$^{33}$xou$^{31}$。

"不"的单字调为阴平 [224]，变调一般有两种，一是变读同上声 [45]，一是变读同去声 [31]。也有时不变，如：

1. 不忿儿 pu$^{45}$fə$^{31}$ 气不过　不行 pu$^{45}$ɕiŋ$^{53}$
2. 不好 pu$^{31}$xau$^{45}$　　　不老 pu$^{31}$lau$^{45}$

3. 不去 pu$^{224}$tɕ$^h$i$^{31}$

值得注意的是：不表强调或是语速快的时候，"不"还变读为中和调，如：不行 pu$^{33}$ɕiŋ$^{53}$、不忿儿 pu$^{33}$fə$^{31}$ 气不过。

"八"的单字调为阴平 [224]，变调一般有两种，一是变读同上声 [45]，一是变读同去声 [31]。也有时不变，如：

1. 八个 pa$^{45}$kɤ$^{31}$

2. 八十啊 pa$^{31}$ʂa$^{33}$

3. 八天 pa$^{224}$t$^h$ian$^{224}$

人称代词"咱、恁、他"的单字调为上声 [45]，变调有两种，一是变读同去声 [31]，一是变读同阳平 [53]。也有时不变，如：

1. 咱俩 tsan$^{31}$lia$^{45}$　　恁俩 nei$^{31}$lia$^{45}$　　　他俩 t$^h$a$^{31}$lia$^{45}$

2. 俺家 nan$^{53}$tɕia$^0$　　恁家 nei$^{53}$tɕia$^0$　　他家 t$^h$a$^{53}$tɕia$^0$

3. 咱娘 tsan$^{45}$niaŋ$^{53}$　恁娘 nei$^{45}$niaŋ$^{53}$　他娘 t$^h$a$^{45}$niaŋ$^{53}$

指示代词"这、乜、那"的单字调为去声 [31]，变调有三种，一是变读同上声 [45]，一是变读同阳平 [53]，一是变读同阴平 [224]（当"这个、乜个、那个"简说为"这、乜、那"时，我们称之为 D 变音式变调，用上标的大写字母 D 表示，详下）。也有时不变，如：

① 这个 tʂɤ$^{45}$kɤ$^{33}$　乜个 nie$^{45}$kɤ$^{33}$　　那个 na$^{45}$kɤ$^{33}$

② 这里 tʂɤ$^{53}$li$^0$　　乜里 nie$^{53}$li$^0$　　　那里 na$^{53}$li$^0$

③ 这$^D$tʂɤ$^{224}$　　　乜$^D$nie$^{224}$　　　那$^D$na$^{224}$

④ 这哈儿 tsan$^{31}$xær$^{33}$ 乜哈儿 nian$^{31}$xær$^{33}$ 那儿哈儿 nʐær$^{31}$xær$^{33}$

## 二、儿化韵

武邑方言的"儿"为独立成音节的边音 [l̩]。武邑方言的韵母中除了 [iai yŋ uau l̩] 不能儿化外，其余都可以儿化，共产生 31 个儿化韵。儿化后根据声韵配合关系的不同分为两种类型。一是闪音型儿化，即儿化后声韵之间增加了一个闪音（有的时候发成舌尖前闪音 [ɾ]，有的时候发成舌尖后闪音 [ɻ]，二者不构成对立，属于音位变体，此处我们统一记成舌尖后闪音 [ɻ]），一是普通型儿化，与普通话的儿化韵类型相同。

由于声韵配合关系不同，凡和声母 [p pʰ m f]、[tʂ tʂʰ ʂ z]、[k kʰ x]（除齐齿呼）相拼的韵母都不加闪音。凡和声母 [t tʰ n l]、[ts tsʰ s]、[tɕ tɕʰ ɕ] 相拼的韵母都加闪音。和零声母相拼的齐齿呼、撮口呼都加闪音；和零声母相拼的开口呼、合口呼都不加闪音。和声母 [l] 相拼时也可以不加闪音，但这是受普通话的影响。

声韵之间加闪音的可分为两种：一是齐齿呼、合口呼、撮口呼的字，儿化形式是"（零）声母＋介音＋闪音＋韵腹＋韵尾"；一是开口呼的字，儿化形式是"声母＋闪音＋韵腹＋韵尾"。齐齿呼、撮口呼韵母和声母相拼时都加闪音。

**表 2-14　武邑方言儿化表**

| 儿化韵 | 本韵 | 例词 | | |
|---|---|---|---|---|
| ɚ | ʐ̩ | 针儿 tʂɚ²²⁴ | 小吃儿 ɕiau⁴⁵tʂʰɚ²²⁴ | 消食儿 ɕiau²²⁴ʂɚ⁵³ |
| | ei | 小辈儿 ɕiau⁴⁵pɚ³¹ | 一擦黑儿 i⁴⁵tsʰa²²⁴xɚ³¹ | 刀背儿 tau²²⁴pɚ³¹ |
| | ən | 分儿 fɚ²²⁴ | 口沉儿 kʰou⁴⁵tʂʰɚ⁵³ | 合身儿 xɤ⁵³ʂɚ²²⁴ |
| tɽɚ | ɹ̩ | 字儿 tsɽɚ³¹ | 刺儿 tsʰɽɚ³¹ | 丝儿 sɽɚ²²⁴ |
| | ei | 泪儿 lɽɚ³¹ | 小毛贼儿 tsɽɚ⁵³ | |
| | ən | 打□儿 ta⁴⁵tɽɚ³¹ 暂停 | | |
| iɽɚ | i | 针鼻儿 tʂən²²⁴piɽɚ⁵³ | 底儿 tiɽɚ⁴⁵ | 小鸡儿 ɕiau⁴⁵tɕiɽɚ²²⁴ |
| | in | 芯儿 ɕiɽɚ²²⁴ | 今儿 tɕiɽɚ²²⁴ | 音儿 iɽɚ²²⁴ |

续表

| 儿化韵 | 本韵 | 例词 | | |
|---|---|---|---|---|
| uɚ | uei | 小柜儿 ɕiau$^{45}$kuɚ$^{31}$ | 味儿 uɚ$^{31}$ | 一会儿 i$^{31}$xuɚ$^{45}$ |
| | uən | 棍儿 kuɚ$^{31}$ | 魂儿 xuɚ$^{53}$ | 纹儿 uɚ$^{53}$ |
| | u | 小猪儿 ɕiau$^{45}$tʂuɚ$^{224}$ | 一出儿 i$^{45}$tʂʰuɚ$^{224}$ | 小树儿 ɕiau$^{45}$ʂuɚ$^{31}$ |
| uʅɚ | uei | 一对儿 i$^{45}$tuʅɚ$^{31}$ | 耳坠 l̩$^{45}$tsuʅɚ$^{31}$ | 穗儿 suʅɚ$^{31}$ |
| | uən | 打盹儿 ta$^{45}$tuʅɚ$^{45}$ | 车轮儿 tʂʰɤ$^{224}$luʅɚ$^{53}$ | 嘴唇儿 tsuei$^{45}$tsʰuʅɚ$^{53}$ |
| yʅɚ | y | 有趣儿 iou$^{45}$tɕʰyʅɚ$^{31}$ | 须儿 ɕyʅɚ$^{224}$ | 小鱼儿 ɕiau$^{45}$yʅɚ$^{53}$ |
| | yn | 张军儿 tʂaŋ$^{224}$tɕyʅɚ$^{224}$ | 小裙儿 ɕiau$^{45}$tɕʰyʅɚ$^{53}$ | 挨训儿 nai$^{53}$ɕyʅɚ$^{31}$ |
| ær | a | 小巴儿 ɕiau$^{45}$pær$^{224}$ | 没法儿 mei$^{224}$fær$^{224}$ | 吃妈儿 tʂʅ$^{224}$mær$^{224}$ 吃奶 |
| | aŋ | 小房儿 ɕiau$^{45}$fær$^{53}$ | 香肠儿 ɕiaŋ$^{224}$tʂʰær$^{53}$ | 茶缸儿 tsʰa$^{53}$kær$^{224}$ |
| ʅær | a | 一沓儿 i$^{45}$tʅær$^{53}$ | 一捺儿 i$^{45}$nʅær$^{31}$ | 渣儿 tsʅær$^{224}$ |
| | aŋ | 汤儿 tʰʅær$^{224}$ | 嗓儿 sʅær$^{45}$ | |
| iʅær | ia | 豆芽儿 tou$^{31}$iʅær$^{53}$ | 几家儿 tɕi$^{45}$tɕiʅær$^{224}$ | 一下儿 i$^{45}$ɕiʅær$^{31}$ |
| | ian | 小枪儿 ɕiau$^{45}$tɕʰiʅær$^{224}$ | 量儿 liʅær$^{31}$ | 小羊儿 ɕiau$^{45}$iʅær$^{53}$ |
| uær | ua | 小褂儿 ɕiau$^{45}$kuær$^{31}$ | 黄花儿 xuŋ$^{53}$xuær$^{224}$ | 水洼儿 suei$^{45}$uær$^{224}$ |
| | uaŋ | 借光儿 tɕie$^{31}$kuær$^{224}$ | 蛋黄儿 tan$^{31}$xuær$^{53}$ | 麦芒儿 mai$^{31}$uær$^{53}$ |

续表

| 儿化韵 | 本韵 | 例词 | | |
|---|---|---|---|---|
| uʈær | ua | 鸡爪儿 tɕi$^{224-31}$tʂuʈær$^{45}$ | 牙刷儿 ia$^{53}$suʈær$^{224}$ | |
| | uaŋ | 张庄儿 tʂaŋ$^{224}$tʂuʈær$^{224}$ | 疮儿 tsʰuʈær$^{224}$ | 双双儿 suaŋ$^{53}$suʈær$^{0}$ |
| ɐr | an | 上班儿 ʂaŋ$^{31}$pɐr$^{224}$ | 门扇儿 mən$^{53}$ʂɐr$^{31}$ | 竹竿儿 tsu$^{224}$kɐr$^{224}$ |
| | ai | 葱白儿 tsʰuŋ$^{224}$pɐr$^{53}$ | 买儿卖儿 mɐr$^{213}$mɐr$^{33}$ | 壶盖儿 xu$^{53}$kɐr$^{31}$ |
| ʈɐr | an | 被单儿 pei$^{31}$tʈɐr$^{224}$ | 小篮儿 ɕiau$^{45}$lʈɐr$^{53}$ | 小衫儿 ɕiau$^{45}$sʈɐr$^{224}$ |
| | ai | 门台儿 mən$^{53}$tʰʈɐr$^{53}$ | 小灾儿 ɕiau$^{45}$tsʈɐr$^{224}$ | 色儿 sʈɐr$^{224}$ |
| iʈɐr | ian | 边儿 piʈɐr$^{224}$ | 天儿 tʰiʈɐr$^{224}$ | 钱儿 tɕʰiʈɐr$^{53}$ |
| uɐr | uan | 小官儿 ɕiau$^{45}$kuɐr$^{224}$ | 大款儿 ta$^{31}$kʰuɐr$^{45}$ | 撒欢儿 sa$^{224}$xuɐr$^{224}$ |
| | uai | 一块儿 i$^{45}$kʰuɐr$^{31}$ | 开怀儿 kʰai$^{224}$xuɐr$^{53}$ | |
| uʈɐr | uan | 段儿 tuʈɐr$^{31}$ | 砖儿 tsuʈɐr$^{224}$ | 蒜儿 suʈɐr$^{31}$ |
| yʈɐr | yan | 手绢儿 ʂou$^{45}$tɕyʈɐr$^{31}$ | 头旋儿 tʰou$^{53}$ɕyʈɐr$^{31}$ | 院儿 yʈɐr$^{31}$ |
| ur | u | 母儿 mur$^{45}$ | 股儿 kur$^{45}$ | 一副儿 i$^{45}$fur$^{31}$ |
| ʈur | u | 打赌儿 ta$^{45}$tʈur$^{45}$ | 小鹿儿 ɕiau$^{45}$lʈur$^{31}$ | 数儿 sʈur$^{31}$ |
| ɤr | ɤ | 上坡儿 ʂaŋ$^{31}$pʰɤr$^{224}$ | 褶儿 tʂɤr$^{224}$ | 唱歌儿 tʂʰaŋ$^{31}$kɤr$^{224}$ |
| | əŋ | 风儿 fɤr$^{224}$ | 绳儿 sɤr$^{53}$ | 水坑儿 suei$^{45}$kʰɤr$^{224}$ |

续表

| 儿化韵 | 本韵 | 例词 | | |
|---|---|---|---|---|
| ɭɤʴr | ɤ | 模特儿 mɤ⁵³tʰɭɤʴr³¹ | 小鹅儿 ɕiau⁴⁵nɭɤʴr⁵³ | 小德儿 ɕiau⁴⁵tɭɤʴr⁵³ |
| | əŋ | 外甥儿 uai³¹⁻⁵³ sɭɤʴr⁰ | 棱儿 lɭɤʴr³¹ | 层儿 tsʰɭɤʴr⁵³ |
| uɤʴr | uo | 果儿 kuɤʴr⁴⁵ | 活儿 xuɤʴr⁵³ | 小说儿 ɕiau⁴⁵⁻²¹³ ʂuɤʴr³³ |
| | uŋ | 公儿 kuɤʴr²²⁴ 雄性小山羊 | 空儿 kʰuɤʴr²²⁴ 空坚果壳 | 瓮儿 uɤʴr³¹ |
| uɭɤʴr | uo | 托儿 tʰuɭɤʴr²²⁴ | 小骡儿 ɕiau⁴⁵luɭɤʴr⁵³ | 桌儿 tsuɭɤʴr²²⁴ |
| | uŋ | 筒儿 tʰuɭɤʴr⁴⁵ | 垄儿 luɭɤʴr⁴⁵ | 种儿 tsuɭɤʴr⁴⁵ |
| iɭɛr | ie | 一撇儿 i³¹pʰiɭɛr⁴⁵ | 贴儿 tʰiɭɛr²²⁴ | |
| | iŋ | 小饼儿 ɕiau⁴⁵piɭɛr⁴⁵ | 零儿 liɭɛr⁵³ 零头 | 影儿 iɭɛr⁴⁵ |
| yɭɛr | ye | 木橛儿 mu³¹tɕyɭɛr⁵³ | 小雪儿 ɕiau⁴⁵ɕyɭɛr²²⁴ | 月月儿 ye³¹yɭɛr⁰ |
| aur | au | 包儿 paur²²⁴ | 招儿 tʂaur²²⁴ | 号儿 xaur³¹ |
| ɭaur | au | 套儿 tʰɭaur³¹ | 小袄儿 ɕiau⁴⁵nɭaur⁴⁵ | 草儿 tsʰɭaur⁴⁵ |
| iɭaur | iau | 表儿 piɭaur⁴⁵ | 条儿 tʰiɭaur⁵³ | 小桥儿 ɕiau⁴⁵tɕʰiɭaur⁵³ |
| our | ou | 肘儿 tʂour⁴⁵ | 沟儿 kour²²⁴ | 猴儿 xour⁵³ |
| ɭour | ou | 头儿 tʰɭour⁵³ | 小楼儿 ɕiau⁴⁵lɭour⁵³ | 帮凑儿 paŋ³¹tsʰɭour³¹ 帮忙 |
| iɭour | iou | 妞儿 niɭour²²⁴ | 球儿 tɕʰiɭour⁵³ | 袖儿 ɕiɭour³¹ |

### 三、其他音变

#### （一）同化

1. 韵母或韵尾的同化，如：疙瘩 kɤ-ka²²⁴⁻³¹ta³³、大拇手指头 ta³¹⁻⁵³mu-ma⁰ʂou⁴⁵tsʅ²²⁴⁻³¹tʰou³³ 拇指、茴香 xuei-xuən⁵³⁻⁴⁵ɕiaŋ⁰、气门芯儿 tɕʰi³¹men-min⁴⁵xiɻɚ²²⁴、铁锨 tʰie²²⁴⁻³¹ɕian-ɕie³³、花骨朵 xua²²⁴ku²²⁴⁻³¹tuo-tu³³、结巴嘴 tɕie-tɕye²²⁴⁻³¹pa³³tsuei⁴⁵、堂姊妹们 tʰaŋ⁵³tsʅ⁴⁵⁻²¹³mei-mən³³mən⁰、早兴饭 tsau⁴⁵⁻²¹³ɕiŋ-ɕin³³fan³¹ 早饭。

2. 儿化之后又同化，如：那儿哈儿们 na-nɻær³¹xær³³mən⁰ 那里、乜儿哈儿们 nie-niɻær³¹ xær³³mən⁰ 那里、这儿哈儿们 tʂɤ-tʂær³¹xær³³mən⁰ 这里、哪儿哈儿们 na-nɻær⁴⁵xær⁰mən⁰ 哪里。

#### （二）异化

如：轱辘儿 ku⁴⁵⁻²¹³lu-liɻɚ³³、摩挲 mɤ-ma²²⁴⁻³¹suo³³、吐沫 tʰu³¹⁻⁵³mɤ-ma⁰、囫囵个儿 xu⁵³⁻⁴⁵luən-linˀkɤr³¹、不论 pu⁴⁵luən-lin³¹。

#### （三）弱化

1. 塞音或塞擦音变擦音，如：反正 fan⁴⁵⁻²¹³tʂəŋ-ʂən³³、屁股 pʰi³¹⁻⁵³ku-xu⁰。

2. 舌尖擦音变舌根擦音，如：椅子上 i⁴⁵⁻²¹³tsʅ⁰ʂaŋ-xaŋ⁰。

3. 塞音变鼻音，如：被挡头 pei³¹taŋ-naŋ⁴⁵tʰɻour⁵³ 被子头上的一块布，防止弄脏被子、把 pa-ma⁴⁵。

4. 韵母的元音央化，如：娘花 niaŋ⁵³⁻⁴⁵xua-xuɑ⁰ 棉花、媳妇儿 ɕi²²⁴⁻³¹fur-fɚ³³。

#### （四）脱落

1. 介音丢失，如：五月端午儿 u⁴⁵⁻²¹³ye³³tuan-tan²²⁴⁻³¹ur⁴⁵、暖壶 nuan-nan⁴⁵ xu⁵³、盖垫儿 kai³¹⁻⁵³tiɻər-tɻər⁰ 莛杆儿编的盖帘。

2. 声母由塞擦音变塞音，如：在 tsai-tai³¹、锅圪渣儿 kuo²²⁴kɤ³¹tsɻær-tɻær⁴⁵、且 tɕʰie-tʰie²²⁴、虼蚤 kɤ³¹⁻⁵³tsau-tau⁰ 跳蚤、蚂蚱 ma³¹⁻⁵³tsa-ta⁰、犄角 tɕi-ti²²⁴⁻³¹tɕiau³³。

3. 声母由塞擦音变擦音，如：放炮仗 faŋ³¹pʰau³¹⁻⁵³tʂaŋ-ʂaŋ⁰、簸箕 pɤ³¹⁻⁵³tɕʰi-ɕi⁰。

4. 声母完全脱落，如：四个 sɿ³¹⁻⁵³kɤ-a⁰、脊梁 tɕi²²⁴⁻³¹liaŋ-iaŋ³³。

（五）增音

如：西葫芦 ɕi²²⁴⁻³¹xu³³lu-lou⁰、放二起脚 faŋ³¹l̩³¹tɕʰi-tɕʰin⁵³tɕiau²²⁴、麻花儿 ma-man⁵³⁻⁴⁵xuær⁰同事、和计 xɤ⁵³⁻⁴⁵tɕi-tɕian⁰同事、孝顺 ɕiau³¹⁻⁵³suan-tsʰuan⁰、皇上 xuaŋ⁵³⁻⁴⁵ʂaŋ-tʂʰaŋ⁰、横是 xəŋ⁴⁵⁻²¹³ʂɿ-tʂʰɿ³³反正。

（六）合音

武邑方言中数量结构、指示代词、语气词等比较容易产生合音现象。

1. 数量结构的合音

武邑方言中，数词"两、三、二十、三十、四十、五十、六十、七十、八十"和量词"个"连用时，"个"与前一音节形成合音的形式。

两个 liaŋ⁴⁵kɤ³¹-lia⁴⁵　　　　三个 san²²⁴kɤ³¹-sa²²⁴

二十个 l̩³¹⁻⁵³sɿ⁰kɤ³¹-ʂa⁰　　　三十个 san²²⁴⁻³¹sɿ⁰kɤ³¹-ʂa³³

四十个 sɿ³¹⁻⁵³sɿ⁰kɤ³¹-ʂa⁰　　　五十个 u⁴⁵⁻²¹³sɿ⁰kɤ³¹-ʂa³³

六十个 liou³¹⁻⁵³sɿ⁰kɤ³¹-ʂa⁰　　七十个 tɕʰi²²⁴⁻³¹sɿ⁰kɤ³¹-ʂa³³

八十个 pa²²⁴⁻³¹sɿ⁰kɤ³¹-ʂa³³

2. 指示代词的合音

武邑方言中，指示代词"这、乜、那"本来都是去声字，和量词"个"发生合音后读阴平：这个 tʂɤ³¹⁻²²⁴kɤ³³-tʂɤ²²⁴、乜个 nie³¹⁻²²⁴kɤ³³-nie²²⁴、那个 na³¹⁻²²⁴kɤ³³-na²²⁴。

3. 语气词的合音

"哩 li⁰啊 a⁰"（啊）合音为 lia⁰，"的 ti⁰啊 a⁰"合音为 tia⁰，"哩 li⁰奄 an⁰"（嗹）合音为 lian⁰，"哩 li⁰嗳 ai⁰"（咧）合音为 liai⁰，"不 pu²²⁴奄 an⁰"（办）合音为 pan⁰，"不 pu²²⁴嗳 ai⁰"（呗）合音

为 pai⁰，"的 ti⁰/ 得 ti⁰ 俺 an⁰" 合音为 tian⁰。

# 第六节　同音字汇

说明：

1. 本同音字汇所收的字，都是武邑方言的常用字，包括以下几个来源：

（1）《方言调查字表》（修订本，中国社会科学院语言研究所编，1981 年新一版）里武邑方言口语用到的字。

（2）武邑方言口语常用而《方言调查字表》未收的字。这些字都见于《广韵》或《集韵》。

（3）也包括一些写不出字形的音节，一律用方框"□"表示并加以注释。

2. 本同音字表先按韵母分类，再以声母和声调为序。

3. 本字表中文读音和白读音分别以下加双线"="和单线"–"表示。

4. 一些字的又读、口语、俗读（训读和误读）以小字"又、口、俗"表示，用鱼尾括号括注，如"唾【俗】~沫"。

5. 一部分字加注例词或释义，其中以浪线"~"代表该字，如"呲~打"；某些字（词）兼有例词和注释，注文中用冒号"："分隔，如"簸~~：动词"。

6. 文中一些字的声调是根据两字组连读变调的规律逆推出来的，因为单字似乎从来不说，如"裤子"的"裤"在连读中声调调值为 53，根据两字组连读变调的规律逆推，可知"裤"的原单字调调值为 31，我们便归入去声调。

7. 有的词只有儿化的说法，我们以小字"儿"表示其音变，如"凫儿"。

ɿ

ts　[224] 支枝肢资姿咨脂趾芝之址吱~呀:大声嚷嚷滋【又】[53] 纸 [45] 紫籽儿纸只姊止滓子指滋~味儿 [31] 自至字志~气

tsʰ　[224] 呲~打:责骂眵~马᷉糊:眼屎 [53] 瓷雌辞词磁慈祠 [45] 此齿~轮儿 [31] 刺赐翅次伺

s　[224] 斯撕施丝私思司师狮尸诗虱室涩□~□uei³³:磨蹭 [53] 时 [45] 死屎使史驶始什家~儿 [31] 匙是氏四肆视示似祀巳士柿市驷~牛:母牛寺饲事试饰□~耐᷉人:难看,腻歪,丢人伺【又】

ʅ

tʂ　[224] 知~道织值职只汁儿炙置位~执~行质~量植【又】稚幼~制~大钱儿:中间有眼儿的铜制钱币 [53] 直侄儿殖 [31] 制治智致志【又】人名用字秩植~树置~办痔

tʂʰ　[224] 痴吃尺 [53] 池驰迟持 [45] 耻 [31] 斥赤~卫队

ʂ　[224] 湿失消~释~放适识~字 [53] 拾十石实食蚀 [31] 世势誓逝~世氏式饰

ʐ　[31] 日

i

p　[224] 逼屄 [53] 鼻荸~荠 [45] 彼比秕~子 [31] 蔽隐~蓖麻闭算~子弊作~毙币陛庇痹麻~毕必碧璧人名用字弼~马温壁~虎臂前~避~开

pʰ　[224] 披雨~批匹一~布劈~开:动词僻偏~坯砖~子 [53] 皮疲脾~气琵~琶啤痹【又】[45] 劈~柴:名词比【又】痞~子脾~脏 [31] 屁辟开~

m　[224] 眯 [53] 迷谜弥阿~陀佛篾竹~子:从竹子上剥下来的皮儿 [45] 米 [31] 秘泌蜜秘~蜜

t　[224] 低堤滴 [53] 嫡笛敌狄提人站在高处用器具往上方提重物□后~~:脑袋后的大疙瘩,大后脑勺 [45] 底抵的目~牴 [31] 帝弟第递地

tʰ　[224] 梯踢剔 [53] 题提【又】蹄啼 [45] 体 [31] 替涕剃屉抽~

n　[224]衣~胞儿妮 [53] 泥倪姓尼 [45] 你 [31] 腻逆溺

l　[53] 犁黎离篱璃琉~瓦梨厘狸~猫 [45] 礼李里理鲤 [31] 例厉励丽隶荔利痢吏立笠粒栗力历沥莉俐伶~藜蒺~

tç　[224] 鸡稽~查队寄饥肌基机几茶~级鲫积脊籍击激急吉技犄 [53] 集及急【又】疾极蒺~藜知~了吉【又】人名用字 [45] 挤几~个己戟兵器给【又】[31] 祭际稷~子济荠~菜剂计继系~鞋带妓冀纪~律记忌既季即迹绩寂圆~痣辑编~

tçʰ　[224] 妻企~图欺期辑~本儿：订本儿七漆 ~湿：洇湿乞~丐蹊~蹊膝~盖 [53] 齐脐畦奇骑岐鳍杞枸~其棋旗岂歧启 ~示 [45] 起祈 [31] 去来~砌契~约器弃气汽泣荠葶~□~咾晌：下午两点之后

ç　[224] 西犀溪牺嬉熙人名用字希稀袭偬~吸悉息熄媳惜昔夕锡析膝【又】护~ [53] 习席 [45] 洗喜 [31] 细系

联~戏淤液体沸腾溢出汤：~咾一锅台

Ø　[224] 医衣~裳依揖作~乙一 [53] 移夷姨疑沂临~遗仪~表 [45] 椅以已译尾~巴 [31] 艺宜便~蚁议谊义易意异毅忆亿抑压~翼益~处疫役兵~

**u**

p　[224] 不 [53] 餶食物上生白毛醭醋生的白毛鹁~鸽：鸽子 [45] 捕补卜 [31] 布怖部簿账~步

pʰ　[224] 扑铺~炕 [53] 葡~萄菩蒲 [45] 谱普朴~素仆脯 [31] 铺上~瀑

m　[53] 模~子没~哒：丢了 [45] 某亩牡~丹母拇姆 [31] 暮慕墓幕木目穆牧睦苜沐

f　[224] 夫肤敷孵~小鸡麸麦~子佛仿福蝠複负~责复~原 [53] 俘抚符扶芙服伏~天浮腐袱包~ [45] 府斧腐【又】辅 [31] 付傅赴父附富副妇阜幅腹覆负~数

t　[224] 都~城督嘟~囔 [53] 独读犊毒 [45] 堵赌肚鱼~睹 [31] 妒杜肚【又】~子度渡镀

tʰ [224] 突秃凸 [53] 徒屠途涂图 [45] 土吐~痰:自动 [31] 吐【又】呕~:被动兔唾【俗】~沫

n [53] □柿~儿:晒干了的柿子 [45] 努奴 [31] 怒

l [224] 捋~袖子 [53] 炉庐茅~颅芦 [45] 鲁橹卤□~tɕi⁰:瘫倒 [31] 路露鹿禄录陆赂绿~林好汉辘捋【又】~树叶

ts [224] 租组一~足~球竹 [53] 卒族逐足【又】知~ [45] 祖组【又】~织阻诅 [31] 助筑祝诸~位

tsʰ [224] 粗初 [53] 锄 [45] 楚础触接~ [31] 醋猝仓~促~销

s [224] 苏酥梳疏蔬速肃淑叔~伯兄弟 [53] 熟~人儿俗~气 [45] 数动词 [31] 素诉嗽鸡~袋子数【又】名词漱~嘴宿住~束塑

tʂ [224] 猪诸【又】~葛亮蛛株~距朱姓珠嘱~咐 [45] 煮拄~拐杖主 [31] 著显~箸一~子:一筷子注柱住蛀帚扫~铸

tʂʰ [224] 输~赢出 [53] 除储~蓄厨雏小~鸟儿殊特~处~理杵捅 [45] 杵【又】楚【又】姓 [31] 处【又】到~触【又】~电畜~生

ʂ [224] 书舒输【又】运~ [53] 秫~秸赎属~相术算~述塾私~ [45] 暑鼠黍薯白~署专~ [31] 竖树恕

ʐ [53] 如假~茹 [45] 乳辱 [31] 褥床单被~入出~

k [224] 姑孤箍骨谷估菇咕~嘟辜镐作~:割玉米杆的农具 [53] 跍~□tɕi⁰:蹲着:蹲下 [45] 古估【又】股鼓轱~辘儿 [31] 雇顾~不得固故

kʰ [224] 枯窟哭 [45] 苦 [31] 库裤酷□~喳tsʰa$^{33}$:刮

x [224] 呼乎忽糊眵马⁻~:眼屎 [53] 浒水~胡湖狐壶葫核糊~住:动词蝴弧~形 [45] 虎 [31] 户互护瓠~子

ø [224] 污巫诬侮~辱屋 [53] 吴无 [45] 蜈~蚣吾梧~桐五伍午乌武舞鹉捂~住悟【又】[31] 误悟恶可~务雾戊机~子物痦~子淤【又】~住嗻:陷泥里了

**y**

n [45] 女

l [53] 驴 [45] 吕铝侣屡旅 [31] 虑滤律率效~绿~色

tɕ [224] 居车【又】～马炮拘驹菊锔～碗桔鞠～躬足【又】识～:满足 [53] 桔【又】局 [45] 举矩 [31] 据锯巨拒距聚俱句具剧炬火～蚷驴˜～:母蛔蛔□～□lie³³:哆嗦

tɕʰ [224] 蛆生～区驱屈曲歌～蛐焌～煞:把燃烧物弄灭 [53] 渠瞿 [45] 取娶曲【又】唱个～儿 [31] 去【又】～皮趣駿～黑祛～病

ɕ [224] 虚须需焌～着哖:火或蒸汽的热力碰到物体戌恤抚～金蓄储～宿【又】住～旭人名用字 [53] 徐俗～烂套子 [45] 许 [31] 絮序叙绪续婿畜～牧

ø [224] 淤【又】～血舁抬愚娱吁让牲口站住或者左转迁 [53] 鱼渔于盂榆愉余 [45] 语雨宇羽 [31] 御与誉预豫遇寓裕域玉狱育欲浴褕～子入～飧宜【又】便～如不～:比不上

**a**

p [224] 巴芭疤八扒 [53] 拔 [45] 把～握靶～子□～缝:衣服缝针的地方裂开缝 [31] 霸坝堤爸耙～地罢笆篦～

pʰ [224] 趴扒～鸡 [53] 耙～子爬脯【又】[31] 怕帕手～儿

m [224] 妈摩～挲 [53] 麻嘛抹～布蚂～蚱 [45] 马码拇【又】一～口:一拃抹～平 [31] 骂

f [224] 法发～财 [53] 乏伐筏罚阀～门儿发一～:一批 [31] 发头～砝～码儿

t [224] 答搭耷～拉 [53] 沓一～纸达 [45] 打 [31] 大

tʰ [224] 塔塌溻汗～湿了踏～步 [45] 他她它 [31] 踏【又】～板儿蹋糟～跶鞋～拉:拖鞋

n [53] 拿 [45] 哪 [31] 那纳捺儿娜

l [224] 拉垃 [53] 剌～手 [45] □～嘛:脏喇～叭 [31] 腊蜡辣～椒落～下

ts [224] 楂渣扎 [53] 杂闸炸用油～铡～刀砸榨 [45] 眨～眼 [31] 诈榨【又】炸～弹乍一惊一～栅～栏儿蚱蚂～

tsʰ [224] 搽涂插擦叉～子察观～ [53] 茶茬查察检～碴棒～子 [45] 蹅～湿:踩衩镲一种乐器 [31] 权差～不多岔三～口儿

s [224] 沙纱撒杀砂鲨痧刹

　　[53] 霎哪～儿：哪会儿 [45] 洒
□～么：拿眼睛到处瞄 [31] 厦
抱～：房子前后突出的部分,可防
晒防潮萨拉～□～下去：漏下去

ş　[53] 蛇【又】[45] 傻

k　[224] 痂～巴儿 [53] 夰【又】
[45] 嘎

kʰ　[224] □晒得～～的:晒到干透
了 [45] 揩【俗】～油儿卡～车

x　[224] 哈～腰 [53] 蛤～蟆 [45]
哈【又】一～口:一拃

**ia**

tɕ　[224] 家加佳夹甲嘉枷 [53]
驾驱赶牲口用语 [45] 假真～贾
姓 [31] 假【又】放～架驾【又】
～车嫁稼价

tɕʰ　[224] 掐～架 [53] 卡～脚:鞋小
夹脚 [45] 卡关 [31] 恰～好儿

ɕ　[224] 虾瞎 [53] 霞峡匣侠
狭 [31] 下夏厦～门吓

Ø　[224] 鸦丫～头鸭押压～住
[53] 牙芽衙涯崖蚜伢～狗:
公狗 [45] 雅哑 [31] 压～根儿
亚轧讶惊～

**ua**

ts　[224] 抓～着 [45] 鬏～髻爪
鸡～子

tsʰ　[224] 抓【又】～住

s　[224] 刷 [45] 耍

k　[224] 瓜 刮 [45] 寡 剐 鸹
老～ [31] 挂卦褂

kʰ　[224] 夸 [45] 侉说话带外地
口音垮 [31] 跨挎

x　[224] 花 [53] 华中～铧划～
了一刀儿滑猾 [31] 化华～山
画话划～分

Ø　[224] 蛙洼挖娲 [53] 娃 [45]
瓦 [31] 瓦【又】袜～子□～住
嗬:粘在锅底了

**ie**

p　[224] 鳖憋 [53] 别～人 [45]
□～楞:拿目光斜视人 [31] 别
～扭

pʰ　[224] □麻利,熟练撇～汤 [45]
撇～嘴

m　[31] 灭

t　[224] 爹跌 [53] 碟～子蝶
蝴～谍间～叠

tʰ　[224] 帖贴铁且

n　[53] 茶发～乜表示赞同 [31]
镊～子孽捏乜中指代词聂姓
蹑～手蹑脚

l　[45] 咧～嘴 [31] 猎列烈裂
劣恶～

tɕ　[224] 皆阶秸麦～街接揭节
结疖～子 [53] 捷快～劫～难

杰截洁 [45] 姐解了~ [31] 借褯~子介界芥疥~疮届戒

tɕʰ [224] 且【又】切客[53] 茄~子[31] 怯~场妾窃箧斜

ɕ [224] 歇蝎~子血 [53] 邪斜谐鞋协□为人厉害、泼辣[45] 些写[31] 泻卸谢懈械解【又】~事儿：通晓；姓蟹泄~露

Ø [224] 页噎~住掖~被子液【又】输~[53] 爷[45] 惹【又】也野[31] 夜叶业液~体腋拽鞋~跟儿：孩子鞋跟后边多余出的一块布，帮助提鞋用

### ye

n [31] 虐~待疟~疾

l [224] 掠 [31]略省~劣【又】

tɕ [224] 决~心诀口~觉知~撅蹶 [53] 绝掘~土橛~子[31] 倔~脾气

tɕʰ [224] 缺确~实[53] 瘸~腿 [31]雀麻~鹊喜~却

ɕ [224] 靴薛雪削剥~血【又】[53] 穴学~习

Ø [224]约~定[45] 哕干[31] 悦阅月越岳粤乐音~跃鲤鱼~龙门

### ɤ

p [224] 波菠~菜玻~璃拨泊

梁山~博~士钵播渤剥~削[53] 薄~荷勃驳~住脖搏博 人名用字膊【又】笸帛拨~缝：一种缝纫方法，看不见针脚 伯~父[45] 簸~~：动词[31] 簸~箕：名词

pʰ [224] 坡泼跛[53] 婆膊[31] 破魄

m [224]摸偷偷~~没【又】~嗻：淹没么一~儿：一回[53] 魔磨~刀馍模~范摹膜儿蘑【又】[45] 抹[31] 磨石~末沫莫~非寞默陌茉漠冷~墨~水

f [53] 佛

t [53] 德得~失

tʰ [31] 特

n [224]恶善~[53]鹅大白~讹额名~

l [31]乐~呵儿勒~索

ts [224] 责【又】[53] 则泽色~择选~

tsʰ [31] 厕侧~面测策【又】册【又】小~子

s [224]色颜~塞闭~[31]色好~

tʂ [224] 蔗~糖折~叠褶~子蜇~人浙~江[53] 蛰惊~辙

折打~[45] 者[31] 遮

tʂʰ [224] 车[45] 扯[31] 彻撤饬倒~:打扮

ʂ [224] 赊[53] 蛇舌折~了[45] 舍四~五入设[31] 射麝~香赦舍鸡~佘姓社摄~影涉干~

ʐ [45] 惹[31] 热

k [224] 歌哥戈鸽~子割搁胳革隔痂【又】~巴儿旮~旯儿葛~庄[53] 硌~脚阁下格□~□louº:皱[45] 葛姓各嗝打~[31] 个虼~蚤

kʰ [224] 科颗棵磕渴括~号儿苛咳坷克~服□巴~闲¯儿:猪或小宠物狗窠~蝼儿:七八十斤的半大猪[53] 壳蛋~儿搕~住:夹住剋【又】呵斥[45] 可[31] 课扩~大刻时~克一~客骒~马

x [224] 喝~水豁~出去[53] 荷薄~河何姓荷~花儿和~气禾合~起来盒核~桃蛤~蟆[31] 贺【又】喝~彩鹤吓~住褐

ø [53] 俄鹅~蛋脸额小~贷款娥蛾~眉山[45]恶~心[31] 饿饥~恶~有~报

**uo**

t [224] 多忒~嗽:太多了掇哆~嗦[53] 夺[45] 躲朵量词多~么[31] 舵垛跺剁柁房~:瓦房起脊的架子

tʰ [224] 拖脱托~着:用手承物[53] 驼羊~驮~起来椭~圆□住:黏在一起砣~秤砣鸵~鸟佗华~唾【又】[45] 妥[31] 拓开~

n [53] 挪[31] 诺糯

l [224] 啰~嗦[53] 罗萝锣箩骡螺摞~起来胳手指肚上的长形指纹[45] 裸~体房倮~[31] 落骆姓洛~阳络联~

ts [224] 作工~桌~子捉噈吮吸[53] 琢~磨啄涿~州镯~子[45] 左佐撮一~头发昨[31] 坐座做~人作~业

tsʰ [224] 搓戳~子挫~折撮~合[53] 脞矬矮[31] 措~施错锉

s [224] 梭~子缩蓑~衣嗍吮吸索线~[53] □调皮捣蛋[45] 锁所嗽【俗】咳~[31] 塑【又】~料

ʂ [224] 说[31] 硕~士朔名

ʐ [31] 若【又】弱【又】

k [224] 锅郭[53]国中~[45]

果裹馃~子噁【又】~妈妈儿:
吃奶国【又】[31] 过

kʰ [224]揢包~ [31] 阔扩【又】
廓

x [224]剨用刀~开豁~子嘴儿
[53] 和~面 活 何~庄儿
荷~包蛋合菜~子 [45] 火伙
[31] 货祸霍藿~香惑迷~获
喝【又】吤~贺和【又】~~:搅
拌或~然率

Ø [224] 蹉~了脚窝儿蜗 [53]
蛾儿 [45] 我 [31]饿~嚏卧
握沃窝【又】~眍眼儿:深邃的
眼睛

**l**

Ø [53]儿~女 [45]耳~朵 [31]
二第~

**ɚ**

Ø [53]儿~童 [45]耳木~ [31]
二这人儿真~

**ai**

p [224]百数词柏~树掰百~叶:
牛的消化器官 [53] 白 [45] 摆
伯叔~兄弟 [31] 拜稗~草败

pʰ [224]迫压~拍 [53] 排牌膊
【又】[31] 派

m [53] 埋 [45] 买 [31] 卖迈
麦脉

f [53] 膊【又】

t [224] 待呆 [53] □逗弄小孩
儿之语 [45] 在逮歹傣 [31]
戴带贷待怠代袋大~夫

tʰ [224]胎态苔舌~ [53] 台抬
[31] 太泰

n [224] 挨~着 [53] 挨~打
[45] 乃奶 [31] 耐奈碍~事
儿爱~好儿艾~草

l [224] 赖只用于"不赖" [53]
来 [31] 赖癞

ts [224] 灾栽斋窄摘责~任
[53]择~菜宅泽人名用字 [45]
宰载年~崽侧~歪 [31] 再
载~重在【又】债寨

tsʰ [224]猜钗差出~拆策□豆
子:破豆子册第一~ [53] 才材
裁财柴豺 [45] 彩睬踩 [31]
菜蔡

s [224] 腮鳃筛色上~塞瓶~
[53]塞强~:吃不了硬吃 [31]
赛晒

tʂ [45] 铡碗上有个~儿

k [224] 该 [45] 改 [31] 概溉
盖丐钙

kʰ [224] 开 [45] 凯楷

x [53] 孩 [45] 海 [31] 亥害

Ø [224] 哀悲~埃尘~落地 [31]碍

妨~爱~心艾~灸蔼和~可亲

**iai**

Ø [45] 矮

**uai**

l [45] □癞

ts [53] 拽摘 [31] 拽拖

tsʰ [224] 揣~兜儿 [31] 踹~人

s [224] 衰摔 [45] 甩 [31] 率蟀帅

k [224] 乖掴拍蝈 [45] 拐 [31] 怪

kʰ [224] 掴【又】[45] 撾~篮子 □~痒痒:挠痒痒 [31] 块会~计快

x [53] 怀槐淮踝或~者 [31] 坏

Ø [224] 歪 [45] 崴~着脚了□用瓦刀~泥 [31] 外

**ei**

p [224] 杯碑卑悲笔北卜【又】婢逼【又】[31] 贝辈背倍被避~雨儿备壁影~

pʰ [224] 披~上胚~胎坯土~[53] 培陪裴赔 [31] 配佩

m [224] 没【又】~有 [53] 没【又】~喽:死了梅枚媒煤眉楣霉玫~瑰莓草~[45] 每美 [31]密菜蔓得~妹昧~着良心

媚寐梦~以求墨~汁

f [224] 非飞妃匪翡~翠 [53] 肥 [31] 肺吠痱~子费废⸗发~ː小孩子淘气废~嚏沸水煮~嚏

t [224]得好,棒 [53] □驱赶牲口用语

tʰ [224] 忒

n [45] 恁【俗】你/你们 [31] 内

l [224]勒~死 [53] 雷 [45] 儡累~积磊蕾蕊花~垒 [31] 累类泪肋~骨擂瑞人名用字

ts [224] □~着点儿劲儿:悠着点儿劲儿 [53] 贼

s [224]塞~进去 [53] 谁

k [53] 给【又】[45] 给

kʰ [224] 剋用手指甲使劲往里抠刻用刀刻 [53] 剋呵斥

x [224] 黑 [53] 谁【又】

**uei**

t [224] 堆【又】[45] 怼~嚏:相互抵消 [31] 对队兑

tʰ [224] 忒【又】推 [45] 腿 [31] 退蜕~皮

l [224] 勒~头带子:死者家属绑在头上的白布 [53] 雷【又】驴儿 [45] 垒【又】蕊【又】花~偏【又】[31] 累极困瑞【又】人名

用字泪【又】类【又】肋【又】擂【又】

$ts$　[224] 堆追锥 [45] 嘴 [31] 最罪缀赘醉坠

$ts^h$　[224] 催崔姓吹炊 [53] 垂槌鼓~锤 [31] 脆翠粹纯~

$s$　[224] 塞【又】尿~脬 [53] 随髓绥~阳:地名遂半身不~隋~朝 [45] 虽水 [31] 碎税睡隧~道穗岁荽芫~:香菜

$z̢$　[45] 蕊人名用字 [31] 芮姓瑞~雪

$k$　[224] 圭闺规龟轨癸归鬼~子姜轨~道国姓 [45] 诡鬼~怪 [31] 刿桂跪柜贵

$k^h$　[224] 盔亏窥 [53] 魁傀~儡奎逵葵 [31] 溃~脓愧□~住:乳腺不通,堵奶

$x$　[224] 恢灰挥辉徽 [53] 回茴~香蛔~虫或【又】[45] 悔毁 [31] 贿晦汇会绘桧惠慧讳烩

$ø$　[224] 煨危萎枯~微威□丝丝~~的:磨磨蹭蹭的 [53] 伪虚~为作~唯维惟围桅~杆 [45] 委违伟苇~子伪~装尾阑~炎 [31] 卫喂为~么儿:为什么位未味魏畏慰纬胃猬

刺~

## au

$p$　[224]包胞剥~皮苞花~[53] 薄雹~子[45] 煲褒~奖保堡宝饱 [31] 报暴抱豹爆菢母鸡~窝刨~平鲍姓

$p^h$　[224] 泡量词抛剖㹧~儿猪:公猪泊骆~庄:地名脬 [53] 袍刨~山药 [45] 跑 [31] 炮泡动词

$m$　[224] 摸~鱼摩~掌 [53] 毛鸡~茅猫谋矛蘑 [45] 卯毛一~:一角 [31] 冒帽貌茂贸

$f$　[45] 否

$t$　[224] 刀叨 [53] 捯 [45] 祷~告岛倒捯~导捣~蛋蹈手舞足~朵耳~[31] 到倒~水道稻盗

$t^h$　[224] 滔掏涛托~生 [53] 桃逃淘陶萄 [45] 讨 [31] 套

$n$　[224] 孬人品差爊~菜闹~心 [53] 熬~眼:熬夜挠 [45] 脑恼袄 [31] 闹~事儿

$l$　[53] 劳牢捞唠痨~病 [45] 老佬美国~姥 [31] 涝乐~亭:地名烙~饼酪奶~落绕~线骆【又】

$ts$　[224] 遭糟 [53] 凿 [45] 早

枣澡找爪【又】手～子[31]
躁灶皂造罩～衣笊～篱笆

tsʰ [224]操糙[53]曹槽马～[45]
草吵炒[31]肏

s [224]骚臊～气梢捎稍筲水
桶□拉～儿:拉帮套[45]嫂扫
【又】[31]潲～雨哨儿

tʂ [224]朝～阳召昭招沼～气
钊[53]着[31]赵兆照诏～
书

tʂʰ [224]抄钞超绰宽～焯～菜
[53]朝～代潮倒命令牲口后退
巢[45]扫～地[31]倒让人往
后退

ʂ [224]烧□～生:老实、胆小、
懦弱[53]勺～子愀【俗】傻
芍～药[45]少多[31]少
年～绍～兴倒【又】命令牲口口
退

ʐ [53]饶求～[45]扰【又】[31]
绕～圈儿若弱

k [224]高膏糕羔镐【又】洋～:
劈柴用的刀[45]稿搞[31]告
膏～上点儿油:涂上点儿油鸽
【俗】鹅～

kʰ [45]考烤[31]靠犒～赏拷

x [224]蒿～子薅～草[53]豪
壕战～毫号～丧□前～:称前

面的一根绳,从这根绳的方向称
最大能称到十斤[45]好～人郝
姓[31]好【又】～事儿耗浩
号～码

ø [31]奥～运傲懊～悔

**iau**

p [224]膘肥～标镖彪[45]表
裱[31]□～住:绑住

pʰ [224]飘漂～起来瞟[53]瓢
朴姓[45]漂～白嫖[31]票
漂～亮

m [53]苗描瞄～准[45]秒淼
人名用字[31]庙妙

t [224]刁～难貂雕叼吊～车
[31]钓掉调～动吊上～

tʰ [224]挑～选[53]条调～和
笤[45]挑～事儿[31]跳粜～
粮食

n [224]□吓得～～的[45]鸟
[31]尿

l [53]疗聊辽撩～起来潦～草
[45]燎～水:用柴生火烧水
了～解[31]料尥～蹶子廖姓
撂镣略侵～

tɕ [224]交郊胶～布教～书较
绞心～疼焦蕉娇～气狡～诈
浇缴上～脚角饺～子矫～正
觉～着[53]嚼[45]狡【又】

铰搅剿~匪骄侥~幸绞~刑扰打~ [31] 髻鬏~教~育觉睡~轿叫校~对窖

tɕʰ [224] 敲悄剿~猪 [53] 瞧乔姓侨华~荞~麦桥娇【又】[45] 巧 [31] 俏鞘刀~儿窍雀大~儿翘撬

ɕ [224] 消宵霄硝销嚣萧~山箫晓削~皮肖屑木~ [53] 学上~儿 [45] 小 [31] 酵发~孝效校学~笑

ø [224] 妖邀腰要~求幺~二三吆~喝约大~ [53] 饶~上一个:买东西时要求卖主多给一个 摇谣造~儿窑~洞姚姓尧遥 [45] 咬舀~水 [31] 要想~耀药钥~匙疟发~子:得疟疾跃跳~蒌~儿:捆菜的草绳乐仁者~山,智者~水

**uau**

ø □ uau²²⁴ 命令牲口往右转之语

**ou**

pʰ [224] 剖【又】

m [53] 谋【又】[45] 某【又】

f [45] 否【又】

t [224] 都~是兜 [45] 斗一~抖陡 [31] 斗~争豆逗窦痘

tʰ [224] 偷 [53] 头汰【俗】漂洗

投扔□~□ɕinº:干脆 [31] 透

n [224] 偶木~儿殴斗~ [45] 熰抽烟频繁藕 [31] 沤~粪怄~气

l [224] 搂搂~麦子:保墒 [53] 楼楼播种用的农具 [45] 篓搂【又】[31] 漏陋露

ts [224] □~捆绑得紧邹绉诌 [45] 走 [31] 奏就做~饭

tsʰ [224] 搊~起来:从下面向上用力扶起人或掀起重物揪从一端或一侧托起沉重的物体 [53] 愁 [45] 瞅 [31] 凑

s [224] 飕馊搜~查 [53] 嗖~嘛:什么 [45] 擞抖~ 搜拿干粮~~这油碗:用馒头擦擦这油碗 [31] 瘦

tʂ [224] 周舟州洲粥 [53] 轴妯~娌 [45] 肘 [31] 昼纣~王宙皱~纹儿咒碡碌~

tʂʰ [224] 抽皱【又】[53] 绸稠筹仇酬~谢□~衣裳:洗衣裳 [45] 丑 [31] 臭~味儿

ʂ [224] 收叔二~ [53] 熟~嗹:煮熟了 [45] 手首守 [31] 兽受寿授售

ʐ [224] □~倒:用胳膊肘把人弄倒 [53] 柔揉 [31] 肉

k [224] 勾钩沟 [45] 狗苟姓

[31] 构购够够＝牛~槽:牛轭

kʰ [224] 抠眍~睃 [53] □指人性格泼辣 [45] 口 [31] 叩~头扣~住寇

x [224] 齁儿[53] 侯喉猴瘊~子 [45] 吼 [31] 后厚候

Ø [224] 欧~洲呕~吐 [45] <u>偶</u>配~

### iou

t [224] 丢 [53] 留【又】

n [224] 妞丢【又】[53] 牛 [45] 纽扭莠姑~子:狗尾巴草 [31] 谬

l [224] 溜~了流【又】[53] 流刘留榴硫琉瘤 [45] 柳绺 [31] 遛~狗溜水~馏~一下:热热六浏碌~磙蚰~蜒

tɕ [224] 揪~住鬏头发盘成的结阄纠~正灸究咎疚鞧~~着脖儿:后缩着脖子 [53] 舅揪【又】~下来 [45] 酒久韭九 [31] 救旧枢臼就【又】~着舅【又】

tɕʰ [224] 秋鞧牛~丘□管用鳅泥~楸【又】[53] 囚求球仇姓□攑 [45] 糗

ɕ [224] 修羞休朽宿一~:一夜 [31] 秀绣锈袖嗅~觉

Ø [224] 优悠幽忧~心邮~东西 [53] 揉~面尤由油游犹鱿柔~性子 [45] 有友酉 [31] 又右诱柚鼬黄~幼釉蚰【又】~蜒

### an

p [224] 班斑颁扳~子般搬 [45] 板版伯大大~子:对丈夫哥哥的称呼 [31] 扮瓣办伴拌半绊

pʰ [224] 潘攀~关系判 [53] 盘 [31] 盼判【又】瓶

m [224] 慢【又】[53] 蛮瞒馒蔓~菁 [45] 满 [31] 慢漫墁用石、砖等铺饰在地面上曼人名用字

f [224] 帆翻番儿~返~回来反 [53] 凡烦繁矾明~ [45] 反【又】[31] 范犯泛贩饭

t [224] 担~任丹单~独旦一~但~是 [45] 胆掸 [31] 淡诞弹蛋旦元~

tʰ [224] 贪滩摊坍瘫 [53] 潭谭谈痰檀坛弹~琴 [45] 毯坦袒 [31] 探炭叹碳

n [224]庵安~全鞍马~子鹌~鹑 [53] 难男南 [45] 俺埯点种时挖的小坑暖~~:动词 [31]

暗难患~岸案~子按

l [53] 蓝篮兰拦栏婪缆 [45] 揽缆【又】懒览展~ [31] 烂滥~用

ts [224] 簪 [45] 斩盏攒咱喒那~：那时候 [31] 暂站蘸~酱油赞栈客~

tsʰ [224] 参餐掺 [53] 蚕惭谗馋残 [45] 惨铲产 [31] 灿~烂

s [224] 三衫山 [45] 散~架馓~子伞【又】降落~ [31] 散~头子：离过婚的人

tʂ [224] 鏊~花沾粘毡 [45] 展~开 [31] 占绽战

tʂʰ [224] 搀颤 [53] 蝉禅缠 [31] 颤【又】

ʂ [224] 珊删煽~风点火儿谝吹牛扇动词苫草~子 [45] 陕~西闪伞雨~ [31] 疝~气膻~味儿善扇名词膳~食单姓鳝骟

ʐ [53] 然燃 [45] 冉姓染传~

k [224] 甘柑泔~水干风~肝竿杆 [45] 感敢秆赶擀~面条 [31] 干~架

kʰ [224] 龛儿勘~探队刊报~ [45] 坎砍 [31] 看

x [224] 憨 [53] 含包~涵函寒韩还~有邯~郸骭~睡 [45] 喊罕~见：小气 [31] 撼憾旱汉焊汗

∅ [224]安天~门鞍~山 [31]案图~

## ian

p [224] 鞭编边蝙~蝠煸~~肉：把肉里的油炒出来 [45] 贬~低扁匾踾~死：踩死 [31] 辨辩变便方~辫遍

pʰ [224] 篇偏 [53] 便~宜 [45] 谝显摆 [31] 骗片

m [53] 绵棉眠 [45] 免勉娩缅腼 [31] 面

t [224] 掂~起来颠癫 [45] 点典碘踮~起脚掂【又】~掇 [31] 店电殿奠垫甸淀惦佃~农

tʰ [224] 添天 [53] 甜田填 [45] 舔腆~肚子

n [224] 蔫 [53] 黏~米鲇~鱼年粘姓 [45] 碾辇捻撵 [31] 念

l [53] 廉镰帘连介词联~系怜莲鲢 [45] 敛脸 [31] 殓练恋链炼连【又】~上他：动词，算上

tɕ [224] 监尖歼兼搛~菜艰

间奸煎犍~子肩~膀坚~固
[45] 减碱检俭简拣剪~刀
茧蚕~儿捡 [31] 舰渐剑件
箭贱溅践建键健腱毽见荐
鉴

tɕʰ [224] 签谦迁牵千铅 [53]
钳乾虔钱前 [45] 遣浅 [31]
嵌潜欠歉倩人名用字茜人名
用字

ɕ [224] 枚木~仙鲜掀~起先
[53] 咸衔嫌~弃闲弦贤人名
用字槛门~儿 [45] 险显 [31]
陷~阱馅限羡线宪献县腺
现

Ø [224] 淹腌阉~割焉心不
在~烟 [53] 炎盐阎檐房~严
颜延~长言研沿岩芫~荽
[45] 掩眼 演染~色儿 [31]
验厌艳焰雁谚燕宴砚
咽~气儿

**uan**

t [224] 端 [45] 短 [31] 断锻
段缎

tʰ [53] 团 [45] 疃【又】贾康~:
村名

n [45] 暖【又】~絮

l [53] 李涞~河 [45] 卵 [31]
乱

ts [224] 钻~研专砖 [45] 转
【又】~弯儿 [31] 钻金刚~儿赚
转~圈儿

tsʰ [224] 川穿氽~丸子搋 [53]
传~说椽檐~船 [45] 喘 [31]
舛篡~改串~起来

s [224] 酸闩儿拴栓 [31] 算
蒜涮

ʐ̩ [45] 软~件阮姓

k [224] 官棺观冠鸡~子关
[45] 管馆 [31] 贯灌罐~子
观道~冠~军惯

kʰ [224] 宽 [45] 款

x [224] 欢 [53] 还~愿环 [45]
缓 [31] 唤焕人名用字换幻患

Ø [224] 剜弯湾 [53] 完丸玩
古~儿顽~皮 [45] 皖豌~豆
碗晚挽 [31] 腕蔓瓜~儿万

**yan**

tɕ [224] 捐 [45] 卷~起来 [31]
圈猪~倦眷家~绢娟人名用字
卷考~

tɕʰ [224] 圈花~犬~犹旁儿 [53]
全泉拳权颧~骨蜷 [45] 犬
导盲~ [31] 劝~告券

ɕ [224] 轩暄~和:物体内部多空
隙而松软 [53] 旋~风玄~学

悬□指人风趣幽默；指东西质量差 [45] 癣宣选喧 [31] 陷【又】～脚：指泥土松软容易把脚陷进去旋～吃～做镟～床子楦鞋～子眩头～

ø [224] 冤渊鸳～鸯 [53] 圆员元原源袁辕援救～缘～份猿媛人名用字 [45] 软～和远 [31] 院愿怨

**ən**

p [224] 奔～锛 [53] 甭【又】[45] 本 [31] 奔笨

$p^h$ [224] 喷～水 [53] 盆 [31] 喷～儿：植物长势最旺的时节

m [224] 闷焖 [53] 门 [31] 闷篾席～儿：从秫秸上剥下来的皮

f [224] 分～明芬纷 [53] 坟 [45] 粉焚 [31] 粪奋愤忿不～儿份

t [224] 鹐禽类啄物 [31] 扽顿【又】

$t^h$ [224] 吞【口】

n [224] 恩报～ [31] 摁嫩

ts [45] □～着个脸儿：绷着脸

$ts^h$ [45] 蠢 [31] □同“肏”，女性常用

s [224] 森参人～糁 [31] 甚椹渗瘆

tʂ [224] 针珍榛真贞人名用字侦 [45] 诊疹 [31] 枕镇阵振震

$tʂ^h$ [224] 抻 [53] 陈尘辰晨臣沉刚～嗹：特别重 [31] 沉【又】～底儿趁衬

ʂ [224] 深身申伸沈～阳 [53] 神 [45] 沈姓审婶生【口】好～着 [31] 甚肾慎

ʐ [53] 任姓人仁～义 [45] 忍 [31] 任～务纫认韧

k [224] 跟～着：动词根 [45] 艮不脆 [31] 跟介词，相当于“和”

$k^h$ [45] 恳垦啃肯

x [53] 痕含【又】嘴里～着东西 [45] 很狠 [31] 恨

ø [224] 恩周～来

**in**

p [224] 彬宾斌 [31] 殡鬓

$p^h$ [224] 拼～起来贫指小孩调皮捣蛋 [53] 贫～穷频 [45] 品拼～命 [31] 聘姘～头儿

m [53] 民 [45] 敏抿

l [224] 拎 [53] 林临檩～条邻鳞磷淋 [31] 赁论不～囵囫～淋～灰闰～月

tɕ [224] 今金襟儿禁～得：禁得住津巾斤筋 [45] 锦禁～止

紧仅谨 [31] 妗~子近进晋尽劲

tɕʰ [224] 钦亲 [53] 琴禽擒秦勤芹 [45] 侵寝浸 [31] 吣胡~

ɕ [224] 心辛新薪欣鑫芯锌 [53] 寻~婆家 [31] 信

ø [224] 音阴荫~凉儿因姻洇殷尹~代张:地名 [53] 淫银寅~虎垠人~家仁花生~ [45] 饮~料引~来隐尹【又】瘾繎用大针脚缝被子 [31] 饮~牛:喂牛水窨地~子:地窖印引~针刃认【又】

**uən**

t [224] 敦墩蹲吨 [45] 盹儿 [31] 顿囤盾钝炖饨

tʰ [224] 吞 [53] 屯豚臀 [45] 瞳刘~:村名 [31] 褪【俗】

l [53] 淋【又】论~语仑伦沦轮抡 [31] 嫩菜叶~论~理囵【又】

ts [224] 尊遵 [45] 准 [31] 俊

tsʰ [224] 村椿皴春 [53] 存唇纯蹲【又】鹑鹌~ [45] 蠢【又】 [31] 寸

s [224] 孙姓;~相:骂人的话 [53] 孙~得慌:无聊得慌;长得刚~嗹:长得难看 [45] 损~人

榫~头儿 [31] 顺

z̩ [45] 允~许 [31] 润闰【又】~年

k [45] 滚磙~子 [31] 棍

kʰ [224] 昆坤 [45] 捆 [31] 困

x [224] 昏婚荤 [53] 魂馄浑混~蛋 [45] 混别弄~咾 [31] 混瞎~

ø [224] 温瘟 [53] 文纹花~蚊闻 [45] 稳吻 [31] 问纹【又】裂~

**yn**

tɕ [224] 均钧君军 [31] 菌竣骏俊【又】

tɕʰ [53] 群裙

ɕ [224] 熏勋 [53] 荀旬循巡寻~人 [45] 损~失笋 [31] 讯迅殉训驯

ø [224] 晕头~ [53] 匀云芸 [45] 允【又】 [31] 润闰【又】~年熨运孕晕【又】~车

**aŋ**

p [224] 帮邦梆~子 [53] 梆硬~的 [45] 榜绑膀 [31] 傍谤棒蚌

pʰ [224] 胖~壮乒 [53] 滂旁螃庞姓 [45] 耪~地:用锄翻松土地 [31] 胖【又】肥~

m [53] 忙芒茫盲氓 [45] 莽蟒

f [224] 方芳妨~人:克夫 [53] 肪房妨~碍 [45] 仿纺访坊防 [31] 放

t [224] 当~家裆铛 [45] 耽【俗】~拱:耽误党挡~水 [31] 当上~荡档挡【又】~头儿

tʰ [224] 汤趟~过去:动词 [53] 堂棠螳唐糖塘膛搪~不起:承担不起 [45] 躺 [31] 烫趟一~:量词

n [224] 馕~~鼻儿 [53] 囊 [45] 攘用刀子~暖【又】~和

l [53] 郎廊狼螂□~人:坑人 [31] 朗浪

ts [224] 脏~东西 [31] 葬藏西~脏心~

tsʰ [224] 仓苍伧粗野沧 [53] 藏~起来

s [224] 丧报~ [53] 丧哭~着脸 [45] 桑嗓搡 [31] 丧~失

tʂ [224] 张章樟 [45] 掌长生~涨 [31] 丈仗打~杖帐账胀障瘴

tʂʰ [224] 昌倡 [53] 长~短肠场打小麦的场所常尝偿嫦 [45] 敞厂场量词 [31] 畅唱上【又】皇~仗炮~

ʂ [224] 伤商墒保~:保持土地的

湿度 [45] 赏晌裳□~ ʂaŋ⁴⁵⁻²¹³ 匀 yn³³:舒服,主要用于吃饭吃得很舒服偿【又】[31] 上~去尚仗【又】炮~

ʐ [45] 壤嚷 [31] 让~人不说好儿:介词

k [224] 冈刚缸钢~铁缲肛纲 [53] 刚"程度副词:很,特别,非常 [45] 港岗 [31] 钢~~刀:磨刀杠

kʰ [224] 康糠慷~慨 [53] 扛用肩膀承担 [45] 扛支撑,忍耐 [31] 抗~争炕

x [224] 夯 [53] 行航杭

ø [224] 航 [53] 昂

**iaŋ**

n [53] 娘 [45] 仰 [31] 酿样

l [53] 良凉量~长短粮梁梁 [45] 两 [31] 亮谅辆量分~晾

tɕ [224] 奖疆僵姜江□动物下幼崽浆泥~将~军:动词讲挑食 [45] 将~来蒋讲~话耩~地趼【俗】~子 [31] 浆~线酱将~领匠降虹【又】犟□~和:把屋子弄得乱七八糟

tɕʰ [224] 枪腔呛~了一口水 [53] 墙强 [45] 抢 [31] □一

个~俩:一个顶俩呛~得慌

ç [224] 箱厢湘镶香乡相~媳妇儿 [53] 详祥降投~翔人名用字 [45] 相互~想享饷响 [31] 象像向相~面项巷

Ø [224] 央秧殃鸯 [53] 瓤羊洋杨阳扬蛘米~:蚂蚁 [45] 嚷仰养痒疡□~子:棉絮 [31] 让~给:动词桋烊漾植物从根部长出新芽的过程

**uaŋ**

ts [224] 庄装假~桩妆 [45] 装整理,把杂乱的细条状物体捋顺 [31] 壮状撞

tsʰ [224] 疮窗 [53] 床噇无节制的大吃大喝 [45] 闯 [31] 创撞【又】

s [224] 霜双量词[53] □大~碗:大海碗 [45] 爽

k [224] 光胱 [45] 广 [31] 桄一~线:一团线逛

kʰ [224] 筐匡姓 [53] 狂 [31] 眶况矿框

x [224] 荒慌 [53] 黄簧皇蝗磺潢 [45] 谎晃~眼幌恍 [31] 晃~悠

Ø [224] 汪姓 [53] 亡芒麦~儿王 [45] 往向:~南走枉网

[31] 忘妄望旺往跟:~我说

**əŋ**

p [224] 崩迸绷 [53] 甭 [31] 蹦镚钢~子□~子:骗子

pʰ [224] 烹喷【俗】溅 [53] 朋彭姓膨棚蓬篷鹏人名用字 [45] 捧 [31] 碰

m [224] 蒙~人:骗人懵 [53] 虻萌盟蒙~起来濛朦 [45] 猛蠓 [31] 孟梦

f [224] 风枫疯讽丰封峰蜂 [53] 冯缝~纫机逢锋 [31] 凤奉俸缝门~儿

t [224] 登灯蹬戥 [45] 等 [31] 凳镫邓澄~~:使杂物沉淀瞪

tʰ [224] 熥 [53] 腾誊疼藤滕姓

n [53] 能□~~脚儿:掂着脚儿 [31] 弄

l [45] 冷 [31] 楞愣棱儿

ts [224] 曾姓增睁争 [31] 赠铛挣

tsʰ [224] 撑铛 [53] 曾层 [31] 蹭

s [224] 僧生牲甥 [45] 省

tʂ [224] 征蒸正~月筝贞~洁侦【又】~查 [45] 拯整正立~ [31] 证症郑正方~政

tʂʰ [224] 称~呼儿 [53] 澄~清惩橙乘承丞呈程成城诚

盛~饭 [45] 逞 [31] 秤

ʂ [224] 升声 [53] 绳 [31] 剩
胜圣盛~大

ʐ [224] 扔 [45] 仍

k [224] 粳庚耕~牛更~正 [45]
埂梗耿 [31] 更~加

kʰ [224] 坑挖~

x [224] 亨 [53] 恒衡横~里下:
横的方面 [31] 横蛮~

### iŋ

p [224] 冰兵 [53] 甭【又】[45]
禀丙柄饼 [31] 病并

pʰ [224] 乒 [53] 凭平坪评瓶
屏萍苹

m [53] 鸣明名瞑 [31] 命

t [224] 丁钉~子靪补鞋底盯
[45] 顶鼎 [31] 钉~上订定
腚

tʰ [224] 听厅庭开~ [53] 亭停
廷庭家~蜓婷挺~好莛某些
草本植物的茎 [45] 挺~胸

n [53] 凝~固嬴~嚏宁拧~绳
[45] 拧~开 [31] 拧倔强

l [53] 陵凌菱零灵铃玲羚蛉
龄 [45] 领岭 [31] 令另

tɕ [224] 京惊鲸精晶经耕~地
更打~睛荆 [45] 景警井
[31] 茎境敬竟镜竞静靖净

菁颈~椎径

tɕʰ [224] 卿清轻青蜻倾~斜:
主要指墙倾斜氢坑灶火~子□
~□sɿ³³:做某事的频率很低 [53]
擎~着点儿劲儿:悠着点劲儿情
晴腈~送:受赠青【又】从【又】
[45] 请顷量词 [31] 亲~家庆
凝【又】:汤凝成冻

ɕ [224] 兴~旺 星腥猩 [53]
姓行~为形型邢 [45] 省醒
[31] 兴高~杏幸性姓【又】
陉行~ɕiŋ³¹⁻⁵³ 当 tɑŋ⁰:累赘

ø [224] 应~当鹰鹦樱英婴
缨 [53] 蝇迎盈营萤茔赢
输~ [45] 影颖 [31] 硬映应
响~

### uŋ

t [224] 东冬 [45] 懂董 [31]
冻栋动洞

tʰ [224] 通统囱 [53] 同铜桐
童瞳 [45] 桶捅筒 [31] 痛

n [53] 农脓浓~度 [31] 弄【又】
浓指下雨后道路泥泞难走【又】
~度

l [53] 笼聋隆龙垄~沟 [45]
拢垄【又】一~:一行

ts [224] 鬃宗综中~间儿忠终
踪钟盅儿 [45] 总种~子肿

[31] 粽 中~奖 仲 众 重~量 种~树

tsʰ [224] 聪 葱 充 冲~过来 匆 忡 [53] 从 虫 重~复 丛 崇 [45] 宠 [31] 冲【又】~要

s [224] 松 [53] 悚 [45] 耸 [31] 送 宋 诵 颂 讼

z̩ [53] 荣光~绒~毛儿 融 容美~ 蓉 熔 溶

k [224] 公 蚣 工 功 攻 躬 宫 恭 供~孩子上学 [45] 汞 拱 巩 [31] 贡 供上~ 共

kʰ [224] 空~的 [45] 孔 恐 [31] 控 空~格

x [224] 轰 烘~干 [53] 弘 宏 红 洪 鸿 虹 哄"~下:晚上 [45] 哄~孩子 [31] 哄起~

∅ [224] 翁 [31] 瓮

## yŋ

tɕ [45] 炯

tɕʰ [53] 琼 穷 [45] 倾【又】~倒

ɕ [224] 兄 胸 凶 [53] 熊 雄

∅ [224] 雍 拥 [53] 容~易 荣人名用字 绒~衣 [45] 永 泳 勇 蛹 踊 [31] 用 佣

# 第三章　分类词表

## 说　明

　　本表基本依《汉语方言词语调查条目表》(《方言》2003 年第 1 期,第 6 ～ 27 页)而制,分为三十类。其中第三十类是根据需要添加的。各类的具体内容又根据实际情况有所增减。具体如下:

一、天文

二、地理

三、时间时令

四、农业

五、植物

六、动物

七、房舍

八、器具用品

九、称谓

十、亲属

十一、身体

十二、疾病 医疗

十三、衣服 穿戴

十四、饮食

十五、红白大事

十六、日常生活

十七、讼事

十八、交际

十九、商业 交通

二十、文化教育

二十一、文体活动

二十二、动作

二十三、位置

二十四、代词等

二十五、形容词

二十六、副词 介词等

二十七、量词

二十八、附加成分等

二十九、数字等

三十、地名标音举例

1. 词目先写汉字,后写音标。有的给出释义、用例。有些词不止一个义项,注释时分别用①②③ 表示。音标中以"–"分隔本调和变调,举例时以"~"复指条目。

2. 同义词或近义词尽量排在一起。常用的顶格排列,其他各条换行缩进 1 字符排列。

3. 本字不明的,有同音字记同音字,并用上标"="表示;没有同音字的,用"□"表示。

## 一、天文

### （1）日 月 星

太阳 tʰai³¹iaŋ³³

　太阳爷 tʰai³¹iaŋ³³ie⁵³

　日头 zʅ³¹⁻⁵³tʰou⁰

太阳地儿 tʰai³¹iaŋ³³tiɻɚ³¹ 太阳照的地方

　爷儿爷儿地儿 iɻer⁵³⁻⁴⁵ iɻer⁰ tiɻɚ³¹

荫凉儿 in²²⁴liɻær⁵³

月亮 ye³¹⁻⁵³liaŋ⁰

　母儿 mur⁴⁵

　老母儿 lau⁴⁵mur⁴⁵

月亮地儿 ye³¹⁻⁵³liaŋ³³tiɻɚ³¹

　老母地儿 lau⁴⁵mur⁴⁵tiɻɚ³¹ 月亮照的地方

星星 ɕiŋ²²⁴⁻³¹ɕiŋ³³

贼星星 tsei⁵³⁻⁴⁵ɕiŋ⁰ɕiŋ⁰ 流星

扫帚星 sau⁵³tʂu⁰ɕiŋ²²⁴ 彗星

天河 tʰian²²⁴xɤ⁵³ 银河

### （2）风 云 雷 雨

云彩 yn⁵³⁻⁴⁵tsʰai⁰

鱼鳞天 y⁵³lin⁵³tʰian²²⁴ 云彩像鱼鳞一样,出现此天象一般不出三天就会下雨

风 fəŋ²²⁴

大风 ta³¹fəŋ²²⁴

大狂风 ta³¹kʰuan⁵³⁻⁴⁵fəŋ⁰

　大黑风 ta³¹xei²²⁴fəŋ²²⁴

　拔树精 pa⁵³ʂu³¹tɕiŋ²²⁴

小风儿 ɕiau⁴⁵fɤr²²⁴

旋风 ɕyan⁵³⁻⁴⁵fəŋ⁰

饯风 tɕʰian²²⁴⁻³¹fəŋ³³ 逆风

顺风 sun³¹⁻⁵³fəŋ⁰

刮风 kua²²⁴fəŋ²²⁴

　起风 tɕʰi⁴⁵fəŋ²²⁴

雷 lei⁵³

打雷 ta⁴⁵lei⁵³

大响雷 ta³¹ɕiaŋ⁴⁵lei⁵³

雷劈 lei⁵³pʰi²²⁴

闪 ʂan⁴⁵

打闪 ta⁴⁵ʂan⁴⁵

闪电 ʂan⁴⁵tian³¹ 又打雷又打闪

雨 y⁴⁵

大雨 ta³¹y⁴⁵

暴雨 pau³¹y⁴⁵

中雨 tsuŋ²²⁴⁻³¹y⁴⁵

小雨儿 ɕiau⁴⁵yʐɚ⁴⁵

毛毛雨儿 mau⁵³⁻⁴⁵mau⁰yʐɚ⁴⁵

　濛星雨儿 məŋ⁵³⁻⁴⁵ɕiŋ⁰yʐɚ⁴⁵

淋拉雨儿 lin³¹la³³yʐɚ⁴⁵

　淋拉子雨儿 lin³¹la³³tsʅ⁰yʐɚ⁴⁵

雾露雨儿 u³¹⁻⁵³lu⁰yʐɚ⁴⁵ 春天下的

带有雾气的小雨

连阴雨 lian⁵³⁻⁴⁵in⁰y⁴⁵ 一连几天阴

天下雨

过道儿雨儿 kuo³¹tʐaur³¹yʐɚ⁴⁵

街道雨儿 tɕie²²⁴tau³¹yʐɚ⁴⁵

雨点儿 y⁴⁵tiʐer⁴⁵

　雨点子 y⁴⁵tian⁴⁵⁻²¹³tsʅ⁰

下雨 ɕia³¹y⁴⁵

　嘣哒儿 pəŋ²²⁴⁻³¹tʐær³³

地皮湿 ti³¹pʰi⁵³ʂʅ²²⁴ 下的雨小,刚湿

了地表

半透子 pan³¹tʰou³¹⁻⁵³tsʅ⁰ 雨小, 没

把地下透

透 tʰou³¹

淋雨 luən⁵³y⁴⁵

　挨淋 nai⁵³luən⁵³

（3）雪 冰 霜 露

雪 ɕye²²⁴

雪花儿 ɕye²²⁴xuær²²⁴

大雪叶子 ta³¹ɕye²²⁴ie³¹⁻⁵³tsʅ⁰

小雪花儿 ɕiau⁴⁵ɕye²²⁴xuær²²⁴

　小泛゠不烂儿 ɕiau⁴⁵fan³¹⁻⁵³
　pu³³lʐær⁰

　小雪粒儿 ɕiau⁴⁵ɕye²²⁴liʐɚ³¹

下雪 ɕia³¹ɕye²²⁴

化雪 xua³¹ɕye²²⁴

冰凌 piŋ²²⁴⁻³¹liŋ³³

　冻凌 tuŋ²²⁴⁻³¹liŋ³³

大 冰 凌 块 子 ta³¹piŋ²²⁴⁻³¹liŋ³³
kʰuai³¹⁻⁵³tsʅ⁰

冰凌条子 piŋ²²⁴⁻³¹liŋ³³tʰiau⁵³⁻⁴⁵
tsʅ⁰

　冰柱儿 piŋ²²⁴tʂuɚ³¹

　冰凌胡子 piŋ²²⁴⁻³¹liŋ³³xu⁵³⁻⁴⁵
tsʅ⁰

上冻 ʂaŋ³¹tuŋ³¹ 结冰

树挂 ʂu³¹kua³¹

　吊挂 tiau³¹kua³¹

解冻 tɕie⁴⁵tuŋ³¹

　河开 xɤ⁵³kʰai²²⁴

雹子 pau⁵³⁻⁴⁵tsʅ⁰

下雹子 ɕia³¹pau⁵³⁻⁴⁵tsʅ⁰

露湿 lu³¹⁻⁵³ʂʅ⁰ 露水

下露湿 ɕia³¹lu³¹⁻⁵³ʂʅ⁰

霜 suaŋ²²⁴

　　霜雪 suaŋ²²⁴⁻³¹ɕye³³

下霜 ɕia³¹suaŋ²²⁴

　　下霜雪 ɕia³¹suaŋ²²⁴⁻³¹ɕye³³

雾 u³¹

起雾 tɕʰi⁴⁵u³¹

　　　　（4）气候

彩虹 tsʰai⁴⁵xuŋ⁵³

　　虹 tɕiaŋ³¹

天儿 tʰiɻɚ²²⁴ 天气

晴天 tɕʰiŋ⁵³tʰian²²⁴

好天儿 xau⁴⁵tʰiɻɚ²²⁴ 晴天

阴天 in²²⁴tʰian²²⁴

闹天 nau³¹tʰian²²⁴ 天气发生变化，多指下雨或下雪

半阴子天儿 pan³¹⁻⁵³in⁰tsʅ⁰tʰiɻɚ²²⁴ 多云天气

　　多云 tuo²²⁴yn⁵³

日食 zʅ³¹ʂʅ⁵³

月食 ye³¹ʂʅ⁵³

旱嗹 xan³¹⁻⁵³lian⁰ 降水量小

淹嗹 ian²²⁴⁻³¹lian³³ 降水量大

闹洪水 nau³¹xuŋ⁵³suei⁴⁵

　　闹大水 nau³¹ta³¹suei⁴⁵

　　发大水 fa²²⁴ta³¹suei⁴⁵

水头儿 suei⁴⁵tʰɻour⁵³ 洪水来时的头

## 二、地理

### （1）地

平地儿 pʰiŋ⁵³tiɻɚ³¹

　　平原 pʰiŋ⁵³yan⁵³

水浇地 suei⁴⁵tɕiau²²⁴ti³¹

旱地 xan³¹ti³¹

大碱地 ta³¹tɕian⁴⁵ti³¹

半碱地 pan³¹tɕian⁴⁵ti³¹

盐碱地 ian⁵³tɕian⁴⁵ti³¹

沙土地 sa²²⁴⁻³¹tʰu⁴⁵ti³¹

　　白土地 pai⁵³tʰu⁴⁵ti³¹

黑地 xei²²⁴ti³¹ 黑泥土地，好地

红土地 xuŋ⁵³tʰu⁴⁵ti³¹ 大胶泥地

二乎头地 l̩³¹⁻⁵³xu⁰tʰou⁵³ti³¹ 沙土和红土混合的土地

地 ti³¹ 专指耕地

就地 tɕiou²²⁴ti³¹ 地面

方田 faŋ²²⁴tʰian⁵³ 整块整块的耕地

荒地 xuŋ²²⁴ti³¹

沙土窝子 sa²²⁴⁻³¹tʰu⁴⁵uɤ²²⁴⁻³¹tsʅ⁰

土堆 tʰu⁴⁵tuei²²⁴/tʰu⁴⁵tsuei²²⁴

地埝儿 ti³¹niɻɚ³¹ 麦田里的垄脊

　　土埝子 tʰu⁴⁵nian³¹⁻⁵³tsʅ⁰

空地儿 kʰuŋ³¹tiʈʐ³¹
　闲地方儿 ɕian⁵³ti³¹⁻⁵³fær⁰
白茬儿地 pai⁵³tsʰʅær⁵³ti³¹ 头芒种
　播种的春地
高岗子 kau²²⁴⁻³¹kaŋ⁴⁵⁻²¹³tsʅ⁰ 陡坡
　大岗子 ta³¹kaŋ⁴⁵⁻²¹³tsʅ⁰
岗儿 kær⁴⁵
　坡儿 pʰɤr²²⁴
　　（2）山 河 沟
山丘子 san²²⁴tɕʰiou²²⁴⁻³¹tsʅ⁰
　山疙瘩 san²²⁴kɤ²²⁴⁻³¹ta³³
　山包儿 san²²⁴paur²²⁴
　山头子 san²²⁴tʰou⁵³⁻⁴⁵tsʅ⁰
山顶儿 san²²⁴⁻³¹tiʈer⁴⁵
半山腰子 pan³¹san²²⁴iau²²⁴⁻³¹tsʅ⁰
山坡儿 san²²⁴pʰɤr²²⁴
山 根 儿 底 下 san²²⁴kɚ⁰ti⁴⁵⁻²¹³
　ɕia³³
河边儿 xɤ⁵³piʈer²²⁴
河埝 xɤ⁵³nian³¹ 河两边的大岗子
河坡儿 xɤ⁵³pʰɤr²²⁴ 河的半截儿
河底 xɤ⁵³ti⁴⁵
水坑 suei⁴⁵kʰəŋ²²⁴
水洼儿 suei⁴⁵uær²²⁴ 小水坑
道沟 tau³¹kou²²⁴
大坑 ta³¹kʰəŋ²²⁴
大坑 ta³¹tɕʰiŋ²²⁴ 专指有水的大坑
水塘 suei⁴⁵tʰaŋ⁵³

水池子 suei⁴⁵tʂʰʅ⁵³⁻⁴⁵tsʅ⁰
凉水 liaŋ⁵³suei⁴⁵
井巴凉 tɕiŋ⁴⁵⁻²¹³pa⁰liaŋ⁵³ 从井里
　挑上的凉水
热水 zɤ³¹suei⁴⁵
温水 uən²²⁴⁻³¹suei⁴⁵
　温活儿水 uən²²⁴⁻³¹xuɤr³³suei⁴⁵
　温 凉 不 嚓 的 水 uən²²⁴liaŋ⁵³
　　pu⁰tsan³³ti⁰suei⁴⁵
热咕嘟水 zɤ³¹⁻⁵³ku⁰tu⁰suei⁴⁵ 太
　阳晒温的水
泔水 kan²²⁴⁻³¹suei⁴⁵ 刷锅水
臭水 tʂʰou³¹suei⁴⁵
清水 tɕʰiŋ²²⁴⁻³¹suei⁴⁵
浑水 xuən⁵³suei⁴⁵
雨水 y⁴⁵⁻²¹³suei³³
积水 tɕi²²⁴⁻³¹suei⁴⁵ 水坑里积存的水
　（3）石 沙 土 砖 瓦 矿 物
石头 ʂʅ⁵³⁻⁴⁵tʰou⁰
石块儿 ʂʅ⁵³kʰuɐr³¹
　石头块儿 ʂʅ⁵³⁻⁴⁵tʰou⁰kʰuɐr³¹
沙石料 sa²²⁴ʂʅ⁵³liau³¹
沙子 sa²²⁴⁻³¹tsʅ⁰
小 亮 石 头 儿 ɕiau⁴⁵liaŋ³¹ʂʅ⁵³⁻⁴⁵
　tʰour⁰ 鹅卵石
石头子子 ʂʅ⁵³⁻⁴⁵tʰou⁰tsʅ⁰tsʅ⁰ 石头
　子儿
土坯 tʰu⁴⁵pʰei²²⁴

土坷垃 $t^hu^{45}k^h\gamma^0la^{33}$

砖头 $tsuan^{224-31}t^hou^{33}$

整砖 $ts\underset{.}{s}\eta^{45-213}tsuan^{33}$ 整块儿砖

半头砖 $pan^{31-53}t^hou^0tsuan^{224}$ 半个砖

　半砖 $pan^{31-53}tsuan^0$

砖头蛋子 $tsuan^{224-31}t^hou^{33}tan^{31-53}$
　$ts\eta^0$ 砖块儿

砖坯子 $tsuan^{224}p^hi^{224-31}ts\eta^0$ 没有烧
　制的砖

坯拉头子 $p^hei^{224-31}la^{33}t^hou^{53-45}$
　$ts\eta^0$ 半个砖坯

　砖块儿 $tsuan^{224}k^huɐr^{31}$

瓦 $ua^{45}$

瓦块儿 $ua^{45}k^huɐr^{31}$

　瓦片儿 $ua^{45}p^hiɽɐr^{31}$

蓝瓦 $lan^{53}ua^{45}$

红瓦 $xu\eta^{53}ua^{45}$

青瓦 $tɕ^hi\eta^{224-31}ua^{45}$ 比蓝瓦色深

脊瓦 $tɕi^{224-31}ua^{45}$ 半圆筒形的瓦

坷拉蛋子 $k^h\gamma^{224-31}la^{33}tan^{31-53}$
　$ts\eta^0$ 土坷拉

土 $t^hu^{45}$

灰 $xuei^{224}$

淋灰 $lin^{31}xuei^{224}$ 用水淋白灰

水泥 $suei^{45}ni^{53}$

　洋灰 $ia\eta^{53}xuei^{224}$

泥 $ni^{53}$

泥点子 $ni^{53}tian^{45-213}ts\eta^0$

烂泥 $lan^{31}ni^{53}$

流沙 $liou^{224}sa^{224}$ 河底的泥沙

□泥 $ts\eta^{45}ni^{53}$ 河底沤黑的泥

胶泥 $tɕiau^{224-31}ni^{33}$ 河边成层的粘
　土,加工后可用于雕刻

煤 $mei^{53}$

煤黑子 $mei^{53}xei^{224-31}ts\eta^0$

烟儿煤 $iɽɐr^{224}mei^{53}$

无烟儿煤 $u^{53}iɽɐr^{224}mei^{53}$

阳泉混 $ia\eta^{53-45}tɕ^hyan^0xuən^{31}$ 一
　种无烟煤

大渣子 $ta^{31}tsa^{213}ts\eta^0$ 煤块儿,煤疙瘩

　煤块儿 $mei^{53}k^huɐr^{31}$

煤球儿 $mei^{53}tɕ^hiɽour^{53}$

　蜂窝儿煤 $fə\eta^{224}uɣr^{224}mei^{53}$

煤渣子 $mei^{53}tsa^{224-31}ts\eta^0$

　碳角子 $t^han^{31}tɕiau^{224-31}ts\eta^0$

煤末子 $mei^{53}m\gamma^{31-53}ts\eta^0$

　煤面子 $mei^{53}mian^{31-53}ts\eta^0$

煤拣儿 $mei^{53}tɕiɽɐr^{45}$ 挑出来的没烧
　透的煤

碳 $t^han^{31}$

碳面子 $t^han^{31}mian^{31-53}ts\eta^0$

煤油 $mei^{53}iou^{53}$

石油 $ş\eta^{53}iou^{53}$

金子 $tɕin^{224-31}ts\eta^0$

银子 $in^{53-45}ts\eta^0$

铁头 $t^hie^{224-31}t^hou^{33}$ 铁

铜 tʰuŋ⁵³

锡 ɕi²²⁴

水银 suei⁴⁵⁻²¹³in³³

吸铁石 ɕi²²⁴⁻³¹tʰie²²⁴ʂʅ⁵³

玉 y³¹

玉石 y³¹ʂʅ⁵³

硫磺 liou⁵³xuaŋ⁵³

龙黄 luŋ⁵³xuaŋ⁵³ 用于熏馒头等，使其发白的东西

（4）城乡 处所

地方儿 ti³¹⁻⁵³fær⁰

么儿地方儿 mɤr⁵³ti³¹⁻⁵³fær⁰ 什么地方

嗖〓嘛地方儿 sou⁵³ma⁰ti³¹⁻⁵³fær⁰

着地儿 tʂau⁵³tiɻɤ³¹ 挨地面

城市 tʂʰəŋ⁵³⁻⁴⁵sʅ⁰

市 sʅ³¹

城墙 tʂʰəŋ⁵³tɕʰiaŋ⁵³

村儿里 tsʰuɻɤ²²⁴⁻³¹li³³

乡里 ɕiaŋ²²⁴⁻³¹li³³

镇里 tʂən³¹⁻⁵³li⁰

城里 tʂʰəŋ⁵³li⁴⁵

市里 sʅ³¹⁻⁵³li⁰/sʅ³¹li⁴⁵

省里 səŋ⁴⁵⁻²¹³li³³

家里 tɕia²²⁴⁻³¹li³³

碗里 uan⁴⁵⁻²¹³li³³

窖里 tɕiau³¹⁻⁵³li⁰

水里 suei⁴⁵⁻²¹³li³³

过道里 kuo³¹⁻⁵³tau⁰li⁰

地里 ti³¹⁻⁵³li⁰

当院里 taŋ²²⁴yan³¹⁻⁵³li⁰

城河 tʂʰəŋ⁵³xɤ⁵³

城壕 tʂʰəŋ⁵³xau⁵³

农村儿 nuŋ⁵³tsʰuɻɤ²²⁴

赶集 kan⁴⁵tɕi⁵³

上城里 ʂaŋ³¹tʂʰəŋ⁵³li⁴⁵

街 tɕie²²⁴

过道 kuo³¹⁻⁵³tau⁰ 胡同

道 tau³¹

走道儿 tsou⁴⁵tɻaur³¹

抄近道儿 tʂʰau²²⁴tɕin³¹tɻaur³¹

大道 ta³¹tau³¹

岗哨儿 kaŋ⁴⁵sɻaur³¹ 关卡

## 三、时间时令

（1）年

今年 tɕin²²⁴nian⁵³

本命年 pən⁴⁵miŋ³¹nian⁵³

头年 tʰou⁵³nian⁵³ 去年

前年 tɕʰian⁵³⁻⁴⁵nian⁰

大前年 ta³¹tɕʰian⁵³⁻⁴⁵nian⁰

前几年 tɕʰian⁵³tɕi⁴⁵nian⁵³

过年 kuo³¹nian⁵³ 明年，"过"重读

来年 lai⁵³nian⁵³

下一年 ɕia³¹⁻⁵³i⁰nian⁵³

前半年 tɕʰian⁵³pan³¹nian⁵³ 上半年

后半年 xou³¹pan³¹nian⁵³ 下半年

年头儿 nian⁵³tʰʐour⁵³

年景 nian⁵³tɕiŋ⁰

年底 nian⁵³ti⁴⁵

年尾儿 nian⁵³iʈʐ⁴⁵

年根儿底下 nian⁵³kɚ⁰ti⁴⁵⁻²¹³ɕia³³

往年 uaŋ⁴⁵nian⁵³

年年儿 nian⁵³niʈɚ⁵³

成年六辈子的 tʂʰəŋ⁵³nian⁵³liou³¹pei³¹⁻⁵³tsʅ⁰tio⁰ 不知多少年的(事儿)

老朝年 lau⁴⁵tʂʰau⁵³nian⁵³

一年 i⁴⁵nian⁵³/i²²⁴nian⁵³

两年 liaŋ⁴⁵nian⁵³

二年 ʅ³¹nian⁵³

一两年 i²²⁴⁻³¹liaŋ⁴⁵nian⁵³

两三年 liaŋ⁴⁵⁻²¹³san³³nian⁵³

二三年 ʅ³¹⁻⁵³san⁰nian⁵³

十啦~年 ʂʅ⁵³⁻⁴⁵la⁰nian⁵³ 十年左右

十来年儿 ʂʅ⁵³lai⁵³niʈɚ⁵³ 近于但不到十年

十年多 ʂʅ⁵³nian⁵³tuo²²⁴ 十年多还不到十一年

十啦~多年 ʂʅ⁵³⁻⁴⁵la⁰tuo²²⁴nian⁵³ 十二三年

十好几年 ʂʅ⁵³xau⁵³tɕi⁴⁵nian⁵³

十好年 ʂʅ⁵³xau⁵³nian⁵³ 十几年

这么些年 tʂɤ³¹mɤ⁰ɕie⁴⁵nian⁵³

好些年 xau⁵³ɕie⁴⁵nian⁵³

整年家 tʂəŋ⁴⁵nian⁵³⁻⁴⁵tɕia⁰ 一年到头

成年家 ʂʰəŋ⁵³nian⁵³⁻⁴⁵tɕia⁰

五冬立夏 u⁴⁵tuŋ²²⁴li³¹ɕia³¹

（2）季节

春天 tsʰuən²²⁴tʰian²²⁴

夏天 ɕia³¹tʰian²²⁴

秋天 tɕʰiou²²⁴tʰian²²⁴

秋后 tɕʰiou²²⁴xou³¹ 立秋之后

冬天 tuŋ²²⁴tʰian²²⁴

十冬腊月 ʂʅ⁵³tuŋ²²⁴la³¹⁻⁵³ye⁰

伏天 fu⁵³tʰian²²⁴

三伏天 san²²⁴fu⁵³tʰian²²⁴

一伏 i²²⁴fu⁵³

初伏 tsʰu²²⁴fu⁵³

二伏 ʅ³¹fu⁵³

中伏 tsuŋ²²⁴fu⁵³

三伏 san²²⁴fu⁵³

末伏 mɤ³¹fu⁵³

立春 li³¹tsʰuən²²⁴

打春 ta⁴⁵tsʰuən²²⁴

开春儿 kʰai²²⁴tsʰuʈɚ²²⁴

雨水 y⁴⁵suei⁴⁵

惊蛰 tɕiŋ⁴⁵tʂɤ⁵³

春分 tsʰuən²²⁴⁻³¹fən³³

寒食 xan⁵³⁻⁴⁵ʂʅ⁰

清明 tɕʰiŋ²²⁴⁻³¹miŋ³³

谷雨 ku²²⁴⁻³¹y⁴⁵

立夏 li³¹ɕia³¹

小满 ɕiau⁴⁵man⁴⁵

芒种 maŋ⁵³⁻⁴⁵tsuŋ⁰

麦里 mai³¹⁻⁵³li⁰

夏至 ɕia³¹tsʅ³¹

大暑 ta³¹ʂu⁴⁵

小暑 ɕiau⁴⁵ʂu⁴⁵

头秋里 tʰou⁵³tɕʰiou²²⁴⁻³¹li³³

立秋 li³¹tɕʰiou²²⁴

处暑 tʂʰu³¹ʂu⁴⁵

白露 pai⁵³⁻⁴⁵lu⁰

秋分 tɕʰiou²²⁴⁻³¹fən³³

寒露 xan⁵³⁻⁴⁵lu⁰

霜降 suaŋ²²⁴tɕiaŋ³¹

立冬 li³¹tuŋ²²⁴

小雪 ɕiau⁴⁵ɕye²²⁴

大雪 ta³¹ɕye²²⁴

冬至 tuŋ²²⁴tsʅ³¹

小寒 ɕiau⁴⁵xan⁵³

大寒 ta³¹xan⁵³

老黄历 lau⁴⁵xuan⁵³⁻⁴⁵li⁰

阴历 in²²⁴li³¹

阳历 iaŋ⁵³li³¹

月份儿牌儿 ye³¹fəʴ³¹pʰɐr⁵³

月星牌儿 ye³¹ɕiŋ²²⁴pʰɐr⁵³

（3）月

这个月 tʂɤ³¹kɤ³¹ye³¹

上一个月 ʂaŋ³¹⁻⁵³i⁰kɤ³¹ye³¹

下一个月 ɕia³¹⁻⁵³i⁰kɤ³¹ye³¹

下月 ɕia³¹ye³¹

前半月儿 tɕʰian⁵³pan³¹yʴɐr³¹

后半月儿 xou³¹pan³¹yʴɐr³¹

月初 ye³¹tsʰu²²⁴

月底 ye³¹ti⁴⁵

上旬 ʂaŋ³¹ɕyn⁵³

中旬 tsuŋ²²⁴ɕyn⁵³

下旬 ɕia³¹ɕyn⁵³

正月 tʂəŋ²²⁴⁻³¹ye³³

一月 i²²⁴⁻³¹ye³³

二月 l̩³¹⁻⁵³ye⁰

三月 san²²⁴⁻³¹ye³³

四月 sʅ³¹⁻⁵³ye⁰

五月 u⁴⁵⁻²¹³ye³³

六月 liou³¹⁻⁵³ye⁰

七月 tɕʰi²²⁴⁻³¹ye³³

八月 pa²²⁴⁻³¹ye³³

九月 tɕiou⁴⁵⁻²¹³ye³³

十月 ʂʅ⁵³⁻⁴⁵ye⁰

十一月 ʂʅ⁵³i²²⁴⁻³¹ye³³

腊月 la³¹⁻⁵³ye⁰

闰月 lin³¹ye³¹

大尽 ta$^{31}$tɕin$^{31}$ 农历三十天一个月

小尽 ɕiau$^{45}$tɕin$^{31}$ 农历二十九天一
　个月

一个月 i$^{45}$kɤ$^{31}$ye$^{31}$

俩月 lia$^{45}$ye$^{31}$

个数儿月 kɤ$^{31}$sur$^{33}$ye$^{31}$ 个把月

一俩月 i$^{224-31}$lia$^{45}$ye$^{31}$

十啊⁼多月 ʂɭ$^{53-45}$a$^0$tuo$^{224}$ye$^{31}$ 十
　个多月

　十啦⁼多个月 ʂɭ$^{53-45}$la$^0$tuo$^{224}$
　　kɤ$^{31}$ye$^{31}$

十好几啊⁼月 ʂɭ$^{53}$xau$^{53}$tɕi$^{45-213}$a$^{33}$
　ye$^{31}$ 十几个月

十啦⁼个月 ʂɭ$^{53-45}$la$^0$kɤ$^{31}$ye$^{31}$ 十个
　月左右

好几啊⁼月 xau$^{53}$tɕi$^{45-213}$a$^{33}$ye$^{31}$
　好几个月

### （4）节日

临年逼节地 lin$^{53}$nian$^{53}$pei$^{224}$
　tɕie$^{224-31}$ti$^0$ 快到年节的日子

过年 kuo$^{31}$nian$^{53}$ 过春节，“过”和
　“年”两个字都重读

年三十儿 nian$^{53}$san$^{224}$ʂɚ$^{53}$

小年儿 ɕiau$^{45}$niɭɚ$^{53}$ 指腊月二十三、
　正月十五

元旦 yan$^{53}$tan$^{31}$

熬年儿 nau$^{53}$niɭɚ$^{53}$ 守岁

大年初一 ta$^{31}$nian$^{53}$tsʰu$^{224}$i$^{224}$

年下 nian$^{53-45}$ɕia$^0$ 指春节期间

过年好 kuo$^{31}$nian$^{53}$xau$^{45}$ 过年时
　的问候语

拜年 pai$^{31}$nian$^{53}$

磕头 kʰɤ$^{224}$tʰou$^{53}$

元宵节 yan$^{53}$ɕiau$^{224}$tɕie$^{224}$

端午节 tuan$^{224-31}$u$^{45}$tɕie$^{224}$

　五月端午儿 u$^{45-213}$ye$^{33}$tan$^{224-31}$
　　ur$^{45}$

七月七 tɕʰi$^{224-31}$ye$^{33}$tɕʰi$^{224}$ 七夕

牛郎 niou$^{53}$laŋ$^{53}$

织女 tʂɭ$^{224-31}$ny$^{45}$

七月十五 tɕʰi$^{224-31}$ye$^{33}$ʂɭ$^{53-45}$u$^0$
　鬼节 kuei$^{45}$tɕie$^{224}$

八月十五 pa$^{224-31}$ye$^{33}$ʂɭ$^{53-45}$u$^0$

八月十六 pa$^{224-31}$ye$^{33}$ʂɭ$^{53}$liou$^{31}$

九月九 tɕiou$^{45-213}$ye$^{33}$tɕiou$^{45}$ 重阳节
　老人节 lau$^{45}$zən$^{53}$tɕie$^{224}$

腊八儿 la$^{31-53}$pær$^0$/la$^{31}$pær$^{224}$

### （5）日时

星期 ɕiŋ$^{224}$tɕʰi$^{224}$ 周日
　礼拜天 li$^{45}$pai$^{31}$tʰian$^{224}$

礼拜 li$^{45}$pai$^{31}$ 周

礼拜一 li$^{45}$pai$^{31}$i$^{224}$

礼拜二 li$^{45}$pai$^{31}$ɭ$^{31}$

礼拜三 li$^{45}$pai$^{31}$san$^{224}$

礼拜四 li$^{45}$pai$^{31}$sɭ$^{31}$

礼拜五 li$^{45}$pai$^{31}$u$^{45}$

礼拜六 li$^{45}$pai$^{31}$liou$^{31}$

今天 tɕin²²⁴tʰian²²⁴

明天 miŋ⁵³tʰian²²⁴

明儿 miɭɛr⁵³

后儿天 xour³¹tʰian²²⁴

大后天 ta³¹xou³¹tʰian²²⁴

夜咾可 ie³¹⁻⁵³lau⁰kʰɤ⁰ 昨天

前日儿可 tɕʰian⁵³⁻⁴⁵zɚ⁰kʰɤ⁰ 前天

大前日儿可 ta³¹tɕʰian⁵³⁻⁴⁵zɚ⁰ kʰɤ⁰ 大前天

早先儿可 tsau⁴⁵ɕiɭɛr²²⁴⁻³¹kʰɤ³³ 早先

过后儿 kuo³¹xour³¹ 以后

往后 uaŋ⁴⁵xou³¹

多喒 tuo⁴⁵tsan⁰ 什么时候

多喒们 tuo⁴⁵tsan⁰mən⁰

哪霎儿 na⁴⁵sɭær⁵³

么儿时候儿 mɛr⁵³sŋ⁵³⁻⁴⁵xour⁰

时候儿 sŋ⁵³⁻⁴⁵xour⁰

多大工夫儿 tuo⁴⁵ta³¹kuŋ²²⁴⁻³¹ fur³³

这喀 tʂɤ³¹tsan⁴⁵/tʂɤ⁴⁵tsan⁰ 这时候

这工夫儿 tʂɤ³¹kuŋ²²⁴⁻³¹fur³³

这阵儿 tʂɤ³¹tʂɚ³¹

这一阵子 tʂɤ³¹i⁴⁵tʂən³¹⁻⁵³tsŋ⁰

这一趁儿 tʂɤ³¹i⁴⁵tʂʰɚ²²⁴

这一会儿 tʂɤ³¹i³¹xuɚ⁴⁵

这会儿 tʂɤ³¹xuɚ⁴⁵

这一霎儿 tʂɤ³¹i⁴⁵sɭær⁵³ 这一小会儿

这赶着 tʂɤ³¹kan⁴⁵⁻²¹³tʂau³³ 这一开始

乜喀 nie³¹tsan⁴⁵ "乜" 为中指代词，此词相当于"那时候"

乜工夫儿 nie³¹kuŋ²²⁴⁻³¹fur³³

乜工夫儿可 nie³¹kuŋ²²⁴⁻³¹ fur³³kʰɤ⁰

乜一会儿 nie³¹i³¹xuɚ⁴⁵

乜一霎儿 nie³¹i⁴⁵sɭær⁵³

乜一阵儿 nie³¹i⁴⁵tʂɚ³¹

乜一趁儿 nie³¹i⁴⁵tʂʰɚ²²⁴

乜一趁儿可 nie³¹i⁴⁵tʂʰɚ²²⁴⁻³¹ kʰɤ³³

那喀 na³¹tsan⁴⁵

那喀可 na³¹tsan⁴⁵kʰɤ⁰

那工夫儿 na³¹kuŋ²²⁴⁻³¹fur³³

那工夫儿可 na³¹kuŋ²²⁴⁻³¹fur³³ kʰɤ⁰

那阵儿 na³¹tʂɚ³¹

那一阵子 na³¹i⁴⁵tʂən³¹⁻⁵³tsŋ⁰

那一阵儿 na³¹i⁴⁵tʂɚ³¹

那一趁儿 na³¹i⁴⁵tʂʰɚ²²⁴

那一趁儿可 na³¹i⁴⁵tʂʰɚ²²⁴⁻³¹ kʰɤ³³

那一会儿 na³¹i³¹xuɚ⁴⁵

那一霎儿 na³¹i⁴⁵sɭær⁵³

那赶着 na³¹kan⁴⁵⁻²¹³tʂau³³ 那一开始

那赶着可 na³¹kan⁴⁵⁻²¹³tʂau³³ kʰɤ⁰

先前可 $\varsigma$ian$^{224}$t$\varsigma^h$ian$^{53-45}$k$^h\gamma^0$ 先前

自来可 ts$\eta^{45}$lai$^{53-45}$k$^h\gamma^0$

那天可 na$^{31}$t$^h$ian$^{224-31}$k$^h\gamma^{33}$ 那天

乜天可 nie$^{31}$t$^h$ian$^{224-31}$k$^h\gamma^{33}$ 特指
某一天

这天可 t$\varsigma\gamma^{31}$t$^h$ian$^{224-31}$k$^h\gamma^{33}$

哪天可 na$^{45}$t$^h$ian$^{224-31}$k$^h\gamma^{33}$ 哪天

赶着可 kan$^{45-213}$t$\varsigma$au$^{33}$k$^h\gamma^0$ 一开始

赶等着 kan$^{45}$tə$\eta^{45-213}$t$\varsigma$au$^{33}$ 等到

赶霎儿 kan$^{45}$s$\varsigma$ær$^{53}$ 等一会儿
赶打顿儿 kan$^{45}$ta$^{45}$t$\varsigma\rlap{}$ə$^{31}$

将来 t$\varsigma$ian$^{45}$lai$^{53}$

下么儿 $\varsigma$ia$^{31}$m$\gamma\gamma^{33}$ 下回

往常 ua$\eta^{45}$t$\varsigma^h$a$\eta^{53}$ 平时
素日里 su$^{31}$z$\eta^{31-53}$li$^0$

要个头儿上 iau$^{224-31}$k$\gamma^{33}$t$^h$tour$^{53-45}$
$\varsigma$a$\eta^0$ 紧要关头

老天嗒 lau$^{45}$t$^h$ian$^{224}$tsan$^{53}$ 天很晚

头晌火 t$^h$ou$^{53}$$\varsigma$a$\eta^{45-213}$xuo$^{33}$ 上午
前晌儿 t$\varsigma^h$ian$^{53}$$\varsigma$ær$^{45}$

半头晌火 pan$^{31}$t$^h$ou$^{53}$$\varsigma$a$\eta^{45-213}$
xuo$^{33}$/pan$^{31}$t$^h$ou$^{53}$$\varsigma$a$\eta^{53}$xuo$^0$
上午十点左右

过晌火 kuo$^{31}$$\varsigma$a$\eta^{45-213}$xuo$^{33}$ 下午
后晌儿 xou$^{31}$$\varsigma$ær$^{45}$

半过晌火 pan$^{31}$kuo$^{31}$$\varsigma$a$\eta^{45-213}$
xuo$^{33}$/pan$^{31}$kuo$^{31}$$\varsigma$a$\eta^{53}$xuo$^0$ 下午
四点左右

半晌不乏的 pan$^{31}$$\varsigma$a$\eta^{45}$pu$^{224-31}$
fa$^{53-45}$ti$^0$ 半头晌火、半过晌火的总称

傍晌火 pa$\eta^{31}$$\varsigma$a$\eta^{45-213}$xuo$^{33}$ 中午
十一点左右

晌火 $\varsigma$a$\eta^{45-213}$xuo$^{33}$/$\varsigma$a$\eta^{53}$xuo$^0$ 正午
十二点到下午两点之间

麦晌 mai$^{31}$$\varsigma$a$\eta^{45}$ 专指夏天的晌火

正晌火 t$\varsigma$ə$\eta^{31}$$\varsigma$a$\eta^{45-213}$xuo$^{33}$ 正午
十二点

晌觉儿 $\varsigma$a$\eta^{45-213}$t$\varsigma$i$\rlap{}$aur$^{33}$ 午觉

□唠晌 t$\varsigma^h$i$^{31}$lau$^{33}$$\varsigma$a$\eta^{45}$ 下午两点之
后的一段时间

半天儿 pan$^{31}$t$^h$i$\rlap{}$ər$^{224}$ 四个小时

大半天 ta$^{31}$pan$^{31}$t$^h$ian$^{224}$ 三个小
时左右

小半天儿 $\varsigma$iau$^{45}$pan$^{31}$t$^h$i$\rlap{}$ər$^{224}$ 两
个小时左右

一霎儿 i$^{224-45}$s$\varsigma$ær$^{53}$ 一小会儿
一小会儿 i$^{224-31}$$\varsigma$iau$^{45}$xu$\rlap{}$ə$^{45}$

头明 t$^h$ou$^{53}$mi$\eta^{53}$ 天快亮的时候
抄亮儿 t$\varsigma^h$au$^{224}$li$\rlap{}$ær$^{31}$

大早起 ta$^{31}$tsau$^{45}$t$\varsigma^h$i$^{45}$ 上午五点到
七点，说话人主观上认为时间很早，
所以前加"大"

大清早儿 ta$^{31}$t$\varsigma^h$i$\eta^{224-31}$ts$\rlap{}$aur$^{45}$

早起 tsau$^{45}$t$\varsigma^h$i$^{45}$

早兴 tsau$^{45-213}$$\varsigma$in$^{33}$

白天 pai$^{53}$t$^h$ian$^{224}$

白下 pai⁵³⁻⁴⁵ɕia⁰

大清白眼儿 ta³¹tɕʰiŋ²²⁴pai⁵³
iʈɐr⁴⁵ 大白天

傍黑 paŋ²²⁴xei²²⁴ 傍晚

一擦黑儿 i²²⁴⁻⁴⁵tsʰa²²⁴xɘ²²⁴

一擦冷子 i²²⁴⁻⁴⁵tsʰa²²⁴⁻³¹ləŋ⁴⁵⁻²¹³
tsɿ⁰ 刚开始冷的时候

摸黑儿 mɤ²²⁴xɘ²²⁴ 在夜间活动

起早儿贪黑儿 tɕʰi⁴⁵tsɿaur⁴⁵
tʰan²²⁴xɘ²²⁴ 早起晚睡，形容人勤快

起五更睡半夜 tɕʰi⁴⁵u⁴⁵⁻²¹³
tɕiŋ³³suei³¹pan³¹ie³¹

黑灯瞎火 xei²²⁴təŋ²²⁴ɕia²²⁴⁻³¹
xuo⁴⁵ 晚上没有光亮

黑咾 xei²²⁴⁻³¹lau³³ 晚上

黑下 xei²²⁴⁻³¹ɕia³³

哄ᵌ上 xuŋ⁵³xaŋ⁰

通宿儿 tʰuŋ²²⁴ɕiʈour²²⁴

整宿 tʂəŋ⁴⁵ɕiou²²⁴

半宿 pan³¹ɕiou²²⁴ 半夜

大半宿 ta³¹pan³¹ɕiou²²⁴

小半宿儿 ɕiau⁴⁵pan³¹ɕiʈour²²⁴

头半夜儿 tʰou⁵³pan³¹iʈɐr³¹

上半夜儿 ʂaŋ³¹pan³¹iʈɐr³¹

前半宿 tɕʰian⁵³pan³¹ɕiou²²⁴

前半夜儿 tɕʰian⁵³pan³¹iʈɐr³¹

下半夜儿 ɕia³¹pan³¹iʈɐr³¹

后半宿 xou³¹pan³¹ɕiou²²⁴

后半夜儿 xou³¹pan³¹iʈɐr³¹

打更 ta⁴⁵tɕiŋ²²⁴

一更天儿 i²²⁴kəŋ²²⁴tʰiʈɐr²²⁴

二更天儿 l̩³¹kəŋ²²⁴tʰiʈɐr²²⁴

三更天儿 san²²⁴kəŋ²²⁴tʰiʈɐr²²⁴

四更天儿 sɿ³¹kəŋ²²⁴tʰiʈɐr²²⁴

五更天儿 u⁴⁵kəŋ²²⁴tʰiʈɐr²²⁴

半宿啦ᵌ夜的 pan³¹ɕiou²²⁴la⁰
ie³¹⁻⁵³ti⁰

没时啦ᵌ等的 mu⁵³sɿ⁵³la⁰təŋ⁴⁵⁻²¹³
ti⁰ 干起活儿来或者玩儿起来不顾时
间的早晚

三更半夜 san²²⁴kəŋ²²⁴pan³¹ie³¹

半夜三更 pan³¹ie³¹san²²⁴kəŋ²²⁴

日子 ʐɿ³¹⁻⁵³tsɿ⁰ ① 生活、生计 ② 日期

好日儿 xau⁴⁵⁻²¹³zɚ³³ 黄道吉日

天天儿 tʰian²²⁴⁻³¹tʰiʈɐr³³

见么儿 tɕian³¹mɤr³³

天么儿 tʰian²²⁴⁻³¹mɤr³³

见天 tɕian³¹tʰian²²⁴

见天儿见 tɕian³¹tʰiʈɐr²²⁴tɕian³¹

整天家 tʂəŋ⁴⁵tʰian²²⁴⁻³¹tɕia³³ 一天
到晚

成天家 tʂʰəŋ⁵³tʰian²²⁴⁻³¹tɕia³³

一天 i²²⁴⁻⁴⁵tʰian²²⁴

两天 liaŋ⁴⁵tʰian²²⁴

一两天 i²²⁴⁻³¹liaŋ⁴⁵tʰian²²⁴

长三日儿 tʂʰaŋ⁵³san²²⁴⁻³¹zɚ³³/tʂʰaŋ⁵³

san²²⁴⁻³¹ɚ³³/tʂʰaŋ⁵³san²²⁴⁻³¹iɻɚ³³
多于三天

短 三 日 儿 tuan⁴⁵san²²⁴⁻³¹zɚ³³/
tuan⁴⁵san²²⁴⁻³¹ɚ³³/tuan⁴⁵san²²⁴⁻
³¹iɻɚ³³ 少于三天

十来天儿 ʂɻ⁵³lai⁵³tʰiɻer²²⁴ 不到十天

十 啦⁼ 天 ʂɻ⁵³⁻⁴⁵la⁰tʰian²²⁴ 十天左右

十好几天 ʂɻ⁵³xau⁵³tɕi⁴⁵tʰian²²⁴ 十

几天

十好天 ʂɻ⁵³xau⁵³tʰian²²⁴

十啦⁼ 多天 ʂɻ⁵³⁻⁴⁵la⁰tuo²²⁴tʰian²²⁴
十四五天

十啦⁼ 多天儿 ʂɻ⁵³⁻⁴⁵la⁰tuo²²⁴tʰiɻer²²⁴
十二、三天

好些天 xau⁵³ɕie⁴⁵tʰian²²⁴

# 四、农业

## （1）农事

耕地 tɕiŋ²²⁴ti³¹

出猪圈 tʂu²²⁴tʂu²²⁴tɕyan³¹ 清理猪
　圈里的粪便

出头户棚 tʂu²²⁴tʰou⁵³⁻⁴⁵xu⁰pʰəŋ⁵³
　清理牲口棚里的粪便

出茅子 tʂu²²⁴mau⁵³⁻⁴⁵tsɻ⁰ 清理厕
　所里的粪便

攒粪 tsan⁴⁵fən³¹ 积肥

　沤粪 nou³¹fən³¹

　积肥 tɕi²²⁴fei⁵³

打秸秆 ta⁴⁵tɕie²²⁴⁻³¹ker³³ 把玉米秆、
　麦子秆等弄碎了撒在地里，积肥

拾粪 ʂɻ⁵³fən³¹

　拣粪 tɕian⁴⁵fən³¹

　上粪 ʂaŋ³¹fən³¹

　撒粪 sa⁴⁵fən³¹

上化肥 ʂaŋ³¹xua³¹fei⁵³ 施肥

撒化肥 sa⁴⁵xua³¹fei⁵³

保墒 pau⁴⁵ʂaŋ²²⁴ 保持土地的湿度

抢墒 tɕʰian⁴⁵ʂaŋ²²⁴ 趁土地潮湿时
　播种

耪地 xuo²²⁴ti³¹ 除去地表的草

耩地 tɕian⁴⁵ti³¹ 种庄稼

耩麦子 tɕian⁴⁵mai³¹⁻⁵³tsɻ⁰ 种麦子

锄麦子 tsʰu⁵³mai³¹⁻⁵³tsɻ⁰ 锄麦子地
　里的草

耧麦子 lou²²⁴mai³¹⁻⁵³tsɻ⁰ 为了保墒
　对麦子进行处理

划麦子 xua⁵³mai³¹⁻⁵³tsɻ⁰

过麦 kuo³¹mai²²⁴ 夏收

割麦子 kɤ²²⁴mai³¹⁻⁵³tsɻ⁰

打麦子 ta⁴⁵mai³¹⁻⁵³tsɻ⁰ 脱麦粒

场 tʂʰaŋ⁵³ 给庄稼脱粒的场所

打场 ta⁴⁵tʂʰaŋ⁵³ 把粮食从秸秆穗中
　弄出来的过程

摊场 tʰan²²⁴tʂʰaŋ⁵³ 将收割后的麦子、豆子等平摊在场上

轧场 ia³¹tʂʰaŋ⁵³ 用碌碡碾压场上的庄稼，使其脱粒

翻场 fan²²⁴tʂʰaŋ⁵³ 翻起摊在场上的庄稼，使其充分得到晾晒

拾场 ʂʅ⁵³tʂʰaŋ⁵³ 轧场后，把秸秆收起来

扬场 iaŋ⁵³tʂʰaŋ⁵³ 把麦粒、谷子等扬干净

耩棒子 tɕiaŋ⁴⁵paŋ³¹⁻⁵³tsʅ⁰ 种棒子

锄地 tsʰu⁵³ti³¹

　锄草 tsʰu⁵³tsʰau⁴⁵

锄豆子 tsʰu⁵³tou³¹⁻⁵³tsʅ⁰ 锄豆子地里的草

薅草儿 xaur²²⁴⁻³¹tsʰɻaur⁴⁵ 用镰除草

　砍草 kʰan⁴⁵tsʰau⁴⁵

刀草儿 tau²²⁴⁻³¹tsʰɻaur⁴⁵ 用凿打子除草

拔草 pa⁵³tsʰau⁴⁵

火龙 ⁼xuo⁴⁵⁻²¹³luŋ³³ 因庄稼上生了一种叫红蛛蛛的虫子，叶子被咬的都是窟窿

拿虫子 na⁵³tsʰuŋ⁵³⁻⁴⁵tsʅ⁰ 用手捉虫子

打药 ta⁴⁵iau³¹

浇地 tɕiau²²⁴ti³¹

上冻水 ʂaŋ³¹tuŋ³¹⁻⁵³suei⁰ 上冻前给麦子浇水

浇冻水 tɕiau²²⁴tuŋ³¹⁻⁵³suei⁰

叫水 tɕiau³¹suei⁴⁵ 用水泵上水

挑水 tʰiau²²⁴⁻³¹suei⁴⁵

提水 ti⁵³suei⁴⁵

收秋 ʂou²²⁴tɕʰiou²²⁴ 秋季收割庄稼

掰棒子 pai²²⁴paŋ³¹⁻⁵³tsʅ⁰ 把玉米从秸秆上掰下来

剥棒子 pau²²⁴paŋ³¹⁻⁵³tsʅ⁰ 把玉米皮剥下来

刀棒秸 tau²²⁴paŋ³¹tɕie²²⁴ 将玉米秆连根拔起

拾娘花 ʂʅ⁵³niaŋ⁵³⁻⁴⁵xuo⁰ 收棉花

翻山药蔓儿 fan²²⁴san²²⁴iau³¹uɐr³¹ 把山药蔓翻起来，防止其扎根，影响生长

刨山药 pʰau⁵³san²²⁴iau³¹

捯绿豆 tau⁵³lu³¹⁻⁵³tou⁰ 砍绿豆

砍黄豆 kʰan⁴⁵xuaŋ⁵³⁻⁴⁵tou³¹

铡草 tsa⁵³tsʰau⁴⁵

拴 suan²²⁴

捆 kʰuən⁴⁵

活捆儿 xuo⁵³⁻⁴⁵kʰuɚ⁰ 结的活疙瘩

死捆儿 sʅ⁴⁵⁻²¹³kʰuɚ³³ 结的死疙瘩

杵 tʂʰu⁵³ 捅

出 tʂu²²⁴ 把菜秧子移植到菜地中

墁 man³¹ ①用石、砖等铺饰在地面上 ②播种菜籽

籴粮食 tʰiau³¹liaŋ⁵³⁻⁴⁵ʂʅ⁰

量粮食 liaŋ⁵³liaŋ⁵³⁻⁴⁵ʂʅ⁰ 买粮食

## （2）农具

粪坑 fən³¹kʰəŋ²²⁴

牛车 niou⁵³tʂʰɤ²²⁴

小拉车儿 ɕiau⁴⁵la²²⁴⁻³¹tʂʰɤɻ³³ 带相
对细、两个轮子、一个牲口拉的车

翻斗儿车 fan²²⁴⁻³¹tʈour⁴⁵
tʂʰɤ²²⁴ 专指带翻斗的小拉车儿

大车 ta³¹tʂʰɤ²²⁴ 带相对粗、两个轮
子、两三个牲口拉的车。

土车子 tʰu⁴⁵⁻²¹³tʂʰɤ³³tsʅ⁰ 一个轮,
轮在车板底下的车

洪"车子 xuŋ⁵³⁻⁴⁵tʂʰɤ⁰tsʅ⁰ 一个
轮,轮在车板上凸出,中间高,两边能
放东西的车

拉帮套 la²²⁴paŋ²²⁴tʰau³¹ 两三个牲
口拉车

套车 tʰau³¹tʂʰɤ²²⁴ 把牲口架在车上

装车 tsuaŋ²²⁴tʂʰɤ²²⁴

卸车 ɕie³¹tʂʰɤ²²⁴

车箱 tʂʰɤ²²⁴ɕiaŋ²²⁴ 用挡板把小拉车
的四周围起来形成的空间

车辕 tʂʰɤ²²⁴yan⁵³

车叉子 tʂʰɤ²²⁴⁻³¹tsʰa³³tsʅ⁰ 牛车前
后用来遮挡的器具,也叫车梯子

车轱辘儿 tʂʰɤ²²⁴⁻³¹ku⁴⁵⁻²¹³liɻə³³

大车脚儿 ta³¹tʂʰɤ²²⁴tɕiɻaur²²⁴ 大
车车轮

小车脚儿 ɕiau⁴⁵tʂʰɤ²²⁴tɕiɻaur²²⁴
小车车轮

轮盘 luən⁵³pan⁵³

辐条 fu²²⁴⁻³¹tʰiau³³

轴承 tʂou⁵³tʂʰəŋ⁵³

车棚子 tʂʰɤ²²⁴pʰəŋ⁵³⁻⁴⁵tsʅ⁰

气门芯儿 tɕʰi³¹min⁴⁵xiɻə²²⁴

气门嘴子 tɕʰi³¹min⁴⁵tsuei⁴⁵⁻²¹³
tsʅ⁰ 给车胎打气的气孔

气门针儿 tɕʰi³¹min⁴⁵tʂə²²⁴ 上气
门芯儿用的工具

车把 tʂʰɤ²²⁴⁻³¹pa⁴⁵

车铜 tʂʰɤ²²⁴tɕian³¹ 固定车轮用的铁棍

牛够"槽 niou⁵³kou³¹⁻⁵³tsʰau⁰ 人字
形牛轭,套在牛脖子上

夹板子 tɕia²²⁴⁻³¹pan³³tsʅ⁰ 用于驴、
马等的车轭,套在其脖子上

辔头儿 pʰei³¹⁻⁵³tʰʈour⁰

缰绳 kaŋ²²⁴⁻³¹ʂəŋ³³

拉套 la²²⁴tʰau³¹

拉□儿 la²²⁴sɻaur²²⁴

大腰 ta³¹iau²²⁴ 拴在牛背上的绳

大肚 ta³¹tu³¹ 拴在牛肚子底下的绳

牛样绳 niou⁵³nian³¹⁻⁵³ʂəŋ⁰ 牛脖
子底下拴的绳

套绳 tʰau³¹ʂəŋ⁵³ 套上牛肚子两边的绳

嚼子 tɕiau⁵³⁻⁴⁵tsʅ⁰ 围在骡子、马、驴上下齿之间的铁链，防止其吃庄稼

笼嘴 luŋ⁵³⁻⁴⁵tsuei⁰ 套在牛嘴上，防止其吃庄稼的工具

呲牙子 tsʰʅ²²⁴⁻³¹ia³³tsʅ⁰ 勒在牲口牙龈和上嘴唇之间的小绳或铁链

满头锁 man⁴⁵tʰou⁵³suo⁴⁵

牛鼻具 niou⁵³pi⁵³⁻⁴⁵tɕy⁰ 套在牛鼻子上的铁环

后鞧 xou³¹tɕʰiou²²⁴ 兜在牲口屁股上的绳套，防止下车时车在后退

捂眼儿 u⁴⁵⁻²¹³iɻɚ³³ 牲口拉磨时的眼罩

挂掌 kua³¹tʂaŋ⁴⁵ 钉在马蹄上的铁片子

切蹄子 tɕʰie²²⁴tʰi⁵³⁻⁴⁵tsʅ⁰ 修铲牲口的蹄子

拌料杈子 pan³¹liau³¹tsʰa⁴⁵⁻²¹³tsʅ⁰ 给牲口拌料用的木杈

盖 kai³¹ 牲口拉的平地用的农具

拖车 tʰuo²²⁴⁻³¹tʂɤ³³ 耕地时拉犁、拉盖的车

步犁 pu³¹li⁵³ 牲口拉的犁

犁把 li⁵³pa⁴⁵

撒子 pʰie⁴⁵⁻²¹³tsʅ⁰ 铧

犁辕 li⁵³yan⁵³

耪子 xuo²²⁴⁻³¹tsʅ⁰ 松地、锄草用的农具

耙 pʰa⁵³

耧 lou⁵³ 播种庄稼的农具

囤 tuən³¹ 盛粮食用的容器

芡子 ɕye⁵³⁻⁴⁵tsʅ⁰ 席篾编的圆环，用来围囤的

碌碡 liou³¹⁻⁵³tʂou⁰

碾子 nian⁴⁵⁻²¹³tsʅ⁰

磨 mɤ³¹

耙耙 pʰa⁵³⁻⁴⁵tsʅ⁰

洋镐 iaŋ⁵³kau²²⁴ 劈柴用的农具

作镐 tsau³¹ku³³ 刨玉米秸秆用的农具

锄 tsʰu⁵³

凿打子 tsau⁵³⁻⁴⁵ta⁰tsʅ⁰ 锄草的农具，钩是直的，又叫刀锄

喷雾器 pʰən²²⁴u³¹tɕʰi³¹

铡刀 tsa⁵³⁻⁴⁵tau⁰

镰 lian⁵³

斧镰 fu⁴⁵lian⁵³ 砍柴刀

生楚 səŋ²²⁴⁻³¹tsʰu³³ 生锈

木杴 mu³¹⁻⁵³ɕian⁰

扬杴 iaŋ⁵³⁻⁴⁵ɕian⁰

铁锨 tʰie²²⁴⁻³¹ɕie³³

筛子 sai²²⁴⁻³¹tsʅ⁰

叉子 tsʰa²²⁴⁻³¹tsʅ⁰ 用来杵东西、打场用的工具

碌碡桃子 liou³¹⁻⁵³tʂou⁰kuaŋ²²⁴⁻³¹tsʅ⁰ 安在碌碡上的架子

簸箕 pɤ³¹⁻⁵³ɕi⁰

粪筐 fən³¹kʰuaŋ²²⁴

扁担 pian⁴⁵tan³¹

　水挑子 suei⁴⁵tʰiau²²⁴⁻³¹tsʐ⁰

扫帚 sau⁵³tʂu⁰ 扫院子的

笤帚 tʰiau⁵³⁻⁴⁵tʂu⁰ 扫屋子的

喷壶儿 pʰən²²⁴⁻³¹xur³³

木桩 mu³¹tsuaŋ²²⁴

　桩子 tsuaŋ²²⁴⁻³¹tsʐ⁰

　橛子 tɕye⁵³⁻⁴⁵tsʐ⁰

木橛儿 mu³¹tɕyɽer⁵³

草苫子 tsʰau⁴⁵ʂan²²⁴⁻³¹tsʐ⁰ 盖在大棚外边的草席子，冬天防冻、夏天防晒

高垫 kau²²⁴⁻²¹³tian³³

井 tɕiŋ⁴⁵

水眼儿 suei⁴⁵iɽer⁴⁵

井绳 tɕiŋ⁴⁵ʂən⁵³

葽儿 iɽaur³¹ 捆庄稼或菜的草绳子

草帽辫儿 tsʰau⁴⁵mau³¹piɽer³¹ 用秸秆编成的形似辫子的绳

## 五、植物

### （1）农作物

庄稼 tsuaŋ²²⁴⁻³¹tɕia³³

粮食 liaŋ⁵³⁻⁴⁵ʂʐ⁰

　五谷杂粮 u⁴⁵ku²²⁴tsa⁵³liaŋ⁵³

麦子 mai³¹⁻⁵³tsʐ⁰

麦芒儿 mai³¹uær⁵³

麦穗儿 mai³¹suɽɚ³¹

　麦穗子 mai³¹suei³¹⁻⁵³tsʐ⁰

秸秆儿 tɕie²²⁴⁻³¹kɐr³³ 高粱、玉米、芝麻、麦子等茎的统称

麦茬儿 mai³¹tʰiɽer⁵³ 麦子的秸秆

　麦莛子 mai³¹tɕʰiŋ⁵³⁻⁴⁵tsʐ⁰

豆秸子 tou³¹tɕie²²⁴⁻³¹tsʐ⁰ 黄豆、绿豆等的秸秆

麦秸 mai³¹⁻⁵³tɕie⁰ 脱完麦粒后压扁了的麦子秸秆

麦秸垛 mai³¹⁻⁵³tɕie³³tuo³¹

柴火垛 tsʰai⁵³⁻⁴⁵xuo⁰tuo³¹

个儿 kɤr³¹ 捆成捆儿的庄稼或菜

豆茬儿 tou³¹tsʰɽær⁵³ 砍完黄豆后剩下的近根部分

　豆榨子 tou³¹tsa³¹⁻⁵³tsʐ⁰

豆□子 tou³¹tsʰai²²⁴⁻³¹tsʐ⁰ 碾碎了的豆子

米 mi⁴⁵

大米 ta³¹mi⁴⁵

江米 tɕian²²⁴⁻³¹mi⁴⁵ 糯米

谷子 ku²²⁴⁻³¹tsʐ⁰ 没剥皮的小米

黍子 ʂu⁴⁵⁻²¹³tsʐ⁰ 发粘的小米

　稷子 tɕi³¹⁻⁵³tsʐ⁰ 黍子的一种

秕子 pi⁴⁵⁻²¹³tsʐ⁰ 没长成的谷子粒

小米儿 ɕiau⁴⁵miɽɚ⁴⁵ 剥了皮的小米

钱菜谷 tɕʰian⁵³⁻⁴⁵tsʰai³¹ku²²⁴ 大穗
　　子,发黏,米粒是紫色的,能蒸窝头

糠皮儿 kʰaŋ²²⁴pʰiɻɚ⁻⁵³ 脱出小米粒
　　后剩下的谷皮

黄草 xuaŋ⁵³⁻⁴⁵tsʰau⁴⁵ 晒干了的谷子
　谷草 ku²²⁴⁻³¹tsʰau⁴⁵

棒子 paŋ³¹⁻⁵³tsʅ⁰ 玉米

棒秸 paŋ³¹tɕie²²⁴ 玉米秆儿

娘花 niaŋ⁵³⁻⁴⁵xuo⁰ 棉花

娘花桃儿 niaŋ⁵³⁻⁴⁵xuo⁰tʰɻaur⁵³
　　棉桃

高粱 kau²²⁴⁻²¹³liaŋ³³

芝麻 tsʅ²²⁴⁻³¹ma³³

黄豆 xuaŋ⁵³⁻⁴⁵tou⁰

绿豆 ly³¹⁻⁵³tou⁰

黑豆 xei²²⁴tou³¹

小豆 ɕiau⁴⁵⁻²¹³tou³³ 红小豆

大豆 ta³¹tou³¹

豆子 tou³¹⁻⁵³tsʅ⁰ 花生
　长果儿 tʂʰaŋ⁵³kuɣr⁴⁵

半空儿 pan³¹kʰuɣr²²⁴ 壳中的果仁
　　不太饱满

花生仁儿 xua²²⁴səŋ²²⁴iɻɚ⁻⁵³
　花生豆儿 xua²²⁴səŋ²²⁴tɻour³¹

二混头 ʅ³¹⁻⁵³xuən⁰tʰou⁵³ 把粮食里
　　最好的挑出来,剩下不好不坏的叫二
　　混头

麻棵 ma⁵³⁻⁴⁵kʰɣ⁰ 蓖麻

麻子 ma⁵³⁻⁴⁵tsʅ⁰ 蓖麻的种子

山药 san²²⁴iau³¹ 地瓜

土豆儿 tʰu⁴⁵tɻour³¹

（2）蔬菜

苗儿圃儿 miɻaur⁵³pʰur⁴⁵ 卖幼苗
　　的地方

园子 yan⁵³⁻⁴⁵tsʅ⁰ 菜园

芸豆 yn⁵³⁻⁴⁵tou⁰ 一拃长左右,窄而
　　细的豆角,豆粒是花色的

白豆 pai⁵³⁻⁴⁵tou⁰ 比芸豆短,扁形,豆
　　粒发黄

架豆 tɕia³¹⁻⁵³tou⁰ 比芸豆短,扁形,黑
　　褐色豆粒,又名扁豆

蛇豆 ʂɣ⁵³⁻⁴⁵tou

藕 nou⁴⁵

笋 ɕyn⁴⁵

茄子 tɕʰie⁵³⁻⁴⁵tsʅ⁰

黄瓜 xuaŋ⁵³⁻⁴⁵kua⁰

菜瓜 tsʰai³¹⁻⁵³kua⁰

丝瓜 sʅ²²⁴⁻³¹kua³³

苦瓜 kʰu⁴⁵⁻²¹³kua³³

北瓜 pei²²⁴⁻³¹kua³³

南瓜 nan⁵³kua⁰

冬瓜 tuŋ²²⁴⁻³¹kua³³

西葫芦 ɕi²²⁴⁻³¹xu⁵³⁻⁴⁵lou⁰

砍瓜 kan⁴⁵⁻²¹³kua³³ 瓠子

葱 tsʰuŋ²²⁴

大葱 ta³¹tsʰuŋ²²⁴ 秋后刨的葱

小葱儿 ɕiau⁴⁵tsʰuʈɣr²²⁴ 趁嫩吃的
　　小细葱
杨家葱 iaŋ⁵³⁻⁴⁵tɕia⁰tsʰuŋ²²⁴ 过了
　　年刨的葱
婆娘葱 pʰɣ⁵³⁻⁴⁵niaŋ⁰tsʰuŋ²²⁴ 专门
　　为了打葱籽儿的葱
葱叶 tsʰuŋ²²⁴ie³¹
葱白儿 tsʰuŋ²²⁴pɐr⁵³
葱头 tsʰuŋ²²⁴tʰou⁵³ 洋葱
蒜 suan³¹
　　大蒜 ta³¹suan³¹
红皮蒜 xuŋ⁵³pʰi⁵³suan³¹
白皮蒜 pai⁵³pʰi⁵³suan³¹
蒜头儿 suan³¹tʰʈour⁵³
蒜瓣儿 suan³¹pɐr³¹
蒜苗儿 suan³¹miʈaur⁵³
蒜毫儿 suan³¹xaur⁵³ 蒜苔
蒜黄 suan³¹xuaŋ⁵³
韭菜 tɕiou⁴⁵tsʰai³¹
韭黄 tɕiou⁴⁵xuaŋ⁵³
漾 iaŋ³¹ 植物从根部长出新芽的过程
韭菜芽子 tɕiou⁴⁵tsʰai³¹ia⁵³⁻⁴⁵tsʅ⁰
　　割完韭菜后从根部长出来的芽
韭菜花儿 tɕiou⁴⁵tsʰai³¹xuær²²⁴
韭菜根儿 tɕiou⁴⁵tsʰai³¹kɚ²²⁴
茴香 xuən⁵³⁻⁴⁵ɕiaŋ⁰
西红柿 ɕi²²⁴⁻³¹xuŋ³³sʅ³¹
姜 tɕiaŋ²²⁴

生姜 səŋ²²⁴tɕiaŋ²²⁴
鬼子姜 kuei²²⁴⁻³¹tsʅ⁰tɕiaŋ²²⁴ 菊芋
辣椒 la³¹tɕiau²²⁴
大尖椒 ta³¹tɕian²²⁴tɕiau²²⁴ 细长的
　　辣椒,辣度不太高
小尖椒儿 ɕiau⁴⁵tɕian²²⁴tɕiʈaur²²⁴
　　小红辣椒,辣度非常高
秦椒 tɕʰin⁵³tɕiau²²⁴ 青椒
柿子椒 sʅ³¹⁻⁵³tsʅ⁰tɕiau²²⁴
菠菜 pɣ²²⁴⁻³¹tsʰai³³
尿白乎 niau³¹⁻⁵³pai⁰xu⁰ 因冻化而
　　变软的山药、白菜、萝卜等
白菜 pai⁵³⁻⁴⁵tsʰai⁰
　　窝心头 uɣ²²⁴ɕin²²⁴tʰou⁵³
立心菜 li³¹ɕin²²⁴tsʰai³¹ 大白菜的一
　　种,绿色
小白菜儿 ɕiau⁴⁵pai⁵³⁻⁴⁵tsʰʈɐr⁰ 白
　　菜苗儿
　　白菜秧子 pai⁵³⁻⁴⁵tsʰai⁰iaŋ²²⁴⁻³¹tsʅ⁰
洋白菜 iaŋ⁵³pai⁵³⁻⁴⁵tsʰai⁰ 圆白菜
油菜 iou⁵³⁻⁴⁵tsʰai⁰
油麦 iou⁵³⁻⁴⁵mai⁰ 油麦菜
生菜 səŋ²²⁴tsʰai³¹
甜菜 tʰian⁵³⁻⁴⁵tsʰai⁰
蔓菁 man⁵³⁻⁴⁵tɕiŋ⁰ 甜菜的一种,根
　　茎圆形
芹菜 tɕʰin⁵³⁻⁴⁵tsʰai⁰
芥菜 tɕie³¹⁻⁵³tsʰai⁰

芫荽 ian$^{53-45}$suei$^{0}$ 香菜

萝卜 luo$^{53-45}$pei$^{0}$

胡萝卜 xu$^{53-45}$luo$^{0}$pei$^{0}$/xu$^{53-45}$la$^{0}$pei$^{224}$

　红萝卜 xuŋ$^{53}$luo$^{53-45}$pei$^{0}$

绿萝卜 ly$^{31}$luo$^{53-45}$pei$^{0}$

白萝卜 pai$^{53}$luo$^{53-45}$pei$^{0}$

萝卜缨子 luo$^{53-45}$pei$^{0}$iŋ$^{224-31}$tsʅ$^{0}$

　萝卜叶儿 luo$^{53-45}$pei$^{0}$iɿɛr$^{31}$

灰菜 xuei$^{224-31}$tsʰai$^{33}$

青家菜 tɕʰiŋ$^{224-31}$tɕia$^{33}$tsʰai$^{31}$ 刺儿菜

羊家菜 iaŋ$^{53-45}$tɕia$^{0}$tsʰai$^{31}$ 叶细长
条,状似韭菜,但株棵很小,易在盐碱
地中生长

发眼棵 fa$^{224-31}$ian$^{45}$kʰɤ$^{224}$ 叶紧贴
地面,茎细小,开黄花,有毒

叉棵子 tsʰa$^{53-45}$kʰɤ$^{0}$tsʅ$^{0}$ 一种药材,
整株都有奶白色的粘汁液,味苦

曲家菜 tɕʰy$^{224-31}$tɕia$^{33}$tsʰai$^{31}$ 曲曲菜

蒿子 xau$^{224-31}$tsʅ$^{0}$

　臭蒿子 tʂʰou$^{31}$xau$^{224-31}$tsʅ$^{0}$

　白蒿 pai$^{53-45}$xau$^{0}$

　麦蒿 mai$^{31-53}$xau$^{0}$

　　（3）树木

树林儿 ʂu$^{31}$liɿɚ$^{53}$

　树林子 ʂu$^{31}$lin$^{53-45}$tsʅ$^{0}$

树栽子 ʂu$^{31}$tsai$^{224-31}$tsʅ$^{0}$ 树苗

树身子 ʂu$^{31}$ʂən$^{224-31}$tsʅ$^{0}$ 树干

树尖儿 ʂu$^{31}$tɕiɿɛr$^{224}$ 树梢

树脑袋 ʂu$^{31}$nau$^{45-213}$tai$^{33}$

树根子 ʂu$^{31}$kən$^{224-31}$tsʅ$^{0}$

树墩子 ʂu$^{31}$tuən$^{224-31}$tsʅ$^{0}$

树叶儿 ʂu$^{31}$iɿɛr$^{31}$

树皮 ʂu$^{31}$pʰi$^{53}$

树枝子 ʂu$^{31}$tsʅ$^{224-31}$tsʅ$^{0}$

　树杈儿 ʂu$^{31}$tsʰaɿ ær$^{31}$

木头骨碌子 mu$^{31-53}$tʰou$^{0}$ku$^{224-31}$
lou$^{33}$tsʅ$^{0}$ 一段一段的木头

木头 mu$^{31-53}$tʰou$^{0}$

栽树 tsai$^{224-31}$ʂu$^{31}$

刨树 pʰau$^{53}$ʂu$^{31}$

果木 kuo$^{45-213}$mu$^{33}$ 果树

松树 suŋ$^{224-31}$ʂu$^{31}$

松木 suŋ$^{224-31}$mu$^{33}$

柏树 pai$^{224-31}$ʂu$^{31}$

椿树 tsʰuən$^{224-31}$ʂu$^{33}$

香椿 ɕian$^{224-31}$tsʰuən$^{224}$

臭椿 tʂʰou$^{31}$tsʰuən$^{224}$

菜椿 tsʰai$^{31}$tsʰuən$^{224}$ 不香不臭,味
苦,叶与臭椿差不多大

香椿芽 ɕian$^{224}$tsʰuən$^{224}$ia$^{53}$

榆木 y$^{53-45}$mu$^{0}$

榆树 y$^{53-45}$ʂu$^{0}$

榆钱儿 y$^{53-45}$tɕʰiɿɛr$^{0}$

枣树 tsau$^{45-213}$ʂu$^{33}$

枣木 tsau$^{45-213}$mu$^{33}$

桑树 saŋ$^{45}$ʂu$^{0}$

桑木 saŋ⁴⁵mu⁰
桑叶儿 saŋ⁴⁵iɻer³¹
杨树 iaŋ⁵³⁻⁴⁵ʂu⁰
杨木 iaŋ⁵³⁻⁴⁵mu⁰
白毛儿杨 pai⁵³maur⁵³iaŋ⁵³
杨大纱 iaŋ⁵³⁻⁴⁵ta⁰sa³¹ 杨絮
蛹子 yŋ⁴⁵⁻²¹³tsʅ⁰ ① 没开的杨絮 ②
　　蚕蛹
柳树 liou⁴⁵⁻²¹³ʂu³³
柳枝儿 liou⁴⁵tsɻɚ²²⁴
柳条儿 liou⁴⁵tʰiɻaur⁵³
柳叶儿 liou⁴⁵iɻer³¹
柳蛹子 liou⁴⁵yŋ⁴⁵⁻²¹³tsʅ⁰ 柳絮
槐树 xuai⁵³⁻⁴⁵ʂu⁰
槐花儿 xuai⁵³⁻⁴⁵xuær⁰
梧桐树 u⁵³tʰuŋ⁵³ʂu³¹
夜来香 ie³¹lai⁵³ɕiaŋ²²⁴
枫树 fəŋ²²⁴ʂu³¹
桃树 tʰau⁵³⁻⁴⁵ʂu⁰
杏树 ɕin³¹⁻⁵³ʂu⁰
糖梨儿树 tʰaŋ⁵³⁻⁴⁵liɻɚ⁰ʂu³¹
葡萄棵 pʰu⁵³⁻⁴⁵tʰau⁰kʰɤ²²⁴
李子树 li⁴⁵⁻²¹³tsʅ⁰ʂu³¹
核桃树 xɤ⁵³⁻⁴⁵tʰau⁰ʂu³¹
梨树 li⁵³⁻⁴⁵ʂu⁰
苹果树 pʰin⁵³kuo⁴⁵ʂu³¹
杜梨儿树 tu³¹⁻⁵³liɻɚ⁰ʂu³¹
柿子树 sʅ³¹⁻⁵³tsʅ⁰ʂu³¹

石榴树 ʂʅ⁵³⁻⁴⁵liou⁰ʂu³¹
海棠树 xai⁴⁵⁻²¹³tʰaŋ³³ʂu³¹
无花儿果儿树 u⁵³xuær²²⁴⁻³¹
　　kuɤr⁴⁵ʂu³¹
（4）瓜果
鲜果儿 ɕian²²⁴⁻³¹kuɤr⁴⁵ 水果
干果儿 kan²²⁴⁻³¹kuɤr⁴⁵
枣 tsau⁴⁵
枣核儿 tsau⁴⁵xur⁵³
酸枣儿 suan²²⁴⁻³¹tsɻaur⁴⁵
小枣儿 ɕiau⁴⁵⁻²¹³tsɻaur³³
大枣 ta³¹⁻⁵³tsau⁰
黑枣儿 xei²²⁴⁻³¹tsɻaur⁴⁵
栗子 li³¹⁻⁵³tsʅ⁰
核桃 xɤ⁵³⁻⁴⁵tʰau⁰
荸荠 pi⁵³⁻⁴⁵tɕʰi⁰
地梨儿 ti³¹liɻɚ⁵³ 一种小荸荠
菱角儿 liŋ⁵³⁻⁴⁵tɕiɻaur⁰
杜梨儿 tu³¹⁻⁵³liɻɚ⁰
瓜子儿 kua²²⁴⁻³¹tsɻɚ⁴⁵
葵花籽儿 kʰuei⁵³xua²²⁴⁻³¹tsɻɚ⁴⁵ 向
　　日葵的种子
无花儿果儿 u⁵³xuær²²⁴⁻³¹kuɤr⁴⁵
桃 tʰau⁵³
杏 ɕin³¹
梨 li⁵³
鸭梨 ia²²⁴li⁵³
苹果 pʰiŋ⁵³⁻⁴⁵kuo⁰/pʰiŋ⁵³kuo⁴⁵/

pʰin⁵³kuo⁰/pʰiŋ⁵³kuo⁰

小沙果儿 ɕiau⁴⁵sa²²⁴⁻³¹kuɤr⁴⁵ 海棠果

葡萄 pʰu⁵³⁻⁴⁵tʰau⁰

柿子 sʅ³¹⁻⁵³tsʅ⁰

柿□儿 sʅ³¹nuɽr⁵³ 晒干了的柿子

柿饼子 sʅ³¹piŋ⁴⁵⁻²¹³tsʅ⁰

石榴 sʅ⁵³⁻⁴⁵liou⁰

桔子 tɕy²²⁴⁻³¹tsʅ⁰/tɕy⁵³⁻⁴⁵tsʅ⁰

柚子 iou³¹⁻⁵³tsʅ⁰

橙子 tʂʰəŋ⁵³⁻⁴⁵tsʅ⁰

香蕉 ɕiaŋ²²⁴tɕiau²²⁴

桂圆儿 kuei³¹yɽer⁵³

荔枝 li³¹tsʅ²²⁴

小西红柿儿 ɕiau⁴⁵ɕi²²⁴⁻³¹xuŋ³³sɽɚ³¹

樱桃儿 iŋ²²⁴tʰɽaur⁵³

猕猴桃儿 mi⁵³xour⁵³tʰɽaur⁵³

西瓜 ɕi²²⁴⁻³¹kua³³

瓜瓤儿 kua²²⁴iɽær⁵³

挂沙 kua³¹sa²²⁴ 瓜熟透了

甜瓜 tʰian⁵³⁻⁴⁵kua⁰

白沙蜜 pai⁵³sa²²⁴mi³¹ 甜瓜的一种，白皮、白瓤、白籽

脆瓜 tsʰuei³¹⁻⁵³kua⁰

香瓜 ɕiaŋ²²⁴kua²²⁴

小香瓜儿 ɕiau⁴⁵ɕiaŋ²²⁴kuær²²⁴

甘蔗 kan²²⁴⁻³¹tʂɤ³³

秫秸 ʂu⁵³⁻⁴⁵tɕie⁰ 高粱秆儿

甜秫秸 tʰian⁵³ʂu⁵³⁻⁴⁵tɕie⁰ 高粱的一种

甜棒 tʰian⁵³⁻⁴⁵paŋ⁰ 甜的秸秆

（5）花草菌类

花儿 xuær²²⁴

花骨朵 xua²²⁴ku²²⁴⁻³¹tu⁴⁵

花瓣儿 xua²²⁴pɐr³¹

花芯儿 xua²²⁴ɕiɽɚ²²⁴

种花儿 tsuŋ³¹xuær²²⁴

浇花儿 tɕiau²²⁴xuær²²⁴

竹子 tsu²²⁴⁻³¹tsʅ⁰

竹竿儿 tsu²²⁴kær²²⁴

竹叶儿 tsu²²⁴iɽer³¹

牡丹 mu²²⁴⁻³¹tan³³

芍药儿 ʂau⁵³⁻⁴⁵iɽaur⁰

玫瑰 mei⁵³⁻⁴⁵kuei⁰

月季 ye³¹tɕi³¹

月月儿红 ye³¹yɽer³¹xuŋ⁵³

海棠花儿 xai⁴⁵⁻²¹³tʰaŋ³³xuær²²⁴

石榴花儿 sʅ⁵³⁻⁴⁵liou⁰xuær²²⁴

桂花儿 kuei³¹xuær²²⁴

夹竹桃儿 tɕia²²⁴tsu²²⁴tʰɽaur⁵³

迎春花儿 iŋ⁵³tsʰuən²²⁴xuær²²⁴

野菊花儿 ie⁴⁵tɕy²²⁴⁻³¹xuær³³ 马兰

菊花儿 tɕy²²⁴⁻³¹xuær³³

梅花儿 mei⁵³⁻⁴⁵xuær⁰

美人儿蕉 mei⁴⁵zɚ⁵³tɕiau²²⁴

兰花儿 lan⁵³⁻⁴⁵xuær⁰

凤仙花儿 fəŋ³¹ɕian²²⁴xuær²²⁴

鸡冠花儿 tɕi²²⁴kuan²²⁴xuær²²⁴

荷花儿 xɤ⁵³⁻⁴⁵xuær⁰

水仙 suei⁴⁵ɕian²²⁴

茉莉 mɤ³¹li³¹

冬青 tuŋ²²⁴tɕʰiŋ²²⁴

仙人掌 ɕian²²⁴zən⁵³tʂaŋ⁴⁵

仙人球儿 ɕian²²⁴zən⁵³tɕʰiɻour⁵³

向阳花儿 ɕiaŋ³¹iaŋ⁵³xuær²²⁴ 向
日葵

　摸悠莲 mɤ²²⁴⁻³¹iou³³lian⁵³

九莲灯 tɕiou⁴⁵lian⁵³təŋ²²⁴ 向日葵
的一种,一株长好几个盘

蘑菇 mau⁵³⁻⁴⁵ku⁰

香菇 ɕiaŋ²²⁴ku²²⁴

木耳 mu³¹ɚ⁴⁵

银耳 in⁵³ɚ⁴⁵

金针菇 tɕin²²⁴tʂən²²⁴ku²²⁴

毛窝儿窝儿 mau⁵³⁻⁴⁵uɤr⁰uɤr⁰ 一
种菌,可食用,经常长在茅草里

绿醭 ly³¹pu⁵³ 青苔

茅草 mau⁵³⁻⁴⁵tsʰau⁰ 白茅,其根茎可
食,味甜

毛根儿 mau⁵³⁻⁴⁵kɚ⁰ 茅草的根茎

水麦子 suei⁴⁵mai³¹⁻⁵³tsʐ⁰ 穗像稻
子,惯生在水多的地方

　水带子 suei⁴⁵tai³¹⁻⁵³tsʐ⁰

谷莠子 ku²²⁴⁻³¹niou⁴⁵⁻²¹³tsʐ⁰ 狗尾
巴草

红荆 xuŋ⁵³⁻⁴⁵tɕiŋ⁰

蒺藜 tɕi⁵³⁻⁴⁵li⁰

刺嘛子 tsʰʐ³¹⁻⁵³ma⁰tsʐ⁰ 长满刺的一
种植物,果实椭圆形

苍子 tsʰaŋ²²⁴⁻³¹tsʐ⁰

喝酒儿吃菜 xɤ²²⁴⁻³¹tɕiɻour⁴⁵
tʂʰʐ²²⁴tsʰai³¹ 蒲公英

牛舌头 niou⁵³ʂɤ⁵³⁻⁴⁵tʰou⁰ 车前草,
细叶

牛耳朵 niou⁵³ɭ⁴⁵⁻²¹³tau³³ 一种野
菜,大圆叶

苇子 uei⁴⁵⁻²¹³tsʐ⁰

杂″草 tsa³¹⁻⁵³tsʰau⁰ 浮萍

## 六、动物

### （1）家畜 家禽

牲口儿 səŋ²²⁴⁻³¹kʰour⁴⁵

头户 tʰou⁵³⁻⁴⁵xu⁰ 大的能帮人干活
的牲口

儿马 ɭ⁵³⁻⁴⁵ma⁰ 公马

儿马蛋子 ɭ⁵³⁻⁴⁵ma⁰tan³¹⁻⁵³tsʐ⁰

骒马 kʰɤ³¹⁻⁵³ma⁰ 母马

马驹子 ma⁴⁵tɕy²²⁴⁻³¹tsɿ⁰

草驴 tsʰau⁴⁵⁻²¹³ly³³ 母驴

叫驴 tɕiau³¹⁻⁵³ly⁰ 公驴

驴驹子 ly⁵³tɕy²²⁴⁻³¹tsɿ⁰ 小驴

犍子 tɕian²²⁴⁻³¹tsɿ⁰ 公牛

牸牛 sɿ³¹⁻⁵³niou⁰ 母牛

牛犊子 niou⁵³tu⁵³⁻⁴⁵tsɿ⁰

骡子 luo⁵³⁻⁴⁵tsɿ⁰

　　马骡子 ma⁴⁵⁻²¹³luo³³tsɿ⁰

　　驴骡子 ly⁵³⁻⁴⁵luo⁰tsɿ⁰

骆驼 luo³¹⁻⁵³tʰuo⁰

绵羊 mian⁵³⁻⁴⁵iaŋ⁰

山羊 san²²⁴⁻³¹iaŋ³³

母儿 mur⁴⁵ 雌性

小母儿 ɕiau⁴⁵mur⁴⁵ 小母羊

公儿 kuɤr²²⁴ 雄性

大犗儿 ta³¹pʰaur²²⁴ 公羊

小犗儿 ɕiau⁴⁵pʰaur²²⁴ 小公羊

　　小公儿 ɕiau⁴⁵kuɤr²²⁴

狗 kou⁴⁵

　　小巴儿 ɕiau⁴⁵pær²²⁴

母狗 mu⁴⁵⁻²¹³kou³³

伢狗 ia⁵³⁻⁴⁵kou⁰ 公狗

　　犗狗 pʰau²²⁴⁻³¹kou³³

狼狗 laŋ⁵³⁻⁴⁵kou⁰

笨狗 pən³¹⁻⁵³kou⁰ 本地小土狗

哈巴狗儿 xa³¹⁻⁵³pa⁰kour⁴⁵

巴□闲＝儿 pa²²⁴kʰɤ²²⁴ɕiɽer⁵³ 撅

　　着嘴的猪或小宠物狗

疯狗 fəŋ²²⁴⁻³¹kou⁴⁵

猫 mau⁵³

儿猫 蛋 子 l̩⁵³⁻⁴⁵mau⁰tan³¹⁻⁵³tsɿ⁰

　　公猫

咪猫 mi⁴⁵⁻²¹³mau³³ 母猫

猪 tʂu²²⁴

犗猪 pʰau²²⁴⁻³¹tʂu³³ 公猪

母猪 mu⁴⁵⁻²¹³tʂu³³

猪崽儿 tʂu²²⁴⁻³¹tsɽer⁴⁵

　　小猪儿 ɕiau⁴⁵tʂuɚ²²⁴

猪鬃 tʂu²²⁴tsuŋ²²⁴

抱空窝 pau³¹kʰuŋ²²⁴uɤ²²⁴ 母鸡、母

　　鸭假装孵卵，其实没有蛋

草鸡 tsʰau⁴⁵⁻²¹³tɕi³³ 母鸡

　　母鸡 mu⁴⁵⁻²¹³tɕi³³

公鸡 kuŋ²²⁴⁻³¹tɕi³³

骟头 户 ʂan³¹tʰou⁵³⁻⁴⁵xu⁰ 给牲口

　　去势

骟牛 ʂan³¹niou⁵³

骟马 ʂan³¹ma⁴⁵

骟驴 ʂan³¹ly⁵³

骟羊 ʂan³¹iaŋ⁵³

劁猪 tɕʰiau²²⁴tʂu²²⁴

劁狗 tɕʰiau²²⁴kou⁴⁵

老改劁 lau⁴⁵kai⁴⁵⁻²¹³tɕʰiau³³ 生过

　　崽的老母猪，被骗后叫老改劁

老海棠 lau⁴⁵xai⁴⁵⁻²¹³tʰaŋ³³ 育崽的
　　老母猪

种牛 tsuŋ⁴⁵niou⁵³

叫猪 tɕiau³¹⁻⁵³tʂu⁰ 种猪

种马 tsuŋ⁴⁵ma⁴⁵

种驴 tsuŋ⁴⁵ly⁵³

㸆葫芦儿 pʰau²²⁴⁻³¹xu³³lʈour⁰ 没
　　有角的公羊

闷葫芦儿 mən²²⁴⁻³¹xu³³lʈour⁰ 没
　　有角的羊

小窠蜷儿 ɕiau⁴⁵kʰɤ²²⁴⁻³¹lʈour⁴⁵
　　七八十斤的半大猪

降 tɕiaŋ²²⁴ 动物生幼崽的过程

下蛋 ɕia³¹tan³¹

炸窝 tsa³¹uɤ²²⁴ 母鸡快要孵出小鸡
　　时的表现

抱窝鸡 pau³¹uɤ²²⁴tɕi²²⁴ 孵了小鸡
　　的母鸡

炸窝鸡 tsa³¹uɤ²²⁴tɕi²²⁴ 正孵小鸡的
　　母鸡

吊猴 tiau³¹xou⁵³ 鸡不在自己窝里下
　　蛋，到别处去下，比喻人不好好干自
　　己的本职工作

小鸡崽儿 ɕiau⁴⁵tɕi²²⁴⁻³¹tsʈær⁴⁵

鸡冠子 tɕi²²⁴kuan²²⁴⁻³¹tsʅ⁰

鸡爪子 tɕi²²⁴⁻³¹tsua⁴⁵⁻²¹³tsʅ⁰

鸡脯子 tɕi²²⁴pʰu⁵³⁻⁴⁵tsʅ⁰

　鸡嗉袋子 tɕi²²⁴su³¹⁻⁵³tai⁰tsʅ⁰

鸡杂儿 tɕi²²⁴tsʅær⁵³

尾巴 i⁴⁵⁻²¹³pa³³

鸭子 ia²²⁴⁻³¹tsʅ⁰

公鸭子 kuŋ²²⁴ia²²⁴⁻³¹tsʅ⁰

母鸭子 mu⁴⁵ia²²⁴⁻³¹tsʅ⁰

小鸭子儿 ɕiau⁴⁵ia²²⁴⁻³¹tsʈɚ⁰

鸭蛋 ia²²⁴tan³¹

鹅 nɤ⁵³

小鹅儿 ɕiau⁴⁵nɻɤr⁵³

鸽子 kɤ²²⁴⁻³¹tsʅ⁰

　鹁鸽 pu⁵³⁻⁴⁵kau⁰

　　　　（2）鸟兽

狮子 sʅ²²⁴⁻³¹tsʅ⁰

老虎 lau⁴⁵xu⁴⁵

狼 laŋ⁵³

野狗 ie⁴⁵kou⁴⁵

猴子 xou⁵³⁻⁴⁵tsʅ⁰

　猴儿 xour⁵³

熊 ɕyŋ⁵³

狗熊 kou⁴⁵ɕyŋ⁵³

　大黑熊 ta³¹xei²²⁴ɕyŋ⁵³

　黑瞎子 xei²²⁴ɕia²²⁴⁻³¹tsʅ⁰

豹 pau³¹

狐狸 xu⁵³⁻⁴⁵li⁰

黄鼬 xuaŋ⁵³⁻⁴⁵iou⁰

野猪 ie⁴⁵tʂu²²⁴

兔子 tʰu³¹⁻⁵³tsʅ⁰

　野兔子 ie⁴⁵tʰu³¹⁻⁵³tsʅ⁰

家兔儿 tɕia²²⁴tʰʈur³¹

老鼠 lau⁴⁵⁻²¹³ʂu³³

　耗子 xau³¹⁻⁵³tsɿ⁰

　地老鼠儿 ti³¹⁻⁵³lau⁰ʂɚ⁰

地片子 ti³¹⁻⁵³pʰian³¹⁻⁵³tsɿ⁰ 獾

刺猬 tsʰɿ³¹⁻⁵³uei⁰

长虫 tʂʰaŋ⁵³tsʰuŋ⁰ 蛇

蟒 maŋ⁴⁵

鸟儿 niʈaur⁴⁵

鸟儿毛儿 niʈaur⁴⁵maur⁵³ 羽毛

翅膀儿 tsʰɿ³¹⁻⁵³pær⁰

嘴 tsuei⁴⁵

老鸹 lau⁴⁵⁻²¹³kua³³ 乌鸦

老鸹窝 lau⁴⁵⁻²¹³kua³³uɤ²²⁴

喜鹊 ɕi⁴⁵⁻²¹³tɕʰye³³

　野雀 ie⁴⁵⁻²¹³tɕʰiau³³

大雀儿 ta³¹⁻⁵³tɕʰiʈaur⁰ 麻雀

燕子 ian³¹⁻⁵³tsɿ⁰

大雁 ta³¹ian³¹

鹌鹑 nan²²⁴⁻³¹tsʰuən³³

凿大母子 tsau⁵³⁻⁴⁵ta⁰mu⁰tsɿ⁰ 啄
木鸟

夜猫子 ie³¹⁻⁵³mau⁰tsɿ⁰ 猫头鹰

鹦鹉儿 iŋ²²⁴⁻³¹ur⁴⁵

仙鹤 ɕian²²⁴xɤ³¹

老鹰 lau⁴⁵iŋ²²⁴

水鸭子 suei⁴⁵ia²²⁴⁻³¹tsɿ⁰

　野鸭子 ie⁴⁵ia²²⁴⁻³¹tsɿ⁰

鸳鸯 yan²²⁴⁻³¹ian³³

野鸡 ie⁴⁵tɕi²²⁴

孔雀 kʰuŋ⁴⁵⁻²¹³tɕʰye³³

檐蝙蝠儿 ian³¹⁻⁵³pai⁰xur⁰ 蝙蝠

（3）虫类

蚕 tsʰan⁵³

蚕子儿 tsʰan⁵³tsʈɚ⁴⁵ 蚕卵

蚕蚁儿 tsʰan⁵³iʈɚ⁴⁵ 刚孵化出的蚕

蚕蛾儿 tsʰan⁵³uɤr⁵³

蚕丝 tsʰan⁵³sɿ²²⁴

蚕茧儿 tsʰan⁵³tɕiʈer⁴⁵

蛛蛛 tʂu²²⁴⁻³¹tʂu³³ 蜘蛛

米蝉 mi⁴⁵⁻²¹³ian³³ 蚂蚁

地蛆 ti³¹tɕʰy²²⁴ 蚯蚓

蜗牛儿 uɤ²²⁴niʈour⁵³

蝎子马 ɕie²²⁴⁻³¹tsɿ⁰ma⁴⁵ 身形较蚰
蜒短的多足动物，与蜈蚣是近亲

蝎子 ɕie²²⁴⁻³¹tsɿ⁰

　蝎子钩儿 ɕie²²⁴⁻³¹tsɿ⁰kour²²⁴

蚰蜒 liou³¹⁻⁵³ian⁰

屎壳郎 sɿ⁴⁵⁻²¹³kʰɤ⁰laŋ⁵³

刀螂 tau²²⁴⁻³¹laŋ³³

蝎虎连子 ɕie²²⁴⁻³¹xu⁴⁵lian⁵³⁻⁴⁵
tsɿ⁰ 壁虎

　蝎虎子 ɕie²²⁴⁻³¹xu⁴⁵⁻²¹³tsɿ⁰

毛毛虫 mau⁵³⁻⁴⁵mau⁰tsʰuŋ⁵³

肉虫子 ʐou³¹⁻⁵³tsʰuŋ⁰tsɿ⁰ 米里寄
生的白色虫

腻虫子 ni$^{31-53}$ts$^{h}$uŋ$^{0}$tsʅ$^{0}$ 蚜虫

豆虫 tou$^{31-53}$ts$^{h}$uŋ$^{0}$ 豆天蛾

棉铃虫 mian$^{53}$liŋ$^{53}$ts$^{h}$uŋ$^{53}$

蝇子 iŋ$^{53-45}$tsʅ$^{0}$ 苍蝇

绿豆蝇 ly$^{31-53}$tou$^{0}$iŋ$^{53}$

蚊子 uən$^{53-45}$tsʅ$^{0}$

虱子 sʅ$^{224-31}$tsʅ$^{0}$

虮子 tɕi$^{45-213}$tsʅ$^{0}$ 虱子的幼虫

臭虫 tʂ$^{h}$ou$^{31-53}$ts$^{h}$uŋ$^{0}$

屹蚤 kɤ$^{31-53}$tsau$^{0}$/kɤ$^{31-53}$tau$^{0}$

狗八角子 kou$^{45}$pa$^{224-31}$tɕiau$^{33}$
　　tsʅ$^{0}$ 狗身上的一种寄生虫,吸血

小飞虫儿 ɕiau$^{45}$fei$^{224}$ts$^{h}$uɭɤr$^{53}$

蛐蛐儿 tɕ$^{h}$y$^{224-31}$tɕ$^{h}$yɭɤ$^{33}$

蝈蝈 kuai$^{224-31}$kuai$^{33}$ 公蝈蝈,没有
　　尾巴,会叫

驴゠蛆 ly$^{53-45}$tɕy$^{0}$ 母蝈蝈,有尾巴

瞎蠓 ɕia$^{224}$məŋ$^{53}$ 比苍蝇大点儿的
　　虫子,爱咬牛等牲口

蚂蚱 ma$^{31-53}$tsa$^{0}$/ma$^{31-53}$ta$^{0}$

单゠蟑 tan$^{224-31}$tʂaŋ$^{33}$ 中华蚱蜢

知了儿 tɕi$^{53-45}$liɭaur$^{0}$

知了皮儿 tɕi$^{53-45}$liɭaur$^{0}$p$^{h}$iɭɤ$^{53}$

知了猴儿 tɕi$^{53-45}$liɭaur$^{0}$xour$^{53}$ 蝉
　　幼虫

伏零儿 fu$^{53}$liɭɤr$^{53}$ 蝉的一种,比知了小

蜜蜂 mi$^{31}$fəŋ$^{224}$

蜂蜜 fəŋ$^{224}$mi$^{31}$

马蜂 ma$^{45-213}$fəŋ$^{33}$

黄蜂 xuaŋ$^{53-45}$fəŋ$^{0}$

蜇人 tʂɤ$^{224}$zən$^{53}$

蜂窝 fəŋ$^{224}$uɤ$^{224}$

臭大姐 tʂ$^{h}$ou$^{31-53}$ta$^{0}$tɕie$^{0}$

护灯蛾儿 xu$^{31}$təŋ$^{224}$uɤr$^{53}$ 灯周围
　　的小飞虫

蝴蝶 xu$^{53}$tie$^{53}$

马棱 ゠ma$^{45-213}$ləŋ$^{0}$ 蜻蜓

花花轿 ゠xua$^{224-31}$xua$^{33}$tɕiau$^{0}$ 七星
　　瓢虫

曲虫子 tɕ$^{h}$y$^{224-31}$ts$^{h}$uŋ$^{53-45}$tsʅ$^{0}$ 蚂蝗

卖油的 mai$^{31}$iou$^{53-45}$ti$^{0}$ 水面上走
　　的长腿虫,水蝇

## (4)鱼类

鲤鱼 li$^{45-213}$y$^{33}$

鲫鱼 tɕi$^{224-31}$y$^{33}$

大青鱼 ta$^{31}$tɕ$^{h}$iŋ$^{224}$y$^{53}$

鲇鱼 nian$^{53-45}$y$^{0}$

　　厚子 xou$^{31-53}$tsʅ$^{0}$

带鱼 tai$^{31}$y$^{53}$

鱿鱼 iou$^{53}$y$^{53}$

金鱼儿 tɕin$^{224}$yɭɤ$^{53}$

黄花儿鱼 xuaŋ$^{53}$xuær$^{224}$y$^{53}$

泥鳅 ni$^{53-45}$tɕ$^{h}$iou$^{0}$

鳝鱼 ʂan$^{31-53}$y$^{0}$

鱼鳞 y$^{53}$lin$^{53}$

鱼刺儿 y$^{53}$ts$^{h}$ɭɤ$^{31}$

鱼骨头 y$^{53}$ku$^{224-31}$t$^{h}$ou$^{0}$

鱼尿脬 y⁵³suei²²⁴⁻³¹pʰau³³

鱼鳃 y⁵³sai²²⁴

鱼子儿 y⁵³tsʅɚ⁴⁵ 鱼卵

鱼苗儿 y⁵³miɻaur⁵³

　鱼秧子 y⁵³iaŋ²²⁴⁻³¹tsʅ⁰

鱼鳍 y⁵³tɕʰi⁵³

钓鱼 tiau³¹y⁵³

鱼竿儿 y⁵³kɐr²²⁴

鱼钩儿 y⁵³kour²²⁴

鱼漂儿 y⁵³pʰiɻaur²²⁴ 鱼浮

鱼篓儿 y⁵³lɻour⁴⁵

渔网 y⁵³uaŋ⁴⁵

撒网 sa⁴⁵uaŋ⁴⁵

晒网 sai³¹uaŋ⁴⁵

逮鱼 tai⁴⁵y⁵³

鱼食儿 y⁵³ʂɚ⁵³

虾 ɕia²²⁴

　虾米 ɕia²²⁴⁻³¹mi³³

　对儿虾 tuɻɚ³¹ɕia²²⁴

　大虾米 ta³¹ɕia²²⁴⁻³¹mi³³

虾仁儿 ɕia²²⁴zɚ⁵³

虾皮儿 ɕia²²⁴pʰiɻɚ⁵³

螃蟹 pʰaŋ⁵³⁻⁴⁵ɕie⁰

蟹黄儿 ɕie³¹xuær⁵³

鳖 pie²²⁴

　王八 uaŋ⁵³⁻⁴⁵pa⁰

蛤蟆 xɤ⁵³⁻⁴⁵ma⁰

蛤蟆蝌台儿 xɤ⁵³⁻⁴⁵ma⁰kʰɤ²²⁴⁻³¹
　tʰɻer³³ 蝌蚪

疥蛤蟆 tɕie³¹⁻⁵³xɤ⁰ma⁰ 癞蛤蟆

## 七、房舍

### （1）房子

宅子 tsai⁵³⁻⁴⁵tsʅ⁰

房 faŋ⁵³

院儿 yɻer³¹ 院落

　当院儿 taŋ²²⁴yɻer³¹

夹道儿里 tɕia²²⁴tɻaur³¹⁻⁵³li⁰

犄角旮旯儿里 tɕi²²⁴⁻³¹tɕiau³³
　kɤ²²⁴lɻær³¹⁻⁵³li⁰

影壁 iŋ⁴⁵⁻²¹³pei³³

　影壁墙 iŋ⁴⁵⁻²¹³pei³³tɕʰiaŋ⁵³

院墙 yan³¹⁻⁵³tɕʰiaŋ⁰

阳沟 iaŋ⁵³⁻⁴⁵kou⁰

屋子 u²²⁴⁻³¹tsʅ⁰

外间儿 uai³¹⁻⁵³tɕiɻer⁰ 农舍中当客厅、饭厅使用的屋子

里间儿 li⁴⁵⁻²¹³tɕiɻer³³ 农舍中的卧室

东间儿 tuŋ²²⁴⁻³¹tɕiɻer³³ 正房东边里屋

西间儿 ɕi²²⁴⁻³¹tɕiɻer³³ 正房西边里屋

双里间儿 suaŋ²²⁴⁻³¹li⁴⁵⁻²¹³tɕiɻer³³

东间儿西间儿的合称

正房 tʂəŋ³¹faŋ⁵³ 农家四合院中北面的房

　北房 pei²²⁴faŋ⁵³

夹子墙儿 tɕʰia⁴⁵⁻²¹³tsʅ⁰tɕʰiɻæɻ⁵³
　连接正房与下房的墙

下房 ɕia³¹faŋ⁵³ 农家四合院中东西
　两面的房

　陪房 pʰei⁵³faŋ⁵³

东陪房 tuŋ²²⁴pʰei⁵³faŋ⁵³

西陪房 ɕi²²⁴pʰei⁵³faŋ⁵³

南房 nan⁵³faŋ⁵³ 农家四合院中南面
　的房

后院儿 xou³¹yɻeɻ³¹

平房 pʰiŋ⁵³faŋ⁵³

楼房 lou⁵³faŋ⁵³

（2）房屋结构

大门儿 ta³¹mɚ⁵³

正门儿 tʂəŋ³¹mɚ⁵³

前门儿 tɕʰian⁵³mɚ⁵³

偏门儿 pʰian²²⁴mɚ⁵³

后门儿 xou³¹mɚ⁵³

门槛儿 mən⁵³ɕiɻeɻ⁵³

门旮旯儿里 mən⁵³kɤ²²⁴lɻæɻ³¹⁻⁵³
　li⁰ 门后

门帘鼻儿 mən⁵³⁻⁴⁵lian⁰piɻɚ⁵³ 门挂
　锁的地方

　门鼻儿 mən⁵³piɻɚ⁵³

门帘吊儿 mən⁵³⁻⁴⁵lian⁰tiɻaur³¹

扣门帘鼻儿之处

门插关儿 mən⁵³tsʰa²²⁴⁻³¹kueɻ³³
　门闩

锁 suo⁴⁵

钥匙 iau³¹⁻⁵³sʅ⁰

房脊 faŋ⁵³tɕi²²⁴ 瓦房的房顶

房顶儿 faŋ⁵³tiɻeɻ⁴⁵ 平房的房顶

房坡儿 faŋ⁵³pʰɤɻ²²⁴ 瓦房房顶上的坡

房檐儿 faŋ⁵³iɻeɻ⁵³

前（房）檐儿 tɕʰian⁵³faŋ⁵³iɻeɻ⁵³

后（房）檐儿 xou³¹faŋ⁵³iɻeɻ⁵³

山墙 san²²⁴tɕʰiaŋ⁵³

断间墙 tuan³¹⁻⁵³tɕian⁰tɕʰiaŋ⁵³ 分
　割房屋的墙

房梁 faŋ⁵³liaŋ⁵³

房柁 faŋ⁵³tʰuo⁵³ 瓦房起脊的架

大柁 ta³¹tʰuo⁵³ 盖瓦房时在梁上放着
　的架，较大

二柁 l̩³¹tʰuo⁵³ 盖瓦房时在梁上放着
　的架，较小，放在大柁上

过木 kuo³¹⁻⁵³mu⁰ 门框上的横木

檩条儿 lin⁵³tʰiɻaur⁵³

　檩条子 lin⁵³tʰiau⁵³⁻⁴⁵tsʅ⁰

花搭 xua²²⁴ta²²⁴ 房屋檩条上南北向
　铺的一节节木头

沿椽 ian⁵³tsʰuan⁵³ 房檐下的一节节
　木头

柱子 tʂu³¹⁻⁵³tsʅ⁵³

门台儿 mən⁵³tʰʈɐr⁵³

抱厦 pau³¹sa³¹ 房子前后突出的部

　分,可防晒防潮

顶棚 tiŋ⁴⁵pʰəŋ⁵³

楼顶 lou⁵³tiŋ⁴⁵

楼上 lou⁵³⁻⁴⁵xaŋ⁰ ①住楼房 ②楼

　上,与楼下相对

楼上 lou⁵³ʂaŋ³¹ 与楼下相对

楼下 lou⁵³ɕia³¹

楼梯 lou⁵³tʰi²²⁴

　扶梯 fu⁵³tʰi²²⁴

扶手儿 fu⁵³ʂour⁴⁵

窗户 tsʰuaŋ²²⁴⁻³¹xu³³

窗扇儿 tsʰuaŋ²²⁴ʂɐr³¹

窗台 tsʰuaŋ²²⁴tʰai⁵³

阳台 iaŋ⁵³tʰai⁵³

隔断 kɤ²²⁴tuan³¹

（3）其他设施

茅子 mau⁵³⁻⁴⁵tsɿ⁰ 厕所

饭棚 fan³¹⁻⁵³pʰəŋ⁰ 厨房

　伙房 xuo⁴⁵faŋ⁵³

磨棚 mɤ³¹⁻⁵³pʰəŋ⁰ 磨房

草厦子 tsʰa⁴⁵sa³¹⁻⁵³tsɿ⁰ 放农具、堆

　杂草的小屋子

磨道儿 mɤ³¹tʂaur³¹ 推磨时人踩出

　的道儿

碾道儿 nian⁴⁵tʂaur³¹ 推碾子时人踩

出的道儿

磨盘 mɤ³¹pʰan⁵³

磨脐 mɤ³¹tɕi⁵³ 磨中间的孔

碾底 nian⁴⁵ti⁴⁵

旱井 xan³¹tɕiŋ⁴⁵ 没水的井

地窖子 ti³¹in³¹⁻⁵³tsɿ⁰ 人工挖的地窖

土井 tʰu⁴⁵tɕiŋ⁴⁵ 挖的不砌砖的井,能

　住人,能放东西

水罐 suei⁴⁵kuan³¹ 人工挖的大水坑,

　坑里抹上洋灰,用于储存生活用水

辘轳 lu³¹⁻⁵³lu⁰ 手摇的提水设施

压机子 ia²²⁴⁻³¹tɕi³³tsɿ⁰ 手压的提水

　设施

压杆儿 ia²²⁴⁻³¹kɐr⁴⁵

牛棚 niou⁵³pʰəŋ⁵³

圪脑 kɤ³¹nau³³ 铡碎了的黄豆、绿豆

　的秸秆,喂牲口用的

马棚 ma⁴⁵pʰəŋ⁵³

猪圈 tʂu²²⁴tɕyan³¹

猪叉ᵘ子 tʂu²²⁴⁻³¹tsʰa³³tsɿ⁰ 猪的喂

　食工具

　猪餐ᵘ子 tʂu²²⁴tsʰan³¹⁻⁵³tsɿ⁰

羊棚 iaŋ⁵³pʰəŋ⁵³

狗窝儿 kou⁴⁵uɤr²²⁴

狗盆儿 kou⁴⁵pʰɚ⁵³

鸡笼子 tɕi²²⁴luŋ⁵³⁻⁴⁵tsɿ⁰

鸡窝儿 tɕi²²⁴uɤr²²⁴

## 八、器具用品

（1）一般用具

桌子 tsuo²²⁴⁻³¹tsʅ⁰

方桌 faŋ²²⁴tsuo²²⁴

圆桌 yan⁵³tsuo²²⁴

长桌儿 tʂʰaŋ⁵³tsuɻɤr²²⁴

八仙桌 pa²²⁴ɕian²²⁴tsuo²²⁴

桌布儿 tsuo²²⁴pur³¹

台布儿 tʰai⁵³pur³¹

桌围子 tsuo²²⁴uei⁵³⁻⁴⁵tsʅ⁰ 能把桌
　　腿遮起一多半的大桌布

抽儿抽儿 tʂʰour²²⁴⁻³¹tʂʰour³³ 抽屉

茶几儿 tsʰa⁵³tɕiɚ²²⁴

茶桌儿 tsʰa⁵³tsuɻɤr²²⁴

椅子 i⁴⁵⁻²¹³tsʅ⁰

靠背儿 kʰau³¹pɚ³¹

板凳 pan⁴⁵təŋ³¹

　凳子 təŋ³¹⁻⁵³tsʅ⁰

杌墩儿 u³¹tuɻɚ²²⁴ 矮的圆形木凳子

草墩子 tsʰau⁴⁵tuan²²⁴⁻³¹tsʅ⁰ 草席
　　编的坐具，又叫蒲团子

大衣橱 ta³¹i²²⁴tʂʰu⁵³

　立橱 li³¹tʂʰu⁵³

小柜儿 ɕiau⁴⁵kuɚ³¹

躺柜 tʰaŋ⁴⁵kuei⁰

炕头橱子 kʰaŋ³¹tʰou⁵³tʂʰu⁵³⁻⁴⁵
　tsʅ⁰ 一种小厨柜，放在炕的一头，可

在其上放被子

炕格子 kʰaŋ³¹kɤ⁵³⁻⁴⁵tsʅ⁰

箱 ɕiaŋ²²⁴ 放在大衣橱上的小木柜

鸡毛弹子 tɕi²²⁴mau⁵³tan⁴⁵⁻²¹³
　tsʅ⁰

箱子 ɕiaŋ²²⁴⁻³¹tsʅ⁰ 行李箱

手提包 ʂou⁴⁵tʰi⁵³pau²²⁴

（2）卧室用具

窗帘儿 tsʰuaŋ²²⁴liɻer⁵³

床铺 tsʰuaŋ⁵³pʰu³¹

床 tsʰuaŋ⁵³

床头儿 tsʰuaŋ⁵³tʰour⁵³

床底 tsʰuaŋ⁵³ti⁴⁵

　床底下 tsʰuaŋ⁵³ti⁴⁵⁻²¹³ɕia⁰

床沿儿 tsʰuaŋ⁵³iɻer⁵³

　床帮儿 tsʰuaŋ⁵³pær²²⁴

炕 kʰaŋ³¹

炕沿儿 kʰaŋ³¹iɻer⁵³

土炕 tʰu⁴⁵kʰaŋ³¹

热炕 zɤ³¹kʰaŋ³¹

蚊帐 uən⁵³⁻⁴⁵tʂaŋ⁰

毯子 tʰan⁴⁵⁻²¹³tsʅ⁰

被窝儿 pei³¹⁻⁵³uɻɤr⁰

被子 pei³¹⁻⁵³tsʅ⁰

褥子 y³¹⁻⁵³tsʅ⁰

被挡头 pei³¹naŋ⁴⁵tʰou⁵³ 被子头上

缝上的一块布,防止弄脏被子

被里 pei³¹li⁴⁵

被面 pei³¹mian³¹

被罩儿 pei³¹tṣɻaur³¹

被套儿 pei³¹tʰɻaur³¹

套子 tʰau³¹⁻⁵³tsɻ⁰ 旧被子里面的棉絮

被单子 pei³¹tan²²⁴⁻³¹tsɻ⁰ 盖被子的布

被单儿 pei³¹tɻɚr²²⁴

褥单儿 y³¹tɻɚr²²⁴ 铺在褥子上的布

褥罩儿 y³¹tsɻaur³¹/z̩u³¹tsɻaur³¹

床单儿 tsʰuaŋ⁵³tɻɚr²²⁴

凉席 liaŋ⁵³ɕi⁵³

枕头 tṣən³¹⁻⁵³tʰou⁰

枕巾 tṣən³¹tɕin²²⁴

枕套儿 tṣən³¹tʰɻaur³¹

枕头芯儿 tṣən³¹⁻⁵³tʰou⁰ɕiɻɚ²²⁴

尿盆儿 niau³¹pʰɚ⁵³

热水袋儿 zɣ³¹suei⁴⁵tɻɚr³¹

烙铁 lau³¹⁻⁵³tʰie⁰

暖壶 nan⁴⁵xu⁵³/nuan⁴⁵xu⁵³

水壶 suei⁴⁵xu⁵³

茶壶 tsʰa⁵³xu⁵³

脸盆 lian⁴⁵pʰən⁵³

洗脸盆 ɕi⁴⁵lian⁴⁵pʰən⁵³/ɕi⁴⁵⁻⁵³lian⁰pʰən⁵³

脸盆架儿 lian⁴⁵pʰən⁵³tɕiɻær³¹

衣裳架儿 i²²⁴⁻³¹ṣaŋ³³tɕiɻær³¹

胰子 i⁵³⁻⁴⁵tsɻ⁰ 肥皂

手巾 ṣou⁴⁵⁻²¹³tɕin³³ 毛巾

篦子 pi³¹⁻⁵³tsɻ⁰ 刮虱子用的

澡盆子 tsau⁴⁵pʰən⁵³⁻⁴⁵tsɻ⁰

洗脚盆儿 ɕi⁴⁵tɕiau²²⁴pʰɚ⁵³

擦脚布 tsʰa²²⁴tɕiau²²⁴pu³¹

前叉⁼子 tɕʰian⁵³tsʰa²²⁴⁻³¹tsɻ⁰ 旧时去赶集搭在肩膀上的袋子,肩膀部分是个单片,两头部分各有一个小布袋,可以放东西

前搭子 tɕʰian⁵³ta²²⁴⁻³¹tsɻ⁰

煤油灯 mei⁵³iou⁵³təŋ²²⁴

灯台 təŋ²²⁴tʰai⁵³

灯座儿 təŋ²²⁴tsuɻɣr³¹

灯草 təŋ²²⁴⁻³¹tsʰau⁴⁵ 灯芯

灯捻儿 təŋ²²⁴⁻³¹niɻɚr⁴⁵

拨灯棍儿 pɣ²²⁴təŋ²²⁴kuə³¹

灯罩儿 təŋ²²⁴tsɻaur³¹

灯笼 təŋ²²⁴⁻³¹luŋ³³

搓板儿 tsʰuo²²⁴⁻³¹pɚr⁴⁵

晾衣绳儿 liaŋ³¹i²²⁴ṣɣr⁵³

剃头挑子 tʰi³¹tʰou⁵³tʰiau²²⁴⁻³¹tsɻ⁰

剃头刀子 tʰi³¹tʰou⁵³tau²²⁴⁻³¹tsɻ⁰

推子 tʰuei²²⁴⁻³¹tsɻ⁰

（3）炊事用具

灶火坑子 tsau³¹⁻⁵³xuo⁰tɕʰiŋ²²⁴⁻³¹tsɻ⁰ 灶膛

锅台 kuo²²⁴tʰai⁵³

灶台 tsau³¹tʰai⁵³

锅底灰 kuo²²⁴⁻³¹ti⁴⁵xuei²²⁴ 锅底部
的黑灰

烟囱 ian²²⁴⁻³¹tsʰuŋ³³

捅 投 烟 囱 tʰou⁵³tʰou⁰ian²²⁴⁻³¹
tsʰuŋ³³ 捅捅烟囱

饭锅 fan³¹kuo²²⁴

钢种锅 kaŋ²²⁴⁻³¹tsuŋ⁴⁵kuo²²⁴ 不锈
钢锅

大锅 ta³¹kuo²²⁴

舀饭勺子 iau⁴⁵fan³¹ʂau⁵³⁻⁴⁵tʂʅ⁰

小勺儿 ɕiau⁴⁵ʂaur⁵³

锅圈儿 kuo²²⁴tɕʰyɽɚr²²⁴ 竹草编的
圆圈形锅垫

锅盖 kuo²²⁴kai³¹

席盖垫儿 ɕi⁵³⁻⁴⁵kai⁰tiɽɚr³¹ 秫秸编
的锅盖

盖垫儿 kai³¹⁻⁵³tiɽɚr⁰/kai³¹⁻⁵³tɽɚr⁰
莛杆儿(秫秸上长穗的一节)编的盖帘

炉子 lu⁵³⁻⁴⁵tsʅ⁰

炉门儿 lu⁵³mɚ⁵³

炉台儿 lu⁵³tʰɽɚr⁵³

火镰篦子 xuo⁴⁵⁻²¹³lian⁵³⁻⁴⁵pi³¹⁻⁵³
tsʅ⁰ 灶膛中的铁篦子

炉灰 lu⁵³xuei²²⁴

炉盖儿 lu⁵³kɚr³¹

火镰柱 xuo⁴⁵⁻²¹³lian⁵³⁻⁴⁵tʂu³¹ 捅
炉子用的铁棍

火镰棍儿 xuo⁴⁵⁻²¹³lian⁵³⁻⁴⁵kuɚ³¹
烧火棍儿

火筷子 xuo⁴⁵kʰuai³¹⁻⁵³tsʅ⁰ 搛煤球
用的大铁筷子

火钳子 xuo⁴⁵tɕʰian⁵³⁻⁴⁵tsʅ⁰

碳铲子 tʰan³¹tsʰan⁴⁵⁻²¹³tsʅ⁰ 铲煤球
的工具

风箱 fəŋ²²⁴⁻³¹ɕiaŋ³³

风道儿 fəŋ²²⁴tɽaur³¹

风箱嘴儿 fəŋ²²⁴⁻³¹ɕiaŋ³³tsuɽɚ⁴⁵

漏勺 lou³¹⁻⁵³ʂau⁰ 笊篱

炊帚 tsʰuei²²⁴⁻³¹tʂu³³

铲子 tsʰan⁴⁵⁻²¹³tsʅ⁰

瓢 pʰiau⁵³

水瓢 suei⁴⁵pʰiau⁵³

水舀子 suei⁴⁵iau⁴⁵⁻²¹³tsʅ⁰

碗 uan⁴⁵

茶碗 tsʰa⁵³uan⁴⁵

茶盅儿 tsʰa⁵³tsuɽr²²⁴

海碗 xai⁴⁵uan⁴⁵

大□碗 ta³¹suan⁵³uan⁰

小碗儿 ɕiau⁴⁵uɚr⁴⁵

茶缸子 tsʰa⁵³kaŋ²²⁴⁻³¹tsʅ⁰

茶盘儿 tsʰa⁵³pʰɚr⁵³

酒盅儿 tɕiou⁴⁵tsuɽr²²⁴

酒缸 tɕiou⁴⁵kaŋ²²⁴

酒糟 tɕiou⁴⁵tsau²²⁴

盘子 pʰan⁵³⁻⁴⁵tsʅ⁰

碟子 tie$^{53-45}$tsʅ$^0$

大冰盘 ta$^{31}$piŋ$^{224}$pʰan$^{53}$ 放暖壶的盘子,特别浅

面盆 mian$^{31}$pʰən$^{53}$

瓶子 pʰiŋ$^{53-45}$tsʅ$^0$

罐子 kuan$^{31-53}$tsʅ$^0$

坛子 tʰan$^{53-45}$tsʅ$^0$

酒壶 tɕiou$^{45}$xu$^{53}$

酒瓶儿 tɕiou$^{45}$pʰiɻɛr$^{53}$

筷子 kʰuai$^{31-53}$tsʅ$^0$

筷笼子 kʰuai$^{31}$luŋ$^{53-45}$tsʅ$^0$ 装筷子的厨具

碗橱 uan$^{45}$tʂʰu$^{53}$

麻布 ma$^{53}$pu$^0$ 蒸馒头时垫在笸子上面的布

麻布 ma$^{53}$pu$^{31}$ 棉麻布料

围裙 uei$^{53-45}$tɕʰyn$^0$

擦床子 tsʰa$^{224-31}$tsʰuaŋ$^{53-45}$tsʅ$^0$ 用于擦菜丝的厨具

菜刀 tsʰai$^{31}$tau$^{224}$

砸蒜锤儿 tsa$^{53}$suan$^{31}$tsʰuɻə$^{53}$

砸蒜罐子 tsa$^{53}$suan$^{31}$kuan$^{31-53}$tsʅ$^0$

墩子 tuən$^{224-31}$tsʅ$^0$ 用于切菜剁肉的木墩子

肉案子 ʐou$^{31}$nan$^{31-53}$tsʅ$^0$

板子 pan$^{45-213}$tsʅ$^0$ 用于切菜擀面的木板

水筲 suei$^{45}$sau$^{224}$

筐箩 pɤ$^{53-45}$luo$^0$

篮子 lan$^{53-45}$tsʅ$^0$

箩 luo$^{53}$

蒸笼 tʂəŋ$^{224}$luŋ$^{53}$

笼屉儿 luŋ$^{53}$tʰiɻə$^{31}$ 也可单说"笼"或"屉儿"

水缸 suei$^{45}$kaŋ$^{224}$

水瓮 suei$^{45}$uəŋ$^{31}$

柴火 tsʰai$^{53-45}$xuo$^0$

劈柴 pʰi$^{45-213}$tsʰai$^{33}$

洋火儿 iaŋ$^{53}$xuɤr$^{45}$ 火柴

自来火儿 tsʅ$^{31}$lai$^{53}$xuɤr$^{45}$ 打火机

（4）缝纫用具

糨糊儿 tɕiaŋ$^{31-53}$xur$^0$

糨子 tɕiaŋ$^{31-53}$tsʅ$^0$

纺娘花车子 faŋ$^{45}$niaŋ$^{53-45}$xuo$^0$ tʂɤ$^{224-31}$tsʅ$^0$ 纺车

弹花弓 tʰan$^{53}$xua$^{224}$kuŋ$^{224}$

包囊子 pau$^{224-31}$naŋ$^{53-45}$tsʅ$^0$ 放针头线脑、鞋样子之类的小包袱

顶针儿 tiŋ$^{45-213}$tʂə$^{33}$

线轴儿 ɕian$^{31}$tʂour$^{53}$

线轱辘儿 ɕian$^{31}$ku$^{224-31}$lɻour$^{33}$

绣花儿针 ɕiou$^{31}$xær$^{224}$tʂən$^{224}$

针尖儿 tʂən$^{224}$tɕiɻer$^{224}$

针鼻儿 tʂən$^{224}$piɻə$^{53}$

引针 in$^{31}$tʂən$^{224}$

针脚儿 tʂən$^{224-31}$tɕiɻaur$^{33}$

袼褙 kɤ³¹pai³³ 用糨糊把碎布头等粘

　合成一大块,做鞋底用

鞋样子 ɕie⁵³iaŋ³¹⁻⁵³tsʅ⁰

铺扯 pʰu²²⁴⁻³¹tʂɤ³³ 指旧时一块一

　块的破棉裤、破棉袄、破被里等

布啦⁼煞⁼条子 pu³¹⁻⁵³la⁰sa⁰

　tʰiau⁵³⁻⁴⁵tsʅ⁰ 碎布条子

剪子 tɕian⁴⁵⁻²¹³tsʅ⁰

针锥子 tʂən²²⁴⁻³¹tsuei³³tsʅ⁰ 纳鞋底

　用的锥子

　锥子 tsuei²²⁴⁻³¹tsʅ⁰

尺子 tʂʅ²²⁴⁻³¹tsʅ⁰

□子 iaŋ²¹³tsʅ⁰ 棉絮

铺盖 pʰu⁴⁵⁻²¹³kai³³

三铺三盖 san²²⁴pʰu²²⁴san²²⁴kai³¹

　三套被褥

（5）其他工匠用具

锛子 pən²²⁴⁻³¹tsʅ⁰

凿子 tsau⁵³⁻⁴⁵tsʅ⁰

刨子 pau³¹⁻⁵³tsʅ⁰

刨花儿 pau³¹xuær²²⁴

斧子 fu⁴⁵⁻²¹³tsʅ⁰

锯 tɕy³¹

大包带 ta³¹pau²²⁴tai³¹ 农民干活时

　腰里围的大带子

磨刀布 mɤ⁵³tau²²⁴pu³¹

弯尺 uan²²⁴tʂʰɤ²²⁴

墨斗儿 mɤ³¹tɻour⁴⁵

墨线儿 mɤ³¹ɕiɻer³¹

瓦刀 ua³¹tau²²⁴

抹子 mɤ⁴⁵⁻²¹³tsʅ⁰ 勾墙缝的工具

铁匠炉 tʰie²²⁴tɕiaŋ³¹lu⁵³

锔子 tɕy²²⁴⁻³¹tsʅ⁰ 指把瓷器、陶器等

　破裂的地方锔合在一起用的两脚钉

钉子 tiŋ²²⁴⁻³¹tsʅ⁰

合页儿 xɤ⁵³⁻⁴⁵iɻer³¹

钳子 tɕʰian⁵³⁻⁴⁵tsʅ⁰

镊子 nie³¹⁻⁵³tsʅ⁰

改锥 kai⁴⁵tsuei²²⁴

锤子 tsʰuei⁵³⁻⁴⁵tsʅ⁰

青漆 tɕʰiŋ²²⁴tɕʰi²²⁴

楔 ɕie²²⁴

□ tsʰɻer⁴⁵ 插在木器榫子缝里的木片,

　可以使接榫的地方不活动

绳子 ʂəŋ⁵³⁻⁴⁵tsʅ⁰

戳子 tsʰuo²²⁴⁻³¹tsʅ⁰

## 九、称谓

（1）一般称谓

男的 nan⁵³⁻⁴⁵ti⁰ ① 丈夫 ② 成年男子

男人 nan⁵³zən⁵³

　爷们儿家 ie⁵³⁻⁴⁵mə⁰tɕia⁰

老爷们儿家 lau⁴⁵ie⁵³⁻⁴⁵mə⁰

　tɕia⁰

老当家的 lau⁴⁵taŋ²²⁴tɕia²²⁴⁻³¹ti⁰

老做活的 lau⁴⁵tsou³¹xuo⁵³⁻⁴⁵ti⁰

外头的 uai$^{31-53}$tʰou$^{0}$ti$^{0}$/uai$^{31}$tʰou$^{33}$ti$^{0}$

女人 ny$^{45}$zən$^{53}$

　女的 ny$^{45-213}$ti$^{0}$

　娘们儿家 niaŋ$^{53-45}$mə$^{0}$tɕia$^{0}$

　老娘们儿家 lau$^{45}$niaŋ$^{53-45}$mə$^{0}$tɕia$^{0}$

　屋里头的 u$^{224-31}$li$^{33}$tʰou$^{53-45}$ti$^{0}$

　家里的 tɕia$^{224-31}$li$^{33}$ti$^{0}$

　做饭的 tsou$^{31}$fan$^{31-53}$ti$^{0}$

小孩儿家 ɕiau$^{45}$xɚ$^{53-45}$tɕia$^{0}$

小子 ɕiau$^{45-213}$tsɿ$^{0}$

小小子儿 ɕiau$^{45}$ɕiau$^{45-213}$tsɻ$^{0}$

小妮儿 ɕiau$^{45}$niɻ$^{224}$ 小女孩

　小妮儿家 ɕiau$^{45}$niɻ$^{224-31}$tɕia$^{33}$

小老疙瘩儿 ɕiau$^{45}$lau$^{45-213}$kɤ$^{33}$tɻær$^{0}$ 几个孩子中最瘦小的那个

小吃才儿 ɕiau$^{45}$tʂʰɻ$^{224-31}$tsʰɻer$^{33}$ 能吃的小孩

老头儿 lau$^{45}$tʰɻour$^{53}$

　老头子 lau$^{45}$tʰou$^{53-45}$tsɿ$^{0}$

老太太 lau$^{45}$tʰai$^{31-53}$tʰai$^{0}$

　老妈儿妈儿 lau$^{45}$mær$^{0}$mær$^{33}$

城里人儿 tʂʰəŋ$^{53}$li$^{45}$zɚ$^{53}$

农村儿人儿 nuŋ$^{53}$tsʰʰuɻɚ$^{224}$zɚ$^{53}$

土包子 tʰu$^{45}$pau$^{53}$tsɿ$^{0}$

　老土 lau$^{45}$tʰu$^{45}$

老杆 lau$^{45}$kan$^{45}$ 城里人对庄稼人的称呼

自个儿人儿 tsɿ$^{31-53}$kɤr$^{33}$zɚ$^{53}$ 自己人

个人人儿们 kɤ$^{45}$zən$^{0}$zɚ$^{53-45}$mən$^{0}$

当家子 taŋ$^{224-31}$tɕia$^{0}$tsɿ$^{0}$ 具有五代血亲关系的人

　一个院儿里 i$^{45}$kɤ$^{31}$yɻer$^{31-53}$li$^{0}$

　一家子 i$^{45}$tɕia$^{224-31}$tsɿ$^{0}$

　一大院儿里 i$^{45}$ta$^{31}$yɻer$^{31-53}$li$^{0}$ 包括但不限于有五代血缘关系的人

本家儿 pən$^{45}$tɕiɻær$^{224}$ 同姓的人

外人儿 uai$^{31}$zɚ$^{53}$

外地人 uai$^{31}$ti$^{31}$zən$^{53}$

侉子 kʰua$^{45-213}$tsɿ$^{0}$ 说话带外地口音的人

秃牛瞎犟 tʰu$^{224}$niou$^{53}$ɕia$^{224}$tɕiaŋ$^{31}$ 特别犟的人

　死犟筋 sɿ$^{45}$tɕiaŋ$^{31}$tɕin$^{224}$

　犟眼子 tɕiaŋ$^{31-53}$ian$^{0}$tsɿ$^{0}$

窝囊废 uɤ$^{224-31}$naŋ$^{33}$fei$^{31}$

愣头儿青 ləŋ$^{31}$tʰɻour$^{53}$tɕʰiŋ$^{224}$

　愣半彪子 ləŋ$^{31}$pan$^{31}$piau$^{224-31}$tsɿ$^{0}$

小疯摆瓢儿 ɕiau$^{45}$fəŋ$^{224-31}$pai$^{33}$pʰiɻaur$^{53}$ 形容敢说敢干的女性

□儿□儿虫 mɤr$^{45}$mɤr$^{33}$tsʰuŋ$^{53}$

喻指耍赖的人

娇毛儿 tɕʰiau⁵³maur⁵³ 娇气的人

闷鼻子 mən³¹⁻⁵³piˀtsʅ⁰ 不开窍儿的人

死心眼儿 sʅ⁴⁵ɕin²²⁴⁻³¹iɻer⁴⁵

大细手 ta³¹ɕi³¹ʂou⁴⁵ 节俭的人

假刚头 tɕia⁴⁵⁻²¹³kaŋ³³tʰou⁵³ 小气的人

铁公鸡 tʰie²²⁴kuŋ²²⁴⁻³¹tɕi³³

小气鬼 ɕiau⁴⁵tɕʰi³¹kuei⁴⁵

死丧门 sʅ⁴⁵saŋ²²⁴⁻³¹mən³³ 骂人晦气

丧门星 saŋ²²⁴⁻³¹mən³³ɕiŋ²²⁴

外国人 uai³¹kuo⁴⁵zən⁵³

洋鬼子 iaŋ⁵³kuei⁴⁵⁻²¹³tsʅ⁰

美国佬儿 mei⁵³kuo⁴⁵lɻaur⁴⁵

中国人 tsuŋ²²⁴⁻³¹kuo⁴⁵zən⁵³

小日本儿 ɕiau⁴⁵ʐʅˀpɚ⁴⁵

日本鬼子 ʐʅ³¹pən⁴⁵kuei⁴⁵⁻²¹³tsʅ⁰

红卫兵 xuŋ⁵³uei³¹piŋ²²⁴

横空 xəŋ³¹kʰuŋ²²⁴

对头 tuei³¹⁻⁵³tʰou⁵³ 有敌对关系的人

死对头 sʅ⁴⁵tuei³¹⁻⁵³tʰou⁰ 死敌

死上不来 sʅ⁴⁵ʂaŋ³¹⁻⁵³puˀlai⁵³

不对劲 pu²²⁴tuei³¹tɕin³¹ ①关系紧张 ②情况反常

光棍儿 kuaŋ²²⁴kuɚ³¹

老姑娘 lau⁴⁵⁻²¹³ku³³niaŋ⁰ 年龄大仍不结婚的女人

后婚儿 xou³¹xuɚ²²⁴ 结第二次婚的人

二婚儿 l̩³¹xuɚ²²⁴

散头子 san³¹⁻⁵³tʰouˀtsʅ⁰ 离过婚的人

填房儿 tʰian⁵³fɚr⁵³ 嫁给了丧偶的男人

歿生儿 mu³¹⁻⁵³sɚˀ⁰ 遗腹子

拖油瓶儿 tʰuo²²⁴iou⁵³pʰiɻer⁵³ 男人或女人再婚时带着的孩子

带犊子 tai³¹tu⁵³⁻⁴⁵tsʅ⁰ 专指女人改嫁时带着的孩子

童养媳 tʰuŋ⁵³iaŋ⁴⁵ɕi²²⁴

小媳妇儿 ɕiau⁴⁵ɕi²²⁴⁻³¹fɚ³³

老公 lau⁴⁵⁻²¹³kuŋ³³ 太监

财主 tsʰai⁵³⁻⁴⁵tʂu⁰ 暴发户

暴发户儿 pau³¹fa²²⁴xur³¹

败家子儿 pai³¹tɕia²²⁴⁻³¹tsɚ⁰

不识闲儿 pu⁴⁵ʂʅ²²⁴ɕiɻer⁵³ 形容人光知道干活,不停歇

罪犯 tsuei³¹fan³¹

犯人 fan³¹zən⁵³

马猴儿 man²²⁴xour⁵³ 传说中一种吃小孩儿的怪物

打十八狼 ꞊的 ta⁴⁵sʅ⁵³pa³³laŋ²²⁴⁻³¹ti⁰ 专门拐骗小孩的人

同学儿 tʰuŋ⁵³ɕiɻaur⁵³

内行 nei$^{31}$xaŋ$^{53}$

外行 uai$^{31}$xaŋ$^{53}$

二把刀 ʅ$^{31}$pa$^{45}$tau$^{224}$

　力巴头 li$^{31-53}$pa$^{0}$tʰou$^{53}$

　半吊子 pan$^{31}$tiau$^{31-53}$tsʅ$^{0}$

　二八艺儿 ʅ$^{31}$pa$^{224}$iɻ$\mathrm{ə}$$^{31}$

　（2）职业称谓

伙计 xɤ$^{53-45}$tɕian$^{0}$ 同事

打伙计 ta$^{45}$xuo$^{53-45}$tɕi$^{0}$/ta$^{45}$xɤ$^{53-45}$
　tɕi$^{0}$ 一起干活儿

厨子 tʂʰu$^{53-45}$tsʅ$^{0}$

　大师傅儿 ta$^{31-53}$sʅ$^{0}$fur$^{0}$

　掌勺的 tʂaŋ$^{45}$sau$^{53-45}$ti$^{0}$

喂头户的 uei$^{31}$tʰou$^{53-45}$xu$^{0}$ti$^{0}$ 饲养员

　喂牲口儿的 uei$^{31}$səŋ$^{224-31}$
　　kour$^{45}$ti$^{0}$

保姆 pau$^{45}$mu$^{45}$

小丫头儿 ɕiau$^{45}$ia$^{224-31}$tʰɻour$^{33}$

老妈子 lau$^{45}$ma$^{224-31}$tsʅ$^{0}$ 看孩子的
　保姆

雇人儿 ku$^{31}$zɚ$^{53}$ 雇工

长工 tʂʰaŋ$^{53-45}$kuŋ$^{0}$

短工 tuan$^{45-213}$kuŋ$^{33}$

工头儿 kuŋ$^{224}$tʰɻour$^{53}$

　带班儿的 tai$^{31}$per$^{224-31}$ti$^{0}$

干活儿的 kan$^{31}$xuɤr$^{53-45}$ti$^{0}$

　做零活儿的 tsou$^{31}$liŋ$^{53}$
　　xuɤr$^{53-45}$ti$^{0}$

主事儿的 tʂu$^{45}$sɻə$^{31-53}$ti$^{0}$ 管事的人

小工儿 ɕiau$^{45-213}$kuɤr$^{33}$ 搬砖捣泥
　的人

大工 ta$^{31-53}$kuŋ$^{0}$ 砌砖垒墙的人

　瓦匠 ua$^{45-213}$tɕiaŋ$^{33}$

　泥瓦匠 ni$^{53}$ua$^{45-213}$tɕiaŋ$^{33}$

庄稼人 tsuaŋ$^{224-31}$tɕia$^{33}$zən$^{53}$

手艺人 şou$^{45}$i$^{31}$zən$^{53}$

　卖手艺的 mai$^{31}$şou$^{45}$i$^{31-53}$ti$^{0}$

做买卖的 tsou$^{31}$mai$^{45-213}$mai$^{33}$ti$^{0}$

　摆摊儿的 pai$^{45}$tʰɻer$^{224-31}$ti$^{0}$

中间儿人儿 tsuŋ$^{224}$tɕiɻer$^{224}$zɚ$^{53}$
　在中间说合的人

　介绍人儿 tɕie$^{31}$şau$^{31}$zɚ$^{53}$

经纪 tɕin$^{224-31}$tɕin$^{33}$ 说合生意的中间人

说和儿的 şuo$^{224}$xɤr$^{53-45}$ti$^{0}$ 调解双
　方纠纷的人

挑夫 tʰiau$^{224}$fu$^{224}$ 挑着扁担送货的人

当兵的 taŋ$^{224}$piŋ$^{31-53}$ti$^{0}$

警察 tɕin$^{45}$tsʰa$^{53}$

大夫 tai$^{31-53}$fu$^{0}$

先生 ɕian$^{224-31}$səŋ$^{33}$ ① 医生 ② 老师

教员 tɕiau$^{31}$yan$^{53}$

　教书先生 tɕiau$^{224}$şu$^{224}$ɕian$^{224-31}$
　　səŋ$^{33}$

翻译 fan$^{224-31}$i$^{33}$

学生 ɕiau$^{53-45}$səŋ$^{0}$

要饭儿的 iau$^{31}$fer$^{31-53}$ti$^{0}$

叫花子 tɕiau³¹xua²²⁴⁻³¹tsʅ⁰
接生婆儿 tɕie²²⁴səŋ²²⁴pʰɤr⁵³
　老娘婆儿 lau⁴⁵⁻²¹³niaŋ³³pʰɤr⁵³
看犯人的 kʰan³¹fan³¹zən⁵³⁻⁴⁵ti⁰
骗子 pʰian³¹⁻⁵³tsʅ⁰
□子 pən³¹tsʅ⁰ 专指骗人钱财的人
土匪 tʰu⁴⁵fei²²⁴
小偷儿 ɕiau⁴⁵tʰʈour²²⁴
把风儿的 pa⁴⁵fɤr²²⁴⁻³¹ti⁰ 放哨的
看家护院儿的 kʰan³¹tɕia²²⁴xu³¹
　yʈer³¹⁻⁵³ti⁰
油漆工 iou⁵³tɕʰi²²⁴kuŋ²²⁴
皮匠 pʰi⁵³tɕiaŋ³¹
银匠 in⁵³tɕiaŋ³¹
木匠 mu³¹⁻⁵³tɕiaŋ⁰
锔盆子的 tɕy²²⁴pʰən⁵³⁻⁴⁵tsʅ⁰ti⁰
锔碗儿的 tɕy²²⁴⁻³¹uɐr⁴⁵⁻²¹³ti⁰
锔大缸的 tɕy²²⁴ta³¹kaŋ²²⁴⁻³¹ti⁰

焊锡壶的 xan³¹ɕi²²⁴xu⁵³⁻⁴⁵ti⁰
焊铁壶的 xan³¹tʰie²²⁴xu⁵³⁻⁴⁵ti⁰
铁匠 tʰie²²⁴tɕiaŋ³¹
小炉儿匠 ɕiau⁴⁵lʈur⁵³tɕiaŋ³¹
裁缝 tsʰai⁵³⁻⁴⁵fəŋ⁰
理发的 li⁴⁵fa²²⁴⁻³¹ti⁰
　剃头的 tʰi³¹tʰou⁵³⁻⁴⁵ti⁰
宰牛的 tsai⁴⁵niou⁵³⁻⁴⁵ti⁰
宰猪的 tsai⁴⁵tʂu²²⁴⁻³¹ti⁰
宰羊的 tsai⁴⁵iaŋ⁵³⁻⁴⁵ti⁰
跑堂的 pʰau⁴⁵tʰaŋ⁵³⁻⁴⁵ti⁰
推磨的 tʰuei²²⁴mɤ³¹⁻⁵³ti⁰① 指推磨的农具② 指推磨的人
推碾子的 tʰuei²²⁴⁻³¹nian⁴⁵⁻²¹³tsʅti⁰① 指推碾子的农具② 指推碾的子人
放羊的 faŋ³¹iaŋ⁵³⁻⁴⁵ti⁰
大把儿 ta³¹pær⁴⁵ 赶车的人

## 十、亲属

（1）长辈
辈分儿 pei³¹⁻⁵³fɚ⁰
排行 pʰai⁵³xaŋ⁵³
大辈儿 ta³¹pɚ³¹
父亲 fu³¹⁻⁵³tɕʰin⁰
　爸爸 pa³¹⁻⁵³pa⁰
　爹 tie²²⁴
后爹 xou³¹tie²²⁴

母亲 mu⁴⁵⁻²¹³tɕʰin³³
　娘 niaŋ⁵³
　妈 ma²²⁴
后娘 xou³¹niaŋ⁵³
俺老人儿 nan⁴⁵lau⁴⁵zɚ⁵³
公公 kuŋ²²⁴⁻³¹kuŋ³³
婆婆 pʰɤ⁵³⁻⁴⁵pʰɤ⁰
岳父母 ye³¹fu³¹mu⁴⁵

老丈人 lau⁴⁵tʂaŋ³¹⁻⁵³zən⁰

丈人 tʂaŋ³¹⁻⁵³zən⁰

丈母娘 tʂaŋ³¹⁻⁵³mu⁰niaŋ⁵³

祖父 tsu⁴⁵fu³¹

爷爷 ie⁴⁵⁻²¹³ie⁰

祖母 tsu⁴⁵mu⁴⁵

奶奶 nai⁴⁵⁻²¹³nai³³

外祖父 uai³¹tsu⁴⁵fu³¹

姥爷 lau⁴⁵⁻²¹³ie³³

外祖母 uai³¹tsu⁴⁵mu⁴⁵

姥娘 lau⁴⁵⁻²¹³niaŋ³³

大爷 ta³¹ie⁵³ 伯父

大娘 ta³¹niaŋ⁵³ 伯母

叔 ʂou²²⁴

婶子 ʂən⁴⁵⁻²¹³tsʅ⁰

舅 tɕiou⁵³/tɕiou³¹

妗子 tɕin³¹⁻⁵³tsʅ⁰

姑 ku²²⁴

姨 i⁵³

姑奶奶 ku²²⁴⁻³¹nai⁴⁵⁻²¹³nai³³ 爸爸
的姑

姑爷爷 ku²²⁴ie⁴⁵⁻²¹³ie⁰

姨奶奶 i⁵³nai⁴⁵⁻²¹³nai³³ 爸爸的姨

姨爷爷 i⁵³ie⁴⁵⁻²¹³ie⁰

舅奶奶 tɕiou³¹nai⁴⁵⁻²¹³nai³³ 爸爸
的妗子

舅爷爷 tɕiou³¹ie⁴⁵⁻²¹³ie⁰

姑老娘 ku²²⁴⁻³¹lau⁴⁵⁻²¹³niaŋ³³ 妈
妈的姑

姑老爷 ku²²⁴⁻³¹lau⁴⁵⁻²¹³ie³³

姨老娘 i⁵³lau⁴⁵⁻²¹³niaŋ³³ 妈妈的姨

姨老爷 i⁵³lau⁴⁵⁻²¹³ie³³

舅老娘 tɕiou³¹lau⁴⁵⁻²¹³niaŋ³³ 妈妈
的妗子

舅老爷 tɕiou³¹lau⁴⁵⁻²¹³ie³³

（2）平辈

一个辈儿 i⁴⁵kɤ³¹pɚ³¹ 平辈

媳妇儿 ɕi²²⁴⁻³¹fɚ³³

小老婆儿 ɕiau⁴⁵lau⁴⁵⁻²¹³pɚr³³

姨太太 i⁵³tʰai³¹⁻⁵³tʰai⁰

姊妹们 tsʅ⁴⁵⁻²¹³mən³³mən⁰

哥 kɤ²²⁴

兄弟 ɕyŋ²²⁴⁻³¹ti³³ ①指哥和弟②专
指弟

弟弟 ti³¹⁻⁵³ti⁰

姐 tɕie⁴⁵

妹子 mei³¹⁻⁵³tsʅ⁰

堂兄弟 tʰaŋ⁵³ɕyŋ²²⁴⁻³¹ti³³

堂哥 tʰaŋ⁵³kɤ²²⁴

堂弟 tʰaŋ⁵³ti³¹

堂姊妹们 tʰaŋ⁵³tsʅ⁴⁵⁻²¹³mən³³
mən⁰

堂姐 tʰaŋ⁵³tɕie⁴⁵

堂妹 tʰaŋ⁵³mei³¹

叔伯弟 su²²⁴⁻³¹pai⁴⁵ti³¹

叔伯哥 su²²⁴⁻³¹pai⁴⁵kɤ²²⁴

叔 伯 兄 弟 su²²⁴⁻³¹pai⁴⁵ɕyŋ²²⁴⁻³¹
ti³³

叔伯姊妹 su²²⁴⁻³¹pai⁴⁵tsʅ⁴⁵⁻²¹³mən³³

叔伯姐 su²²⁴⁻³¹pai⁴⁵tɕie⁴⁵

叔 伯 妹 子 su²²⁴⁻³¹pai⁴⁵mei³¹⁻⁵³
tsʅ⁰

表兄弟儿 piau⁴⁵ɕyŋ²²⁴tiʈʂɚ³¹

老表 lau⁴⁵piau⁴⁵ 表兄弟姐妹等的统称

表哥 piau⁴⁵kɤ²²⁴

表弟 piau⁴⁵ti³¹

表姊妹儿 piau⁴⁵tsʅ⁴⁵⁻²¹³mɚ³³

表姐 piau⁴⁵tɕie⁴⁵

表妹 piau⁴⁵mei³¹

表叔伯哥 piau⁴⁵su²²⁴⁻³¹pai⁴⁵kɤ²²⁴

表叔伯弟 piau⁴⁵su²²⁴⁻³¹pai⁴⁵ti³¹

表叔伯姐 piau⁴⁵su²²⁴⁻³¹pai⁴⁵tɕie⁴⁵

表 叔 伯 妹 子 piau⁴⁵su²²⁴⁻³¹pai⁴⁵
mei³¹⁻⁵³tsʅ⁰

弟兄 ti³¹⁻⁵³ɕyŋ⁰

盟兄弟儿 mən⁵³ɕyŋ²²⁴tiʈʂɚ³¹ 结拜
的异性兄弟

哥们儿 kɤ²²⁴⁻³¹mɚ³³

姐们儿 tɕie⁴⁵⁻²¹³mɚ³³

大大伯子 ta³¹⁻⁵³ta⁰pan⁴⁵⁻²¹³tsʅ⁰ 丈
夫的哥

小叔子 ɕiau⁴⁵⁻²¹³ʂou³³tsʅ⁰

小姑子 ɕiau⁴⁵⁻²¹³ku³³tsʅ⁰

大姑子 ta³¹⁻⁵³ku⁰tsʅ⁰

舅子 tɕiou⁵³tsʅ⁰

亲家婆子 tɕʰiŋ³¹⁻⁵³tɕia⁰pʰɤ⁵³⁻⁴⁵
tsʅ⁰ 亲家母

亲家头子 tɕʰiŋ³¹⁻⁵³tɕia⁰tʰou⁵³⁻⁴⁵
tsʅ⁰ 亲家公

亲家 tɕin²²⁴⁻³¹tɕia³³ 泛指有亲戚关
系的人

亲家 tɕʰiŋ³¹⁻⁵³tɕia⁰ 有姻亲关系的人

大姨子儿 ta³¹i⁵³⁻⁴⁵tsʈʂɚ⁰

小姨子儿 ɕiau⁴⁵i⁵³⁻⁴⁵tsʈʂɚ⁰

挑担 tʰiau⁴⁵⁻²¹³tan³³ 连襟

（3）晚辈

小辈儿 ɕiau⁴⁵pɚ³¹

儿 ʅ⁵³

闺妮 kuei²²⁴⁻³¹ni³³

小子 ɕiau⁴⁵⁻²¹³tsʅ⁰

老大 lau⁴⁵ta³¹

　大的 ta³¹⁻⁵³ti⁰

　大小子 ta³¹ɕiau⁴⁵⁻²¹³tsʅ⁰

二小子 ʅ³¹ɕiau⁴⁵⁻²¹³tsʅ⁰

　二的 ʅ³¹⁻⁵³ti⁰

三小子 san²²⁴⁻³¹ɕiau⁴⁵⁻²¹³tsʅ⁰

　三的 san²²⁴⁻³¹ti⁰

小小子儿 ɕiau⁴⁵ɕiau⁴⁵⁻²¹³tsʈʂɚ⁰

　小的 ɕiau⁴⁵⁻²¹³ti⁰

老末儿 lau⁴⁵mɤr²²⁴/lau⁴⁵miʈer²²⁴

　老小 lau⁴⁵ɕiau⁴⁵

么咕嘟儿 mie²²⁴⁻³¹ku³³tʈur²²⁴

小老生子儿 $\varepsilon$iau$^{45}$lau$^{45-213}$sən$^{33}$tsʅ$ʅ^0$

孙子 suən$^{224-31}$tsʅ$^0$

孙子媳妇儿 suən$^{224-31}$tsʅ$^0$$\varepsilon$i$^{224-31}$fɚ$^{33}$

孙女儿 suən$^{224-31}$nyɭɚ$^{33}$

孙女儿女婿 suən$^{224-31}$nyɭɚ$^{45}$ny$^{45-213}$$\varepsilon$y$^{33}$

重孙子 tsʰuŋ$^{53-45}$suən$^0$tsʅ$^0$

重孙女儿 tsʰuŋ$^{53-45}$suən$^0$nyɭɚ$^0$

内侄儿 nei$^{31}$tʂɚ$^{53}$

内侄女儿 nei$^{31}$tʂʅ$^{53-45}$nyɭɚ$^0$

外甥儿 uai$^{31-53}$sɭur$^0$

外甥闺妮 uai$^{31-53}$sən$^{33}$kuei$^{224-31}$ni$^{33}$

儿媳妇儿 ɭ$^{53}$$\varepsilon$i$^{45-213}$fɚ$^{33}$

姑爷 ku$^{224}$ie$^{53}$

女婿 ny$^{45-213}$$\varepsilon$y$^{33}$

俺那客 nan$^{45}$na$^{31}$tɕʰie$^{224}$

俺那半个 nan$^{45}$na$^{31}$pan$^{31}$kɤ$^{31}$

# 十一、身体

## （1）五官

长相 tʂaŋ$^{45}$$\varepsilon$iaŋ$^{31}$

年纪儿 nian$^{53-45}$tɕiɭɚ$^0$

　岁数儿 suei$^{31-53}$sɭur$^0$

体格儿 tʰi$^{45}$kɤr$^{53}$ 身体

　身子 ʂən$^{224-31}$tsʅ$^0$

条格儿 tʰiau$^{53}$kɤr$^{53}$ 身材

脑袋 nau$^{45-213}$tai$^{33}$

　脑袋瓜子 nau$^{45-213}$tai$^{33}$kua$^{224-31}$tsʅ$^0$

　脑壳儿 nau$^{45}$kʰɤr$^{53}$

光头 kuaŋ$^{224}$tʰou$^{53}$

　秃葫芦 tʰu$^{224-31}$xu$^{53-45}$lou$^0$

　亮蛋 liaŋ$^{31}$tan$^{31}$

谢顶 $\varepsilon$ie$^{31}$tiŋ$^{45}$

脑袋顶 nau$^{45-213}$tai$^{33}$tiŋ$^{45}$

门儿楼头 mɚ$^{53-45}$lou$^0$tʰou$^{53}$ 额头

　叶勒盖 ie$^{31-53}$lie$^{33}$kai$^{31}$

鬓角子 pin$^{31}$tɕiau$^{224-31}$tsʅ$^0$

后脑勺儿 xou$^{31}$nau$^{45}$ʂaur$^{53}$

后□□ xou$^{31}$ti$^{45}$ti$^0$ 脑袋后的大疙瘩，大后脑勺

脖子 pɤ$^{53-45}$tsʅ$^0$

脖勒梗子 pɤ$^{53-45}$la$^0$kən$^{45-213}$tsʅ$^0$ 脖子后面

脸 lian$^{45}$

脸蛋子 lian$^{45}$tan$^{31-53}$tsʅ$^0$

颧骨 tɕʰyan$^{53-45}$ku$^0$

腮帮子 sai$^{224}$paŋ$^{224-31}$tsʅ$^0$

酒窝儿 tɕiou$^{45}$uɤr$^{224}$

人中 zən$^{53}$tsuŋ$^{224}$

眼 ian$^{45}$

眼眶子 ian⁴⁵kʰuaŋ³¹⁻⁵³tsʅ⁰

眼圈子 ian⁴⁵tɕʰyan²²⁴⁻³¹tsʅ⁰

眼珠子 ian⁴⁵tʂu²²⁴⁻³¹tsʅ⁰

白眼珠儿 pai⁵³ian⁴⁵tʂuɚ²²⁴

黑眼珠儿 xei²²⁴⁻³¹ian⁴⁵tʂuɚ²²⁴

瞳仁儿 tʰuŋ⁵³zɚ⁵³

眼角儿 ian⁴⁵tɕiɻaur²²⁴

　眼角子 ian⁴⁵tɕiau²²⁴⁻³¹tsʅ⁰

泪花子 luei³¹xua²²⁴⁻³¹tsʅ⁰

眵马＝糊 tsʰʅ²²⁴⁻³¹ma³³xu²²⁴ 眼屎

眼皮 ian⁴⁵pʰi⁵³

单眼皮儿 tan²²⁴⁻³¹ian⁴⁵pʰiɻɚ⁵³

双眼皮儿 suaŋ²²⁴⁻³¹ian⁴⁵pʰiɻɚ⁵³

窝眍眼儿 uɤ⁵³kʰou³¹iɻer⁴⁵ 眼睛深
　　陷,眼眶比较突出的人

窠䁖 kʰɤ²²⁴⁻³¹lou³³ 因为睡眠不足,
　　眼睛深陷在眼眶里边

眼子毛 ian⁴⁵⁻²¹³tsʅ⁰mau⁵³ 睫毛

眉毛 mei⁵³⁻⁴⁵mau⁰

皱眉头子 tʂou³¹mei⁵³tʰou⁵³⁻⁴⁵
　　tsʅ⁰ 皱眉

　□□眉头子 kɤ⁵³lou⁰mei⁵³
　　tʰou⁵³⁻⁴⁵tsʅ⁰

鼻子 pi⁵³⁻⁴⁵tsʅ⁰ ① 鼻子 ② 鼻屎

红鼻子 xuŋ⁵³pi⁵³⁻⁴⁵tsʅ⁰

酒糟儿鼻 tɕiou⁴⁵tsɻaur²²⁴pi⁵³

鼻子眼儿 pi⁵³⁻⁴⁵tsʅ⁰iɻer⁴⁵

鼻毛儿 pi⁵³maur⁵³

鼻子尖儿 pi⁵³⁻⁴⁵tsʅ⁰tɕiɻer²²⁴

鼻梁子 pi⁵³lian⁵³⁻⁴⁵tsʅ⁰

　鼻梁儿 pi⁵³liɻær⁵³

折鼻梁儿 ʂɤ⁵³pi⁵³liɻær⁵³

鼻子疙瘩 pi⁵³⁻⁴⁵tsʅ⁰ka²²⁴⁻³¹ta³³/
　　pi⁵³⁻⁴⁵tsʅ⁰kɤ²²⁴⁻³¹ta³³ 鼻屎

嘴 tsuei⁴⁵

嘴巴子 tsuei⁴⁵pa³¹⁻⁵³tsʅ⁰

　下巴颏儿 ɕia³¹⁻⁵³pa⁰kʰɤr²²⁴

嘴唇儿 tsuei⁴⁵tsʰuɻɚ⁵³

嘴皮子 tsuei⁴⁵pʰi⁵³⁻⁴⁵tsʅ⁰ 口才

吐沫 tʰu³¹⁻⁵³ma⁰

　水拉拉 suei⁴⁵⁻²¹³la⁰la⁰

吐沫星子 tʰu³¹⁻⁵³ma⁰ɕiŋ²²⁴⁻³¹tsʅ⁰

舌头 ʂɤ⁵³⁻⁴⁵tʰou⁰

舌头尖儿 ʂɤ⁵³⁻⁴⁵tʰou⁰tɕiɻer²²⁴

舌糊 ʂɤ⁵³xu²²⁴ 舌苔

大舌头 ta³¹ʂɤ⁵³⁻⁴⁵tʰou⁰ ① 大舌
　② 比喻爱扯闲话的人

小舌头 ɕiau⁴⁵ʂɤ⁵³⁻⁴⁵tʰou⁰ 小舌

牙 ia⁵³

门牙 mən⁵³ia⁵³

　大牙 ta³¹ia⁵³

虎牙 xu⁴⁵ia⁵³

对头牙儿 tuei³¹⁻⁵³tʰou⁰iɻær⁵³ 嘴
　　里上下正对着长的牙

豆齿儿牙儿 tou³¹tsʰɤ⁴⁵iɻær⁵³ 带
　　豁口的牙

牙锈 ia⁵³ɕiou³¹ 牙垢

牙床子 ia⁵³tsʰuaŋ⁵³⁻⁴⁵tsʅ⁰

牙花 ia⁵³xua²²⁴ 牙龈

牙根儿 ia⁵³kɚ²²⁴

牙口儿好 ia⁵³kʰour⁴⁵xau⁴⁵

胃口儿好 uei³¹kʰour⁴⁵xau⁴⁵

蛀牙 tʂu³¹ia⁵³

耳朵 ʅ⁴⁵⁻²¹³tau³³

耳轮儿 ʅ⁴⁵luɻɚ⁵³ 耳廓

耳垂儿 ʅ⁴⁵tsʰuɻɚ⁵³

耳朵眼儿 ʅ⁴⁵⁻²¹³tau³³iɻer⁴⁵

耳碎 ⁼ʅ⁴⁵⁻²¹³suei³³ 耳屎

耳刮子 ʅ⁴⁵kua²²⁴⁻³¹tsʅ⁰ 耳光

耳背 ʅ⁴⁵pei³¹

### （2）手脚胸背

手印儿 ʂou⁴⁵iɻɚ³¹ 指纹

膀肩子 paŋ⁴⁵tɕian²²⁴⁻³¹tsʅ⁰ 肩膀

膀扇子 paŋ⁴⁵ʂan³¹⁻⁵³tsʅ⁰ 肩膀下面 的一块地方

溜肩膀儿 liou²²⁴tɕian²²⁴⁻³¹pær⁴⁵ 溜肩

胳打⁼窝 kɤ²²⁴⁻³¹ta³³uɤ²²⁴ 腋窝

锁子骨 suo²²⁴⁻³¹tsʅ⁰ku²²⁴

脊梁 tɕi²²⁴⁻³¹iaŋ³³

胳膊 kɤ²²⁴⁻³¹fai³³/kɤ²²⁴⁻³¹pʰɤ³³/ kɤ²²⁴⁻³¹pʰa³³/kɤ²²⁴⁻³¹pʰai³³/ kɤ²²⁴⁻³¹pɤ³³

胳膊肘儿 kɤ²²⁴⁻³¹fai³³tʂour⁴⁵

手腕子 ʂou⁴⁵uan³¹⁻⁵³tsʅ⁰

左手 tsuo⁴⁵ʂou⁴⁵

右手 iou³¹ʂou⁴⁵

手指头 ʂou⁴⁵tsʅ²²⁴⁻³¹tʰou³³

骨节儿 ku²²⁴⁻³¹tɕiɻer³³

大拇手指头 ta³¹⁻⁵³ma⁰ʂou⁴⁵tsʅ²²⁴⁻³¹tʰou³³ 拇指

二拇手指头 ʅ³¹⁻⁵³ma⁰ʂou⁴⁵tsʅ²²⁴⁻³¹tʰou³³ 食指

三拇手指头 san²²⁴⁻³¹ma³³ʂou⁴⁵tsʅ²²⁴⁻³¹tʰou³³ 中指

四拇手指头 sʅ³¹⁻⁵³ma⁰ʂou⁴⁵tsʅ²²⁴⁻³¹tʰou³³ 无名指

小拇手指头 ɕiau⁴⁵⁻²¹³ma³³ʂou⁴⁵tsʅ²²⁴⁻³¹tʰou³³ 小指

指甲 tsʅ²²⁴⁻³¹tɕia³³

指甲盖儿 tsʅ²²⁴⁻³¹tɕia³³kɛr³¹

手指头缝儿 ʂou⁴⁵tsʅ²²⁴⁻³¹tʰou³³fɤr³¹

指甲缝儿 tsʅ²²⁴⁻³¹tɕia³³fɤr³¹

手指头肚儿 ʂou⁴⁵tsʅ²²⁴⁻³¹tʰou³³tɻur³¹

拳头 tɕʰyan⁵³⁻⁴⁵tʰou⁰

手心儿 ʂou⁴⁵ɕiɻɚ²²⁴

心口儿 ɕin²²⁴⁻³¹kʰour⁴⁵

胸口儿 ɕyŋ²²⁴⁻³¹kʰour⁴⁵

胸脯儿 ɕyŋ²²⁴⁻³¹pʰur⁴⁵

肋条 luei³¹⁻⁵³tʰiau⁰ 肋骨

妈儿妈儿 mær²²⁴⁻³¹mær³³ 乳房

妈妈头儿 ma²²⁴⁻³¹ma³³tʰʈour⁵³
　　乳头

肚子 tu³¹⁻⁵³tsʅ⁰

肚皮 tu³¹pʰi⁵³

小肚子儿 ɕiau⁴⁵tu³¹⁻⁵³tsʈɚ⁰

肚脐眼儿 tu³¹tɕʰi⁵³iɽer⁴⁵

肚脐儿 tu³¹tɕʰiɽɚ⁵³

胯骨 kʰua³¹⁻⁵³ku⁰

大胯 ta³¹kʰua³¹

裆 taŋ²²⁴

腰 iau²²⁴

腿 tʰuei⁴⁵

大腿 ta³¹tʰuei⁴⁵

大腿根儿 ta³¹tʰuei⁴⁵kɚ²²⁴

格⁼拉拜 kɤ³¹la³³pai³¹ 膝盖

小腿儿 ɕiau⁴⁵tʰuɽɚ⁴⁵

小腿肚儿 ɕiau⁴⁵tʰuei⁴⁵tɽur³¹

脚踝骨 tɕiau²²⁴xuai⁵³⁻⁴⁵ku⁰

脚 tɕiau²²⁴

　　脚丫子 tɕiau²²⁴ia²²⁴⁻³¹tsʅ⁰

　　脚片子 tɕiau²²⁴pʰian³¹⁻⁵³tsʅ⁰

脚面 tɕiau²²⁴mian³¹

脚心儿 tɕiau²²⁴ɕiɽɚ²²⁴

脚印儿 tɕiau²²⁴iɽɚ³¹

脚尖儿 tɕiau²²⁴tɕiɽer²²⁴

脚脖子 tɕiau²²⁴pɤ⁵³⁻⁴⁵tsʅ⁰

脚打⁼板子 tɕiau²²⁴⁻³¹ta³³pan⁴⁵⁻²¹³

tsʅ⁰ 脚掌

脚趾头 tɕiau²²⁴tsʅ²²⁴⁻³¹tʰou³³

大拇脚趾头 ta³¹⁻⁵³ma⁰tɕiau²²⁴
tsʅ²²⁴⁻³¹tʰou³³

二拇脚趾头 lʅ³¹⁻⁵³ma⁰tɕiau²²⁴
tsʅ²²⁴⁻³¹tʰou³³

三拇脚趾头 san²²⁴⁻³¹ma³³tɕiau²²⁴
tsʅ²²⁴⁻³¹tʰou³³

四拇脚趾头 sʅ³¹⁻⁵³ma⁰tɕiau²²⁴
tsʅ²²⁴⁻³¹tʰou³³

小拇脚趾头 ɕiau⁴⁵⁻²¹³ma³³tɕiau²²⁴
tsʅ²²⁴⁻³¹tʰou³³

脚趾甲 tɕiau²²⁴tsʅ²²⁴⁻³¹tɕia³³

脚夹煞子里 tɕiau²²⁴tɕia²²⁴⁻³¹
sa³³tsʅ⁰li⁰ 脚趾头缝儿

脚后跟儿 tɕiau²²⁴xou³¹⁻⁵³kɚ⁰

脚鸡眼 tɕiau²²⁴tɕi²²⁴⁻³¹ian⁴⁵

脚气 tɕiau²²⁴tɕʰi³¹

（3）其他

头发茬儿 tʰou⁵³⁻⁴⁵fa⁰tsʰʈær⁵³

齐门帘儿 tɕʰi⁵³⁻⁴⁵mən⁰liɽer⁵³/
tɕʰi⁵³⁻⁴⁵ma⁰liɽer⁵³ 刘海儿

头发伸⁼儿 tʰou⁵³⁻⁴⁵fa⁰ʂɚ²²⁴

小鬏角儿 ɕiau⁴⁵tsua⁴⁵tɕiɽaur³¹
把头发扎起来盘在头顶的发型

顶巴鬏儿 tiŋ⁴⁵⁻²¹³pa³³tɕiɽour²²⁴

辫子 pian³¹⁻⁵³tsʅ⁰

少白头 ʂau²²⁴pai⁵³tʰou⁵³

白净子儿 pai⁵³⁻⁴⁵tɕiŋ³¹tsʐɚ⁰ 白净
脸儿

嗓子 saŋ⁴⁵⁻²¹³tsʅ⁰

公鸭嗓儿 kuŋ²²⁴⁻³¹ia³³ʂɻær⁴⁵ 男
孩青春期变声时的嗓音

哑巴嗓儿 ia⁴⁵⁻²¹³pa³³ʂɻær⁴⁵

哑巴鸡 ia⁴⁵⁻²¹³pa³³tɕi²²⁴

燕窝儿 yan³¹uɤr²²⁴ 脖子后面的窝

肤皮 fu²²⁴⁻³¹pʰi³³ 死皮

汗毛儿 xan³¹maur⁵³

汗毛儿眼儿 xan³¹maur⁵³iɻɛr⁴⁵
毛孔

头隙儿 tʰou⁵³ɕiɻɚ³¹ 婴儿头顶未合
缝的地方,囟门

太阳穴 tʰai³¹iaŋ³³ɕye⁵³

胡子 xu⁵³⁻⁴⁵tsʅ⁰

脸面胡子 lian⁴⁵mian³¹xu⁵³⁻⁴⁵
tsʅ⁰ 络腮胡子

八字儿胡儿 pa²²⁴tsʐɚ³¹xur⁵³

头旋儿 tʰou⁵³ɕyɻɛr³¹

牛头旋儿 niou⁵³tʰou⁵³ɕyɻɛr³¹ 额
头上的头旋儿

斗 tou⁴⁵ 手指肚上的圆形指纹

胹 luo⁵³ 手指肚上的长形指纹

簸箕 pɤ³¹⁻⁵³ɕi⁰

痣 tɕi³¹ 胎记

骨头 ku²²⁴⁻³¹tʰou³³

筋 tɕin²²⁴

青筋 tɕʰiŋ²²⁴tɕin²²⁴

血 ɕie²²⁴

血管儿 ɕie²²⁴⁻³¹kuɐr⁴⁵

脉 mai³¹

肝□ kan²²⁴⁻³¹xuo³³ 五脏六腑

心 ɕin²²⁴

肝 kan²²⁴

肝儿 kɐr²²⁴ 专指动物的肝做成的熟食

肺 fei³¹

肺头 fei³¹tʰou⁵³ 专指动物的肺

苦胆 ku⁴⁵⁻²¹³tan³³

脾 pʰi⁴⁵

胃 uei³¹ 专指人的胃

肚子 tu⁴⁵⁻²¹³tsʅ⁰ 专指猪科动物的胃

肚儿 tɻur⁴⁵

百叶 pai²²⁴ie³¹ 牛的消化器官

腰子 iau²²⁴⁻³¹tsʅ⁰ 肾

腰花儿 iau²²⁴xuær²²⁴ 专指动物的肾

肠子 tʂʰaŋ⁵³⁻⁴⁵tsʅ⁰ ① 香肠 ② 内脏

大肠 ta³¹tʂʰaŋ⁵³

小肠 ɕiau⁴⁵tʂʰaŋ⁵³

盲肠 maŋ⁵³tʂʰaŋ⁵³

尾巴骨儿 i⁴⁵⁻²¹³pa³³kur²²⁴

屁股 pʰi³¹⁻⁵³xu⁰

腚蛋子 tiŋ³¹tan³¹⁻⁵³tsʅ⁰

腚沟子 tiŋ³¹kou²²⁴⁻³¹tsʅ⁰

屁股眼儿 pʰi³¹⁻⁵³xu⁰iɻɛr⁴⁵

鸡 tɕi²²⁴ ① 家禽 ② 阴茎

大雀子 ta³¹tɕʰiau²²⁴⁻³¹tsɿ⁰ 成年人的阴茎

小把儿 ɕiau⁴⁵pær³¹

小鸡儿 ɕiau⁴⁵tɕiʐ⁻²²⁴ 小孩的阴茎

小蛋儿 ɕiau⁴⁵tɻer³¹ 睾丸

屄 pi²²⁴ 女性生殖器

## 十二、疾病 医疗

### （1）一般用语

病 piŋ³¹

得病 tei²²⁴piŋ³¹

急病儿 tɕi⁵³piɻer³¹

慢性病 man³¹ɕiŋ³¹piŋ³¹

刮痧 kua²²⁴sa²²⁴

开刀 kʰai²²⁴tau²²⁴

动手术 tuŋ³¹ʂou⁴⁵ʂu⁵³

贴膏药 tʰie²²⁴kau²²⁴iau³¹

治病 tʂɿ³¹piŋ³¹

看病 kʰan³¹piŋ³¹

见好 tɕian³¹xau⁴⁵

号脉 xau³¹mai³¹

药方儿 iau³¹fær²²⁴

一剂药 i⁴⁵tɕi³¹iau³¹

药引子 iau³¹in⁴⁵⁻²¹³tsɿ⁰

药罐子 iau³¹kuan³¹⁻⁵³tsɿ⁰

沙吊子 sa²²⁴tiau³¹⁻⁵³tsɿ⁰

买药 mai⁴⁵iau³¹

抓药 tsua²²⁴iau³¹

配药 pʰei³¹iau³¹

熬药 nau⁵³iau³¹

偏方儿 pʰian²²⁴fær²²⁴

祛湿 tɕʰy³¹ʂɿ²²⁴

去毒 tɕʰy³¹tu⁵³

消食儿 ɕiau²²⁴ʂəʳ⁵³

打针 ta⁴⁵tʂən²²⁴

拔火罐儿 pa⁵³xuo⁴⁵kuɐr³¹

上药 ʂaŋ³¹iau³¹

擦药 tsʰa²²⁴iau³¹

膏药 kau²²⁴iau³¹

贴膏药 tʰie²²⁴kau²²⁴iau³¹

消毒 ɕiau²²⁴tu⁵³

去火 tɕʰy³¹xuo⁴⁵

败火 pai³¹xuo⁴⁵

肚肠儿好 tu³¹tʂʰær⁵³xau⁴⁵ 肠胃好

### （2）内科

闹肚子 nau³¹tu³¹⁻⁵³tsɿ⁰

拉薄屎 la²²⁴pau⁵³sɿ⁵⁴/la³¹pau⁵³sɿ⁴⁵

跑茅子 pʰau⁴⁵mau⁵³⁻⁴⁵tsɿ⁰

发烧 fa²²⁴ʂau²²⁴

发热 fa²²⁴zɤ³¹

发冷 fa²²⁴⁻³¹ləŋ⁴⁵

受风 ʂou³¹fəŋ²²⁴

着凉 tʂau⁵³liaŋ⁵³

咳嗽 kʰɤ²²⁴⁻³¹suo³³

哮喘 ɕiau³¹tsʰuan⁴⁵

　喘病 tsʰuan⁴⁵piŋ³¹

热乎儿嗹 zɤ³¹⁻⁵³xur⁰lian⁰ 中暑

上火 ʂaŋ³¹xuo⁴⁵

　火气大 xuo⁴⁵tɕʰi³¹ta³¹

积食儿 tɕi²²⁴ʂɚ⁵³

肚子疼 tu³¹⁻⁵³tsɹ⁰tʰəŋ⁵³

胸口儿疼 ɕyŋ²²⁴⁻³¹kʰour⁴⁵tʰəŋ⁵³

　心口儿疼 ɕin²²⁴⁻³¹kʰour⁴⁵tʰəŋ⁵³

头眩 tʰou⁵³⁻⁴⁵ɕyan⁰

　头晕 tʰou⁵³yn²²⁴

晕车 yn²²⁴tʂʰɤ²²⁴/yn²²⁴⁻³¹tʂʰɤ²²⁴

脑袋疼 nau⁴⁵⁻²¹³tai³³tʰəŋ⁵³

闹心 nau²²⁴⁻³¹ɕin³³ 恶心

　翻漾 fan³¹iaŋ⁴⁵

　干哕 kan²²⁴⁻³¹ye³³

哕 ye⁴⁵ 吐

痨病 lau⁵³piŋ³¹

疝气 ʂan³¹tɕʰi³¹

　小肠串气儿 ɕiau⁴⁵⁻²¹³tsʰaŋ³³ tsʰuan³¹tɕʰiɚ³¹

气闭气 tɕʰi³¹⁻⁵³pi⁰tɕʰi³¹ 脐疝

发疟子 fa²²⁴iau³¹⁻⁵³tsɹ⁰

　打摆子 ta⁴⁵pai⁴⁵⁻²¹³tsɹ⁰

瘟病 uən²²⁴piŋ³¹ 霍乱

水痘儿 suei⁴⁵tɻour³¹

　出痘子 tʂʰu²²⁴tou³¹⁻⁵³tsɹ⁰

种花儿 tsuŋ³¹xuær²²⁴ 天花

炸腮 tsa³¹sai²²⁴ 腮腺炎

长黄 tʂaŋ⁴⁵xuaŋ⁵³ 黄疸

抽风儿 tʂʰou²²⁴fɤr²²⁴

火风儿 xuo⁴⁵⁻²¹³fɤr³³ 发烧引起的抽风,病情轻微

抽羊角风儿 tʂʰou²²⁴iaŋ⁵³tɕiau²²⁴fɤr²²⁴

七日儿风儿 tɕʰi²²⁴⁻³¹zɚ³³fɤr²²⁴ 小孩出生七日抽风

中风 tsuŋ³¹fəŋ²²⁴

　半身不遂 pan³¹ʂən²²⁴pu²²⁴suei⁵³

（3）外科

摔着 suai²²⁴⁻³¹tʂau³³

碰着 pʰəŋ³¹⁻⁵³tʂau⁰

磕着 kʰɤ²²⁴⁻³¹tʂau³³

抽筋儿 tʂʰou²²⁴tɕiɻɚ²²⁴

疤瘌 pa²²⁴⁻³¹la³³

疖子 tɕie²²⁴⁻³¹tsɹ⁰

癣 ɕyan⁴⁵

牛皮癣 niou⁵³pʰi⁵³ɕyan⁴⁵

痱子 fei³¹⁻⁵³tsɹ⁰

　热疙瘩 zɤ³¹⁻⁵³kɤ²²⁴⁻³¹ta⁰

泛⁼ fan³¹ 荨麻疹

猴子 xou⁵³⁻⁴⁵tsɹ⁰

痦子 u³¹⁻⁵³tsɹ⁰

粉子疙瘩 fən⁴⁵⁻²¹³tsɹ⁰kɤ²²⁴⁻³¹

ta$^{33}$ 粉刺

臭胳打⁼窝 tʂʰou$^{31}$kɤ$^{224-31}$ta$^{33}$
uɤ$^{224}$ 狐臭

嘴臭 tsuei$^{45}$tʂʰou$^{31}$

大粗脖子 ta$^{31}$tsʰu$^{224}$pɤ$^{53-45}$tsʐ$^{0}$

长疮儿 tʂaŋ$^{45}$tsʰuɻær$^{224}$

长疙瘩 tʂaŋ$^{45}$kɤ$^{224-31}$ta$^{33}$

长冻疮 tʂaŋ$^{45}$tuŋ$^{31-53}$tsʰuaŋ$^{0}$

痔疮 tsʐ$^{31-53}$tsʰuaŋ$^{0}$

长脓 tʂaŋ$^{45}$nuŋ$^{53}$

化脓 xua$^{31}$nuŋ$^{53}$

长疙巴儿 tʂaŋ$^{45}$kɤ$^{224-31}$pær$^{33}$

近视眼 tɕin$^{31}$sʐ$^{33}$ian$^{45}$

老花眼 lau$^{45}$xua$^{224-31}$ian$^{45}$

红眼儿病 xuŋ$^{53}$iɻer$^{45}$piŋ$^{31}$

（4）残疾

六指 liou$^{31-53}$tsʐ$^{0}$

左撇子 tsuo$^{45}$pʰie$^{45-213}$tsʐ$^{0}$
左撇列 tsuo$^{31}$pʰie$^{33}$lie$^{224}$

瘸子 tɕʰye$^{53-45}$tsʐ$^{0}$
拐子 kuai$^{45-213}$tsʐ$^{0}$

罗锅儿 luo$^{53-45}$kuɤr$^{0}$

麻子 ma$^{53-45}$tsʐ$^{0}$

秃子 tʰu$^{224-31}$tsʐ$^{0}$

瞎子 ɕia$^{224-31}$tsʐ$^{0}$

聋子 luŋ$^{53-45}$tsʐ$^{0}$

哑巴 ia$^{45-213}$pa$^{33}$

半哑子 pan$^{31-53}$ia$^{0}$tsʐ$^{0}$ 说话特别不
利索、不能成句的人

结巴嘴 tɕye$^{224-31}$pa$^{33}$tsuei$^{45}$
磕磕嘴儿 kʰɤ$^{224-31}$kʰɤ$^{33}$tsuɻɚ$^{45}$

歪歪嘴儿 uai$^{224-31}$uai$^{33}$tsuɻɚ$^{45}$

豁子嘴儿 xuo$^{224-31}$tsʐ$^{0}$tsuɻɚ$^{45}$

独眼儿冲 tu$^{53}$iɻer$^{45}$tsʰuŋ$^{31}$ 一只眼失明
一只眼 i$^{45}$tsʐ$^{224-31}$ian$^{45}$

鼓眼儿泡儿 ku$^{45}$iɻer$^{45}$pʰaur$^{224}$

对眼儿 tuei$^{31-53}$iɻer$^{0}$

傻子 ʂa$^{45-213}$tsʐ$^{0}$
傻瓜 ʂa$^{45-213}$kua$^{0}$

半傻子 pan$^{31-53}$ʂa$^{0}$tsʐ$^{0}$/pan$^{31}$ʂa$^{45-213}$
tsʐ$^{0}$ 智力低下的人

白痴 pai$^{53}$tʂʰʐ$^{224}$

# 十三、衣服 穿戴

（1）服装

衣裳 i$^{224-31}$ʂaŋ$^{33}$

棉衣裳 mian$^{53-45}$i$^{0}$ʂaŋ$^{0}$

袄 nau$^{45}$

夹袄 tɕia$^{224-31}$nau$^{45}$

棉袄 mian$^{53}$nau$^{45}$

皮袄 pʰi$^{53}$nau$^{45}$

马甲儿 ma$^{45}$tɕiɻær$^{224}$

坎肩儿 kʰan$^{224-31}$tɕiɻer$^{33}$/kʰan$^{45}$
tɕiɻer$^{224}$ 厚的背心

背心儿 pei³¹ɕiʈʐ²²⁴ 薄的背心
单衣裳 tan²²⁴⁻³¹i³³ʂaŋ⁰
布衫儿 pu³¹⁻⁵³sʈɐr⁰ 衬衫
　襆子 kua³¹⁻⁵³tsʅ⁰
　小襆儿 ɕiau⁴⁵kuær³¹
　汗衫儿 xan³¹sʈɐr²²⁴ 里面套的小
　　衬衫
小垮拉儿 ɕiau⁴⁵kʰua⁴⁵⁻²¹³lʈær³³
　没袖的薄衣服
长袍儿 tʂʰaŋ⁵³pʰaur⁵³
旗袍儿 tɕʰi⁵³pʰaur⁵³
裙子 tɕʰyn⁵³⁻⁴⁵tsʅ⁰
西服 ɕi²²⁴fu⁵³
大衣 ta³¹i²²⁴
大襟儿 ta³¹tɕiʈʐ²²⁴
对襟儿 tuei³¹⁻⁵³tɕiʈʐ⁰
偏襟儿 pʰian²²⁴tɕiʈʐ²²⁴
念襟儿 nian³¹tɕiʈʐ²²⁴ 对襟儿系扣
　的地方多出一条布，以遮挡风
缺襟儿 tɕʰye²²⁴tɕiʈʐ²²⁴ 衣服被遮挡在
　下面的一边少一块布，这样做衣服省布
下摆 ɕia³¹pai⁴⁵
底摆 ti⁴⁵pai⁴⁵
领子 liŋ⁴⁵⁻²¹³tsʅ⁰
领口儿 liŋ⁴⁵kʰour⁴⁵
袖子 ɕiou³¹⁻⁵³tsʅ⁰
袖口儿 ɕiou³¹kʰour⁴⁵
长袖儿 tʂʰaŋ⁵³ɕiʈour³¹

短袖儿 tuan⁴⁵ɕiʈour³¹
　半袖儿 pan³¹ɕiʈour³¹
　半截袖儿 pan³¹tɕie⁵³ɕiʈour³¹
裤子 kʰu³¹⁻⁵³tsʅ⁰
棉裤 mian⁵³kʰu³¹
绑腿带子 paŋ⁴⁵tʰuei⁴⁵tai³¹⁻⁵³tsʅ⁰
　绑腿儿 paŋ⁴⁵tʰuʈʐ⁴⁵
　裹腿带子 kuo⁴⁵tʰuei⁴⁵tai³¹⁻⁵³
　　tsʅ⁰
连脚裤 lian⁵³tɕiau²²⁴kʰu³¹
单裤子 tan²²⁴kʰu³¹⁻⁵³tsʅ⁰
　单裤儿 tan²²⁴kʰur³¹
开裆裤儿 kʰai²²⁴taŋ²²⁴kʰur³¹
　杀裆裤 sa²²⁴taŋ²²⁴kʰu³¹
短裤儿 tuan⁴⁵kʰur³¹
　大裤衩子 ta³¹kʰu³¹tsʰa⁴⁵⁻²¹³tsʅ⁰
裤衩子 kʰu³¹tsʰa⁴⁵⁻²¹³tsʅ⁰
　裤衩儿 kʰu³¹tsʰʈær⁴⁵
裤腰 kʰu³¹iau²²⁴
裤腰带 kʰu³¹iau²²⁴tai³¹
　杀腰带 sa²²⁴iau²²⁴tai³¹
裤裆 kʰu³¹taŋ²²⁴
裤腿儿 kʰu³¹tʰuʈʐ⁴⁵
斗篷 tou⁴⁵⁻²¹³pʰən³³
扣儿 kʰour³¹
领扣儿 liŋ⁴⁵kʰour³¹
扣鼻儿 kʰou³¹piʈʐ⁵³
盘扣儿 pʰan⁵³kʰour³¹

兜兜 tou⁴⁵tou⁰ 衣兜

裤兜儿 kʰu³¹tʈour²²⁴

肚兜儿 tu³¹tʈour²²⁴

（2）鞋帽

礼帽儿 li⁴⁵maur³¹ 娶亲时戴的帽子

草帽子 tsʰau⁴⁵mau³¹⁻⁵³tsʅ⁰ 夏天带
　的防晒帽子

毡帽儿 tʂan²²⁴maur³¹

　瓜皮帽儿 kua²²⁴pʰi⁵³maur³¹

帽儿盔儿 maur³¹kʰuɚ²²⁴ 老头戴
　的小帽子,帽子前面有个小疙瘩

军帽儿 tɕyn²²⁴maur³¹

帽盖儿 mau³¹ker³¹

鞋 ɕie⁵³

拖鞋 tʰuo²²⁴ɕie⁵³

　鞋趿拉 ɕie⁵³tʰa³¹⁻⁵³la⁰

靴头子 ɕye²²⁴⁻³¹tʰou⁵³⁻⁴⁵tsʅ⁰ 棉鞋

马靴儿 ma⁴⁵ɕyʈer²²⁴

皮鞋 pʰi⁵³ɕie⁵³

布鞋 pu³¹ɕie⁵³

凉鞋 liaŋ⁵³ɕie⁵³

单鞋 tan²²⁴ɕie⁵³

方口鞋儿 faŋ²²⁴⁻³¹kʰour⁴⁵ɕie⁵³

潮鞋 tʂʰau⁵³ɕie⁵³ 小孩穿的连脚裤
　的鞋

鞋帮子 ɕie⁵³paŋ²²⁴⁻³¹tsʅ⁰

鞋底子 ɕie⁵³ti⁴⁵⁻²¹³tsʅ⁰

双脸儿 suaŋ²²⁴⁻³¹liʈer⁴⁵ 双脸鞋

单脸儿 tan²²⁴⁻³¹liʈer⁴⁵ 单脸鞋

沿条儿 ian⁵³⁻⁴⁵tʰiʈaur⁰ 千层底鞋口
　缝上的鞋边儿

鞋拔子 ɕie⁵³pa⁵³⁻⁴⁵tsʅ⁰

鞋拽跟儿 ɕie⁵³ie³¹⁻⁵³kɚ⁰ 小孩鞋跟
　后边多余出的一块布,帮助提鞋用

鞋带儿 ɕie⁵³⁻⁴⁵tʈer⁰

袜子 ua³¹⁻⁵³tsʅ⁰

袜底儿 ua³¹tiʈɚ⁴⁵

袜筒儿 ua³¹tʰuʈɣr⁴⁵

袜带儿 ua³¹tʈer³¹

包脚布 pau²²⁴tɕiau²²⁴pu³¹ 旧时男
　子包脚防寒用的布

裹脚条子 kuo⁴⁵⁻²¹³tɕiau³³tʰiau⁵³⁻⁴⁵
　tsʅ⁰ 旧时女子缠足用的布

裹脚 kuo⁴⁵tɕiau²²⁴

（3）首饰

首饰 ʂou⁴⁵⁻²¹³ʂʅ³³

手表 ʂou⁴⁵piau⁴⁵

镯子 tsuo⁵³⁻⁴⁵tsʅ⁰

戒箍儿 tɕie³¹kur²²⁴ 戒指

搬指儿 pan²²⁴⁻³¹tʂɚ³³ 套在大姆指
　上的饰物

项链儿 ɕiaŋ³¹liʈer³¹

项圈儿 ɕiaŋ³¹tɕʰyʈer²²⁴

长命锁儿 tʂʰaŋ⁵³miŋ³¹suʈɣr⁴⁵

曲别针儿 tɕʰy²²⁴pie⁵³tʂɚ²²⁴

簪子 tsan²²⁴⁻³¹tsʅ³³

耳坠儿 ʮ⁴⁵tsuʐ³¹

（4）其他日用品

围嘴儿 uei⁵³tsuʐ⁴⁵

　格拉 kɤ⁵³⁻⁴⁵la⁰ 一圈的围嘴儿

裤子 tɕie³¹⁻⁵³tsʅ⁰

掏耳挖儿 tʰau²²⁴⁻³¹ʮ⁴⁵uer²²⁴

手绢儿 ʂou⁴⁵tɕyʐer³¹

围脖 uei⁵³pɤ⁵³

手套儿 ʂou⁴⁵tʰɻaur³¹

耳套儿 ʮ⁴⁵tʰɻaur³¹

眼镜儿 ian⁴⁵tɕiʐer³¹

　镜子 tɕiŋ³¹⁻⁵³tsʅ⁰

　风镜 fəŋ²²⁴tɕiŋ³¹

望远镜 uaŋ³¹yan⁴⁵tɕiŋ³¹

包袱 pau²²⁴⁻³¹fu³³

兜儿 tɻour²²⁴ 包儿

钱包儿 tɕʰian⁵³paur²²⁴

扇子 ʂan³¹⁻⁵³tsʅ⁰ 一般指纸扇、塑料
　扇等小型扇子

浦扇 pʰu⁵³⁻⁴⁵ʂan⁰

小伞儿 ɕiau⁴⁵ʂer⁴⁵

雨伞 y⁴⁵ʂan⁴⁵

旱伞 xan³¹ʂan⁴⁵

雨衣 y⁴⁵i²²⁴

雨鞋 y⁴⁵ɕie⁵³

　胶鞋 tɕiau²²⁴ɕie⁵³

拐棍儿 kuai⁴⁵kuə³¹

烟袋锅子 ian²²⁴tai³¹kuo²²⁴⁻³¹tsʅ⁰

烟荷包儿 ian²²⁴xɤ⁵³⁻⁴⁵paur⁰ 盛烟
　叶的袋子

　烟布袋儿 ian²²⁴pu⁵³⁻¹³tɻer⁰

烟袋杆儿 ian²²⁴tai³¹ker⁴⁵ 烟杆儿

烟袋嘴儿 ian²²⁴tai³¹tsuʐ⁴⁵ 烟嘴儿

烟袋油子 ian²²⁴tai³¹iou⁵³⁻⁴⁵tsʅ⁰ 烟
　油子

草纸儿 tsʰau⁴⁵tsʐ⁴⁵ 用完一面的纸

卫生纸儿 uei³¹səŋ²²⁴⁻³¹tsʐ⁴⁵

粉儿 fə⁴⁵

香 ɕiaŋ²²⁴

搓脸油儿 tsʰuo²²⁴⁻³¹lian⁴⁵iɻour⁵³

# 十四、饮食

（1）饭食

饭食 fan³¹⁻⁵³ʅ⁰

　伙食 xuo⁴⁵ʅ⁵³

汤水儿 tʰaŋ²²⁴⁻³¹suʐ⁴⁵

家常饭儿 tɕia²²⁴tʂʰaŋ⁵³fer³¹

早起饭 tsau⁴⁵tɕʰi⁴⁵fan³¹ 早饭

早兴饭 tsau⁴⁵⁻²¹³ɕin³³fan³¹

响火饭 ʂaŋ⁴⁵⁻²¹³xuo³³fan³¹/ʂaŋ⁵³
　xuo⁰fan³¹ 午饭

黑咾饭 xei²²⁴⁻³¹lau³³fan³¹ 晚饭

五更饭 u⁴⁵⁻²¹³tɕiŋ³³fan³¹

贴晌 tʰie²²⁴⁻³¹ʂaŋ⁴⁵ 白天不到饭点

吃饭

吃头儿 tʂʰʅ²²⁴⁻³¹tʰʅ̢our³³ 零食

　零嘴儿 liŋ⁵³tsuʅ̢⁴⁵

夜饭 ie³¹⁻⁵³fan⁰ 夜宵

小锅儿饭儿 ɕiau⁴⁵kuɤr²²⁴fær³¹ 开

　小灶儿

　做二锅子 tsou³¹ʅ̢⁵³⁻³¹kuo²²⁴⁻³¹tsʅ⁰

米饭 mi⁴⁵fan³¹

光饭 kuaŋ²²⁴fan³¹ 米汤

　稀饭 ɕi²²⁴fan³¹

大米饭 ta³¹⁻⁵³mi⁰fan³¹/ta³¹mi⁴⁵fan³¹ 大米粥

小米儿饭 ɕiau⁴⁵miʅ̢⁴⁵fan³¹ 小米粥

大米干饭 ta³¹mi⁴⁵kan⁴⁵fan³¹/ta³¹⁻⁵³mi⁰kan⁴⁵fan³¹ 蒸的白米饭

剩饭 ʂən³¹fan³¹

凉饭 liaŋ⁵³fan³¹

（2）面食

面 mian³¹

白面 pai⁵³⁻⁴⁵mian⁰

杂面 tsa⁵³⁻⁴⁵mian⁰ 绿豆面粉

面条儿 mian³¹tʰiʅ̢aur⁵³

　面条子 mian³¹tʰiau⁵³⁻⁴⁵tsʅ⁰

挂面 kua³¹mian³¹

线面 ɕian³¹mian³¹ 麦子面做的细线似的面条

面汤 mian³¹tʰaŋ²²⁴

热面条儿 zɤ³¹mian³¹tʰiʅ̢aur⁵³ 汤面

焖面条儿 mən²²⁴mian³¹tʰiʅ̢aur⁵³

捞面条儿 lau⁵³mian³¹tʰiʅ̢aur⁵³ 打卤面

饺子 tɕiau²²⁴⁻³¹tsʅ⁰

馄饨 xuən⁵³⁻⁴⁵tuən⁰

　猫耳朵 mau⁵³ʅ̢⁴⁵⁻²¹³tau³³

锅贴儿 kuo²²⁴tʰiʅ̢er²²⁴

馅儿 ɕiʅ̢er³¹

　馅子 ɕian³¹⁻⁵³tsʅ⁰

麦垠 mai³¹in⁵³ 剥了皮的麦子

面片儿 mian³¹pʰiʅ̢er³¹

　片儿汤 pʰiʅ̢er³¹tʰaŋ²²⁴

揪片儿 tɕiou²²⁴pʰiʅ̢er³¹

揪疙瘩 tɕiou²²⁴kɤ²²⁴⁻³¹ta³³

疙瘩汤 kɤ²²⁴⁻³¹ta³³tʰaŋ²²⁴

乱糊儿 luan³¹⁻⁵³xur⁰ 把面粉和成小疙瘩做成的汤，比疙瘩汤中的疙瘩要小很多

粥 tʂou²²⁴

白粥 pai⁵³⁻⁴⁵tʂou⁰ 玉米粥

馒头 man⁵³⁻⁴⁵tʰou⁰

　卷子 tɕyan⁴⁵⁻²¹³tsʅ⁰

　馍馍 mɤ⁵³⁻⁴⁵mɤ⁰

馍馍片儿 mɤ⁵³⁻⁴⁵mɤ⁰pʰiʅ̢er³¹

馒头片儿 man⁵³⁻⁴⁵tʰou⁰pʰiʅ̢er³¹

黏窝窝 nian⁵³uɤ²²⁴⁻³¹uɤ³³

枣卷子 tsau⁴⁵tɕyan⁴⁵⁻²¹³tsʅ⁰

包子 pau²²⁴⁻³¹tsʅ⁰

花卷儿 xua²²⁴⁻³¹tɕyɾer⁴⁵

烧饼 ʂau²²⁴⁻³¹piŋ⁴⁵

　　火烧 xuo⁴⁵⁻²¹³ʂau³³

饼 piŋ⁴⁵

葱花儿饼 tsʰuŋ²²⁴xuær²²⁴⁻³¹piŋ⁴⁵

馅儿饼 ɕiɾer³¹piŋ⁴⁵

菜合子 tsʰai³¹xuo⁵³⁻⁴⁵tsʅ⁰ 在饼铛
　　里烙的馅饼

棒子面儿 paŋ³¹⁻⁵³tsʅ⁰miɾer³¹ 颗
　　粒较细小的玉米面

糁子 sən²²⁴⁻³¹tsʅ⁰ 颗粒较粗大的玉
　　米面

棒子碴子 paŋ³¹⁻⁵³tsʅ⁰tsʰa⁵³⁻⁴⁵tsʅ⁰
　　磨碎的玉米粒，比糁子的颗粒还要
　　粗大

发面 fa²²⁴mian³¹

懒龙 lan⁴⁵luŋ⁵³

面筋 mian³¹⁻⁵³tɕin⁰

点心 tian⁴⁵⁻²¹³ɕin³³

馃子 kuo⁴⁵⁻²¹³tsʅ⁰

麻花儿 man⁵³⁻⁴⁵xuær⁰

蛋糕 tan³¹kau²²⁴

槽子糕 tsʰau⁵³⁻⁴⁵tsʅ⁰kau²²⁴

棒米花儿 paŋ³¹mi⁴⁵xuær²²⁴

汤圆儿 tʰaŋ²²⁴yɾer⁵³

粽子 tsuŋ³¹⁻⁵³tsʅ⁰

月饼 ye³¹piŋ⁴⁵/ye³¹⁻⁵³piŋ⁰

腊八粥 la³¹⁻⁵³pa⁰tʂou²²⁴

（3）菜

菜 tsʰai³¹

青菜 tɕʰiŋ²²⁴tsʰai³¹

蔬菜 su²²⁴tsʰai³¹

果盘儿 kuo⁴⁵pʰer⁵³

菜码儿 tsʰai³¹mær⁴⁵ 打卤面的配菜

咸菜 ɕian⁵³⁻⁴⁵tsʰai⁰

小菜儿 ɕiau⁴⁵tsʰɾer³¹

肉菜 zou³¹tsʰai³¹ 专指大锅菜

剩菜 ʂən³¹tsʰai³¹

豆腐 tou³¹⁻⁵³fu⁰

豆腐渣 tou³¹⁻⁵³fu⁰tsa²²⁴

豆腐皮儿 tou³¹⁻⁵³fu⁰pʰiɾɚ⁵³

　　豆皮儿 tou³¹pʰiɾɚ⁵³

豆腐干儿 tou³¹⁻⁵³fu⁰ker²²⁴

炸豆腐 tsa⁵³tou³¹⁻⁵³fu⁰

豆腐脑儿 tou³¹⁻⁵³fu⁰nɾaur⁴⁵

豆浆 tou³¹tɕiaŋ²²⁴

酱豆腐 tɕiaŋ³¹tou³¹⁻⁵³fu⁰

腐竹 fu⁵³tsu²²⁴

粉皮儿 fən⁴⁵pʰiɾɚ⁵³

干粉儿 kan²²⁴⁻³¹fɚ⁴⁵ 粉条

粉丝儿 fən⁴⁵sɾɚ²²⁴

凉粉 liaŋ⁵³fən⁰

花子菜 xua²²⁴⁻³¹tsʅ⁰tsʰai³¹ 黄花菜

海带 xai⁴⁵tai³¹

藕粉 nou⁴⁵fən⁴⁵

酱菜 tɕiaŋ³¹tsʰai³¹

酱萝卜 tɕiaŋ³¹luo⁵³⁻⁴⁵pei⁰

酱疙瘩 tɕiaŋ³¹kɤ²²⁴⁻³¹ta³³ 酱芥菜

  疙瘩

大头儿菜 ta³¹tʰɻour⁵³tsʰai³¹

臭豆腐 tʂʰou³¹tou³¹⁻⁵³fu⁰

   （4）肉蛋

肉食 zou³¹ʂʅ⁵³ 荤菜

瘦肉 sou³¹zou³¹

瘦肉精 sou³¹zou³¹tɕiŋ²²⁴

肥肉 fei⁵³zou³¹

肉块儿 zou³¹kʰuɐr³¹

肉丁儿 zou³¹tiɻer²²⁴

肉丝儿 zou³¹sɻɚ²²⁴

肉末儿 zou³¹mɤr³¹

肉皮 zou³¹pʰi⁵³

肉皮冻 zou³¹pʰi⁵³tuŋ³¹

  肉冻 zou³¹tuŋ³¹

假肉 tɕia⁴⁵zou³¹ 用淀粉等做的有肉

  的口感和味道的食物

米粉肉 mi⁴⁵⁻²¹³fən³³zou³¹

  粉蒸肉 fən⁴⁵tʂəŋ²²⁴zou³¹

油渣儿 iou⁵³⁻⁴⁵tsɻɐr⁰

扣碗儿 kʰou³¹uɐr⁴⁵

红烧肉 xuŋ⁵³ʂau²²⁴zou³¹

肘子 tʂou⁴⁵⁻²¹³tsʅ⁰

猪蹄儿 tʂu²²⁴tʰiɻɚ⁵³

里脊 li⁴⁵⁻²¹³tɕi³³

牛蹄筋儿 niou⁵³tʰi⁵³tɕiɻɚ²²⁴

上碎 ʂaŋ³¹⁻⁵³suei⁰ 心、肝、肺

下碎 ɕia³¹⁻⁵³suei⁰ 肠、肚

杂碎 tsa⁵³⁻⁴⁵suei⁰ 上碎下碎掺和在

  一起

拆骨肉 tsʰai²²⁴ku²²⁴zou³¹

猪血 tʂu²²⁴ɕie²²⁴

  红豆腐 xuŋ⁵³tou³¹⁻⁵³fu⁰

鸡蛋 tɕi²²⁴tan³¹

  鸡子儿 tɕi²²⁴⁻³¹tsɻɚ⁰

白皮儿蛋 pai⁵³pʰiɻɚ⁵³tan³¹

红皮儿蛋 xuŋ⁵³pʰiɻɚ⁵³tan³¹

鸡血 tɕi²²⁴ɕie²²⁴

炒鸡蛋 tsʰau⁴⁵tɕi²²⁴tan³¹

  炒鸡子儿 tsʰau⁴⁵tɕi²²⁴⁻³¹tsɻɚ⁰

荷包儿鸡蛋 xuo⁵³⁻⁴⁵paur⁰tɕi²²⁴

  tan³¹

煎鸡蛋 tɕian²²⁴tɕi²²⁴tan³¹

煮鸡子儿 tʂu⁴⁵tɕi²²⁴⁻³¹tsɻɚ⁰

冲鸡子儿 tsʰuŋ²²⁴tɕi²²⁴⁻³¹tsɻɚ⁰

泼鸡蛋 pɤ²²⁴tɕi²²⁴tan³¹

鸡蛋糕儿 tɕi²²⁴tan³¹kaur²²⁴

松花蛋 suŋ²²⁴xua²²⁴tan³¹

咸鸡蛋 ɕian⁵³tɕi²²⁴tan³¹

咸鸭蛋 ɕian⁵³ia²²⁴tan³¹

香肠儿 ɕiaŋ²²⁴tsʰær⁵³

腊肠儿 la³¹tʂʰær⁵³

肉汤 ʐou³¹tʰaŋ²²⁴

鸡蛋汤 tɕi²²⁴tan³¹tʰaŋ²²⁴

　蛋花儿汤 tan³¹xuær²²⁴tʰaŋ²²⁴

　　（5）油盐佐料

味儿 uɚ³¹

滋味儿 tsɿ⁴⁵uɚ³¹

没滋味儿 mei²²⁴⁻³¹tsɿ⁴⁵uɚ³¹

色儿 sɻer²²⁴

芝麻油 tsɿ²²⁴⁻³¹ma³³iou⁵³

　香油 ɕian²²⁴iou⁵³

大豆油 ta³¹tou³¹iou⁵³

花生油 xua²²⁴səŋ²²⁴iou⁵³

葵花籽儿油 kʰuei⁵³xua²²⁴⁻³¹

　tsɻɚ⁴⁵iou⁵³

棉花油 mian⁵³⁻⁴⁵xua⁰iou⁵³

　娘花油 nian⁵³⁻⁴⁵xuo⁰iou⁵³

　卫生油 uei³¹səŋ²²⁴iou⁵³

豆油 tou³¹iou⁵³

腥油 ɕiŋ²²⁴iou⁵³ 猪油

羊油 iaŋ⁵³iou⁵³

鸡油 tɕi²²⁴iou⁵³

盐 ian⁵³

酱油 tɕian³¹iou⁵³

　青酱 tɕʰiŋ²²⁴tɕian³¹

醋 tsʰu³¹

料酒 liau³¹tɕiou⁴⁵

红糖 xuŋ⁵³tʰaŋ⁵³

白糖 pai⁵³tʰaŋ⁵³

冰糖 piŋ²²⁴tʰaŋ⁵³

佐料 tsuo⁴⁵liɻaur³¹

八角 pa²²⁴tɕiau²²⁴

大料 ta³¹liau³¹

小茴香儿 ɕiau⁴⁵xuei⁴⁵⁻²¹³ɕiɻær⁰

五香面儿 u⁴⁵ɕian²²⁴miɻer³¹

花椒 xua²²⁴tɕiau²²⁴

胡椒 xu⁵³tɕiau²²⁴

胡椒面儿 xu⁵³tɕiau²²⁴miɻer³¹

葱花儿 tsʰuŋ²²⁴xuær²²⁴

姜末儿 tɕian²²⁴mɤr³¹

蒜汁儿 suan³¹tʂɚ²²⁴

　蒜泥儿 suan³¹niɻɚ⁵³

淀粉 tian³¹fən⁴⁵

酵子 tɕʰiau³¹⁻⁵³tsɿ⁰

发酵粉 fa²²⁴ɕiau³¹fən⁴⁵

麻酱 ma⁵³tɕiaŋ³¹

　芝麻酱 tsɿ²²⁴⁻³¹ma³³tɕiaŋ³¹

甜面酱 tʰian⁵³mian³¹tɕiaŋ³¹

豆瓣儿酱 tou³¹peɻ³¹tɕiaŋ³¹

辣酱 la³¹tɕiaŋ³¹

糖醋蒜儿 tʰaŋ⁵³tsʰu³¹suɻer³¹

　腊八蒜儿 la³¹⁻⁵³pa³³suɻer³¹

秦椒糊儿 tɕʰin⁵³tɕiau²²⁴xur⁵³

　　（6）烟酒茶

水烟 suei⁴⁵ian²²⁴

旱烟 xan³¹ian²²⁴

烟卷儿 ian²²⁴⁻³¹tɕyɻɚr⁴⁵

白酒 pai⁵³tɕiou⁴⁵

　烧酒 ʂau²²⁴⁻³¹tɕiou⁴⁵

葡萄酒 pʰu⁵³⁻⁴⁵tʰau⁰tɕiou⁴⁵

　红葡萄酒 xuŋ⁵³pʰu⁵³⁻⁴⁵tʰau⁰
　tɕiou⁴⁵

茶叶 tsʰa⁵³⁻⁴⁵ie⁰

茶叶水 tsʰa⁵³⁻⁴⁵ie⁰suei⁴⁵

开水 kʰai²²⁴⁻³¹suei⁴⁵

　白开水 pai⁵³kʰai²²⁴⁻³¹suei⁴⁵

　凉白开 liaŋ⁵³pai⁵³kʰai²²⁴

## 十五、红白大事

### （1）婚姻生育

红事儿 xuŋ⁵³sɻɚ³¹

温锅子 uən²²⁴kuo²²⁴⁻³¹tsʅ⁰ 搬新家
后请亲朋好友吃的第一顿饭

亲事儿 tɕʰin²²⁴sɻɚ³¹

　婚姻 xuən²²⁴in²²⁴

做亲家 tsou³¹tɕʰin²²⁴⁻³¹tɕia³³ 结为
姻亲

媒人 mei⁵³⁻⁴⁵zən⁰

　说媒的 ʂuo²²⁴mei⁵³⁻⁴⁵ti⁰

媒婆子 mei⁵³⁻⁴⁵pʰɤ⁰tsʅ

　说媒 ʂuo²²⁴mei⁵³

　保媒 pau⁴⁵mei⁵³

大媒 ta³¹mei⁵³ 把整个亲事说下来

包大媒 pau²²⁴ta³¹mei⁵³ 说媒时，既
管男方也管女方

包小媒 pau²²⁴ɕiau⁴⁵mei⁵³ 说媒时，
只管男女其中的一方

相看 ɕiaŋ²²⁴kʰan³¹ 相亲

　相相 ɕiaŋ²²⁴ɕiaŋ⁰

处 tʂu³¹ 相处

相媳妇儿 ɕiaŋ²²⁴ɕi⁴⁵⁻²¹³fɚ³³

相女婿 ɕiaŋ²²⁴ny⁴⁵⁻²¹³ɕy³³

结婚 tɕie²²⁴xuən²²⁴

娶媳妇儿 tɕʰy⁴⁵ɕi⁴⁵⁻²¹³fɚ³³

寻婆家 ɕin⁵³pʰɤ⁵³⁻⁴⁵tɕia⁰

出门子 tʂʰu²²⁴mən⁵³⁻⁴⁵tsʅ⁰ 出嫁

嫁闺妮 tɕia³¹kuei²²⁴⁻³¹ni³³

提亲 tʰi⁵³tɕʰin²²⁴

订婚 tiŋ³¹xuən²²⁴

好日儿 xau⁴⁵⁻²¹³zɚ³³/xau⁴⁵⁻²¹³ɚ³³/
xau⁴⁵⁻²¹³iɻɚ³³ 吉祥的日子

衣裳钱 i²²⁴⁻³¹ʂaŋ³³tɕʰian⁰

聘礼 pʰin³¹li⁴⁵

见面儿钱 tɕian³¹miɻɚr³¹⁻⁵³tɕʰian⁰

订亲钱 tiŋ³¹tɕʰin²²⁴⁻³¹tɕʰian³³

喜酒 ɕi⁴⁵tɕiou⁴⁵

娶亲 tɕʰy⁴⁵tɕʰin²²⁴ 结婚对于男方来
说是娶

送亲 suŋ³¹tɕʰin²²⁴ 结婚对于女方来

说是送

道喜 tau³¹ɕi⁴⁵ 回门时,姑爷给岳父母、大舅哥或小舅子给姐夫磕头叫道喜

接亲 tɕie²²⁴tɕʰin²²⁴

接媳妇儿 tɕie²²⁴⁻³¹ɕi⁴⁵⁻²¹³fɚ³³

陪送 pʰei⁵³⁻⁴⁵suŋ⁰ 陪嫁

送陪送的 suŋ³¹pʰei⁵³⁻⁴⁵suŋ⁰ti⁰

婚车 xuən²²⁴tʂʰɤ²²⁴

捯毡子 tau⁵³tʂan²²⁴⁻³¹tʂʅ⁰

传毡子 tsʰuan⁵³tʂan²²⁴⁻³¹tʂʅ⁰ 卷毡子

扶拜的 fu⁵³pai³¹⁻⁵³ti⁰

迈火盆儿 mai³¹xuo⁴⁵pʰɤ⁵³ 二婚时的一个仪式

迈担子 mai³¹tan³¹⁻⁵³tʂʅ⁰ 迈扁担。二婚时的一种仪式

妨汉子 faŋ²²⁴xan³¹⁻⁵³tʂʅ⁰ 克夫

上拜 ʂaŋ³¹pai³¹ 拜堂

抓富 tsua²²⁴fu³¹ 新娘抓红包

新郎 ɕin²²⁴laŋ⁵³

　新姑爷 ɕin²²⁴ku²²⁴ie⁵³

　新女婿 ɕin²²⁴⁻³¹ny⁴⁵⁻²¹³ɕy³³

　新郎官儿 ɕin²²⁴laŋ⁵³kuɐr²²⁴

新娘 ɕin²²⁴niaŋ⁵³

　新媳妇儿 ɕin²²⁴⁻³¹ɕi⁴⁵⁻²¹³fɚ³³

洞房 tuŋ³¹faŋ⁵³

交杯酒 tɕiau²²⁴pei²²⁴⁻³¹tɕiou⁴⁵

回门儿 xuei⁵³mɚ⁵³

谢亲 ɕie³¹tɕʰin²²⁴

改嫁 kai⁴⁵tɕia³¹

二婚儿 l̩³¹xuɚ²²⁴

填房儿 tʰian⁵³fær⁵³

续亲 ɕy³¹tɕʰin²²⁴

双身子 suaŋ²²⁴ʂən²²⁴⁻³¹tʂʅ⁰ 怀孕

小月 ɕiau⁴⁵ye³¹ 流产

接生 tɕie²²⁴səŋ²²⁴

落地儿 lau³¹tiɚ³¹

躺下嗹 tʰaŋ⁴⁵⁻²¹³ɕia³³lian⁰ 生产中

脐带儿 tɕʰi⁵³⁻⁴⁵tɚr⁰

衣胞儿 ni²²⁴⁻³¹paur³³ 胎盘

坐月子 tsuo³¹ye³¹⁻⁵³tʂʅ⁰

满月 man⁴⁵⁻²¹³ye³³

月孩儿 ye³¹⁻⁵³xɐr⁰ 未满月的婴儿

头生儿 tʰou⁵³⁻⁴⁵sɤr⁰ 头一胎

老生儿 lau⁴⁵⁻²¹³sɤr³³ 最后一胎

双双儿 suaŋ²²⁴⁻⁵³suɻær⁰ 双胞胎

抓周儿 tsua²²⁴tʂour²²⁴

吃妈儿 tʂʰʅ²²⁴mær²²⁴ 吃奶

　嗑妈儿 kuo⁴⁵mær²²⁴

　吃茶 tʂʰʅ²²⁴tsʰa⁵³

奶头儿 nai⁴⁵tʰɻour⁵³

盛 ʂəŋ³¹ 疼爱

盛生儿 ʂəŋ³¹⁻⁵³sɤr⁰ 宝贝儿

妈儿妈儿吊儿 mær²²⁴⁻³¹mær³³ tiɻaur³¹ 小孩儿老是含着奶头儿

□住 kʰuei⁵³tʂu⁰ 乳腺不通,堵奶

换奶儿 xuan³¹nʐɚ⁴⁵ 旧俗。女孩吃男孩母亲的奶,男孩吃女孩母亲的奶,据说可以使孩子肠胃好

挪窝儿 nuo⁵³uɤr²²⁴ 满月之后,从婆家搬到娘家小住

做生日儿 tsou³¹səŋ²²⁴⁻³¹zɚ³³

### (2)丧葬

白事儿 pai⁵³sʐɚ³¹

孝子 ɕiau³¹tsʅ⁴⁵

贤孙 ɕian⁵³suən²²⁴

断气儿 tuan³¹tɕʰiɾɚ³¹

　　咽气儿 ian³¹tɕʰiɾɚ³¹

老嗉 lau⁴⁵⁻²¹³lian³³ 死

　　没嗉 mei⁵³⁻⁴⁵lian⁰

寻短儿 ɕyn⁵³tuɾer⁴⁵ 自杀

上吊 ʂaŋ³¹tiau³¹

倒头儿 tau⁴⁵tʰɾour⁵³ 使死人的头冲西

蒙子 məŋ⁵³⁻⁴⁵tsʅ⁰ 盖在死人身上的布

棺材 kuan²²⁴⁻³¹tsʰai³³

拌脚丝儿 pan³¹tɕiau²²⁴sʐɚ²²⁴ 死人脚上缠的麻绳

影身草儿 iŋ⁴⁵⁻²¹³ʂən³³tsʰɾaur⁴⁵ 死人床头上放的草

寿材 ʂou³¹tsʰai⁵³

棺罩儿 kuan²²⁴tsʐaur³¹ 盖在棺材上的布

装裹 tsuaŋ²²⁴⁻³¹kuo⁴⁵ 给死人穿的衣服

停灵 tʰiŋ⁵³liŋ⁵³ 把死人放在床上

灵牌儿 liŋ⁵³pɐr⁵³

守孝 ʂou⁴⁵ɕiau³¹ 守灵

戴孝 tai³¹ɕiau³¹ 给前来悼念死者的亲属还礼

穿孝 tsʰuan²²⁴ɕiau³¹ 穿孝服

勒头带子 luei²²⁴⁻³¹tʰou³³tai³¹⁻⁵³tsʅ⁰ 死者的家属绑在头上的白带子

相帽儿 ɕian³¹maur³¹ 孝帽

孝衣 ɕiau³¹i²²⁴

满孝 man⁴⁵ɕiau³¹ 所有亲属都穿孝衣

不满孝 pu³¹man⁴⁵ɕiau³¹ 仅限血亲关系在孙子辈之内的人穿孝衣

摇钱树 iau⁵³tɕʰian⁵³ʂu³¹ 纸糊的,出殡时死者女性亲属拿着

吊问 tiau³¹⁻⁵³uən⁰ 吊唁

报丧 pau³¹saŋ²²⁴

谢孝 ɕie³¹ɕiau³¹

送 suŋ³¹ 把死者的魂魄送到庙上去

　　报庙儿 pau³¹miɾaur³¹

烧纸儿 ʂau²²⁴⁻³¹tsʐɚ⁴⁵ 烧纸钱

送烧纸 suŋ³¹ʂau²²⁴⁻³¹tsʅ⁴⁵

送盘缠 suŋ³¹pʰan⁵³⁻⁴⁵tsʰan⁰ 死者的亲属向死者磕头

入殓 y³¹lian³¹

辞灵儿 tsʰʅ⁵³liɾer⁵³

出殡 tʂʰu²²⁴pin³¹

打幡儿 ta⁴⁵fær²²⁴ 送葬中大儿子拿

　　着为死者招魂的旗帜

抱罐儿 pau³¹kuɐr³¹ 儿媳妇抱着装

　　满亲属给死者送的东西的罐子

送殡 suŋ³¹pin³¹

复三 fu²²⁴san²²⁴ 出殡后第二天给死

　　人再烧一回纸，现在也有出了殡当天

　　再给死人烧纸的

门幡儿 mən⁵³⁻⁴⁵fɐr⁰ 白纸做的旗帜，

　　寓意是死者魂魄暂居处

坟茔 fən⁵³⁻⁴⁵iŋ⁰

坟地 fən⁵³ti³¹

　坟场 fən⁵³tʂʰaŋ⁴⁵

坟头子 fən⁵³tʰou⁵³⁻⁴⁵tʂʅ⁰

坟嵌子 fən⁵³tɕʰian³¹⁻⁵³tʂʅ⁰ 坟与坟

　　之间的空间

破土 pʰɤ³¹tʰu⁴⁵

刨坟 pʰau⁵³fən⁵³

　挖坟 ua²²⁴fən⁵³

起坟 tɕʰi⁴⁵fən⁵³ 给死人挪地方

圆坟 yan⁵³fən⁵³

埋坟 mai⁵³fən⁵³

并骨 piŋ³¹ku²²⁴ 死后埋在一起

验尸 ian³¹ʂʅ²²⁴

骨灰 ku²²⁴xuei²²⁴

骨灰盒儿 ku²²⁴xuei²²⁴xɤr⁵³

石碑 ʂʅ⁵³pei²²⁴

墓碑 mu³¹pei²²⁴

## （3）迷信

老天爷 lau⁴⁵tʰian²²⁴ie⁵³

　老天儿 lau⁴⁵tʰiɻɐr²²⁴

灶王爷 tsau³¹uaŋ⁵³ie⁵³

　灶王爷爷 tsau³¹uaŋ⁵³ie⁵³⁻⁴⁵ie⁰

灶王奶奶 tsau³¹uaŋ⁵³nai⁴⁵⁻²¹³nai³³

神 ʂən⁵³

　神家 ʂən⁵³⁻⁴⁵tɕia⁰

　神仙 ʂən⁵³⁻⁴⁵ɕian⁰

观世音菩萨 kuan²²⁴ʂʅ³¹in²²⁴

　　pʰu⁵³⁻⁴⁵sa⁰

送子观音 suŋ³¹tsʅ⁴⁵kuan²²⁴in²²⁴

佛 fɤ⁵³

佛堂 fɤ⁵³tʰaŋ⁵³

神像 ʂən⁵³ɕiaŋ³¹

香案 ɕiaŋ²²⁴nan³¹

供桌儿 kuŋ³¹tsuɻɤr²²⁴

香炉 ɕiaŋ²²⁴lu⁵³

蜡 la³¹

上香 ʂaŋ³¹ɕiaŋ²²⁴

摆供 pai⁴⁵kuŋ³¹

上供 ʂaŋ³¹kuŋ³¹

祭灶儿 tɕi³¹tsɻaur³¹

送灶儿 suŋ³¹tsɻaur³¹

请灶王爷 tɕʰiŋ⁴⁵tsau³¹uaŋ⁵³ie⁵³

烧高香 ʂau²²⁴kau²²⁴ɕiaŋ²²⁴

敬神 tɕiŋ³¹ʂən⁵³

长明灯 tʂʰaŋ⁵³miŋ⁵³təŋ²²⁴

木鱼儿 mu$^{31}$yʈɚ$^{53}$

香钱 ɕiaŋ$^{224-31}$tɕʰian$^{33}$

念经 nian$^{31}$tɕiŋ$^{224}$

求福 tɕʰiou$^{53}$fu$^{224}$

许愿 ɕy$^{45}$yan$^{31}$

还愿 xuan$^{53}$yan$^{31}$

拜佛 pai$^{31}$fɤ$^{53}$

算卦 suan$^{31}$kua$^{31}$

相面 ɕiaŋ$^{31}$mian$^{31}$

求签儿 tɕʰiou$^{53}$tɕʰiʈer$^{224}$

抽签儿 tʂʰou$^{224}$tɕʰiʈer$^{224}$

庙会 miau$^{31}$xuei$^{31}$

和尚 xɤ$^{53-45}$ʂaŋ$^{0}$

姑子 ku$^{224-31}$tsʅ$^{0}$

道士 tau$^{31-53}$sʅ$^{0}$

　　老道 lau$^{45}$tau$^{31}$

出家 tʂʰu$^{224}$tɕia$^{224}$

方丈 faŋ$^{224}$tʂaŋ$^{31}$

住持 tʂu$^{31}$tʂʰʅ$^{53}$

化缘的 xua$^{31}$yan$^{53-45}$ti$^{0}$

土地庙 tʰu$^{45}$ti$^{31}$miau$^{31}$

土地爷 tʰu$^{45}$ti$^{31}$ie$^{53}$

财神庙 tsʰai$^{53-45}$ʂən$^{0}$miau$^{31}$

财神爷 tsʰai$^{53-45}$ʂən$^{0}$ie$^{53}$

　　财神 tsʰai$^{53-45}$ʂən$^{0}$

关帝庙 kuan$^{224}$ti$^{31}$miau$^{31}$

关老爷 kuan$^{224-31}$lau$^{45}$ie$^{53}$

岳王庙 ye$^{31}$uaŋ$^{53}$miau$^{31}$

龙王庙 luŋ$^{53-45}$uaŋ$^{0}$miau$^{31}$

龙王 luŋ$^{53-45}$uaŋ$^{0}$

城隍庙 tʂʰəŋ$^{53}$xuaŋ$^{53}$miau$^{31}$

城隍爷 tʂʰəŋ$^{53-45}$xuaŋ$^{0}$ie$^{53}$

阎王 ian$^{53-45}$uaŋ$^{0}$

　　阎王爷 ian$^{53-45}$uaŋ$^{0}$ie$^{53}$

判官儿 pan$^{31}$kuɐr$^{224}$

小鬼儿 ɕiau$^{45}$kuɚ$^{45}$

生死簿 səŋ$^{224-31}$sʅ$^{45}$pu$^{31}$

奈何桥 nai$^{31}$xɤ$^{53}$tɕʰiau$^{53}$

刀山 tau$^{224}$san$^{224}$

鬼门关 kuei$^{45}$mən$^{53}$kuan$^{224}$

望乡台 uaŋ$^{31}$ɕiaŋ$^{224}$tʰai$^{53}$

祠堂 tsʰʅ$^{53}$tʰaŋ$^{53}$

拆字儿 tsʰai$^{224}$tsʈɚ$^{31}$

　　测字儿 tsʰɤ$^{31}$tsʈɚ$^{31}$

批八字儿 pʰi$^{224}$pa$^{224}$tsʈɚ$^{31}$

传教的 tsʰuan$^{31}$tɕiau$^{31-53}$ti$^{0}$

信教的 ɕin$^{31}$tɕiau$^{31-53}$ti$^{0}$

　　在教 tsai$^{31}$tɕiau$^{31}$

跳大神儿的 tʰiau$^{31}$ta$^{31}$ʂɚ$^{53-45}$ti$^{0}$

神妈儿妈儿 ʂən$^{53-45}$mær$^{0}$mær$^{0}$

　　能跟鬼神交流的老太太

吓着嗦 ɕia$^{31-53}$tʂau$^{0}$lian$^{0}$

叫魂儿 tɕiau$^{31}$xuɚ$^{53}$

看 阴 阳 宅 的 kʰan$^{31}$in$^{224}$iaŋ$^{53}$
　　tsai$^{53-45}$ti$^{0}$

过阴 kuo$^{31}$in$^{224}$

鬼附身儿 kuei²²⁴fu³¹ʂɚ²²⁴

神仙附身儿 ʂən⁵³⁻⁴⁵ɕian⁰fu³¹

ʂɚ²²⁴

# 十六、日常生活

### （1）吃

做饭 tsou³¹fan³¹

淘米 tʰau⁵³mi⁴⁵

择菜 tsai⁵³tsʰai³¹

洗菜 ɕi⁴⁵tsʰai³¹

切菜 tɕʰie²²⁴tsʰai³¹

炒菜 tsʰau⁴⁵tsʰai³¹

调馅儿 tʰiau⁵³ɕiɻɚ³¹

调馅子 tʰiau⁵³ɕian³¹⁻⁵³tsʅ⁰

做剂子 tsou³¹tɕi³¹⁻⁵³tsʅ⁰

包饺子 pau²²⁴tɕiau²²⁴⁻³¹tsʅ⁰

和面 xuo⁵³mian³¹

摊面糊儿 tʰan²²⁴mian³¹⁻⁵³xur⁰ 把
葱花儿、面粉搅在一起摊的面饼

摊咸食儿 tʰan²²⁴ɕian⁵³⁻⁴⁵ʂɚ⁰ 把
北瓜、葱花儿、面粉等搅在一起摊的
面饼

擀面条儿 kan⁴⁵mian³¹tʰiɻaur⁵³

烙饼 lau³¹piŋ⁴⁵

嘭棒米花儿 pʰəŋ²²⁴paŋ³¹mi⁴⁵
xuær²²⁴ 爆爆米花

点火儿 tian⁴⁵xuɤr⁴⁵

生火 səŋ²²⁴⁻³¹xuo⁴⁵

烧火 ʂau²²⁴⁻³¹xuo⁴⁵

着火 tʂau⁵³xuo⁴⁵

凝 tɕʰiŋ³¹ 凝固

澄 təŋ³¹ 撇出去

腌 ian²²⁴

暴腌 pau³¹ian²²⁴ 把蛋煮熟后再腌

烩 xuei³¹

煺 tʰəŋ²²⁴

炒 tsʰau⁴⁵

汆 tsʰuan²²⁴

蒸 tʂəŋ²²⁴

焖 mən²²⁴

炖 tuən³¹

熬 nau⁵³

沏 tɕʰi²²⁴

溢 ɕi³¹ 液体沸腾溢出：米汤～了锅台

垫巴 tian³¹⁻⁵³pa⁰ 饭前吃点东西

开饭 kʰai²²⁴fan³¹

舀饭 iau⁴⁵fan³¹

盛饭 tʂʰəŋ⁵³fan³¹

端饭 tuan²²⁴fan³¹

吃饭 tʂʅ²²⁴fan³¹

夹菜 tɕia²²⁴tsʰai³¹

搛菜 tɕian²²⁴tsʰai³¹

舀汤 iau⁴⁵tʰaŋ²²⁴

喝汤 xɣ²²⁴tʰaŋ²²⁴

嚼 tɕiau⁵³

倒哕 tau⁴⁵⁻²¹³ye³³

嚼不烂 tɕiau⁵³⁻⁴⁵pu³³lan³¹

咬 iau⁴⁵ ① 上下牙齿咬碎东西 ② 互相检举告发 ③ 狗叫 ④ 咬字发音 ⑤ 用钳子等工具卡住

噎住 ie²²⁴⁻³¹tʂu³³

打嗝儿 ta⁴⁵kɚ⁴⁵

饱嗝儿 pau⁴⁵kɚ⁴⁵

细嚼慢咽 ɕi³¹tɕiau⁵³man³¹ian³¹

抢吃 tɕʰiaŋ⁴⁵⁻²¹³tʂʅ³³

胡吃海塞 xu⁵³tʂʰʅ²²⁴xai²²⁴sai²²⁴

死吃活塞 sʅ⁴⁵tʂʰʅ²²⁴xuo⁵³sai²²⁴

噇 tsʰuan⁵³

喝酒 xɣ²²⁴⁻³¹tɕiou⁴⁵

抽烟 tʂʰou²²⁴ian²²⁴

（2）穿

□衣裳 tʂʰou⁵³i²²⁴⁻³¹ʂaŋ³³ 洗衣裳

汰衣裳 tʰou⁵³i²²⁴⁻³¹ʂaŋ³³ 漂洗衣裳

涮涮 suan³¹suan⁰

洗两水 ɕi⁴⁵⁻²¹³liaŋ³³suei⁴⁵ 洗几次

洗两过儿 ɕi⁴⁵⁻²¹³liaŋ³³xuɣr⁰

擦鞋 tsʰa²²⁴ɕie⁵³

缝衣裳 fəŋ⁵³i²²⁴⁻³¹ʂaŋ³³

纳鞋底儿 na³¹ɕie⁵³tiʐɚ⁴⁵

晒 sai³¹

熨 yn³¹

烫 tʰaŋ³¹

做 tsou³¹

缝 fəŋ⁵³

补 pu⁴⁵

裁 tsʰai⁵³

铰 tɕiau⁴⁵ 剪

量衣裳 liaŋ⁵³i²²⁴⁻³¹ʂaŋ³³

打粉线 ta⁴⁵fən⁴⁵ɕian³¹ 量好了尺寸，用粉笔画上线做标记

绷（絣）pəŋ²²⁴ 稀疏地缝住或用针别上

缭 liau⁵³ 用针斜着缝

缤 in⁴⁵ 用大针脚缝被子

拨缝 pɣ⁴⁵fəŋ⁰ 一种缝纫方法，缝完后看不见针脚儿

粘鞋底儿 tʂan²²⁴ɕie⁵³tiʐɚ⁴⁵

钉扣儿 tiŋ³¹kʰour³¹

打补丁 ta⁴⁵pu⁴⁵⁻²¹³tiŋ³³

浆线 tɕian³¹ɕian³¹ 把线在面汤里浆一下，使之更有力道，织布时不易断

做被子 tsou³¹pei³¹⁻⁵³tsʅ⁰

絮被子 ɕy³¹pei³¹⁻⁵³tsʅ⁰ 往被子里装棉絮

翻被子 fan²²⁴pei³¹⁻⁵³tsʅ⁰ 被单表面絮好了棉絮，翻过来缝好

沿 ian⁵³ 做衣服的时候在容易脱线头的地方缝上一圈边儿

□缝 pa⁴⁵fəŋ³¹ 衣服缝针的地方裂开缝

脱须 tʰuo²²⁴⁻³¹ɕy³³ 衣服脱出的线头

（3）住

歇歇儿 ɕie²²⁴ɕiɽɛr⁰

困 kʰuən³¹

眯一会儿 mi²²⁴⁻³¹i⁴⁵xuɚ⁴⁵

　打盹儿 ta⁴⁵tuɽɚ⁴⁵

　打个麻拉儿 ta⁴⁵kɤ³¹ma⁵³⁻⁴⁵ lɽɛr³¹

睡不着 suei³¹⁻⁵³pu⁰tʂau⁵³

熬眼儿 nau⁵³iɽɛr⁴⁵ 熬夜

铺炕 pʰu²²⁴kʰaŋ³¹ 铺床

解扣儿 tɕie⁴⁵kʰour³¹

脱衣裳 tʰuo²²⁴i²²⁴⁻³¹ʂaŋ³³

上炕 ʂaŋ³¹kʰaŋ³¹

躺下 tʰaŋ⁴⁵⁻²¹³ɕia³³

躺着 tʰaŋ⁴⁵⁻²¹³tʂau³³

睡觉 suei³¹tɕiau³¹

呼噜 xu²²⁴⁻³¹lu³³

　酣睡 xan⁵³suei⁰

做梦 tsou³¹məŋ³¹

梦话 məŋ³¹⁻⁵³xua⁰

魇住 ian⁴⁵⁻²¹³tʂu³³ 梦魇，鬼压床

　招压败虎子 tʂau²²⁴ia²²⁴⁻³¹ pai⁴⁵xu⁴⁵⁻²¹³tsʅ⁰

懊睡 nau³¹suei³¹ 因烦闷而睡觉

关煞 kuan²²⁴⁻³¹sa³³ 关灯

　拽煞 tsuai³¹⁻⁵³sa⁰

　拉煞 la²²⁴⁻³¹sa³³

掌灯 tʂaŋ⁴⁵təŋ²²⁴

　拽开 tsuai³¹⁻⁵³kʰai⁰

开灯 kʰai²²⁴təŋ²²⁴

　拉开 la²²⁴⁻³¹kʰai³³

起来 tɕʰi⁴⁵⁻²¹³lai³³

拾炕 ʂʅ⁵³kʰaŋ³¹

拢辫子 luŋ⁴⁵pian³¹⁻⁵³tsʅ⁰

　梳辫子 su²²⁴pian³¹⁻⁵³tsʅ⁰

　扎辫子 tsa²²⁴pian³¹⁻⁵³tsʅ⁰

　编辫子 pian³¹pian³¹⁻⁵³tsʅ⁰

洗脸 ɕi⁴⁵lian⁴⁵

漱嘴 su³¹tsuei⁴⁵

刷牙 sua²²⁴ia⁵³

解手儿 tɕie⁴⁵ʂour⁴⁵ 方便

拉屎 la³¹sʅ⁴⁵

尿泡 niau³¹pʰau²²⁴ 撒尿

洗脑袋 ɕi⁴⁵nau⁴⁵⁻²¹³tai³³

理发 li⁴⁵fa²²⁴

剃头 tʰi³¹tʰou⁵³

刮脸 kua²²⁴⁻³¹lian⁴⁵

刮胡子 kua²²⁴xu⁵³⁻⁴⁵tsʅ⁰

剃光头 tʰi³¹kuaŋ²²⁴tʰou⁵³

推平头儿 tʰuei²²⁴pʰiŋ⁵³tʰɽour⁵³

中分 tsuŋ²²⁴fən²²⁴

偏分 pʰian²²⁴fən²²⁴

捶背 tsʰuei⁵³pei³¹

　捶脊梁 tsʰuei⁵³tɕi²²⁴⁻³¹iaŋ³³

搓澡儿 tsʰuo²²⁴⁻³¹tsɽaur⁴⁵

掏耳碎 ˉtʰau²²⁴l̩⁴⁵⁻²¹³suei³³ 掏耳屎

修脚 ɕiou²²⁴tɕiau²²⁴

铰指甲 tɕiau⁴⁵tʂʅ²²⁴⁻³¹tɕia³³

（4）行

上地里 ʂaŋ³¹ti³¹⁻⁵³li⁰

开工 kʰai²²⁴kuŋ²²⁴

收工 ʂou²²⁴kuŋ²²⁴

上班儿 ʂaŋ³¹pɐr²²⁴

歇班儿 ɕie²²⁴pɐr²²⁴

打住 ta⁴⁵⁻²¹³tʂu³³ 下班

出门儿 tʂʰu²²⁴mə³⁵³ 去外地

　出外 tʂʰu²²⁴uai³¹

回来 xuei⁵³⁻⁴⁵lai⁰

家来 tɕia²¹³lai³³

家去 tɕia²¹³tɕʰi³³

　家走 tɕia²²⁴⁻³¹tsou⁴⁵

出去 tʂʰu²²⁴⁻³¹tɕʰi³³

玩儿 uɐr⁵³

溜达 liou²²⁴⁻³¹ta³³

凉快凉快 liaŋ⁵³⁻⁴⁵kʰuai⁰liaŋ⁵³⁻⁴⁵kʰuai⁰

晒阳儿阳儿 sai³¹iɻær⁴⁵⁻²¹³iɻær³³

烤火儿 kʰau⁴⁵xuɤr⁴⁵

## 十七、讼事

衙门 ia⁵³⁻⁴⁵mən⁰

县长 ɕian³¹tʂaŋ⁴⁵

正堂 tʂəŋ³¹tʰaŋ⁵³

后堂 xou³¹tʰaŋ⁵³

文案 uən⁵³nan³¹

案卷 nan³¹tɕyan³¹

传票儿 tsʰuan⁵³pʰiɻaur³¹

官司 kuan²²⁴⁻³¹sʅ³³

吃官司 tʂʰʅ²²⁴kuan²²⁴⁻³¹sʅ³³

　打官司 ta⁴⁵kuan²²⁴⁻³¹sʅ³³

状子 tsuaŋ³¹⁻⁵³tsʅ⁰

抡状子 luən⁵³tsuaŋ³¹⁻⁵³tsʅ⁰

　告状 kau³¹tsuaŋ³¹

　告 kau³¹

原告 yan⁵³kau³¹

被告 pei³¹kau³¹

坐堂 tsuo³¹tʰaŋ⁵³

退堂 tʰuei³¹tʰaŋ⁵³

审案子 ʂən⁴⁵nan³¹⁻⁵³tsʅ⁰

开庭 kʰai²²⁴tʰiŋ²²⁴

证人儿 tʂəŋ³¹zɚ⁵³

人证 zən⁵³tʂəŋ³¹

物证 u³¹tʂəŋ³¹

对质 tuei³¹tʂʅ²²⁴

刑事案子 ɕiŋ⁵³⁻⁴⁵sʅ⁰nan³¹⁻⁵³tsʅ⁰

家务事儿 tɕia²²⁴u³¹sɻɚ³¹

　民事案子 min⁵³⁻⁴⁵sʅ⁰nan³¹⁻⁵³tsʅ⁰

律师 ly³¹sʅ²²⁴

服唻 fu⁵³⁻⁴⁵lian⁰

不服 pu²²⁴fu⁵³

上诉 ʂaŋ³¹su³¹

判唻 pan²²⁴⁻³¹lian³³ 判了刑

宣判 ɕyan⁴⁵pan³¹

认罪 zən³¹tsuei³¹

屈打成招 tɕʰy²²⁴⁻³¹ta⁴⁵tʂʰəŋ⁵³ tʂau²²⁴

口供 kʰou⁴⁵kuŋ³¹

同谋 tʰuŋ⁵³mou⁵³

故犯 ku³¹fan³¹

误犯 u³¹fan³¹

违法 uei⁴⁵fa²²⁴

犯罪 fan³¹tsuei³¹

诬陷 u²²⁴ɕian³¹

取保 tɕʰy⁴⁵pau⁴⁵

扣起来 kʰou³¹⁻⁵³tɕʰi⁰lai⁵³

提犯人 tʰi⁵³fan³¹zən⁵³

囚车 tɕʰiou⁵³tʂʅʴ²²⁴

青天大老爷 tɕʰiŋ⁵³tʰian²²⁴ta³¹ lau⁴⁵⁻²¹³ie³³

　清官 tɕʰiŋ²²⁴kuan²²⁴

铁面无私 tʰie²²⁴mian³¹u⁵³sʅ²²⁴

昏官儿 xuən²²⁴kuɐr²²⁴

　糊涂官儿 xu⁵³⁻⁴⁵tʰu⁰kuɐr²²⁴

贪官儿 tʰan²²⁴kuɐr²²⁴

贪污 tʰan²²⁴u²²⁴

送礼 suŋ³¹li⁴⁵

送钱 suŋ³¹tɕʰian⁵³

罚钱 fa⁵³tɕʰian⁵³

毙 pi³¹ 枪毙

　崩 pəŋ²²⁴

用刑 yŋ³¹ɕiŋ⁵³

　上刑 ʂaŋ³¹ɕiŋ⁵³

拷打 kʰau⁴⁵ta⁴⁵

鞭刑 pian²²⁴ɕiŋ⁵³

枷板子 tɕia²²⁴⁻³¹pan³³tsʅ⁰

手捧子 ʂou⁴⁵pʰəŋ⁴⁵⁻²¹³tsʅ⁰ 手铐

脚镣子 tɕiau²²⁴liau³¹⁻⁵³tsʅ⁰

五花大绑 u⁴⁵xua²²⁴ta³¹paŋ⁴⁵

坐监 tsuo³¹tɕian²²⁴ 坐牢

探监 tʰan³¹tɕian²²⁴

越狱 ye³¹y³¹

拿公粮 na⁵³kuŋ²²⁴lian⁵³ 缴纳公粮

地租 ti³¹tsu²²⁴

　租子 tsu²²⁴⁻³¹tsʅ⁰

宅基地 tsai⁵³tɕi²²⁴ti³¹

宅基证 tsai⁵³tɕi²²⁴tʂəŋ³¹

牌儿 pʰɐr⁵³

执照儿 tʂʅ²²⁴tʂaur³¹

护照儿 xu³¹tʂaur³¹

告示 kua³¹⁻⁵³sʅ⁰

　布告 pu³¹kau³¹

　通知 tʰuŋ²²⁴tʂʅ²²⁴

路条儿 lu³¹tʰiɻaur⁵³ 过关卡时的通

行证

命令 miŋ³¹liŋ³¹

印 in³¹

私访 sʅ²²⁴⁻³¹faŋ⁴⁵

交代 tɕiau²²⁴tai³¹ 交接

上任 ʂaŋ³¹zən³¹

撤职 tʂʰɤ³¹tʂʅ²²⁴

## 十八、交际

应酬 iŋ²²⁴⁻³¹tʂʰou³³

来往 lai⁵³uaŋ⁴⁵

走亲 tsou⁴⁵tɕʰin²²⁴ 串亲戚

男客 nan⁵³tɕʰie²²⁴

女客 ny⁴⁵tɕʰie²²⁴

名片儿 miŋ⁵³pʰiɻɐr³¹

　帖子 tʰie²²⁴⁻³¹tsʅ⁰

送人情 suŋ³¹zən⁵³tɕʰiŋ⁵³

还人情 xuan⁵³zən⁵³tɕʰiŋ⁵³

接客 tɕie²²⁴tɕʰie²²⁴ 迎接亲戚

请进 tɕʰiŋ⁴⁵tɕin³¹

请坐 tɕʰiŋ⁴⁵tsuo³¹

待客 tai³¹tɕʰie²²⁴ 招待亲戚

　招待 tʂau²²⁴tai³¹

送客 suŋ³¹tɕʰie²²⁴

慢怠 man³¹tai³¹

谢谢 ɕie³¹ɕie⁰

没事儿 mei²²⁴sɻɚ³¹

办酒席 pan³¹tɕiou⁴⁵ɕi⁵³

摆酒席 pai⁴⁵tɕiou⁴⁵ɕi⁵³

　摆席 pai⁴⁵ɕi⁵³

　成席 tʂʰəŋ⁵³ɕi⁵³

下馆子 ɕia³¹kuan⁴⁵⁻²¹³tsʅ⁰

一桌席 i⁴⁵tsuo²²⁴ɕi⁵³

吃席 tʂʰʅ²²⁴ɕi⁵³

主位 tʂu⁴⁵uei³¹

贵客 kuei³¹tɕʰie²²⁴

陪客的 pʰei⁵³tɕʰie²²⁴⁻³¹ti⁰

上座儿 ʂaŋ³¹tsuɻɤr³¹

下座儿 ɕia³¹tsuɻɤr³¹

打横拐儿 ta⁴⁵xəŋ³¹kuɐr⁴⁵ 在桌子

　旁边加一个凳子坐

入座儿 zu³¹tsuɻɤr³¹

　入席 zu³¹ɕi⁵³

　就座儿 tɕiou³¹tsuɻɤr³¹

上菜 ʂaŋ³¹tsʰai³¹

端菜 tuan²²⁴tsʰai³¹

倒酒 tau³¹tɕiou⁴⁵

劝酒 tɕʰyan³¹tɕiou⁴⁵

敬酒 tɕiŋ³¹tɕiou⁴⁵

干杯 kan²²⁴pei²²⁴

　碰杯 pʰəŋ³¹pei²²⁴

见底儿 tɕian³¹tiɻɚ⁴⁵

敬菜 tɕiŋ³¹tsʰai³¹

让菜 zaŋ³¹tsʰai³¹

不撂筷儿 pu⁴⁵liau³¹kʰuɐr³¹ 一直吃

没酒量儿 mei²²⁴tɕiou⁴⁵liɻær³¹ 酒
量小

不开眼 pu⁴⁵kʰai²²⁴⁻³¹ian⁴⁵ 没见过
世面

捎信儿 sau²²⁴ɕiɻɤ³¹

学舌儿 ɕiau⁵³ʂɤr⁵³

碰见 pʰəŋ³¹⁻⁵³tɕian⁰
　　碰上 pʰəŋ³¹⁻⁵³ʂaŋ⁰
　　看见 kʰan³¹⁻⁵³tɕian⁰

对齐蒙子 tuei³¹⁻⁵³tɕʰiˀməŋ²²⁴⁻³¹
tsˀʅ⁰ 面对面

作揖 tsuo²²⁴iˀ²²⁴

点头儿 tian⁴⁵tʰɻour⁵³ ① 社交礼仪
② 同意

握手儿 uɤ³¹ʂour⁴⁵

开门炮儿 kʰai²²⁴məŋ⁵³pʰaur³¹ 打
招呼儿

串门儿 tsʰuan³¹mɤˀ⁵³
　　串门子 tsʰuan³¹məŋ⁵³⁻⁴⁵tsˀʅ⁰

套近乎儿 tʰau³¹tɕin³¹⁻⁵³xur⁰

瞧不起 tɕʰiau⁵³⁻⁴⁵puˀtɕʰi⁴⁵
　　爱搭不理的 nai³¹ta²²⁴puˀ³¹li⁴⁵⁻²¹³
ti⁰

笑话 ɕiau³¹⁻⁵³xua⁰

搪不起 tʰaŋ⁵³⁻⁴⁵puˀtɕʰi⁴⁵ 承担不起

惹不起 ie⁴⁵⁻²¹³puˀ³³tɕʰi⁴⁵

担待 tan²²⁴tai³¹

客套 kʰɤ³¹⁻⁵³tʰau⁰

巴结 pa²²⁴⁻³¹tɕie³³
　　拍马屁 pʰai²²⁴⁻³¹ma⁴⁵pʰi³¹

待见 tai³¹tɕian³¹ 喜欢
　　稀罕 ɕie²²⁴⁻³¹ɕian³³ 喜欢,拿着当
回事儿

合伙儿 xɤ⁵³xuɤr⁴⁵
　　打伙 ta⁴⁵xuo⁴⁵
　　伙着 xuo⁴⁵⁻²¹³tsau³³

蒙人 məŋ²²⁴zən⁵³ 诈骗人
　　糊弄 xu⁵³nuŋ⁰
　　糊弄扒火儿 xu⁵³nuŋ⁰pa³¹
xuɤr³³

假装 tɕia⁴⁵tsuaŋ²²⁴
　　装 tsuaŋ²²⁴
　　假 tɕia⁴⁵ 虚伪、做作
　　虚火儿 ɕy²²⁴⁻³¹xuɤr³³

装病 tsuaŋ²²⁴piŋ³¹

装傻 tsuaŋ²²⁴⁻³¹ʂa⁴⁵
　　装傻充愣 tsuaŋ²²⁴⁻³¹ʂa⁴⁵tsʰuŋ²²⁴
ləŋ³¹

装蒜 tuaŋ²²⁴suan³¹

装疯 tsuaŋ²²⁴fəŋ²²⁴

丢人 tiou²²⁴zən⁵³
　　不要脸 pu²²⁴iau³¹lian⁴⁵
　　丢脸 tiou²²⁴⁻³¹lian⁴⁵
　　丢人现眼 tiou²²⁴zən⁵³ɕian³¹

ian$^{45}$

出洋相 tʂʰu$^{224}$iaŋ$^{53}$ɕiaŋ$^{31}$

不说话儿 pu$^{45}$ʂuo$^{224}$xuær$^{31}$ 关系

紧张

不对付 pu$^{45}$tuei$^{31-53}$fu$^0$ ① 关系

紧张 ② 吃的食物不合适

不忿儿 pu$^{45}$fɚ$^{31}$ 气不过

气不忿儿 tɕʰi$^{31-53}$pu$^{33}$fɚ$^{31}$

气得慌 tɕʰi$^{31-53}$ti$^0$xuaŋ$^{224}$

背黑锅 pei$^{224}$xei$^{224}$kuo$^{224}$

包屈 pau$^{224}$tɕʰy$^{224}$ 受委屈

冤枉 yan$^{224-31}$uaŋ$^{45}$

造改 tsau$^{31}$kai$^{45}$ 乱改别人定下的规则

打岔 ta$^{45}$tsʰa$^{31}$

小茄把儿 ɕiau$^{45}$tɕʰie$^{53-45}$pær$^0$

小短处

挑理儿 tʰiau$^{224-31}$liɾɚ$^{45}$

挑不是儿 tʰiau$^{224}$pu$^{45-213}$sɚ$^{33}$

揭短儿 tɕie$^{224-31}$tuɾɚ$^{45}$

谝 pʰian$^{45}$ 臭显摆

煽 ʂan$^{224}$ 吹牛

胡诌 xu$^{53}$tsou$^{224}$

造谣儿 tsau$^{31}$iɾaur$^{53}$

胡诌狗由 xu$^{53}$tsou$^{224}$kou$^{45}$

iou$^{53}$

胡诌白咧 xu$^{53}$tsou$^{224}$pai$^{53}$

lie$^{45}$

诌天扯地 tsou$^{224}$tʰian$^{224}$tʂɣ$^{45}$

ti$^{31}$

打呱 ta$^{45-213}$kua$^{33}$ 说话不着调，没个

准儿

拿人 na$^{53}$zən$^{53}$ 威胁人

端着 tuan$^{224-31}$tʂau$^{33}$ 端架子

摆谱儿 pai$^{45}$pur$^{45}$

白话舌 pai$^{53-45}$xua$^0$ʂɣ$^{53}$ 花言巧语

之人

半截子话 pan$^{31}$tɕie$^{53-45}$tsʅ$^0$xua$^{31}$

说话一半的话

打个溜逛 ta$^{45}$kɣ$^{31}$liou$^{224}$kuaŋ$^{31}$ 去

某地转一遭儿

□□ uɚ$^{224}$uɚ$^0$ 玩一会儿，歇一会

恁奶奶那个鬌儿 nei$^{45}$nai$^{45-213}$

nai$^{33}$na$^{31}$kɣ$^{31}$tsuɾær$^{45}$ 脏话

恁奶奶那个脚趾头的 nei$^{45}$

nai$^{45-213}$nai$^{33}$na$^{31}$kɣ$^{31}$tɕiau$^{224}$

tsʅ$^{224-31}$tʰou$^{33}$ti$^0$

恁奶奶那个耳朵的 nei$^{45}$nai$^{45-213}$

nai$^{33}$na$^{31}$kɣ$^{31}$l$^{45-213}$tau$^{31}$ti$^0$

恁奶奶那个腚的 nei$^{45}$nai$^{45-213}$

nai$^{33}$na$^{31}$kɣ$^{31}$tiŋ$^{31-53}$ti$^0$

他奶奶那个孙儿 ta$^{45}$nai$^{45-213}$

nai$^{33}$na$^{31}$kɣ$^{31}$suɾɚ$^{224}$

邪门儿 ɕie$^{53}$mɚ$^{53}$

歪歪脑袋 uai$^{224-31}$uai$^{33}$nau$^{45-213}$

tai$^{33}$ 一扭脖子，不服管的样子

别愣脑瓜子 pie$^{45-213}$lən$^{33}$nau$^{45}$
kua$^{224-31}$tsʅ$^{0}$

不落忍 pu$^{45}$lau$^{31}$zən$^{45}$

　不落意 pu$^{224}$lau$^{31}$i$^{31}$

感谢 kan$^{45}$ɕie$^{31}$

　感激 kan$^{224}$tɕi$^{224}$

　知谢 tsʅ$^{224}$ɕie$^{31}$

补付 pu$^{45-213}$fu$^{33}$ 报恩，偿还

埋怨 man$^{53-45}$yan$^{0}$

　怨 yan$^{31}$

　抱怨 pau$^{31}$yan$^{31}$

坏良心 xuai$^{31}$liaŋ$^{53}$ɕin$^{0}$ 忘恩负义

不是茬儿 pu$^{45}$sʅ$^{31}$tsʰɻær$^{53}$ 情形不对

不是个个儿 pu$^{45}$sʅ$^{31}$kɤ$^{31}$kɤr$^{31}$ 不
是对手

不是颜色儿 pu$^{45}$sʅ$^{31}$ian$^{53-45}$sɻər$^{31}$
脸色不好

□着脸儿 tsən$^{224}$tsau$^{33}$liɻer$^{45}$ 耷拉
着脸，脸色难看

说咾个脸不转 ʂuo$^{224-31}$lau$^{33}$kɤ$^{31}$

lian$^{45}$pu$^{224-31}$tsuan$^{45}$ 被别人说得
很尴尬

撅着嘴 tɕye$^{224-31}$tʂau$^{33}$tsuei$^{45}$

干瞪眼儿 kan$^{224}$təŋ$^{31}$iɻer$^{45}$

白吃 pai$^{53}$tʂʰʅ$^{224}$ 蹭饭吃

起哄 tɕʰi$^{45}$xuŋ$^{31}$

踹锅 tsʰuai$^{31}$kuo$^{224}$ 拆散别人的姻缘

抱大腿 pau$^{31}$ta$^{31}$tʰuei$^{45}$ 找靠山

撑腰儿 tsʰən$^{224}$iɻaur$^{224}$

面大熟儿的 mian$^{31}$ta$^{0}$sɻur$^{53-45}$
ti$^{0}$ 面熟

　半熟脸儿 pan$^{31}$ʂou$^{53}$liɻer$^{45}$

熟人儿 su$^{53}$zɚ$^{53}$

生人儿 sən$^{224}$zɚ$^{53}$ 陌生人

犯贱 fan$^{31}$tɕian$^{31}$ 撒娇

笑眯刺〞啦〞地 ɕiau$^{31-53}$mi$^{0}$tsʰʅ$^{31}$
la$^{33}$ti$^{0}$ 坏笑

扒叉〞子 pa$^{224}$tsʰa$^{31-53}$tsʅ$^{0}$ 管闲事儿

八辈子 pa$^{224}$pei$^{31-53}$tsʅ$^{0}$ 从非常远
的祖辈开始

## 十九、商业　交通

### （1）经商行业

买卖 mai$^{45-213}$mai$^{33}$

字号儿 tsʅ$^{31}$xaur$^{31}$

商号儿 ʂaŋ$^{224}$xaur$^{31}$

招牌儿 tʂau$^{224}$pɛr$^{53}$

开店儿 kʰai$^{224}$tiɻer$^{31}$

门面 mən$^{53-45}$mian$^{0}$

　门脸儿 mən$^{53}$liɻer$^{45}$

布铺 pu$^{31}$pʰu$^{31}$

茶叶铺 tsʰa$^{53-45}$ie$^{0}$pʰu$^{31}$

药铺 iau$^{31}$pʰu$^{31}$

摆摊儿 pai$^{45}$tʰɻer$^{224}$

赁房 lin³¹faŋ⁵³ 租房

押租子 ia²²⁴tsu²²⁴⁻³¹tsʅ⁰

收租子 ʂou²²⁴tsu²²⁴⁻³¹tsʅ⁰

当房 taŋ³¹faŋ⁵³ 当铺

　当铺儿 taŋ³¹pʰur³¹

布店 pu³¹tian³¹

铁匠铺儿 tʰie²²⁴tɕiaŋ³¹pʰur³¹

　铁铺 tʰie²²⁴pʰu³¹

古玩儿铺儿 ku⁴⁵uɐr⁵³pʰur³¹

山货铺儿 san²²⁴xuo³¹pʰur³¹

铜铺 tʰuŋ⁵³pʰu³¹

锡铺 ɕi²²⁴pʰu³¹

五金店儿 u⁴⁵tɕin²²⁴tiʈɐr³¹

油盐店 iou⁵³ian⁵³tian³¹

粮店 liaŋ⁵³tian³¹

小卖部儿 ɕiau⁴⁵mai³¹pur³¹

杂货店儿 tsa⁵³⁻⁴⁵xuo⁰tiʈɐr³¹

文具店儿 uən⁵³⁻⁴⁵tɕy⁰tiʈɐr³¹

书店 ʂu²²⁴tian³¹

点心铺儿 tian⁴⁵⁻²¹³ɕin³³pʰur³¹

水果儿店儿 suei⁴⁵kuɤr⁴⁵tiʈɐr³¹

烧饼摊儿 ʂau²²⁴⁻³¹piŋ⁴⁵tʰʈɐr²²⁴

煤厂 mei⁵³tʂʰaŋ⁴⁵

银行 in⁵³xaŋ⁵³

金店 tɕin²²⁴tian³¹

饭馆儿 fan³¹kuɐr⁴⁵

小吃部儿 ɕiau⁴⁵tʂʰʅ²²⁴pu³¹

　小吃店儿 ɕiau⁴⁵tʂʰʅ²²⁴tiʈɐr³¹

茶馆儿 tsʰa⁵³kuɐr⁴⁵

酒馆儿 tɕiou⁴⁵kuɐr⁴⁵

酒厂 tɕiou⁴⁵tʂʰaŋ⁴⁵

烟厂 ian²²⁴⁻³¹tʂʰaŋ⁴⁵

盐厂 ian⁵³tʂʰaŋ⁴⁵

盐店 ian⁵³tian³¹

粮库 liaŋ⁵³kʰu³¹

　粮仓 liaŋ⁵³tsʰaŋ²²⁴

米店儿 mi⁴⁵tiʈɐr³¹

酱菜厂 tɕian³¹tsʰai³¹tʂʰaŋ⁴⁵

旅馆儿 ly⁴⁵kuɐr⁴⁵

宾馆 pin²²⁴⁻³¹kuan⁴⁵

粮油店儿 liaŋ⁵³iou⁵³tiʈɐr³¹

裁缝铺儿 tsʰai⁵³⁻⁴⁵fəŋ⁰pʰur³¹

成衣铺儿 tʂʰəŋ⁵³i²²⁴pʰur³¹

理发店儿 li⁴⁵fa²²⁴tiʈɐr³¹

　理发馆儿 li⁴⁵fa²²⁴⁻³¹kuɐr⁴⁵

剃头棚子 tʰi³¹tʰou⁵³pʰəŋ⁵³⁻⁴⁵tsʅ⁰

澡堂子 tsau⁴⁵tʰaŋ⁵³⁻⁴⁵tsʅ⁰

寿衣铺儿 ʂou³¹i²²⁴pʰur³¹

估衣铺儿 ku³¹i²²⁴pʰur³¹

纸扎儿铺儿 tsʅ⁵³tsʈær⁰pʰur³¹ 卖
　花圈之类的店铺

棺材铺儿 kuan²²⁴⁻³¹tsʰai³³pʰur³¹

肉店儿 zou³¹tiʈɐr³¹

暗局子 nan³¹tɕy⁵³⁻⁴⁵tsʅ⁰ 暗地里赌
　博的地方

暗号儿 nan³¹xaur³¹

窑子 iau⁵³⁻⁴⁵tsๅ⁰

大烟馆儿 ta³¹ian²²⁴kuɐr⁴⁵

　　（2）经营交易

开张 kʰai²²⁴tʂaŋ²²⁴

关门儿 kuan²²⁴mə˙⁵³ 倒闭

歇业 ɕie²²⁴ie³¹

倒出去 tau⁴⁵⁻²¹³tʂʰu³³tɕʰi⁰ 转让出去

　　盘出去 pʰan⁵³⁻⁴⁵tʂʰu⁰tɕʰi⁰

盘货 pʰan⁵³xuo³¹ 清点卖货量

　　点货 tian⁴⁵xuo³¹

柜台 kuei³¹tʰai⁵³

账房 tʂaŋ³¹faŋ⁵³

掌柜的 tʂaŋ²²⁴kuei³¹⁻⁵³ti⁰

老板娘 lau⁴⁵pan⁴⁵niaŋ⁵³

进货的 tɕin³¹xuo³¹⁻⁵³ti⁰

买主 mai⁴⁵tʂu⁴⁵

要价儿 iau³¹tɕiɻær³¹

讨价儿 tʰau⁴⁵tɕiɻær³¹

还价儿 xuan⁵³tɕiɻær³¹

不讲价儿 pu³¹tɕian⁴⁵tɕiɻær³¹

不还价儿 pu²²⁴xuan⁵³tɕiɻær³¹

言无二价儿 ian⁵³u⁵³lๅ³¹tɕiɻær³¹

合适 xɤ⁵³ʂๅ²²⁴

　　公道 kuŋ²²⁴tau³¹

立字据 li³¹tsๅ³¹tɕy³¹

签合同 tɕʰian²²⁴xɤ⁵³tʰuŋ⁰

摁手印儿 nən³¹ʂou⁴⁵iɻə³¹

白条儿 pai⁵³tʰiɻaur⁵³ 买卖房屋契约。

只有买卖双方的签字，没有官府盖章

便宜 pʰian⁵³⁻⁴⁵i⁰/pʰian⁵³⁻⁴⁵y⁰

　　贱 tɕian³¹

二　贱 lๅ³¹⁻⁵³tɕian³¹/lๅ³¹⁻⁵³ian⁰　① 贱
② 技术差 ③ 质量差

贵 kuei³¹

包赔 pau²²⁴pʰei⁵³

包圆儿 pau²²⁴yɻɐr⁵³

称称 tʂʰəŋ²²⁴tʂʰəŋ⁰

　约约 iau²²⁴iau⁰

　吊吊 tiau³¹tiau⁰

　提溜 ti⁵³⁻⁴⁵liou⁰

旧账 tɕiou³¹tʂaŋ³¹

　老账 lau⁴⁵tʂaŋ³¹

流水账 liou⁵³suei⁴⁵tʂaŋ³¹

记账 tɕi³¹tʂaŋ³¹

入账 zu³¹tʂaŋ³¹

出账 tʂʰu²²⁴tʂaŋ³¹

欠账 tɕʰian³¹tʂaŋ³¹

　赊账 ʂɤ²²⁴tʂaŋ³¹

要账 iau³¹tʂaŋ³¹

　讨账 tʰau⁴⁵tʂaŋ³¹

烂账 lan³¹tʂaŋ³¹

存钱 tsʰuan⁵³tɕʰian⁵³

　存款儿 tsʰuan⁵³kʰuɐr⁴⁵

零钱 liŋ⁵³tɕʰian⁵³

　零花儿 liŋ⁵³xuær²²⁴

提货单儿 tʰi⁵³xuo³¹tɻɐr²²⁴

开资 kʰai²²⁴tsʅ²²⁴ 发工资

嚼扯 tɕiau⁵³⁻⁴⁵tʂʰɤ⁰ 花销

　嚼裹儿 tɕiau⁵³⁻⁴⁵kuɤr⁰

　花销 xua²²⁴ɕiau²²⁴

工钱 kuŋ²²⁴⁻³¹tɕʰian³³

路费 lu³¹fei³¹

　盘缠 pʰan⁵³⁻⁴⁵tʂʰan⁰

本儿 pɚ⁴⁵

　老本儿 lau⁴⁵pɚ⁴⁵

拐老鸹子 kuai⁴⁵lau⁴⁵kɤ²²⁴⁻³¹
tsʅ⁰ 吃老本儿

利儿 liʈɚ³¹

　利息 li³¹ɕi²²⁴

　利钱 li³¹⁻⁵³tɕʰian⁰

大利儿 ta³¹liʈɚ³¹

小利儿 ɕiau⁴⁵liʈɚ³¹

该 kai²²⁴ 欠

　短 tuan⁴⁵

赚钱 tsuan³¹tɕʰian⁵³

赚大发哗 tsuan³¹ta³¹⁻⁵³fa⁰lian⁰

串钱 tsʰuan²²⁴tɕʰian⁵³ 把整钱换成
零钱

涨钱 tʂaŋ⁴⁵tɕʰian⁵³

落钱 lau³¹tɕʰian⁵³

赔钱 pʰei⁵³tɕʰian⁵³

　赔本儿 pʰei⁵³pɚ⁴⁵

　亏本儿 kʰuei²²⁴⁻³¹pɚ⁴⁵

赔大发哗 pʰei⁵³ta³¹⁻⁵³fa⁰lian⁰

赏钱儿 ʂaŋ⁴⁵⁻²¹³tɕʰiɽer³³

手续费 ʂou⁴⁵⁻²¹³ɕy³³fei³¹

钱 tɕʰian⁵³

铜钱儿 tʰuŋ⁵³tɕʰiɽer⁵³ 铜板儿，中
间没有眼儿

大钱儿 ta³¹tɕʰiɽer⁵³ 铜板儿，中间有
眼儿

洋钱儿 iaŋ⁵³tɕʰiɽer⁵³

　袁大头 yan⁵³ta³¹tʰou⁵³

制钱儿 tsʅ²²⁴tɕʰiɽer⁵³

　制大钱儿 tsʅ²²⁴ta³¹tɕʰiɽer⁵³

锛子 pəŋ³¹⁻⁵³tsʅ⁰

钢锛子 kaŋ²²⁴pəŋ³¹⁻⁵³tsʅ⁰

票子 pʰiau³¹⁻⁵³tsʅ⁰

钞票 tʂʰau²²⁴pʰiau³¹

元宝 yan⁵³pau⁴⁵

铜子儿 tʰuŋ⁵³tsʈɚ⁴⁵

一分儿 i⁴⁵fɚ²²⁴

一毛 i³¹mau⁴⁵

一块 i⁴⁵kʰuai³¹

一吊儿 i⁴⁵tiɽaur³¹ 制钱的单位

一贯儿 i⁴⁵kuɐr³¹ 铜钱的单位

（3）度量衡

算盘子 suan³¹pʰan⁵³⁻⁴⁵tsʅ⁰

戥子 təŋ²²⁴⁻³¹tsʅ⁰

盘子称 pʰan⁵³⁻⁴⁵tsʅ⁰tʂʰəŋ³¹

钩子称 kou²²⁴⁻³¹tsʅ⁰tʂʰəŋ³¹

簸箕称 pɤ³¹⁻⁵³ɕi⁰tʂʰəŋ³¹

秤砣 tʂʰəŋ³¹tʰuo⁵³

秤杆儿 tʂʰəŋ³¹kɐr⁴⁵

秤盘儿 tʂʰəŋ³¹pʰɐr⁵³

秤钩儿 tʂʰəŋ³¹kour²²⁴

称星儿 tʂʰəŋ³¹ɕiɽɐr²²⁴

　称花儿 tʂʰəŋ³¹xuær²²⁴

　定盘星 tiŋ³¹pʰan⁵³ɕiŋ²²⁴

平称 pʰiŋ⁵³tʂʰəŋ³¹ 准斤准两

　称平斗满 tʂʰəŋ³¹pʰiŋ⁵³tou⁴⁵
man⁴⁵

前□ tɕʰian⁵³xau⁵³ 称的两根提绳之
一,此是前面的一根,从这面称最大
称到十斤

后□ xou³¹xau⁵³ 称的两根提绳之
一,此是后面的一根,从这面称最小
称十斤

刀子 tau²²⁴⁻³¹tsɿ⁰ 挂称钩子用,有铁
的,有铜的

斗 tou⁴⁵ 底大口小

升子 ʂəŋ²²⁴⁻³¹tsɿ⁰ 底小口大

### （4）交通

铁路 tʰie²²⁴lu³¹

火车站 xuo⁴⁵tʂʰɤ²²⁴tsan³¹

火车 xuo⁴⁵tʂʰɤ²²⁴

汽车站 tɕʰi³¹tʂʰɤ²²⁴tsan³¹

汽车 tɕʰi³¹tʂʰɤ²²⁴

土道儿 tʰu⁴⁵tɽaur³¹

油面儿 iou⁵³miɽɐr³¹ 柏油路

公交 kuŋ²²⁴tɕiau²²⁴

出租 tʂʰu²²⁴tsu²²⁴

货车 xuo³¹tʂʰɤ²²⁴

三轮儿 san²²⁴luɽɚ⁵³

车子 tʂʰɤ²²⁴⁻³¹tsɿ⁰ 自行车

　骑车子 tɕʰi⁵³⁻⁴⁵tʂʰɤ⁰tsɿ⁰

齿轮儿 tsʰɿ⁴⁵luɽɚ⁵³

电驴子 tian³¹ly⁵³⁻⁴⁵tsɿ⁰

船 tsʰuan⁵³

## 二十、文化教育

### （1）教育

念书的 nian³¹ʂu²²⁴⁻³¹ti⁰

　认字儿的 zən³¹tsɿɚ³¹⁻⁵³ti⁰

　识文断字儿的 ʂɿ²²⁴uən⁵³tuan³¹
tsɿɚ³¹⁻⁵³ti⁰

认字儿 zən³¹tsɿɚ³¹

睁眼儿瞎 tsəŋ²²⁴⁻³¹iɽɐr⁴⁵ɕia²²⁴

文盲

不识字儿 pu²²⁴ʂɿ²²⁴tsɿɚ³¹

　不认字儿 pu⁴⁵zən³¹tsɿɚ³¹

校儿 ɕiaur⁵³ 学校

招生 tʂau²²⁴səŋ²²⁴

招考儿 tʂau²²⁴⁻³¹kʰaur⁴⁵

报考儿 pau³¹kʰaur⁴⁵

报名 pau³¹miŋ⁵³

考场 kʰau⁴⁵tʂʰaŋ⁴⁵

进考场 tɕin³¹kʰau⁴⁵tʂʰaŋ⁴⁵

散场 san³¹tʂʰaŋ⁴⁵

喊号儿 xan⁴⁵xaur³¹

　吹哨儿 tsʰuei²²⁴sɻaur³¹

卷子 tɕyan³¹⁻⁵³tsʅ⁰

交卷子 tɕiau²²⁴tɕyan³¹⁻⁵³tsʅ⁰

交头卷儿 tɕiau²²⁴tʰou⁵³tɕyɻer³¹

交白卷儿 tɕiau²²⁴pai⁴⁵tɕyɻer³¹

看卷子 kʰan³¹tɕyan³¹⁻⁵³tsʅ⁰

　改卷子 kai⁴⁵tɕyan³¹⁻⁵³tsʅ⁰

发榜 fa²²⁴⁻³¹paŋ⁴⁵

贴榜 tʰie²²⁴⁻³¹paŋ⁴⁵

头一名 tʰou⁵³⁻⁴⁵i³¹miŋ⁵³

老末儿 lau⁴⁵mɤr²²⁴ ① 兄弟姊妹中
　最小的那个 ② 考试最后一名

　末了儿 mɤ³¹liɻaur⁴⁵ 考试最后
　一名

　扛榜 kʰaŋ⁵³paŋ⁴⁵

考上 kʰau⁴⁵⁻²¹³ʂaŋ³³

落榜 luo³¹paŋ⁴⁵

毕业 pi³¹ie³¹

文凭 uən⁵³pʰiŋ⁵³

证书 tʂəŋ³¹ʂu²²⁴

私塾 sʅ²²⁴ʂu⁵³

上私塾 ʂaŋ³¹sʅ²²⁴ʂu⁵³

　念私塾 nian³¹sʅ²²⁴ʂu⁵³

上学儿 ʂaŋ³¹ɕiɻaur⁵³

放学儿 faŋ³¹ɕiɻaur⁵³

　散学儿 san³¹ɕiɻaur⁵³

放假 faŋ³¹tɕia³¹

放伏假 faŋ³¹fu⁵³tɕia³¹

　放暑假 faŋ³¹ʂu⁴⁵tɕia³¹

放寒假 faŋ³¹xan⁵³tɕia³¹

　放年假 faŋ³¹nian⁵³tɕia³¹

管要儿 kuan⁴⁵iɻaur³¹ 规矩、限制

打手心儿 ta⁴⁵ʂou⁴⁵ɕiɚ²²⁴

打板子 ta⁴⁵pan⁴⁵⁻²¹³tsʅ⁰

罚站 fa⁵³tsan³¹

罚跪 fa⁵³kuei³¹

逃学儿 tʰau⁵³ɕiɻaur⁵³

请假 tɕʰiŋ⁴⁵tɕia³¹

　告假 kau³¹tɕia³¹

入门儿 zu³¹mɚ⁵³ 启蒙

　开窍儿 kʰai²²⁴tɕʰiɻaur³¹

百家姓儿 pai²²⁴⁻³¹tɕia³³ɕiɻer³¹

千字文 tɕʰian²²⁴tsʅ³¹uən⁵³

三字经 san²²⁴tsʅ³¹tɕiŋ²²⁴

念书 nian³¹ʂu²²⁴

复习 fu²²⁴ɕi⁵³

背书 pei³¹ʂu²²⁴

写大仿 ɕie⁴⁵ta³¹faŋ⁴⁵

粉笔字儿 fən⁴⁵pei²²⁴tsɻɚ³¹

蘸笔 tsan³¹pei²²⁴

　膏笔 kau³¹pei²²⁴

描 miau⁵³

写作文儿 ɕie⁴⁵tsuo³¹uɚ˞⁵³

打草稿儿 ta⁴⁵tsʰau⁴⁵kauɚ˞⁴⁵

誊写 tʰən⁵³ɕie⁴⁵

　抄写 tʂʰau²²⁴⁻³¹ɕie⁴⁵

米咾 mi⁴⁵⁻²¹³lau³³ 涂掉、抹掉

改作文儿 kai⁴⁵tsuo³¹uɚ˞⁵³

写白字儿 ɕie⁴⁵pai⁵³tsʅɚ˞³¹ 写错字

漏字儿 lou³¹tsʅɚ˞³¹

满分儿 man⁴⁵fɚ˞²²⁴

　一百分儿 i⁴⁵pai²²⁴fɚ˞²²⁴

五分儿 u⁴⁵⁻²¹³fɚ˞³³

零分儿 liŋ⁵³⁻⁴⁵fɚ˞⁰

　鸭蛋 ia²²⁴tan³¹

烤糊嘞 kʰau⁴⁵xu⁵³⁻⁴⁵lian⁰ 比喻考

砸了

点名儿 tian⁴⁵miɭer⁵³

到 tau³¹

起立 tɕʰi⁴⁵li³¹

立正 li³¹tʂən⁴⁵

敬礼 tɕiŋ³¹li⁴⁵

坐下 tsuo³¹⁻⁵³ɕia⁰

上课 ʂaŋ³¹kʰɤ³¹

下课 ɕia³¹kʰɤ³¹

考试 kʰau⁴⁵ʂʅ³¹

小考儿 ɕiau⁴⁵kʰauɚ⁴⁵

月考儿 ye³¹kʰauɚ⁴⁵

大考儿 ta³¹kʰauɚ⁴⁵

期中 tɕʰi²²⁴tsuŋ²²⁴

期末 tɕʰi²²⁴mɤ³¹

点儿 tiɭer⁴⁵

横 xən³¹

竖 ʂu³¹

撇儿 pʰiɭer⁴⁵

捺儿 nɭær³¹

勾儿 kour²²⁴

一笔 i⁴⁵pei²²⁴

　一划儿 i⁴⁵xuær³¹

　一道子 i⁴⁵tau³¹⁻⁵³tsʅ⁰

偏旁儿 pʰian²²⁴pʰær⁵³

单立人儿 tan²²⁴li³¹zɚ⁵³

　单人旁儿 tan²²⁴zən⁵³pʰær⁵³

双立人儿 suaŋ²²⁴li³¹zɚ⁵³

　双人旁儿 suaŋ²²⁴zən⁵³pʰær⁵³

四框儿 sʅ³¹kʰuær³¹

宝盖儿 pau⁴⁵kɐr³¹

秃宝盖儿 tʰu²²⁴⁻³¹pau⁴⁵kɐr³¹

竖心儿 ʂu³¹ɕiɭɚ²²⁴

犬犹旁儿 tɕʰyan²²⁴iou⁵³pʰær⁵³

单耳刀儿 tan²²⁴⁻³¹ɭ⁴⁵⁻²¹³tɭaur³³

双耳刀儿 suaŋ²²⁴⁻³¹ɭ⁴⁵⁻²¹³tɭaur³³

耳朵旁儿 ɭ⁴⁵⁻²¹³tau³³pʰær⁵³

反文儿 fan⁴⁵uɚ˞⁵³

提土儿 tʰi⁵³tʰɭur⁴⁵

提手儿 tʰi⁵³ʂour⁴⁵

土字旁儿 tʰu⁴⁵tsʅ³¹pʰær⁵³

竹字头儿 tsu²²⁴tsʅ³¹tʰʈour⁵³

草字头儿 tsʰau⁴⁵tsʅ³¹tʰʈour⁵³

火字头儿 xuo⁴⁵tsʅ³¹tʰʈour⁵³

两点儿水儿 liaŋ⁴⁵tiʈer⁴⁵suʈɚ⁴⁵

三点儿水儿 san²²⁴⁻³¹tiʈer⁴⁵suʈɚ⁴⁵

四点儿 sʅ³¹tiʈer⁴⁵

血堆儿 ɕye²²⁴tuʈɚ²²⁴ 皿字底

病字旁儿 piŋ³¹tsʅ³¹pʰær⁵³

　病字头儿 piŋ³¹tsʅ³¹tʰʈour⁵³

走之儿 tsou⁴⁵tsʈɚ²²⁴

绞丝儿 tɕiau²²⁴sʈɚ²²⁴

　孪丝儿 luan⁵³sʈɚ²²⁴

（2）教具

仿纸 faŋ⁴⁵tsʅ⁴⁵

钢笔 kaŋ²²⁴pei²²⁴

钢笔尖儿 kaŋ²²⁴pei²²⁴tɕiʈer²²⁴

钢笔头儿 kaŋ²²⁴pei²²⁴tʰʈour⁵³

笔管儿 pei²²⁴⁻³¹kuɐr⁴⁵

皮囊 pʰi⁵³naŋ⁵³

笔帽儿 pei²²⁴maur³¹

笔套儿 pei²²⁴tʰʈaur³¹

笔筒儿 pei²²⁴⁻³¹tʰuʈɤr⁴⁵

圆子笔 yan⁵³tsʅ⁴⁵pei²²⁴ 圆珠笔

水笔 suei⁴⁵pei²²⁴

毛笔 mau⁵³pei²²⁴

大毛笔 ta³¹mau⁵³pei²²⁴

小楷笔 ɕiau⁴⁵kʰai⁴⁵pei²²⁴ 写小字
　的毛笔

铅笔 tɕʰian²²⁴pei²²⁴

砚台 ian³¹⁻⁵³tʰai⁰

墨盘 mɤ³¹pʰan⁵³

研磨 ian⁵³mɤ³¹

　磨墨 mɤ⁵³mɤ³¹

洇 in²²⁴

镇纸 tʂən³¹tsʅ⁴⁵

墨汁 mei³¹tʂʅ²²⁴

　墨水 mɤ³¹suʈɚ⁴⁵

讲堂 tɕian⁴⁵tʰaŋ⁵³

教室 tɕiau⁴⁵sʅ²²⁴

讲台 tɕian⁴⁵tʰai⁵³

头排 tʰou⁵³pʰai⁵³

前排 tɕʰian⁵³pʰai⁵³

后排 xou³¹pʰai⁵³

后座儿 xou³¹tsuʈɤr³¹

教鞭 tɕiau³¹pian²²⁴

黑板 xei²²⁴⁻³¹pan⁴⁵

粉笔 fən⁴⁵pei²²⁴

板擦儿 pan⁴⁵tsʰʈær²²⁴

石板 ʂʅ⁵³pan⁴⁵

书本儿 ʂu²²⁴⁻³¹pɚ⁴⁵

笔记本儿 pei²²⁴tɕi³¹pɚ⁴⁵

分数儿册儿 fən²²⁴sʈur³¹tsʰʈɚr²²⁴

　计分儿册儿 tɕi³¹fɚ²²⁴tsʰʈɚr²²⁴

点名册儿 tian⁴⁵miŋ⁵³tsʰʈɚr²²⁴

戒尺儿 tɕie³¹⁻⁵³tʂʰɚ³³

手板儿 ʂou⁴⁵pɐr⁴⁵

## 二十一、文体活动

### （1）儿童游戏活动

不倒翁 pu$^{31}$tau$^{45}$uəŋ$^{224}$

半半倒儿 pan$^{31-53}$pan$^{0}$tʂaur$^{45}$

扳不倒儿 pan$^{224-31}$pu$^{33}$tʂaur$^{45}$

风筝 fəŋ$^{224-31}$tʂəŋ$^{33}$

藏迷糊儿 tsʰaŋ$^{53}$mi$^{45}$xur$^{224}$ 捉迷藏

拔河 pa$^{53}$xɤ$^{53}$

传团子 tsʰuan$^{53}$tʰuan$^{53-45}$tsʅ$^{0}$ 一种
将两三个沙包上下抛接的游戏

扔包儿 zəŋ$^{224}$paur$^{224}$ 一种扔沙包
游戏

跑鹅 pʰau$^{45}$ɤ$^{53}$ 一种至少四个人的沙
包游戏

踢毽儿 tʰi$^{224}$tɕiɻer$^{31}$

蹦皮筋儿 pəŋ$^{31}$pʰi$^{53}$tɕiɻɤ$^{224}$

跳高儿 tʰiau$^{31}$kaur$^{224}$

抖空竹 tou$^{45}$kʰuŋ$^{224}$tsu$^{224}$

拾子儿 ʂʅ$^{53}$tsɿ$^{45}$ 收集圆形或方形
等倾向于规则的小砖头、小石子儿，
抓取着玩儿，最后看谁抓取的多

拾口儿 ʂʅ$^{53}$tɻer$^{224}$

输 tʂʰu$^{224}$

赢 niŋ$^{53}$

弹溜儿溜儿 tʰan$^{53}$liɻour$^{53-45}$liɻour$^{0}$
弹珠

摔宝 suai$^{224-31}$pau$^{45}$

吹泡儿泡儿 tsʰuei$^{224}$pʰaur$^{31-53}$pʰaur$^{0}$

撇撇儿 pʰie$^{224}$pʰiɻer$^{224}$ 打水漂

　撇泡儿 pʰie$^{224}$pʰaur$^{31}$

洑水 fu$^{31}$suei$^{45}$ 游泳

摔炮儿 suai$^{224}$pʰaur$^{31}$

蹦房子 pəŋ$^{31}$faŋ$^{53-45}$tsʅ$^{0}$

走方 tsou$^{45}$faŋ$^{224}$ 一种模拟象棋的
游戏

　走顶 tsou$^{45}$tiŋ$^{45}$

蛤蟆跳井 xɤ$^{53-45}$ma$^{0}$tʰiau$^{31}$tɕiŋ$^{45}$
在地上画一个井字，小孩儿在上面蹦
着玩儿

碰钱儿 pʰəŋ$^{31}$tɕʰiɻer$^{53}$

蹦绳 pəŋ$^{31}$ʂəŋ$^{53}$

□绳 zou$^{224}$ʂəŋ$^{53}$ 摇绳

踢瓦碴儿 tʰi$^{224}$ua$^{45-213}$tsʰɻær$^{33}$

木头人儿 mu$^{31-53}$tʰou$^{0}$zɤ$^{53}$

### （2）成人娱乐活动

猜拳 tsʰai$^{224}$tɕʰyan$^{53}$

　划拳 xua$^{53}$tɕʰyan$^{53}$

猜谜儿 tsʰai$^{224}$miɻɤ$^{53}$

下棋 ɕia$^{31}$tɕʰi$^{53}$

象棋 ɕiaŋ$^{31}$tɕʰi$^{53}$

棋盘儿 tɕʰi$^{53}$pʰer$^{53}$

棋子儿 tɕʰi$^{53}$tsɻɤ$^{45}$

河 xɤ$^{53}$

老将 lau⁴⁵tɕiaŋ³¹

老帅 lau⁴⁵suai³¹

士 sʅ³¹

相 ɕiaŋ³¹

象 ɕiaŋ³¹

车 tʂʰɤ²²⁴/tɕy²²⁴

马 ma⁴⁵

炮 pʰau³¹

卒 tsu⁵³

　卒子 tsu⁵³⁻⁴⁵tsʅ⁰

　小卒儿 ɕiau⁴⁵tsʅur⁵³

拱卒儿 kuŋ⁴⁵tsʅur⁵³

上马 ʂaŋ³¹ma⁴⁵

走马 tsou⁴⁵ma⁴⁵

跳马 tʰiau³¹ma⁴⁵

出车 tʂʰu²²⁴tɕy²²⁴

支士 tsʅ²²⁴sʅ³¹

上士 ʂaŋ³¹sʅ³¹

下士 ɕia³¹sʅ³¹ 吃士

　落士 lau³¹sʅ³¹

　拿士 na⁵³sʅ³¹

飞相 fei²²⁴ɕiaŋ³¹

上相 ʂaŋ³¹ɕiaŋ³¹

走相 tsou⁴⁵ɕiaŋ³¹

下相 ɕia³¹ɕiaŋ³¹ 吃相

　落相 lau³¹ɕiaŋ³¹

　拿相 na⁵³ɕiaŋ³¹

　舔相 tʰian⁴⁵ɕiaŋ³¹

将军 tɕian²²⁴tɕyn²²⁴

马后炮 ma⁴⁵xou³¹pʰau³¹

围棋 uei⁵³tɕʰi⁵³

黑子儿 xei²²⁴⁻³¹tsʅɚ⁴⁵

白子儿 pai⁵³tsʅɚ⁴⁵

马走日 ma⁴⁵tsou⁴⁵zʅ³¹

象走田 ɕiaŋ³¹tsou⁴⁵tʰian⁵³

炮打一溜烟 pʰau³¹ta⁴⁵i⁴⁵liou³¹
　ian²²⁴

斗地主 tou³¹ti³¹tʂu⁴⁵

赶大车 kan⁴⁵ta³¹tʂʰɤ²²⁴

推牌九儿 tʰuei²²⁴pʰai⁵³tɕiɻour⁴⁵

　拱牛子 kuŋ⁴⁵niou⁵³⁻⁴⁵tsʅ⁰

老纸牌儿 lau⁴⁵tsʅ⁴⁵pʰɐr⁵³

麻将 ma⁵³tɕian³¹

纸牌儿 tsʅ⁴⁵pʰɐr⁵³

掷色子 tʂʅ³¹sai²²⁴⁻³¹tsʅ⁰

压宝 ia²²⁴⁻³¹pau⁴⁵

打升级 ta⁴⁵ʂəŋ²²⁴tɕi²²⁴

挤王八 tɕi⁴⁵uan⁵³⁻⁴⁵pa⁰

信不信 ɕin³¹⁻⁵³pu³³ɕin³¹

七毛儿二五三儿 tɕʰi²²⁴maur⁵³
　ɭ³¹u⁴⁵sʅɐr²²⁴

对乎儿 tuei³¹⁻⁵³xur⁰

打百分儿 ta⁴⁵pai²²⁴fɚ²²⁴

打羽毛球儿 ta⁴⁵y⁴⁵mau⁵³tɕʰiɻour⁵³

打乒乓球儿 ta⁴⁵pʰiŋ²²⁴pʰaŋ²²⁴
　tɕʰiɻour⁵³

打篮球 ta⁴⁵lan⁵³tɕʰiou⁵³

踢足球 tʰi²²⁴tsu²²⁴tɕʰiou⁵³

耍猴儿的 sua⁴⁵xour⁵³⁻⁴⁵ti⁰

放花 faŋ³¹xua²²⁴

放 炮 仗 faŋ³¹pʰau³¹⁻⁵³ʂaŋ⁰/faŋ³¹
　　pʰau³¹⁻⁵³tʂʰaŋ⁰

放二起脚 faŋ³¹ʅ³¹tɕʰi⁵³tɕiau²²⁴

　放二踢脚 faŋ³¹ʅ³¹tʰi⁵³tɕiau²²⁴

　放二起儿 faŋ³¹ʅ³¹tɕʰiɻɚ⁴⁵

拉小鞭儿 la²²⁴ɕiau⁴⁵piɻer²²⁴

　　（3）戏曲、曲艺等

胡琴儿 xu⁵³⁻⁴⁵tɕʰiɻɚ⁰

耍龙灯 sua⁴⁵luŋ⁵³təŋ²²⁴

耍旱船 sua⁴⁵xan³¹tsʰuan⁵³

踩高跷 tsʰai⁴⁵kau²²⁴⁻³¹tɕʰiau³³

扭秧歌儿 niou⁴⁵iaŋ²²⁴⁻³¹kɣr³³

打花鼓儿 ta⁴⁵xua²²⁴⁻³¹kur⁴⁵

腰鼓儿队儿 iau²²⁴⁻³¹kur⁴⁵tuɻɚ³¹

花鼓戏 xua²²⁴⁻³¹ku⁴⁵ɕi³¹

耍大刀 sua⁴⁵ta³¹tau²²⁴

耍 双 截 棍 儿 sua⁴⁵suaŋ²²⁴tɕie⁵³
　　kuɚ³¹

独角儿戏 tu⁵³tɕiɻaur²²⁴ɕi³¹

木偶儿戏 mu³¹nɻour²²⁴ɕi³¹

梆子 paŋ²²⁴⁻³¹tsʅ⁰

戏台 ɕi³¹tʰai⁵³

　戏台子 ɕi³¹tʰai⁵³⁻⁴⁵tsʅ⁰

戏棚 ɕi³¹pʰəŋ⁵³

前台 tɕʰian⁵³tʰai⁵³

后台 xou³¹tʰai⁵³

戏箱 ɕi³¹ɕiaŋ²²⁴

正戏 tʂəŋ³¹ɕi³¹

垫戏 tian³¹ɕi³¹

小戏 ɕiau⁴⁵ɕi³¹

夜戏 ie³¹ɕi³¹

夜场 ie³¹tʂʰaŋ⁴⁵

白场 pai⁵³tʂʰaŋ⁴⁵

开戏 kʰai²²⁴ɕi³¹

开演 kʰai²²⁴⁻³¹ian⁴⁵

散场 san³¹tʂʰaŋ⁴⁵

加戏 tɕia²²⁴ɕi³¹

戏子 ɕi³¹⁻⁵³tsʅ⁰

　演员儿 ian⁴⁵yɻer⁵³

大花脸 ta³¹xua²²⁴⁻³¹lian⁴⁵

二花脸 ʅ³¹xua²²⁴⁻³¹lian⁴⁵

丑儿 tsʰour⁴⁵

小花脸儿 ɕiau⁴⁵xua²²⁴⁻³¹liɻer⁴⁵

老生 lau⁴⁵səŋ²²⁴

小生 ɕiau⁴⁵səŋ²²⁴

武生 u⁴⁵səŋ²²⁴

老旦 lau⁴⁵tan³¹

小旦 ɕiau⁴⁵tan³¹

花旦 xua²²⁴tan³¹

武旦 u⁴⁵tan³¹

正旦 tʂəŋ³¹tan³¹

青衣 tɕʰiŋ²²⁴·²²⁴

杠旗的 kʰaŋ⁵³tɕʰi⁵³⁻⁴⁵ti⁰

跑龙套的 pʰau⁴⁵luŋ⁵³tʰau³¹⁻⁵³ti⁰

莲花落 lian⁵³⁻⁴⁵xua⁰lau³¹

打落子 ta⁴⁵lau³¹⁻⁵³tsʅ⁰

四弦儿 sʅ³¹ɕiɻɚʳ⁵³

翻跟头 fan²²⁴kən²²⁴⁻³¹tʰou³³

打车轮儿 ta⁴⁵tʂʰɤ²²⁴luɻɚ⁵³

拿大顶 na⁵³ta³¹tiŋ⁴⁵

变戏法儿 pian³¹ɕi³¹fæʳ²²⁴

说书 ʂuo²²⁴ʂu²²⁴

唱戏 tʂʰaŋ³¹ɕi³¹

## 二十二、动作

### （1）动作动词

摇头不甩尾 iau⁵³tʰou⁵³pu⁰suai⁴⁵ uei⁴⁵

　摇头晃脑 iau⁵³tʰou⁵³xuaŋ³¹nau⁴⁵

不楞 pu³¹ləŋ³³ 甩头

耷拉脑袋 ta²²⁴⁻³¹la³³nau⁴⁵⁻²¹³ tai³³

抬头儿 tʰai⁵³tʰɻour⁵³

仰头儿 iaŋ⁴⁵tʰɻour⁵³

低头儿 ti²²⁴tʰɻour⁵³

回头儿 xuei⁵³tʰɻour⁵³

转头儿 tsuan⁴⁵tʰɻour⁵³

扭头儿 niou⁴⁵tʰɻour⁵³

拾掇 ʂʅ⁵³⁻⁴⁵tau⁰

转脸儿 tsuan⁴⁵liɻɚʳ⁴⁵

　扭脸儿 niou⁴⁵liɻɚʳ⁴⁵

张嘴 tʂaŋ²²⁴⁻³¹tsuei⁴⁵

合上嘴 xuo⁵³⁻⁴⁵ʂaŋ⁰tsuei⁴⁵

咕嘟嘴 ku²²⁴⁻³¹tu³³tsuei⁴⁵

脸红 lian⁴⁵xuŋ⁵³

脸刷儿白 lian⁴⁵suɻæʳ²²⁴pai⁵³

睁眼 tsəŋ²²⁴⁻³¹ian⁴⁵

吹胡子瞪眼 tsʰuei²²⁴xu⁵³⁻⁴⁵tsʅ⁰ təŋ³¹ian⁴⁵

合上眼 xuo⁵³⁻⁴⁵ʂaŋ⁰ian⁴⁵

　闭煞眼儿 pi³¹⁻⁵³sa⁰iɻɚʳ⁴⁵

　挤煞眼儿 tɕi⁴⁵⁻²¹³sa³³iɻɚʳ⁴⁵

挤眉弄眼儿 tɕi⁴⁵mei⁵³nuŋ³¹iɻɚʳ⁴⁵

眯缝眼儿 mi²²⁴⁻³¹fəŋ³³iɻɚʳ⁴⁵

　眯着眼 mi⁴⁵⁻²¹³tʂau³³ian⁴⁵

转眼珠儿 tsuan³¹ian⁴⁵tʂuɚ˞²²⁴

含着泪花儿 xan⁵³⁻⁴⁵tʂau⁰luei³¹ xuæʳ²²⁴

流眼泪儿 liou⁵³ian⁴⁵luɻɚ˞³¹

耷拉耳朵 ta²²⁴⁻³¹la³³l˞⁴⁵⁻²¹³tau³³

支棱꞊ tsʅ²²⁴⁻³¹ləŋ³³ ～着耳朵听

捣乱 tau⁴⁵luan³¹

搉 tsʰou²²⁴ 从下面向上用力扶起人或 掀起重物

搋 tsʰou²²⁴ 从一端或一侧托起沉重的

物体

刺手 la$^{53}$ʂou$^{45}$

举手 tɕy$^{45}$ʂou$^{45}$

摆手儿 pai$^{45}$ʂour$^{45}$

招手儿 tʂau$^{224-31}$ʂour$^{45}$

撒手儿 sa$^{224-31}$ʂour$^{45}$

松手儿 suŋ$^{224-31}$ʂour$^{45}$

伸手儿 ʂən$^{224-31}$ʂour$^{45}$

动手儿 tuŋ$^{31}$ʂour$^{45}$

拍手儿 pʰai$^{224-31}$ʂour$^{45}$

鼓掌 ku$^{45}$tʂaŋ$^{45}$

　拍巴掌儿 pʰai$^{224}$pa$^{224-31}$tʂær$^{33}$

　拍呱儿 pʰai$^{224}$kuær$^{53}$

弹指头 tʰan$^{53}$tʂʅ$^{224-31}$tʰou$^{33}$

攥拳头 tsuan$^{31}$tɕʰyan$^{53-45}$tʰou$^{0}$

背着手儿 pei$^{31-53}$tʂau$^{0}$ʂour$^{45}$

揣着手儿 tsʰuai$^{224-31}$tʂau$^{33}$ʂour$^{45}$

背揣手儿 pei$^{31}$tsʰuai$^{224-31}$ʂour$^{45}$

掐着腰儿 tɕʰia$^{224-31}$tʂau$^{33}$iɻaur$^{224}$

叉着手儿 tsʰa$^{224-31}$tʂau$^{33}$ʂour$^{45}$

扒拉 pa$^{224-31}$la$^{33}$

　拨拉 pɤ$^{224-31}$la$^{33}$

　不拉 pu$^{224-31}$la$^{33}$

捂住 u$^{45-213}$tʂu$^{33}$

掩住 ian$^{45-213}$tʂu$^{33}$

盖住 kai$^{31-53}$tʂu$^{0}$

摸挲 mau$^{224-31}$suo$^{33}$

把屎 pa$^{45}$sʅ$^{45}$

把尿 pa$^{45}$niau$^{31}$

扶着 fu$^{53-45}$tʂau$^{0}$

　搀着 tʂʰan$^{224-31}$tʂau$^{33}$

杵着 tʂʰu$^{45-213}$tʂau$^{33}$

拽着 tsuai$^{31-53}$tʂau$^{0}$

掐着 tɕʰia$^{224-31}$tʂau$^{33}$

扳着 pan$^{45-213}$tʂau$^{33}$

跺脚儿 tuo$^{31}$tɕiɻaur$^{224}$

踮脚儿 tian$^{45}$tɕiɻaur$^{224}$

舒脚 ʂu$^{224}$tɕiau$^{224}$ 伸脚

翘二郎腿儿 tɕʰiau$^{31}$l̩$^{31}$laŋ$^{53}$ tʰuɻ$^{45}$

蜷腿儿 tɕʰyan$^{53}$tʰuɻ$^{45}$

抖腿 tou$^{45}$tʰuei$^{45}$

晃腿 xuan$^{31}$tʰuei$^{45}$

踢腿 tʰi$^{224-31}$tʰuei$^{45}$

抻腿儿 tʂʰən$^{224-31}$tʰuɻ$^{45}$

蹬腿儿 təŋ$^{224-31}$tʰuɻ$^{45}$

撒丫子 sa$^{224}$ia$^{224-31}$tsʅ$^{0}$

尥蹶子 liau$^{31}$tɕye$^{224-31}$tsʅ$^{0}$

跑腿儿 pʰau$^{45}$tʰuɻ$^{45}$

弯腰 uan$^{224}$iau$^{224}$

拱背 kuŋ$^{45}$pei$^{31}$

伸腰儿 ʂən$^{224}$iɻaur$^{224}$

前探腰儿 tɕʰian$^{53}$tʰan$^{31}$iɻaur$^{224}$

耸肩膀儿 suŋ$^{45}$tɕian$^{224-31}$pær$^{45}$

挺胸 tʰiŋ$^{45}$ɕyŋ$^{224}$

搋鼻子 ɕiŋ$^{45}$pi$^{53-45}$tsʅ$^{0}$

打嚏喷 ta$^{45}$tʰi$^{31-53}$fən$^{0}$ 打喷嚏

打哆嗦 ta$^{45}$tuo$^{224-31}$suo$^{33}$

　打冷战儿 ta$^{45}$lən$^{45}$tʂær$^{31}$

　□□ tɕy$^{31}$lie$^{33}$

跍□ ku$^{53-45}$tɕi$^{0}$ 蹲着

　蹲下 tuən$^{224-31}$ɕia$^{33}$

盘腿儿 pʰan$^{53}$tʰuɽ$^{45}$

摔倒 suai$^{224-31}$tau$^{33}$

绊倒 pan$^{31-53}$tau$^{0}$

爬起来 pʰa$^{53-45}$tɕʰi$^{0}$lai$^{53}$

站起来 tsan$^{31-53}$tɕʰi$^{0}$lai$^{53}$

　立起来 li$^{31-53}$tɕʰi$^{0}$lai$^{53}$

嘴啃地 tsuei$^{45}$kʰən$^{45}$ti$^{31}$

倒栽葱 tau$^{31}$tsai$^{224}$tsʰuŋ$^{224}$

后仰炮 xou$^{31}$niaŋ$^{45}$pʰau$^{31}$

挽袖子 uan$^{45}$ɕiou$^{31-53}$tsʐ$^{0}$

打架 ta$^{45}$tɕia$^{31}$

肘起来 tsou$^{45-213}$tɕʰi$^{33}$lai$^{53}$ 打起来

惯着 kuan$^{31-53}$tʂau$^{0}$

　逞着 tʂʰən$^{45-213}$tʂau$^{33}$

娇生惯养 tɕiau$^{224}$səŋ$^{224}$kuan$^{31}$iaŋ$^{45}$

蹁 pian$^{45}$ 踩

糊住 xu$^{53-45}$tʂu$^{0}$

糟践 tsau$^{45-213}$tɕian$^{33}$

码起来 ma$^{45-213}$tɕʰi$^{33}$lai$^{53}$

码齐洁 ma$^{45}$tɕʰi$^{53-45}$tɕie$^{0}$

摞起来 luo$^{53-45}$tɕʰi$^{33}$lai$^{53}$

排起来 pʰai$^{53-45}$tɕʰi$^{33}$lai$^{53}$

堆起来 tsuei$^{224-31}$tɕʰi$^{33}$lai$^{53}$

□和 tɕiaŋ$^{53}$xuo$^{0}$ 把屋子弄得乱七八糟

剩下 ʂən$^{31-53}$ɕia$^{0}$

刨去 pʰau$^{53}$tɕʰi$^{0}$

　刨除 pʰau$^{53}$tʂʰu$^{53}$

□□ ku$^{53}$tɕʰiou$^{0}$ 动来动去

鞽鞽着 tɕiou$^{53-45}$tɕiou$^{0}$tʂau$^{224}$ 紧缩、后缩着

打个沉"儿 ta$^{45}$kɤ$^{31}$tʂʰɤ$^{3-53}$ 中途休息

　打顿儿 ta$^{45}$tɽ$^{31}$

　打个顿儿可 ta$^{45}$kɤ$^{31}$tɽ$^{31-31}$kʰɤ$^{0}$

嘬瘪子 tsuo$^{31}$pie$^{45-213}$tsʐ$^{0}$ 遭遇难处

杀威儿唑 sa$^{224}$uɚ$^{224-31}$lian$^{33}$ 一开始闹,后来不闹了

归置 kuei$^{224}$tʂʐ$^{31}$ 整理

□么 sa$^{45}$mɤ$^{0}$ 眼睛到处瞄

寻 ɕin$^{53}$ 找伴侣

□ zou$^{224}$ 搭理:人家都不~他

晾晾 liaŋ$^{31}$liaŋ$^{0}$

　疵"喽 tsʰʐ$^{224-31}$lou$^{33}$

扒扒头儿 pa$^{224}$pa$^{0}$tʰɽour$^{53}$ 过来看看

碰对咾 pʰən$^{31}$tuei$^{31-53}$lau$^{0}$ 碰对了

弄喳的 nuŋ$^{31-53}$tsʰaˀti$^{0}$ 弄得很乱

摆喳的 pai$^{45-213}$tsʰaˀti$^{0}$ 摆得不好

摆正当 pai$^{45}$tʂən$^{31-53}$taŋ$^{0}$ 摆正

溜腿儿 liou$^{31}$tʰuɽ$^{45}$ 不会骑自行

车,只会两手扶着车把,脚蹬在踏板上一圈圈走

□喳 $k^hu^{31}ts^ha^{33}$ 刮

倒替 $tau^{53-45}t^hi^{31}$ 交替

焌 $\varphi y^{224}$ 火或蒸汽的热力碰到物体

作妖儿 $tsuo^{224}i\textstyle\int au^{224}$ 作

摘踝儿 $tsai^{224}xu\mathrm{e}^{53}$ 脱白

拾腾 $\mathrm{s}\textstyle\int^{224-31}t^h\partial\eta^{33}$ 翻腾

　翻腾 $fan^{224-31}t^h\partial\eta^{33}$

塞 $suei^{224}$

匀开 $yn^{53-45}k^hai^0$

　匀匀 $yn^{53}yn^{53}$

背过气儿去 $pei^{31-53}kuo^0t\varphi^hi\textstyle\int\partial^{31}$ $t\varphi^hi^{31}$ 晕倒

强努 $t\varphi^hia\eta^{53}nu^{45}$ 过度透支自己的体力或精力

呼歇 $xu^{224-31}\varphi ie^{33}$ 大口喘气

崩 $p\partial\eta^{224}$ 骗人钱财

抵偿 $ti^{224}ts^ha\eta^{53}$ 偿命

避宿 $pi^{31}su^{31}$ 冬眠

撸跽 $lu^{45}t\varphi i^{31}$ 累趴下

秃撸 $t^hu^{224-31}lu^{45}$ 滑,主要用于表示从平滑的表面滑下来

打曲溜光儿 $ta^{45}t\varphi^hy^{224-31}liou^{33}$ $ku\mathrm{æ}r^{53}$ 在光滑的平面上滑着玩儿

杠着 $k^ha\eta^{45-213}ts au^{33}$ 有了病不看,硬撑着

侧歪着 $tsai^{45-213}uai^{33}ts au^{224}$

斜嘛着 $\varphi ie^{53-45}ma^0ts au^{224}$

豁出去 $x\gamma^{224-31}ts\textstyle\int u^{33}t\varphi^hi^{31}$

呛 $t\varphi ia\eta^{31}$ 等于:一个~俩

糗 $t\varphi^hiou^{45}$ 面条在面汤里泡囊了

揪 $t\varphi^hiou^{224}$ 盯

供 $ku\eta^{224}$ ~孩子上学儿

遭咾号儿 $tsau^{224-31}lau^{33}xaur^{31}$ 惹了事

发狠儿 $fa^{224-31}x\partial^{45}$ 小孩做出的发狠、厉害的表情

丢儿 $ti\textstyle\int our^{224}$ 丢人,用于说小孩,与普通话中的"羞"相当

帮凑儿 $pa\eta^{224-31}ts^h\textstyle\int our^0$ 主动上前帮忙

抢破 $t\varphi^hia\eta^{45-213}p^h\gamma^{33}$ 蹭破

就尽 $t\varphi iou^{31-53}t\varphi in^0$ 尽、完之义

打哄搅 $ta^{45}xu\eta^0t\varphi iau^{45}$ 搞乱

着人 $ts au^{53}z\partial n^{53}$ 传染人

发废 $^=fa^{224}fei^{31}$ 淘气

　发嗦 $^=fa^{224}suo^{53}$

日 $z\textstyle\int^{31}$ 性交

　肏 $ts^hau^{31}$

打一脖拉捆 $ta^{45-213}i^{33}p\gamma^{53-45}$ $la^0kuai^{224}$ 打一巴掌

　打一巴掌 $ta^{45-213}i^{33}pa^{224-31}$ $ts a\eta^{45}$

　扇脖拉捆 $\mathrm{s}an^{224}p\gamma^{53-45}la^0$ $kuai^{224}$

穿戴 tsʰuan²²⁴tai³¹

捯饬 tau⁵³⁻⁴⁵tʂʐɤ⁰ 打扮

收拾 ʂou²²⁴⁻³¹sʐ³³

□□ sʐ³¹uei³³ 磨蹭

丝脑⁼sʐ²²⁴⁻³¹nau⁴⁵ 馒头、包子等面食

坏了，里面呈拉丝状

早晚脱不了 tsau⁴⁵uan⁴⁵tʰuo²²⁴⁻³¹

pu³³liau⁴⁵ 早晚得办

（2）言语行为动词

瞎白话 ɕia²²⁴⁻³¹pai⁵³⁻⁴⁵xua⁰

扯闲话 tʂɤ⁴⁵ɕian⁵³⁻⁴⁵xua⁰

闲白话 ɕian⁵³pai⁵³⁻⁴⁵xua⁰

摆闲话 pai⁴⁵ɕian⁵³⁻⁴⁵xua⁰

接茬儿 tɕie²²⁴tsʰʐær⁵³ 接话

搭腔 ta²²⁴tɕʰiaŋ²²⁴

不搭理乜茬儿 pu⁴⁵ta³¹li⁴⁵nie³¹

tsʰʐær⁵³ 不理会别人的话语

念声儿 nian⁴⁵ʂɤr²²⁴ 应声

言语儿 ian⁵³⁻⁴⁵yɻɤ⁰

不吭气儿 pu³³kʰən²²⁴tɕʰiɻɤ³¹

掰扯 pai²²⁴⁻³¹tʂɤ⁴⁵ 讲道理

圪嚷 kɤ³¹iaŋ³³ 嚷嚷

央圪 iaŋ²²⁴⁻³¹kɤ³³ 央求

召呼 tʂau³¹xuo³³ ①呵斥 ②大声

说话

扒说人 pa²²⁴⁻³¹ʂuo³³zən⁵³

告诵 kau³¹⁻⁵³suŋ⁰ 说别人的坏话

编排 pian²²⁴⁻³¹pʰai³³

撺撺 tsʰuan²²⁴⁻³¹tsʰuan³³ 撺掇

嘁喳 tɕʰi³¹tsʰa³³ 小声说话

找邪茬儿 tsau⁴⁵ɕie⁵³tsʰʐær⁵³ 找

茬儿

抬杠 tʰai⁵³kaŋ³¹

顶嘴儿 tiŋ⁴⁵tsuɻɤ⁴⁵

吵架 tsʰau⁴⁵tɕia³¹

吵包子 tsʰau⁴⁵pau²²⁴⁻³¹tsʐ⁰

搁夜⁼kɤ²²⁴ie³¹ 吵架和打架

骂街 ma³¹tɕie²²⁴

呲打 tsʰʐ²²⁴⁻³¹ta³³ 呵斥责怪

挨狗屁呲 nai⁵³kou⁴⁵pʰi³¹tsʰʐ²²⁴

挨呲打

卷眼子 tɕyan⁴⁵ian⁴⁵⁻²¹³tsʐ⁰ 骂人的话

嘟囔 tu²²⁴⁻³¹naŋ³³

叨叨 tau²²⁴⁻³¹tau³³

絮烦 ɕy³¹⁻⁵³fan⁰

挨骂 nai⁵³ma³¹

挨说 nai⁵³ʂuo²²⁴

嘱咐 tʂu²²⁴⁻³¹fu³³

喊 xan⁴⁵

叫 tɕiau³¹

随话儿答话儿 suei⁵³xuær³¹ta²²⁴

xuær³¹ 敷衍

不依 pu⁴⁵i²²⁴

不依不饶地 pu⁴⁵i²²⁴pu²²⁴⁻³¹

iau⁵³⁻⁴⁵ti⁰

得巴 tɤ²²⁴⁻³¹pa³³ 责备人话多

穷得巴 tɕʰyŋ⁵³tɤ²²⁴⁻³¹pa³³

遭着 tsau²²⁴⁻³¹tʂau³³ 犹言"走着瞧"

嗳着 ai³¹tʂau³³ 答应

大是的 ta³¹ʂʅ³¹⁻⁵³ti⁰ 表示认同

褒贬儿 pau²²⁴⁻³¹piɻɐr⁴⁵ ① 小瑕疵
② 负面评论

从怎么着去办 tsʰuŋ⁵³tsou⁴⁵ma⁰
tʂau²²⁴⁻³¹tɕʰi³³pan⁰ 无所谓

担⁼的事儿 tan²²⁴⁻³¹ti³³sɻɚ³¹

在你 tsai³¹ni⁴⁵ 犹言"取决于你"

讲讲 tɕian³¹tɕian³¹ 辩白，争论

挑呲 tʰiau²²⁴⁻³¹tsʰʅ³³ 挑剔

催 tsʰuei²²⁴

（3）心理活动动词

就打 tɕiou²²⁴⁻³¹ta³³ 迁就

掂对掂对 tian⁴⁵⁻²¹³tuei³³tian⁴⁵⁻²¹³
tuei³³ 考虑考虑

知道 tʂʅ²²⁴tau³¹

闹不清 nau³¹⁻⁵³pu⁰tɕʰiŋ²²⁴ 弄不
明白

懂 tuŋ⁴⁵

明白 miŋ⁵³⁻⁴⁵pai⁰

学会 ɕiau⁵³xuei³¹

解闷儿 tɕie⁴⁵mɚ³¹

认得 zən³¹⁻⁵³ti⁰

不认得 pu²²⁴zən³¹⁻⁵³ti⁰

认不得 zən³¹⁻⁵³pu⁰ti⁰

盘算 pʰan⁵³⁻⁴⁵suan⁰

玄⁼磨 ɕyan⁵³⁻⁴⁵mɤ⁰

合计 xɤ⁵³⁻⁴⁵tɕi⁰

掂量 tian²²⁴⁻³¹liaŋ³³

寻思 ɕin⁵³⁻⁴⁵sʅ⁰

想想 ɕian⁴⁵⁻²¹³ɕian⁰

估量 ku⁴⁵⁻²¹³liaŋ³³

猜仿 tsʰai²²⁴⁻³¹faŋ⁴⁵

动脑子 tuŋ³¹nau⁴⁵⁻²¹³tsʅ⁰

出主意 tsʰu²²⁴tʂu⁴⁵i³¹

看准 kʰan³¹tsuən⁴⁵

怨不得 yan³¹⁻⁵³pu⁰ti⁰ 原来，竟然

信 ɕin³¹

觉着 tɕiau²²⁴⁻³¹tʂau³³

猜着 tsʰai²²⁴⁻³¹tʂau³³

疑心 i⁵³ɕin²²⁴

犹犹豫豫 iou⁵³iou⁵³y³¹y³¹

没主意 mei²²⁴tʂu⁴⁵i³¹

留神儿 liou⁵³ʂɚ⁵³

提防 ti²²⁴⁻³¹faŋ⁴⁵

提心吊胆 tʰi⁵³ɕin²²⁴tiau³¹tan⁴⁵

害怕 xai³¹pʰa³¹

着急忙慌 tʂau⁵³tɕi⁵³maŋ⁵³xuan²²⁴

干瞪眼儿 kan²²⁴təŋ³¹iɻɐr⁴⁵

操心 tsʰau²²⁴ɕin²²⁴

结记 tɕie⁴⁵⁻²¹³tɕi³³

惦记 tian³¹⁻⁵³tɕi⁰

放心 faŋ³¹ɕin²²⁴

盼着 pʰan³¹⁻⁵³tʂau⁰

巴不得 pa²²⁴⁻³¹pu³³ti⁰

记着 tɕi³¹⁻⁵³tʂau⁰

　记住 tɕi³¹⁻⁵³tʂu⁰

记得 tɕi³¹⁻⁵³ti⁰

　记不得 tɕi³¹⁻⁵³pu³³ti⁰

　不记得 pu²²⁴tɕi³¹⁻⁵³ti⁰

忘 uaŋ³¹

眼红 ian⁴⁵xuŋ⁵³

　眼热 ian⁴⁵zɤ³¹

　眼气儿 ian⁴⁵tɕʰiʈɚ³¹

　嫉妒 tɕi³¹tu³¹

羡慕 ɕian³¹mu³¹

烦 fan⁵³

讨厌 tau⁵³ian³¹

　看不上 kan³¹⁻⁵³pu³³ʂaŋ³¹

怄气 nou³¹tɕʰi³¹

　生闷气 səŋ²²⁴mən³¹tɕʰi³¹

生气 səŋ²²⁴tɕʰi³¹

　发火儿 fa²²⁴⁻³¹xuɤr⁴⁵

　发脾气 fa²²⁴pʰi⁵³⁻⁴⁵tɕʰi³¹

搁气 kɤ²²⁴tɕʰi³¹

爱惜 nai³¹⁻⁵³ɕi⁰

不安好心 pu³³nan²²⁴xau⁴⁵ɕin²²⁴

绊住腿嗹 pan³¹⁻⁵³tʂu⁰tʰuei⁴⁵⁻²¹³

　lian³³ 因某事一时脱不开身

心疼 ɕin²²⁴tʰəŋ⁵³

向 ɕian³¹ 偏向

恋家 lian³¹tɕia²²⁴

　决定 tɕye²²⁴tiŋ³¹

懊头 nau⁴⁵tʰou⁵³ 懊恼

成脸儿 tʂʰəŋ⁵³liʈɚ⁴⁵ 肆无忌惮

想起来嗹 ɕian⁴⁵⁻²¹³tɕʰi³³lai⁵³⁻⁴⁵

　lian⁰ 回忆起

呛着 tɕʰian²²⁴⁻³¹tʂau³³ 估量,以……

　为倚仗,贬义:你就～我打不过你,才

　这么肆无忌惮

拿肘 na⁵³tʂou⁴⁵ 威胁

　拿法 na⁵³⁻⁴⁵fa⁰

扑夏 pu²²⁴ɕia³¹ 夏天不爱吃东西

## 二十三、位置

以上 i⁴⁵ʂaŋ³¹

上头 xaŋ³¹tʰou³³/ʂaŋ³¹⁻⁵³tʰou⁰

　上边儿 ʂaŋ³¹per³³

以下 i⁴⁵ɕia³¹

下头 ɕia³¹⁻⁵³tʰou⁰

　下边儿 ɕia³¹⁻⁵³per⁰/ɕia³¹per³³

底下 ti⁴⁵⁻²¹³ɕia³³

以内 i⁴⁵nei³¹

　之内 tsɿ⁴⁵nei³¹

左边儿 tsuo⁴⁵per²²⁴/tsuo⁴⁵piʈer²²⁴

右边儿 iou³¹peɻ²²⁴

肤头儿 fu²²⁴tʰɻou⁵³ 表面

前边儿 tɕʰian⁵³⁻⁴⁵peɻ⁰

　前头 tɕʰian⁵³⁻⁴⁵tʰou

　头里 tʰou⁵³⁻⁴⁵li⁰

中间儿 tsuŋ²²⁴tɕiɻeɻ²²⁴

　当哄间儿 taŋ²²⁴⁻³¹xuŋ³³tɕiɻeɻ⁵³

　当间儿 taŋ²²⁴tɕiɻeɻ²²⁴

树间 ʂu³¹tɕian⁰ 树旁边

这行事儿间 tʂɤ³¹xaŋ⁵³⁻⁴⁵sɻɚ³¹

tɕian⁰ 这种事上

东头儿间 tuŋ²²⁴tʰɻou⁵³tɕian⁰ 东头

里边儿 li⁴⁵⁻²¹³peɻ³³

　里头 li⁴⁵⁻²¹³tʰou³³

外边儿 uai³¹⁻⁵³peɻ⁰

　外头 uai³¹⁻⁵³tʰou⁰

开外 kʰai²²⁴uai³¹

后边儿 xou³¹⁻⁵³peɻ⁰/xou³¹peɻ³³

　后头 xou³¹⁻⁵³tʰou⁰

旁边儿 pʰaŋ⁵³piɻeɻ²²⁴

转遭儿 tsuan³¹tsɻaur²²⁴ 周遭

　缘遭儿 yan³¹tsɻaur²²⁴

侧面儿 tsʰɤ³¹miɻeɻ³¹

近处儿里 tɕin³¹⁻⁵³tsʰuɻɚ⁰li⁰

远处儿里 yan⁴⁵⁻²¹³tsʰuɻɚ³³li⁰

跟前儿 kən²²⁴tɕʰiɻeɻ⁵³

就地下 tɕʰiou²²⁴ti³¹⁻⁵³ɕia⁰ 地上

天上 tʰian²²⁴⁻³¹xaŋ³³

道儿上 tɻaur³¹⁻⁵³xaŋ⁰

道边儿上 tau³¹piɻeɻ²²⁴⁻³¹ʂaŋ³³

街上 tɕie²²⁴⁻³¹xaŋ³³

墙上 tɕʰiaŋ⁵³⁻⁴⁵xaŋ⁰

门儿上 mɚ⁵³⁻⁴⁵xaŋ⁰

　门上边儿 mən⁵³ʂaŋ³¹peɻ³³

桌子上 tsuo²²⁴⁻³¹tsɿ⁰xaŋ⁰

手里 ʂou⁴⁵⁻²¹³li³³

心里 ɕin²²⁴⁻³¹li³³

头里 tʰou⁵³⁻⁴⁵li⁰ 前头

　前头 tɕʰian⁵³⁻⁴⁵tʰou⁰

村儿东里 tsʰuɻɚ²²⁴tuŋ²²⁴⁻³¹li³³ 村东边

深处儿里 ʂən²²⁴⁻³¹tsʰuɻɚ³³li⁰ 深处

别处儿里 pie⁵³⁻⁴⁵tsʰuɻɚ⁰li⁰ 别处

道东里 tau³¹tuŋ²²⁴⁻³¹li³³ 道东

道西里 tau³¹ɕi²²⁴⁻³¹li³³ 道西

道南里 tau³¹nan⁵³⁻⁴⁵li⁰ 道南

道北里 tau³¹pei²²⁴⁻³¹li³³ 道北

城东里 tsʰəŋ⁵³tuŋ²²⁴⁻³¹li³³ 城东

城西里 tsʰəŋ⁵³ɕi²²⁴⁻³¹li³³ 城西

城北里 tsʰəŋ⁵³pei²²⁴⁻³¹li³³ 城北

城南里 tsʰəŋ⁵³nan⁵³⁻⁴⁵li⁰ 城南

肥里下 fei⁵³⁻⁴⁵li⁰ɕia³¹ 论宽大

窄里下 tsai²²⁴⁻³¹li³³ɕia³¹ 论窄

厚里下 xou³¹⁻⁵³li⁰ɕia³¹ 论厚

薄里下 pau⁵³⁻⁴⁵li⁰ɕia³¹ 论薄

小里下 ɕiau⁴⁵⁻²¹³li³³ɕia³¹ 论小

大里下 ta$^{31-53}$li$^0$çia$^{31}$ 论大

长里下 tʂʰaŋ$^{53-45}$li$^0$çia$^{31}$ 论长

短里下 tuan$^{45-213}$li$^{33}$çia$^{31}$ 论短

眼么儿前儿 ian$^{45-213}$mɤr$^{33}$tɕʰiɻer$^{53}$

　　跟前儿 kən$^{224}$tɕʰiɻer$^{53}$

面子上 mian$^{31-53}$tsɿ$^0$ʂaŋ$^{31}$

大门儿外头 ta$^{31}$mɚ$^{53}$uai$^{31-53}$tʰou$^0$

　　门儿外边儿 mɚ$^{53}$uai$^{31-53}$

　　piɻer$^0$

东南 tuŋ$^{224}$nan$^{53}$

西南 çi$^{224}$nan$^{53}$

东北 tuŋ$^{224-31}$pei$^{33}$

西北 çi$^{224-31}$pei$^{33}$

边儿上 piɻer$^{224-31}$xaŋ$^{33}$

角儿上 tɕiɻaur$^{224-31}$xaŋ$^{33}$

棱儿上 lɻɤr$^{31-53}$xaŋ$^0$

尖儿上 tɕiɻer$^{224-31}$xaŋ$^{33}$

尾巴上 i$^{45-213}$pa$^{33}$ʂaŋ$^0$

脚底下 tɕiau$^{224-31}$ti$^{45-213}$çia$^{33}$

碗底儿 uan$^{45}$tiɻɚ$^{45}$

紧北边儿 tɕin$^{45}$pei$^{224}$piɻer$^{224}$ 最
北边

紧南边儿 tɕin$^{45}$nan$^{53}$piɻer$^{224}$ 最
南边

紧西边儿 tɕin$^{45}$çi$^{224}$piɻer$^{224}$ 最
西边

紧东边儿 tɕin$^{45}$tuŋ$^{224}$piɻer$^{224}$ 最
东边

# 二十四、代词等

我 uɤ$^{45}$

俺 nan$^{45}$ ① 我 ② 我们

这人们 tʂɤ$^{31}$zən$^{53-45}$mən$^0$ ① 我们
②我

咱几啊 ⁼tsan$^{45}$tɕi$^{45-213}$a$^{33}$ 咱们几个

俺几啊 ⁼nan$^{45}$tɕi$^{45-213}$a$^{33}$ 我们几个

你 ni$^{45}$

恁 nei$^{45}$ ①你们②你

他 ta$^{45}$

他们 ta$^{45-213}$mən$^{33}$

别人儿 pie$^{53}$zɚ$^{53}$

　　旁人儿 pʰaŋ$^{53}$zɚ$^{53}$

人家 zən$^{53-45}$tɕia$^0$

大伙儿 ta$^{31-53}$xuɤr$^{33}$

咱大伙儿 tsan$^{45}$ta$^{31-53}$xuɤr$^{33}$

自个儿 tsɿ$^{31}$kɤr$^{45}$

　　各人 kɤ$^{45}$zən$^0$

有的人儿 iou$^{45-213}$ti$^0$zɚ$^{53}$

俺家 nan$^{53}$tɕia$^0$

恁家 nei$^{53}$tɕia$^0$

他家 tʰa$^{53}$tɕia$^0$

这 tʂɤ$^{31}$

那 na$^{31}$

乜 nie$^{31}$ 中指代词

这么 tʂɤ³¹mɤ³³

那么 na³¹mɤ³³

乜么 nie³¹mɤ³³

这里 tʂɤ³¹⁻⁵³li⁰

　这哈儿们 tʂan³¹xær³³mən⁰

　这哈儿们唠 tʂan³¹xær³³mən⁰lau⁰

这环儿拉儿里 tʂɤ³¹xuær⁵³⁻⁴⁵lɻær⁰li⁰ 这附近

这边儿 tʂɤ³¹pər³³

那里 na³¹⁻⁵³li⁰

　那儿哈儿们 nɻær³¹xær³³mən⁰

　那儿哈儿们唠 nɻær³¹xær³³mən⁰lau⁰

那环拉儿里 na³¹xuan⁵³⁻⁴⁵lɻær⁰li⁰ 那附近

那边儿 na³¹pər³³

乜里 nie³¹⁻⁵³li⁰ 比这里远，比那里近

　乜儿哈儿们 niɻær³¹xær³³mən⁰

　乜儿哈儿们唠 niɻær³¹xær³³mən⁰lau⁰

乜环儿拉儿里 nie³¹xuær⁵³⁻⁴⁵lɻær⁰li⁰

乜边儿 nie³¹pər³³

这下儿 tʂɤ³¹ɕiɻær³¹

这个 tʂɤ⁴⁵⁻²¹³kɤ³³

这么着 tʂɤ³¹mɤ³³tʂau²²⁴

这样儿 tʂɤ³¹iɻær³¹

乜个 nie⁴⁵⁻²¹³kɤ³³

乜么着 nie³¹mɤ³³tʂau²²⁴

乜样儿 nie³¹iɻær³¹

那个 na⁴⁵⁻²¹³kɤ³³

那么着 na³¹mɤ³³tʂau²²⁴

那样儿 na³¹iɻær³¹

这么 tʂɤ³¹mɤ³³

这么点儿 tʂɤ³¹mɤ³³tiɻer⁴⁵

这些 tʂɤ³¹ɕie⁴⁵

这么些家 tʂɤ³¹mɤ³³ɕie⁴⁵⁻²¹³tɕia³³/
　tʂɤ³¹mɤ³³ɕie⁵³⁻⁴⁵tɕia⁰

　这么些 tʂɤ³¹mɤ³³ɕie⁴⁵

那么 na³¹mɤ³³

那么点儿 na³¹mɤ³³tiɻer⁴⁵

那么些家 na³¹mɤ³³ɕie⁴⁵⁻²¹³tɕia³³/
　na³¹mɤ³³ɕie⁵³⁻⁴⁵tɕia⁰

　那么些 na³¹mɤ³³ɕie⁴⁵

那些 na³¹ɕie⁴⁵

乜么 nie³¹mɤ³³

乜么点儿 nie³¹mɤ³³tiɻer⁴⁵

乜么些家 nie³¹mɤ³³ɕie⁴⁵⁻²¹³tɕia³³/
　nie³¹mɤ³³ɕie⁵³⁻⁴⁵tɕia⁰

　乜么些 nie³¹mɤ³³ɕie⁴⁵

乜些 nie³¹ɕie⁴⁵

谁 sei⁵³

谁们 sei⁵³⁻⁴⁵mən⁰ ① 谁 ② 谁们

　谁家 sei⁵³⁻⁴⁵tɕia⁰ ① 谁 ② 谁家

么儿 mɐr⁵³ 什么

　　嗖⁼嘛 sou⁵³ma⁰

　　嘛 ma⁵³

哪里 na⁴⁵⁻²¹³li³³

　　哪哈儿 nɽær⁴⁵⁻²¹³xær⁰

哪环儿拉儿里 na⁴⁵xuær⁵³⁻⁴⁵lɽær⁰

　　li⁰ 哪附近

几啊⁼tɕi⁴⁵⁻²¹³a³³ 几个

多少 tuo⁴⁵ʂau⁰

干么儿 kan³¹mɐr⁵³ 为什么

　　做么儿 tsou³¹mɐr⁵³

　　咋儿 tɽɐr⁵³

怎嘛 tsou⁴⁵ma⁰ 怎么

怎嘛着 tsou⁴⁵ma⁰tʂau²²⁴ 怎么着

怎嘛样 tsou⁴⁵ma⁰iaŋ³¹ 怎么样

哪个 na⁴⁵kɤ³¹

哪几啊⁼na⁴⁵tɕi⁴⁵⁻²¹³a³³

咱俩 tsan³¹lia⁴⁵

恁俩 nei³¹lia⁴⁵

他俩 tʰa³¹lia⁴⁵

两口子 liaŋ⁴⁵kʰou⁴⁵⁻²¹³tsʅ⁰

娘俩儿 niaŋ⁵³liɽær⁴⁵

公公俩 kuŋ²²⁴⁻³¹kuŋ³³lia⁴⁵ 公婆俩

爷俩儿 ie⁵³liɽær⁴⁵

妯娌俩 tʂou⁵³⁻⁴⁵li⁰lia⁴⁵

弟兄俩 ti³¹⁻⁵³ɕyŋ⁰lia⁴⁵

哥儿俩儿 kɤr²²⁴⁻³¹liɽær⁴⁵

姊们俩 tsʅ⁴⁵⁻²¹³mən³³lia⁴⁵

姐俩儿 tɕie⁴⁵liɽær⁴⁵

师徒俩 sʅ²²⁴tʰu⁵³lia⁴⁵

# 二十五、形容词

曲溜 tɕʰy²²⁴⁻³¹liou³³ 滑

可恶儿 kʰɤ⁴⁵ur³¹

颤稳儿 tʂʰan³¹uɚ⁴⁵ 晃悠

倒存⁼tau³¹⁻⁵³tsʰuən⁰ 退步,不如以前

　　倒抽抽 tau³¹⁻⁵³tʂʰou⁰tʂʰou⁰

毛咕 mau⁵³⁻⁴⁵ku⁰ 慌手毛脚

时气壮 sʅ⁵³tɕʰi³¹tsuaŋ³¹ 运气好

饿 uɤ³¹

撑着嗹 tsʰən²²⁴⁻³¹tʂau³³lian⁰

骚气 sau²²⁴⁻³¹tɕʰi³³

胀饱儿 tʂaŋ³¹⁻⁵³paur⁰ 肚皮撑得发

胀,也比喻人骄傲

差不离儿 tsʰa³¹⁻⁵³pu⁰liɽ⁵³ 差不多

　　差不大离儿 tsʰa³¹⁻⁵³pu⁰tʰa³¹

　　liɽ⁵³

　　不差么儿 pu⁴⁵tsʰa³¹mɐr⁵³

大差离壶 ta³¹tsʰa³¹li⁵³xu⁵³ 差得很

多,非常不相符

不怎嘛样 pu³¹tsou³³ma⁰iaŋ³¹ 不

怎么样

不算么儿 pu⁴⁵suan³¹mɐr⁵³ 不算

什么

不济事儿 pu⁴⁵tɕi³¹sɻʅ³¹ 不管用
　不顶事儿 pu³¹tiŋ⁴⁵sɻʅ³¹
臭美 tʂʰou³¹mei⁴⁵
　要好儿 iau³¹xaur⁴⁵
可身儿 kʰɤ⁴⁵sɚ²²⁴ 合身
可脚儿 kʰɤ⁴⁵tɕiɻaur²²⁴ 合脚
鲜亮 ɕian⁴⁵⁻²¹³liaŋ³³ 色彩明亮
老 lau⁴⁵
老气 lau⁴⁵tɕʰi⁰ 显得老
少相 ʂau³¹⁻⁵³ɕiaŋ⁰ 显得年轻
土鳖 tu²²⁴pie⁵³ 土气
洋气儿 iaŋ⁵³⁻⁴⁵tɕʰiɻɚ⁰
好 xau⁴⁵
强 tɕʰiaŋ⁵³
不赖 pu⁴⁵lai²²⁴/pu²²⁴lai³¹
行咾 ɕiŋ⁵³⁻⁴⁵lau⁰ 不错
坏 xuai³¹
孬 nau²²⁴
缺 tɕʰye²²⁴ 缺德
　缺德 tɕʰye²²⁴tɤ⁵³
浑 xuən⁵³ ① 全 ② 缺德
次 tsʰɿ³¹
差劲 tsʰa³¹tɕin³¹
对付 tuei³¹⁻⁵³fu⁰ ① 便宜 ② 应付，凑合
讲究 tɕiaŋ⁴⁵⁻²¹³tɕiou³³
凑合 tsʰou³¹⁻⁵³xɤ⁰/tsʰou³¹⁻⁵³xuo⁰
　将就 tɕiaŋ⁴⁵tɕiou³¹

就和 tɕiou³¹⁻⁵³xuo⁰
俊 tsuən³¹
　好看 xau⁴⁵kʰan³¹
丑 tʂʰou⁴⁵
　孙 ⁼suən⁵³
　难看 nan⁵³kʰan³¹
　磕碜 kʰɤ²²⁴⁻³¹tsʰən³³
要紧 iau³¹tɕin⁴⁵
严实 ian⁵³⁻⁴⁵ʂʅ⁰
热闹 zɤ³¹⁻⁵³nau⁰
结实 tɕie²²⁴⁻³¹sʅ³³
　牢靠 lau⁵³⁻⁴⁵kʰau⁰
干净 kan⁴⁵tɕiŋ³¹
脏 tsaŋ²²⁴
口沉儿 kʰou⁴⁵tʂʰɚ⁵³ 口重
口轻 kʰou⁴⁵tɕʰiŋ²²⁴
糊包 xu⁵³⁻⁴⁵pau⁰ 糊了
　包锅嗹 pau²²⁴kuo²²⁴⁻³¹lian³³
馊 sou²²⁴
酸 suan²²⁴
暄和 ɕyan²²⁴⁻³¹xuo³³ 物体内部多空隙而松软
甜 tʰian⁵³
苦 kʰu⁴⁵
辣 la³¹
稀 ɕi²²⁴
薄 pau⁵³
糨 tɕiaŋ³¹ 稠

干 kan²²⁴

密 mei³¹

肥 fei⁵³

瘦 sou³¹

肥胖 fei⁵³pʰaŋ³¹

胖壮 pʰaŋ²²⁴tsuaŋ³¹

　壮 tsuaŋ³¹

嫩 luən³¹

长巴拉的 tʂʰaŋ⁵³⁻⁴⁵pa⁰la²²⁴⁻³¹ti⁰
　长条形的

弱 ʐɑu³¹

好受 xau⁴⁵ʂou³¹ 舒服

　得劲儿 tei²²⁴tɕiɚ³¹

　舒坦 ʂu²²⁴⁻³¹tʰan³³

自儿地 tsɚ³¹⁻⁵³ti⁰ 自在

难受 nan⁵³ʂou³¹

　不好受 pu³¹xau⁴⁵ʂou³¹

　不得劲儿 pu²²⁴tei²²⁴tɕiɚ³¹

没单儿 mu⁵³⁻⁴⁵tʂær¹ 孤单

麻烦 ma⁵³⁻⁴⁵fan⁰

啰嗦 luo²²⁴⁻³¹suo³³

听话儿 tʰiŋ²²⁴xuær³¹

废 ⁼fei³¹ 淘气

　嗦 ⁼suo⁵³

皮 pʰi⁵³ ① 形容听不到或不愿回应自己的呼唤的人 ② 食品受潮后不脆了

　皮贼 pʰi⁵³tsei⁵³ 喊你半天，你也不答应，真是个～

皮眉拉眼儿 pʰi⁵³mei⁵³la³¹iɻɚr⁴⁵

刚⁼孙的 慌嗦 kaŋ⁵³suən⁵³⁻⁴⁵ti⁰ xuaŋ²²⁴⁻³¹lian³³ 特别无聊

真行 tʂən²²⁴ɕiŋ⁵³

中用 tsuŋ²²⁴yŋ³¹

囫囵 xu⁵³⁻⁴⁵lin⁰

满 man⁴⁵

全 tɕʰyan⁵³/tsʰuan⁵³

鼓 ku⁴⁵ 凸

陷 ɕian³¹ 凹

明快 miŋ⁵³⁻⁴⁵kʰuai⁰ 明亮

背向 pei³¹⁻⁵³ɕiaŋ⁰ 偏僻

凉快 lian⁵³⁻⁴⁵kʰuai⁰

凉丝儿的 lian⁵³sɚ⁵³⁻⁴⁵ti⁰ 舒服的凉快

凉森的 lian⁵³sən⁵³⁻⁴⁵ti⁰ 冷飕飕的

认实 ʐən³¹ʂʐ⁵³ 容易相信别人的话

拐骨 kuai⁴⁵⁻²¹³ku³³ 别扭

旧么扯的 tɕiou³¹mɤ⁰tʂʐ⁵³⁻⁴⁵ti⁰ 非常陈旧

蔫打呼扇的 nian²²⁴⁻³¹ta³³xu²²⁴⁻³¹ʂan³³ti⁰ 寡言少语

蔫头耷拉耳的 nian²²⁴tʰou³³ta²²⁴⁻³¹la³³ɭ⁴⁵⁻²¹³ti⁰ 没精打采

赖 lai³¹ 瘦弱

斜嘛 ɕie⁵³⁻⁴⁵ma⁰ 歪斜

活动 xuo⁵³⁻⁴⁵tuŋ⁰ 动摇，不稳定

不稳当 pu³¹uən⁴⁵⁻²¹³taŋ³³

地道 ti$^{31-53}$tau$^0$

圪洁 kɤ$^{31}$tɕie$^{33}$ 干净,整齐

柱壮 tʂu$^{31-53}$tsuaŋ$^0$ 结实

晃杆 xuaŋ$^{45-213}$kan$^{33}$ 瘦弱,单薄

新 ɕin$^{224}$

趁心 tʂʰən$^{31}$ɕin$^{224}$

　应心 iŋ$^{224}$ɕin$^{224}$

糠 kʰaŋ$^{224}$

不多意的 pu$^{45}$tuo$^{224}$i$^{31-53}$ti$^0$ 没有
多少

坑坑洼洼 kʰəŋ$^{224-31}$kʰəŋ$^{33}$ua$^{224}$
ua$^{224}$

爆腾 pau$^{31-53}$tʰəŋ$^0$ 灰尘多
　爆土扬场 pau$^{31}$tʰu$^{45}$iaŋ$^{53}$tʂʰaŋ$^{53}$

擎 pʰie$^{224}$ 做事熟练、专业

力巴 li$^{31-53}$pa$^0$ 做事不熟练、不专业

迷糊 mi$^{53-45}$xu$^0$

迷里马登 mi$^{53-45}$li$^0$ma$^{45}$təŋ$^{224}$

意外 i$^{31}$uai$^{31}$

会合算 xuei$^{31}$xɤ$^{53-45}$suan$^0$ 精明

皮棱 pʰi$^{53-45}$ləŋ$^0$ 多指木板变形
　走节 tsou$^{45-213}$tɕie$^{33}$

骄傲 tɕiau$^{224}$au$^{31}$

冷不防 ləŋ$^{45}$pu$^{224}$faŋ$^{53}$/ləŋ$^{45}$pu$^{224}$
faŋ$^{45}$

随便儿 suei$^{53}$piɻer$^{31}$

一般儿 i$^{45}$pɘr$^{224}$

差点儿 tsʰa$^{31}$tiɻer$^{45}$

差 一 点 儿 点 儿 tsʰa$^{31-53}$i$^{31}$
tiɻer$^{45-213}$tiɻer$^0$

慢儿慢儿着 mɘr$^{31}$mɘr$^{45}$tʂau$^{224}$

快点儿 kʰuai$^{31-53}$tiɻer$^{33}$

不准 pu$^{31}$tsuən$^{45}$ 不太可能

□耐⁼人 sɿ$^{53}$nai$^{31}$zən$^{53}$ 难看,丢人
　腻歪人 ni$^{31-53}$uai$^0$zən$^{53}$

咸叽儿的 ɕian$^{53}$tɕiɻɚ$^{53-45}$ti$^0$ 有点
咸味,很好吃

咸 □ □ 的 ɕian$^{53}$kʰɤ$^{31}$lou$^{45-213}$
ti$^0$ 太咸,不好吃

亲家里道的 tɕʰin$^{224-31}$tɕia$^{33}$li$^{45}$
tɻaur$^{31-53}$ti$^0$

乡里乡亲的 ɕiaŋ$^{224-31}$li$^{33}$ɕiaŋ$^{224}$
tɕʰin$^{224-31}$ti$^0$

花里胡哨 xua$^{224-31}$li$^{33}$xu$^{53}$sau$^{31}$

正达 ⁼tʂən$^{31-53}$ta$^0$ 正

笔杆儿条直 pei$^{224-31}$kɘr$^{45}$tʰiau$^{53}$
tʂɿ$^{53}$ 直挺挺

足 tsu$^{53}$ 有钱,富裕

利亮 li$^{31-53}$liaŋ$^0$ 头脑清楚

沿欠 ian$^{53}$tɕʰian$^{31}$ 形容吃个八九分饱

死绑 sɿ$^{45-213}$paŋ$^{33}$ 可丁可卯,不留余地

大泛⁼儿的 ta$^{31}$fɚr$^{53-45}$ti$^0$ 有点儿
多,褒义

大发嗹 ta$^{31-53}$fa$^0$lian$^0$ 很多

行当 ɕiŋ$^{31-53}$taŋ$^0$ 累赘
　累赘 luei$^{31-53}$tsuei$^0$

不得手儿 pu⁴⁵tei³¹ʂour⁴⁵ 不顺手

　　不顺劲儿 pu⁴⁵suən³¹tɕiɻɚ³¹

巴巴结结的 pa²²⁴⁻³¹pa³³tɕie⁵³

　　tɕie⁰ti⁰ 形容日子过得艰难

□ tɕʰiou²²⁴ 管用：这药治棉铃虫特

　　别～

狡猾 tɕiau⁴⁵⁻²¹³xua³³ 偏向

　　偏心眼儿 pʰian²²⁴tɕin²²⁴⁻³¹iɻer⁴⁵

讲 ˉtɕian²²⁴ 挑食

嘎 ka⁴⁵ 不讲理

　　嘎咕 ka⁴⁵⁻²¹³ku³³

倔 tɕye³¹ ① 顶撞 ② 脾气倔强

拧咕 niŋ⁴⁵⁻²¹³ku³³ 拧，倔强

老实 lau⁴⁵⁻²¹³ʂʅ³³

　　烧生 ʂau²²⁴⁻³¹səŋ³³

　　怂 suŋ⁵³

　　窝囊 uɤ²²⁴⁻³¹naŋ⁴⁵

猛撞 məŋ⁴⁵⁻²¹³tsuaŋ³³ 鲁莽

　　愣可 ləŋ³¹⁻⁵³kʰɤ⁰

　　挣青 tsəŋ³¹⁻⁵³tɕʰiŋ⁰

　　二乎八仗的 l̩³¹⁻⁵³xu⁰pa²²⁴

　　　tʂaŋ³¹⁻⁵³ti⁰

作叉 tsuo²²⁴⁻³¹tsʰa³³ 形容人特别

　　厉害

把闯 pa⁴⁵tsʰuaŋ³¹ 不论做什么都占先

逞打 tsʰən²²⁴⁻³¹ta⁰ 敢说话

愣个强的 ləŋ³¹kɤ⁰tɕʰiaŋ⁵³⁻⁴⁵ti⁰

　　形容男性敢说敢干

赖呆臭 lai³¹tai³³tʂʰou³¹ 腼腆

　　害臊 xai³¹sau³¹

安生 nan²²⁴⁻³¹səŋ³³ 老实

认生 zən³¹səŋ²²⁴ 小孩看到陌生人哭

　　闹怕生的行为

　　诧生 tsʰa³¹səŋ²²⁴

烧包儿 ʂaur²²⁴paur²²⁴ 有点东西或

　　钱就拿出去炫耀，或者赶紧花掉

舔眼子 tʰian⁴⁵ian⁴⁵⁻²¹³tsʅ⁰ 奉承

　　溜沟子 liou²²⁴kou²²⁴⁻³¹tsʅ⁰

随伙儿 suei⁵³⁻⁴⁵xuɤr⁰ 好相处

糊涂 xu⁵³⁻⁴⁵tʰu⁰

愀 ʂau⁵³ 傻

精 tɕiŋ²²⁴

　　机灵 tɕi²²⁴⁻³¹liŋ⁴⁵

鬼 kuei⁴⁵ 形容人心眼儿多

笨 pən³¹

抠儿 kʰour²²⁴

　　小家子气 ɕiau⁴⁵⁻²¹³tɕia⁰tsʅ⁰tɕʰi¹

　　小气 ɕiau⁴⁵tɕʰi³¹

　　黑 xei²²⁴

　　罕见 xan⁴⁵tɕian³¹

大气 ta³¹tɕʰi³¹

　　大方 ta³¹faŋ²²⁴

野交 ie⁴⁵⁻²¹³tɕiau³³ 爱出去玩

□ ɕyan⁵³ ① 指人风趣幽默，有意思

　　② 指东西质量差

干么儿么儿行 kan³¹mɚ⁵³mɚ⁵³

çiŋ⁵³ 形容人干什么都很厉害

打 打呱呱的 ta⁴⁵⁻²¹³ta³³kua⁵³

　kua⁰ti⁰ 形容人什么都干不好

二 二眼眼的 ȵ¹⁻⁵³ȵ⁰ian⁴⁵⁻⁵³ian⁰

ti⁰

了不得 liau⁴⁵pu⁴⁵ti⁰

臭德性 tʂʰou³¹tɤ⁵³⁻⁴⁵çiŋ⁰

　德性样儿 tɤ⁵³⁻⁴⁵çiŋ⁰iɽær³¹

　孙相样儿 suən²²⁴çiaŋ⁵³iɽær³¹

一可趟儿 i³¹kʰɤ⁴⁵tʰɽær²²⁴ 连上趟

　了,指骂人一套一套的

溜和 liou³¹⁻⁵³xuo⁰ 利索

火亮 xuo⁴⁵⁻²¹³liaŋ³³ 敞亮

年轻儿轻儿的 nian⁵³tɕʰiɽer²²⁴

　tɕʰiɽer²²⁴⁻³¹ti⁰

淋淋拉拉的 lin²²⁴⁻³¹lin³³la²²⁴⁻³¹

　la³³ti⁰

## 二十六、副词 介词等

□□ tʰou⁴⁵çin⁰ 干脆

就 tsou³¹

旋 çyan³¹ 现:～吃～做

　现 çian³¹

都 tou²²⁴

常 tʂʰaŋ⁵³

□□ tɕʰiŋ²¹³sʅ³³ 做某事的频率很低

就手儿 tɕiou³¹ʂour⁴⁵ 马上

　马上 ma⁴⁵⁻²¹³ʂaŋ³³

　立马儿 li³¹mær⁴⁵

由＝嗒 iou⁴⁵tsan⁰ 做某事很快,令人

　感到意外

早就 tsau⁴⁵tsou³¹

尽＝着 tɕin⁴⁵⁻²¹³tʂau³³/tɕin⁵³tʂau⁰

　迟迟:～不来

紧着 tɕin⁴⁵⁻²¹³tʂau³³ 优先:～恁那活

　儿干

且 tʰie²²⁴

紧忙儿地 tɕin⁴⁵mær⁵³⁻⁴⁵ti⁰ 赶紧地

　即早儿 tɕi³¹tsɽaur⁴⁵

　趁早儿 tʂʰən³¹tsɽaur⁴⁵

　赶紧 kan⁴⁵tɕin⁴⁵

接常不断儿地 tɕie²²⁴tʂʰaŋ⁵³pu²²⁴

　tuɽer³¹⁻⁵³ti⁰ 时不时地

光 kuaŋ²²⁴

随着 suei⁵³⁻⁴⁵tʂau⁰

直个劲儿地 tʂʅ⁵³kɤ³¹tɕiɽə̯³¹⁻⁵³ti⁰

　一个劲儿地

　一供劲 i⁴⁵kuŋ²²⁴tɕin³¹

登时 təŋ⁴⁵sʅ⁵³ 很快

正是＝地 tʂəŋ³¹sʅ⁵³ti⁰ 表示递进关

　系,相当于"越"

早已 tsau⁴⁵i⁴⁵ 很早已经

已经 i³¹tɕiŋ³³

刚 kaŋ²²⁴

　才 tsʰai⁵³

　才刚 tsʰai⁵³kaŋ²²⁴

　刚才 kaŋ²²⁴tsʰai⁵³

刚好儿 kaŋ²²⁴⁻³¹xaur⁴⁵

先 ɕian²²⁴

快要 kʰuai³¹iau³¹

从来 tsʰuŋ⁵³lai⁵³

　自来 tsʅ⁴⁵lai⁵³

　本来 pən⁴⁵lai⁵³

一直 i⁴⁵tsʅ⁵³

始终 sʅ⁴⁵tsuŋ²²⁴

压根儿 ia²²⁴⁻³¹kɚ²²⁴

正好儿 tʂəŋ³¹xaur⁴⁵

重新 tsʰuŋ³¹ɕin²²⁴

不定 pu⁴⁵tiŋ³¹ 不论

　不论 pu⁴⁵lin³¹

早晚 tsau⁴⁵uan⁴⁵

　迟早 tʂʰʅ⁵³tsau⁴⁵

动不动 tuŋ³¹⁻⁵³pu³³tuŋ³¹

眼看 ian⁴⁵kʰan³¹

暂时 tsan³¹sʅ⁵³

随后 suei⁵³xou³¹

还 xan⁵³

又 iou³¹

再 tsai³¹

一再 i²²⁴tsai³¹

　再三 tsai³¹san²²⁴

预先 y³¹ɕian²²⁴

挺 tʰiŋ⁵³

血 ⁼ɕie²²⁴ 特别

　忒 tʰei²²⁴

　成 tʂʰəŋ⁴⁵

　傻 ʂa⁴⁵

倍儿 pɚ³¹

　贼 tsei⁵³

顶 tiŋ⁴⁵ 最：～好嗦

最 tsuei³¹

顶不济 tiŋ⁵³pu³³tɕi³¹ 最差

齁儿 xour²²⁴

死 sʅ⁴⁵ 程度副词，表示程度高得有点
　过分

些微地 ɕie²²⁴uei²²⁴⁻³¹ti⁰ 稍微地

　略微 lye³¹uei²²⁴

　稍微 sau²²⁴uei²²⁴

逾外地 y²²⁴uai³¹⁻⁵³ti⁰ 分外地

　约外的 ye²²⁴uai³¹⁻⁵³ti⁰

出奇 tʂʰu²²⁴tɕʰi⁵³ 程度副词，表示程
　度远远超过一般

实在地 sʅ⁵³tsai⁴⁵⁻²¹³ti⁰

　着实地 tsau⁵³sʅ⁵³⁻⁴⁵ti⁰

嗬儿 xɤr³¹ 很：好得～

一个点儿 i⁴⁵kɤ³¹tiʐer⁴⁵ 程度副词，
　相当于“极”：不听话儿～

沾早点儿 tʂan²²⁴tsau⁴⁵⁻²¹³tiʐer³³
　稍微早点儿

不大 pu⁴⁵ta³¹
　不太 pu⁴⁵tʰai³¹
老里 lau⁴⁵⁻²¹³li³³ 很，非常
怪 kuai³¹
更 kəŋ³¹
相当 ɕiaŋ⁴⁵taŋ²²⁴
生 səŋ²²⁴ 不让去～去
多 tuo⁴⁵ ～热唵
多么 tuo⁴⁵mɤ⁰
过于 kuo³¹y⁵³
越 ye³¹
非常 fei²²⁴tʂʰaŋ⁵³
比较 pi⁴⁵tɕiau²²⁴
尤其 iou⁵³tɕʰi⁵³
尽量 tɕin³¹liaŋ³¹
加倍 tɕia²²⁴pei³¹
也就 i⁴⁵tsou³¹
满打满算 man⁴⁵ta⁴⁵man⁴⁵suan³¹
遥大里 iau⁵³⁻⁴⁵ta⁰li³¹ 到处
　遥处儿里 iau⁵³tsʰuɻə·³¹li⁰
统共 tʰuŋ⁴⁵kuŋ³¹ 一共
　总共 tsuŋ⁴⁵kuŋ³¹
　一共 i⁴⁵kuŋ³¹
统统 tʰuŋ²²⁴tʰuŋ²²⁴
乱 luan³¹ 全：～都来嗹
　净 tɕin³¹
至少 tʂɿ³¹ʂau⁴⁵
只 tʂɿ⁴⁵

甭家 pəŋ⁵³tɕia⁰
　甭 pəŋ⁵³
别 pie⁵³
没家 mei⁴⁵⁻²¹³tɕia³³ 没有
冒失地 mau⁵³ʂɿ⁵³⁻⁴⁵ti⁰ 突然
　冒不失地 mau⁵³pu⁰ʂɿ⁵³⁻⁴⁵ti⁰
行么儿样儿地 xaŋ⁵³mɤɻ⁰iɻær³¹ti⁰
无缘无故
　凭白无故地 pʰiŋ⁵³pai⁵³u⁵³ku³¹⁻⁵³ti⁰
没事地家 mu⁵³sɿ³¹⁻⁵³ti⁰tɕia⁰ 没事找事
得为地 tei²²⁴uei³¹⁻⁵³ti⁰ 故意地
　经心 tɕiŋ³¹ɕin²²⁴
　成心 tʂʰəŋ⁵³ɕin²²⁴
　存心 tsʰuən⁵³ɕin²²⁴
　安着心地 nan²²⁴⁻³¹tʂau³³ɕin²²⁴⁻³¹ti⁰
亏咾 kʰuei²²⁴⁻³¹lau³³ 亏得：～你没去
般不地 pan²²⁴⁻³¹pu³³ti⁰ 比不得，比不了：俺去人家不给便宜，～你
悄么儿样儿地 tɕʰiau²²⁴mɤɻ³¹iɻær⁵³⁻⁴⁵ti⁰ 悄无声息地
齐大乎儿地 tɕʰi⁵³ta³¹xur⁵³⁻⁴⁵ti⁰ 整整齐齐地
　齐大限"儿地 tɕʰi⁵³ta³¹ɕiɻær⁵³⁻⁴⁵ti⁰
　齐茬儿地 tɕʰi⁵³tsʰɻær⁵³⁻⁴⁵ti⁰

自管 tsʅ³¹kuan⁴⁵ 任由

信着性儿地 ɕin³¹⁻⁵³tʂau⁰ɕiɻɚ³¹⁻⁵³
ti⁰

硬是 iŋ³¹sʅ³¹ 非得

好生 xau⁴⁵⁻²¹³ʂən³³ 老老实实地:～待着

光顾地 kuaŋ²²⁴ku³¹⁻⁵³ti⁰ 只顾

捎带脚儿 sau²²⁴tai³¹tɕiɻaur²²⁴
顺便

　捎着 sau²²⁴⁻³¹tʂau³³

本心里 pən⁴⁵ɕin²²⁴⁻³¹li³³ 打心里

提另 tʰi⁵³liŋ³¹ 另外

　单另 tan²²⁴liŋ³¹

也兴 ie⁴⁵ɕiŋ²²⁴ 也许

横⁼不能 xəŋ³¹⁻⁵³pu³¹nəŋ⁵³ 根不能

敢则 kan⁴⁵⁻²¹³tsʅ³³/kan⁴⁵⁻²¹³sʅ³³
你～有钱,是不害怕

上赶着 ʂaŋ³¹kan⁴⁵⁻²¹³tʂau³³

挨忙儿地 nai²²⁴mær⁵³⁻⁴⁵ti⁰ 一个
紧挨一个地

闹半天 nau³¹⁻⁵³pan³¹tʰian²²⁴ 竟然

　闹半年 nau³¹⁻⁵³pan³¹nian⁵³

怪不得 kuai³¹⁻⁵³pu⁰ti⁰

　怨不得 yan³¹⁻⁵³pu⁰ti⁰

　怨得 yan³¹⁻⁵³ti⁰

没承望 mei²²⁴⁻³¹tʂʰəŋ⁴⁵uaŋ³¹ 没
想到

对劲儿 tuei³¹tɕiɻɚ³¹

就伴儿 tɕiou³¹pɚr³¹

　就着伴儿地 tɕiou³¹⁻⁵³tʂau⁰pɚr³¹⁻⁵³
ti⁰

白 pai⁵³ ～跑一趟

偷偷儿摸儿摸儿地 tʰou²²⁴tʰɻour²²⁴
mɣr²²⁴mɣr²²⁴⁻³¹ti⁰

背着 pei³¹⁻⁵³tʂau⁰

背地儿里 pei³¹tiɻɚ³¹⁻⁵³li⁰

明目仗胆地 miŋ⁵³mu³¹tʂaŋ³¹
tan⁴⁵⁻²¹³ti⁰

青天白眼儿地 tɕʰiŋ²²⁴tʰian²²⁴
pai⁵³iɻɚr⁴⁵⁻²¹³ti⁰ 青天白日地

偏 pʰian²²⁴

非 fei²²⁴

确实 tɕʰye³¹sʅ⁵³/tɕʰye²²⁴sʅ⁵³

确确实实 tɕʰye²²⁴tɕʰye²²⁴sʅ⁵³sʅ⁵³

专门儿 tsuan²²⁴mɚ⁵³

重新 tsʰuŋ⁵³ɕin²²⁴

老是 lau⁴⁵sʅ³¹ 总是

可能 kʰɣ⁴⁵nəŋ⁵³

没准儿 mei³¹tsuɻɚ⁴⁵/mei⁵³tsuɻɚ⁴⁵

准 tsuən⁴⁵

到底 tau³¹ti⁴⁵

绝对 tɕye⁵³tuei³¹

可 kʰɣ⁴⁵

没的 mu⁵³ti⁰ 表示猜测的情态副词:
　～他没来啊

合着 xɤ⁵³⁻⁴⁵tʂau⁰ 表示总结的情态
副词，同时也带有失望、愠怒的语
气：～没我的事儿呀

备不住 pei³¹⁻⁵³pu³³tʂu³¹ 表示猜测
可能性的情态副词：～是他干的
挡⁼不住 taŋ³¹⁻⁵³pu³³tʂu³¹

行⁼么 xaŋ³¹mɤ³³ 可能：～是他干
的嗳?

反正 fan⁴⁵⁻²¹³ʂən³³ 常用于否定句中
横是 xəŋ⁴⁵⁻²¹³tʂʰɿ³³
□□ xuŋ²¹³ʂən³³
□□ xuŋ²¹³tʂʰən³³

打懂⁼是⁼ta⁴⁵tuŋ⁴⁵⁻²¹³sɿ³³ 表示递
进：这里越没钱哩，～又病哔

自凡 tsɿ³¹fan³¹ 但凡

于是 y³¹sɿ³¹

万一 uan³¹i²²⁴

可算 kʰɤ⁴⁵suan³¹
总算 tsuŋ⁴⁵suan³¹

千万 tɕʰian²²⁴uan³¹

正好儿 tʂəŋ³¹xaur⁴⁵
赶巧儿 kan⁴⁵tɕʰiɻaur⁴⁵
凑巧儿 tsʰou³¹tɕʰiɻaur⁴⁵

无非 u⁵³fei²²⁴

大约着 ta³¹iau²²⁴⁻³¹tʂau³³ 大约
八成 pa²²⁴tʂʰəŋ⁵³
估摸 ku⁵³mɤ⁰
大概齐 ta³¹kai³¹tɕʰi⁵³

仗着 tʂaŋ³¹⁻⁵³tʂau⁰ 靠

觉着 tɕiau²²⁴⁻³¹tʂau³³ 觉得

离备⁼li⁵³⁻⁴⁵pei⁰ 表示不满和斥责的
语气副词：都说好哔，～你不去又

保险 pau⁴⁵ɕian⁴⁵ 保证

多半儿 tuo²²⁴pɐr³¹

闹不好 nau³¹⁻⁵³pu⁰xau⁴⁵ 搞不好

从 tsʰuŋ⁵³/tɕʰiŋ⁵³
在 tai⁴⁵

打 ta⁴⁵ ～明天起
打从 ta⁴⁵tsʰuŋ⁵³
自从 tsɿ³¹tsʰuŋ⁵³
从打 tsʰuŋ⁵³ta⁴⁵
头打 tʰou⁵³ta⁴⁵

由 iou⁵³ ～南向北
自 tsɿ³¹

捋着 ly⁴⁵tʂau³³ 顺着
顺 suən³¹
顺着 suən³¹⁻⁵³tʂau⁰
沿 ian⁵³
沿着 ian⁵³⁻⁴⁵tʂau⁰

向 ɕian³¹
向着 ɕian³¹⁻⁵³tʂau⁰
往 uaŋ⁴⁵
朝 tʂʰau⁵³
朝着 tʂʰau⁵³⁻⁴⁵tʂau⁰
照 tʂau³¹
照着 tʂau³¹⁻⁵³tʂau⁰

冲 tsʰuŋ³¹

冲着 tsʰuŋ³¹⁻⁵³tʂau⁰

　奔着 pən³¹⁻⁵³tʂau⁰

着 tʂau³¹

　叫 tɕiau³¹

　让 zaŋ³¹

把 pa⁴⁵/ma⁴⁵

　弄 nuŋ³¹

管 kuan⁴⁵

□ xuaŋ³¹ 和

对 tuei³¹ 跟

　往 uaŋ³¹

　跟 kən³¹

替 tʰi³¹

给 kei⁴⁵

比 pi⁴⁵/pʰi⁴⁵

除咾 tʂʰu⁵³⁻⁴⁵lau⁰

拿 na⁵³

用 yŋ³¹

使 sɿ⁴⁵

信着 ɕin³¹⁻⁵³tʂau⁰ 由着

　可着 kʰɤ⁴⁵tʂau³³

趁 tʂʰən³¹

趁着 tʂʰən³¹⁻⁵³tʂau⁰

按 nan³¹

　按照 nan³¹tʂau³¹

依着 i²²⁴⁻³¹tʂau³³

靠着 kʰau³¹⁻⁵³tʂau⁰

本着 pən⁴⁵⁻²¹³tʂau³³

凭着 pʰiŋ⁵³⁻⁴⁵tʂau⁰

□因 yŋ⁴⁵⁻²¹³in³³ 为了

　为咾 uei³¹⁻⁵³lau⁰

连 lian⁵³ 介词:你～乜个都不会

## 二十七、量词

一下儿 i⁴⁵ɕiɽ⁵³¹

泡 pʰau²²⁴ 一～尿

拖 tʰuo²²⁴ 表长度的量词,两臂极力伸
　展后两手掌之间的距离

合 xɤ⁵³ 两扇门对开叫一合,单个门叫
　半合

桄儿 kuɐr⁴⁵ 指从手工织机上解下来的
　未缠绕成团的线。老派用,新派不用

批儿 pʰiɻɚ²²⁴ 指从整体上分割下来

的一小部分,往往成根、成条,意思相
　当于"股"等

一溜儿 i⁴⁵liɻour³¹ 一排,一道

　一溜子 i⁴⁵liou³¹⁻⁵³tsɿ⁰

屉 tʰi³¹ 一～包子

一股子 i⁴⁵ku⁵³tsɿ⁰ 一股

一骨截子 i⁴⁵ku³¹tɕie⁵³⁻⁴⁵tsɿ⁰ 相当
　于普通话中的"一段"

　一骨碌儿 i³¹ku⁴⁵lɻour³¹

一停儿 i⁴⁵tʰiɻer⁵³

一哈股 i³¹xa⁴⁵⁻²¹³ku⁴⁵ 手张开后大拇指和食指之间的距离

一拃口 i³¹tsa⁴⁵⁻²¹³kʰou⁴⁵ 手张开后大拇指和中指之间的距离

一拇口 i³¹ma⁴⁵⁻²¹³kʰou⁴⁵

一嘟噜 i⁴⁵tu³¹lu⁴⁵ 用来指成串的东西,相当于普通话中的"一串"

一拨儿 i⁴⁵pɤr²²⁴

苴 tsʰa⁵³ 一~庄稼

　苴子 tsʰa⁵³⁻⁴⁵tsʅ⁰

一发儿 i⁴⁵fær⁵³ 指年龄相差一两岁的一代人或指一批人

　一发子 i⁴⁵fa⁵³⁻⁴⁵tsʅ⁰

充 tsʰuŋ²²⁴ 用于指扑克牌,相当于普通话中的"副"

指 tsʅ²²⁴ 一~长

令 liŋ⁴⁵ 一~纸

刀 tau²²⁴ 一~纸

一板儿 i³¹per⁴⁵ 指才做好还未切成小块的一整个豆腐

一汪儿 i⁴⁵uær²²⁴

一就地 i⁴⁵tɕiou²²⁴ti³¹ 满地

穗 suei³¹ 指玉米的数量

季儿 tɕiɻ³¹ 指一年农作物成熟的次数

沟儿 kour²²⁴ 指田地里生成长着的以列为单位的农作物

　垄儿 luɻɤr⁴⁵

挂儿 kuær³¹ 一~鞭炮

盘儿 pʰer⁵³

号儿 xaur³¹ 一~人

辫 pian³¹ 用蒜的茎叶把蒜编在一起,一般五十头或一百头蒜为一辫

一帮子 i⁴⁵paŋ²²⁴⁻³¹tsʅ⁰ 一伙

捧 pʰəŋ⁴⁵ 一~水

一捏儿 i⁴⁵niɻer³¹ 一撮

啊 ⁼a⁰ 个

　个 kɤ³¹

一件子 i⁴⁵tɕian³¹⁻⁵³tsʅ⁰ 一件

一窝子 i⁴⁵uɤ²²⁴⁻³¹tsʅ⁰ 一窝

一捆子 i³¹kʰuən⁴⁵⁻²¹³tsʅ⁰ 一捆

　一捆儿 i³¹kʰuɚ⁴⁵

一沓子 i⁴⁵ta⁵³⁻⁴⁵tsʅ⁰ 一沓

一卷子 i³¹tɕyan⁴⁵⁻²¹³tsʅ⁰ 一卷

　一卷儿 i³¹tɕyɻer⁴⁵

一绺儿 i³¹liɻour⁴⁵ 一条

么儿 mɤr²²⁴ 相当于普通话中的"回、次"等

水 suei⁴⁵ 指清洗衣物的次数

　过 xuo³¹

趟 tʰaŋ³¹

　遭儿 tsɻaur²²⁴

箸子 tʂu³¹⁻⁵³tsʅ⁰ 夹一~

挑儿 tʰiɻaur²²⁴ 一~水

匹 pʰi²²⁴

尺 tʂʰʅ²²⁴

本儿 pɚ⁴⁵

封 fəŋ²²⁴

包儿 paur²²⁴

道儿 tʂaur³¹

朵儿 tuʈʳr⁴⁵

顿 tuən³¹

条 tʰiau⁵³

辆 liaŋ³¹

枝 tʂɻ²²⁴

场 tʂʰaŋ⁴⁵

桌 tsuo²²⁴

身儿 ʂɚ²²⁴　一～衣裳

棵 kʰɤ²²⁴

粒儿 liʈɚ³¹

块儿 kʰuer³¹

间儿 tɕiʈer²²⁴

片儿 pʰiʈer³¹

面儿 miʈer³¹

层儿 tsʰɻʈʳr⁵³

门儿 mɚ⁵³

一把儿 i³¹pær⁴⁵

一担 i⁴⁵tan³¹

一进 i⁴⁵tɕin³¹　～院子

一双 i⁴⁵suaŋ²²⁴

一对儿 i⁴⁵tuʈɚ³¹

一套 i⁴⁵tʰau³¹

一眼儿 i³¹iʈer⁴⁵

一阵儿 i³¹tʂɚ³¹

## 二十八、附加成分等

### （1）前加成分

圪 kɤ⁰ 表音词头。① 构成名词:～拉 ② 构成形容词,表厌恶之意:～应 ③ 构成动词,表示声响:～嚷 ④ 构成拟声词:～吱儿

坷 kʰɤ⁰ 表音词头:～垃

老 lau⁰ 前缀:①用于亲属称谓前:～爷 ② 表示排行:～末儿 ③ 用于动物名词:～鼠

### （2）后加成分

乎 xu⁰ 表音成分,构成形容词:热～

索 suo⁰ 表音成分,构成动词:摸～

喽 lou⁰ 表音成分,构成动词:提～

巴 pa⁰ 表示动作轻微义:掰～

打 ta⁰

么 mɤ⁰

拉 la⁰ 表示动作反复义:扒～

楞 ləŋ⁰ 构成带贬义的动词:斜～

呲 tsʰɻ⁰

溜秋的 liou³³tɕʰiou²²⁴⁻³¹ti⁰ 构成带贬义的表示颜色的形容词:黑不～

溜丢的 liou³³tiou²²⁴⁻³¹ti⁰ 构成带贬义的味觉形容词:酸不～

骨挠˭的 ku⁰nau⁵³⁻⁴⁵ti⁰

不叽的 pu$^{31}$tɕi$^{53-45}$ti$^{0}$

不拉叽的 pu$^{31}$la$^{224}$tɕi$^{224-31}$ti$^{0}$

叽儿的 tɕiɻɚ$^{53-45}$ti$^{0}$ 构成带褒义的味觉形容词:甜~

丝儿的 sɻɚ$^{53}$ti$^{0}$ 构成带褒义的感觉形容词:凉~

骨嘟的 ku$^{0}$tu$^{53-45}$ti$^{0}$ 构成带贬义的触觉形容词:面~

骨囊的 ku$^{0}$naŋ$^{53-45}$ti$^{0}$

囊 naŋ$^{0}$

头 tʰou$^{53}$ 表示某类人,多含贬义:奸~

头 tʰou$^{0}$ 表示事物或性状,不含贬义:铁~

头儿 tʰɻour$^{0}$ ① 表示动作所涉及的

对象:吃~ ② 表示动作的兴趣或价值:闹~ | 看~

和 xuo$^{0}$ 表示动作或程度适中之义:掺~

叨 tau$^{0}$ 动作反复多次,令人生厌:念~

悠 iou$^{0}$ 表示一种轻微、散漫的动作状态:晃~

蹬 tʰəŋ$^{0}$ 表示动作反复或杂乱无章,含贬义:踢~

哄 xuŋ$^{0}$ 表示程度高,多含贬义:闹~

生天的 səŋ$^{224}$tʰian$^{224-31}$ti$^{0}$ 表示程度高,贬义:不说理~

法儿 fær$^{0}$ 表某种方式,构成名词:活~

## 二十九、数字等

一 i$^{224}$

二 l̩$^{31}$

三 san$^{224}$

四 sɻ$^{31}$

五 u$^{45}$

六 liou$^{31}$

七 tɕʰi$^{224}$

八 pa$^{224}$

九 tɕiou$^{45}$

十 sɻ$^{53}$

十一 sɻ$^{53}$i$^{224}$

十二 sɻ$^{53}$l̩$^{31}$

十三 sɻ$^{53}$san$^{224}$

十四 sɻ$^{53}$sɻ$^{31}$

十五 sɻ$^{53}$u$^{45}$

十六 sɻ$^{53}$liou$^{31}$

十七 sɻ$^{53}$tɕʰi$^{224}$

十八 sɻ$^{53}$pa$^{224}$

十九 sɻ$^{53}$tɕiou$^{45}$

二十 l̩$^{31}$sɻ$^{53}$

二一 l̩$^{31}$i$^{224}$

二二 l̩$^{31}$l̩$^{31}$

二三 l̩$^{31}$san$^{224}$

二四 l̩$^{31}$sɻ$^{31}$

二五 ɭ³¹u⁴⁵

二六 ɭ³¹liou³¹

二七 ɭ³¹tɕʰi²²⁴

二八 ɭ³¹pa²²⁴

二九 ɭ³¹tɕiou⁴⁵

三十 san²²⁴ʂ̩⁵³

三五 san²²⁴⁻³¹u⁴⁵

三九 san²²⁴⁻³¹tɕiou⁴⁵

四十 sʅ³¹ʂ̩⁵³

五十 u⁴⁵ʂ̩⁵³

六十 liou³¹ʂ̩⁵³

七十 tɕʰi²²⁴ʂ̩⁵³

七五 tɕʰi²²⁴⁻³¹u⁴⁵

七九 tɕʰi²²⁴⁻³¹tɕiou⁴⁵

八十 pa²²⁴ʂ̩⁵³

八五 pa²²⁴⁻³¹u⁴⁵

八九 pa²²⁴⁻³¹tɕiou⁴⁵

九十 tɕiou⁴⁵ʂ̩⁵³

一百 i⁴⁵pai²²⁴

二百 ɭ³¹⁻⁵³pai⁰

三百 san²²⁴⁻³¹pai³³

四百 sʅ³¹⁻⁵³pai⁰

五百 u⁴⁵⁻²¹³pai³³

六百 liou³¹⁻⁵³pai⁰

七百 tɕʰi²²⁴⁻³¹pai³³

八百 pa²²⁴⁻³¹pai³³

九百 tɕiou⁴⁵⁻²¹³pai³³

一百一 i⁴⁵pai²²⁴i²²⁴

一百二 i⁴⁵pai²²⁴ɭ³¹

一百三 i⁴⁵pai²²⁴san²²⁴

一百四 i⁴⁵pai²²⁴sʅ³¹

一百五 i⁴⁵pai²²⁴⁻³¹u⁴⁵

一百六 i⁴⁵pai²²⁴liou³¹

一百七 i⁴⁵pai²²⁴tɕʰi²²⁴

一百八 i⁴⁵pai²²⁴pa²²⁴

一百九 i⁴⁵pai²²⁴⁻³¹tɕiou⁴⁵

二百一 ɭ³¹⁻⁵³pai⁰i²²⁴

三百一 san²²⁴⁻³¹pai³³i²²⁴

一千 i⁴⁵tɕʰian²²⁴

一千一 i⁴⁵tɕʰian²²⁴i²²⁴

一千二 i⁴⁵tɕʰian²²⁴ɭ³¹

一千三 i⁴⁵tɕʰian²²⁴san²²⁴

一千四 i⁴⁵tɕʰian²²⁴sʅ³¹

一千五 i⁴⁵tɕʰian²²⁴⁻³¹u⁴⁵

一千六 i⁴⁵tɕʰian²²⁴liou³¹

一千七 i⁴⁵tɕʰian²²⁴tɕʰi²²⁴

一千八 i⁴⁵tɕʰian²²⁴pa²²⁴

一千九 i⁴⁵tɕʰian²²⁴⁻³¹tɕiou⁴⁵

两千 liaŋ⁴⁵tɕʰian²²⁴

三千 san²²⁴tɕʰian²²⁴

四千 sʅ³¹tɕʰian²²⁴

五千 u⁴⁵tɕʰian²²⁴

六千 liou³¹tɕʰian²²⁴

七千 tɕʰi²²⁴tɕʰian²²⁴

八千 pa²²⁴tɕʰian²²⁴

九千 tɕiou⁴⁵tɕʰian²²⁴

一万 i⁴⁵uan³¹

一万一 i⁴⁵uan³¹i²²⁴

一万二 i⁴⁵uan³¹ʅ³¹

一万三 i⁴⁵uan³¹san²²⁴

一万四 i⁴⁵uan³¹sɿ³¹

一万五 i⁴⁵uan³¹u⁴⁵

一万六 i⁴⁵uan³¹liou³¹

两万 liaŋ⁴⁵uan³¹

三万五 san⁴⁵uan³¹u⁴⁵

零 liŋ⁵³

一百零一 i⁴⁵pai²²⁴liŋ⁵³i²²⁴

一百零五 i⁴⁵pai²²⁴liŋ⁵³u⁴⁵

一千零二 i⁴⁵tɕʰian²²⁴liŋ⁵³ʅ³¹

一万零二百 i⁴⁵uan³¹liŋ⁵³ʅ³¹⁻⁵³pai³³

一号儿 i²²⁴xaur³¹

二号儿 ʅ³¹xaur³¹

三号儿 san²²⁴xaur³¹

四号儿 sɿ³¹xaur³¹

五号儿 u⁴⁵xaur³¹

六号儿 liou³¹xaur³¹

七号儿 tɕʰi²²⁴xaur³¹

八号儿 pa²²⁴xaur³¹

九号儿 tɕiou⁴⁵xaur³¹

十号儿 ʂʅ⁵³xaur³¹

初一 tsʰu²²⁴i²²⁴

初二 tsʰu²²⁴ʅ³¹

初三 tsʰu²²⁴san²²⁴

初四 tsʰu²²⁴sʅ³¹

初五 tsʰu²²⁴⁻³¹u⁴⁵

初六 tsʰu²²⁴liou³¹

初七 tsʰu²²⁴tɕʰi²²⁴

初八 tsʰu²²⁴pa²²⁴

初九 tsʰu²²⁴⁻³¹tɕiou⁴⁵

初十 tsʰu²²⁴ʂʅ⁵³

老大 lau⁴⁵ta³¹

老二 lau⁴⁵ʅ³¹

老三 lau⁴⁵san²²⁴

老四 lau⁴⁵sɿ³¹

老五 lau⁴⁵u⁴⁵

老六 lau⁴⁵liou³¹

老七 lau⁴⁵tɕʰi²²⁴

老八 lau⁴⁵pa²²⁴

老九 lau⁴⁵tɕiou⁴⁵

老十 lau⁴⁵ʂʅ⁵³

大哥 ta³¹kɤ²²⁴

二哥 ʅ³¹kɤ²²⁴

一个 i⁴⁵kɤ³¹

俩 lia⁴⁵

仨 sa²²⁴

四啊 sɿ³¹⁻⁵³a⁰ 四个

五啊 u⁴⁵⁻²¹³a⁰ 五个

六啊 liou³¹⁻⁵³a⁰ 六个

七啊 tɕʰi²²⁴⁻³¹a³³ 七个

八个 pa²²⁴⁻⁴⁵kɤ³¹

九啊 tɕiou⁴⁵⁻²¹³a⁰ 九个

十啊 ꞊$\text{ʂʅ}^{53-45}$a$^{0}$ 十个

十一啊 ꞊$\text{ʂʅ}^{53}$i$^{224-31}$a$^{0}$ 十一个

第一 ti$^{31}$i$^{224}$

第二 ti$^{31}$ʅ$^{31}$

第三 ti$^{31}$san$^{224}$

第四 ti$^{31}$sʅ$^{31}$

第五 ti$^{31}$u$^{45}$

第六 ti$^{31}$liou$^{31}$

第七 ti$^{31}$tɕʰi$^{224}$

第八 ti$^{31}$pa$^{224}$

第九 ti$^{31}$tɕiou$^{45}$

第十 ti$^{31}$ʂʅ$^{53}$

头一个 tʰou$^{53-45}$i$^{0}$kɤ$^{31}$ 第一个

第二个 ti$^{31}$ʅ$^{31}$kɤ$^{31}$

第三个 ti$^{31}$san$^{224}$kɤ$^{31}$

第四个 ti$^{31}$sʅ$^{31}$kɤ$^{31}$

第五个 ti$^{31}$u$^{45}$kɤ$^{31}$

第六个 ti$^{31}$liou$^{31}$kɤ$^{31}$

第七个 ti$^{31}$tɕʰi$^{224}$kɤ$^{31}$

第八个 ti$^{31}$pa$^{224}$kɤ$^{31}$

第九个 ti$^{31}$tɕiou$^{45}$kɤ$^{31}$

第十个 ti$^{31}$ʂʅ$^{53}$kɤ$^{31}$

一来 i$^{224}$lai$^{53}$ 一是

二来 ɚ$^{31}$lai$^{53}$ 二是

三来 san$^{224}$lai$^{53}$ 三是

两 liaŋ$^{45}$

二斤 ʅ$^{31-53}$tɕin$^{0}$

三斤 san$^{224-31}$tɕin$^{33}$

二斤半 ʅ$^{31-53}$tɕin$^{33}$pan$^{31}$

二两 ʅ$^{31-53}$liaŋ$^{0}$

两钱儿 liaŋ$^{45}$tɕʰiɻɚr$^{53}$

二分儿 ʅ$^{31-53}$fɚ$^{0}$

二厘 ʅ$^{31}$li$^{53}$

两丈 liaŋ$^{45}$tʂaŋ$^{31}$

二尺 ʅ$^{31-53}$tʂʰʅ$^{0}$

两寸 liaŋ$^{45}$tsʰuən$^{31}$

两丈二 liaŋ$^{45}$tʂaŋ$^{31}$ʅ$^{31}$

二尺二 ʅ$^{31-53}$tʂʰʅ$^{33}$ʅ$^{31}$

两寸二 liaŋ$^{45}$tsʰuən$^{31}$ʅ$^{31}$

二里 ʅ$^{31-53}$li$^{0}$

两担 liaŋ$^{45}$tan$^{31}$

两斗 liaŋ$^{45}$tou$^{45}$

两升 liaŋ$^{45}$ʂəŋ$^{224}$

两顷 liaŋ$^{45}$tɕʰiŋ$^{45}$

二亩二分儿 ʅ$^{31-53}$mu$^{0}$ʅ$^{31-53}$fɚ$^{0}$

十几啊 ꞊$\text{ʂʅ}^{53}$tɕi$^{45-213}$a$^{33}$ 十几个

二十几啊 ꞊ʅ$^{31-53}$ʂʅ$^{0}$tɕi$^{45-213}$a$^{33}$ 二十几个

几十啊 ꞊tɕi$^{45-213}$ʂa$^{33}$ 几十个

几百 tɕi$^{45-213}$pai$^{33}$

几千 tɕi$^{45}$tɕʰian$^{224}$

几万 tɕi$^{45}$uan$^{31}$

几十万 tɕi$^{45-213}$ʂʅ$^{33}$uan$^{31}$

好几十 xau$^{53}$tɕi$^{45}$ʂʅ$^{53}$

好几百 xua$^{53}$tɕi$^{45}$pai$^{224}$

好几千 xua$^{53}$tɕi$^{45}$tɕʰian$^{224}$

好几万 xua⁵³tɕi⁴⁵uan³¹
一点儿 i³¹tiʈɚ⁴⁵
一点儿半点儿 i³¹tiʈɚ⁴⁵pan³¹
　tiʈɚ⁴⁵
　一星子半点儿 i⁴⁵ɕiŋ²²⁴⁻³¹tsʅ⁰
　pan³¹tiʈɚ⁴⁵
一百多 i⁴⁵pai²²⁴tuo²²⁴
两千多 liaŋ⁴⁵tɕʰian²²⁴tuo²²⁴
两万多 liaŋ⁴⁵uan³¹tuo²²⁴
千二八百的 tɕʰian²²⁴l̩³¹pa²²⁴⁻³¹
　pai³³ti⁰
十来个儿 ʂʅ⁵³lai⁵³kɚr³¹
二十来个儿 l̩³¹⁻⁵³ʂʅ⁰lai⁵³kɚr³¹
八九十来个 pa²²⁴⁻³¹tɕiou⁴⁵ʂʅ⁵³lai⁵³
　kɚ³¹
一百来个儿 i⁴⁵pai²²⁴lai⁵³kɚr³¹
百十来个儿 pai²²⁴⁻³¹ʂʅ³³lai⁵³kɚr³¹
一千来个儿 i⁴⁵tɕʰian²²⁴lai⁵³kɚr³¹
五千来个儿 u⁴⁵tɕʰian²²⁴lai⁵³kɚr³¹
两万来个儿 liaŋ⁴⁵uan³¹lai⁵³kɚr³¹
数 su³¹
千数儿个儿 tɕʰian²²⁴sur²²⁴kɚr³¹
万数儿个儿 uan³¹sur²²⁴kɚr³¹
把 pa⁴⁵
百把十个儿 pai²²⁴⁻³¹pa⁴⁵ʂʅ⁵³kɚr³¹
一个俩地 i⁴⁵kɚ³¹lia⁴⁵⁻²¹³ti⁰
俩仨地 lia⁴⁵sa²²⁴⁻³¹ti⁰
仨四啊 ⁼sa²²⁴sʅ³¹⁻⁵³a⁰ 三四个

仨五啊 ⁼sa²²⁴⁻³¹u⁴⁵a³³ 三五个
五六啊 ⁼u⁴⁵liou³¹⁻⁵³a⁰ 五六个
七八个 tɕʰi²²⁴⁻³¹pa⁴⁵kɚ³¹
九十啊 ⁼tɕiou⁴⁵sʅ⁵³⁻⁴⁵a⁰ 九十个
一二十个儿 i²²⁴l̩³¹sʅ⁵³kɚr³¹
二三十个儿 l̩³¹⁻⁵³san²²⁴⁻³¹sʅ⁵³
　kɚr³¹
三五十个儿 san²²⁴⁻³¹u⁴⁵sʅ⁵³kɚr³¹
二三百个儿 l̩³¹⁻⁵³san²²⁴⁻³¹pai²²⁴
　kɚr³¹
三四百个儿 san²²⁴sʅ³¹pai²²⁴
　kɚr³¹
五六百个儿 u⁴⁵liou³¹pai²²⁴kɚr³¹
两三千 liaŋ⁴⁵⁻²¹³san³³tɕʰian²²⁴
五六千 u⁴⁵liou³¹tɕʰian²²⁴
八九千 pa²²⁴⁻³¹tɕiou⁴⁵tɕʰian²²⁴
一两万 i³¹liaŋ⁴⁵uan³¹
两三万 liaŋ⁴⁵⁻²¹³san³³uan³¹
三五万 san²²⁴⁻³¹u⁴⁵uan³¹
十万八万 ʂʅ⁵³uan³¹pa²²⁴uan³¹
千百万 tɕʰian²²⁴pai²²⁴uan³¹
千千万万 tɕʰian²²⁴tɕʰian²²⁴uan³¹
　uan³¹
半个 pan³¹kɚ³¹
半啦 ⁼pan³¹⁻⁵³la⁰ 半个
一半儿 i⁴⁵pɚr³¹
两半儿 liaŋ⁴⁵pɚr³¹
一多半儿 i⁴⁵tuo²²⁴pɚr³¹

一大半儿 i⁴⁵ta³¹pɐr³¹

一个半 i⁴⁵kɤ³¹pan³¹

俩半 lia⁴⁵pan³¹

半斤 pan³¹tɕin²²⁴

一斤半 i⁴⁵tɕin²²⁴pan³¹

二斤半 l̩³¹⁻⁵³tɕin³³pan³¹

二亩半 l̩³¹⁻⁵³mu³³pan³¹

两斗儿半 liaŋ⁴⁵tʂour⁴⁵pan³¹

二里半 l̩³¹⁻⁵³li³³pan³¹

上下 ʂaŋ³¹ɕia³¹

左右 tsuo⁴⁵iou³¹

一倍 i⁴⁵pei³¹

两倍 liaŋ⁴⁵pei³¹

三倍 san²²⁴pei³¹

四倍 sʅ³¹pei³¹

五倍 u⁴⁵pei³¹

六倍 liou³¹pei³¹

七倍 tɕʰi²²⁴pei³¹

八倍 pa²²⁴pei³¹

九倍 tɕiou⁴⁵pei³¹

十倍 ʂʅ⁵³pei³¹

一成 i⁴⁵tʂʰəŋ⁵³

两成 liaŋ⁴⁵tʂʰəŋ⁵³

三成 san²²⁴tʂʰəŋ⁵³

四成 sʅ³¹tʂʰəŋ⁵³

五成 u⁴⁵tʂʰəŋ⁵³

六成 liou³¹tʂʰəŋ⁵³

七成 tɕʰi²²⁴tʂʰəŋ⁵³

八成 pa²²⁴tʂʰəŋ⁵³

九成 tɕiou⁴⁵tʂʰəŋ⁵³

十成 ʂʅ⁵³tʂʰəŋ⁵³

二分之一 l̩³¹⁻⁵³fən⁰tsʅ³³i²²⁴

三分之一 san²²⁴⁻³¹fən³³tsʅ³³i²²⁴

五分之三 u⁴⁵⁻²¹³fən³³tsʅ³³san²²⁴

十分之九 ʂʅ⁵³⁻⁴⁵fən⁰tsʅ³³tɕiou⁴⁵

十分之八九 ʂʅ⁵³⁻⁴⁵fən⁰tsʅ³³pa²²⁴⁻³¹tɕiou⁴⁵

百分之百 pai²²⁴fən²²⁴tsʅ³³pai²²⁴

千分之一 tɕʰian²²⁴fən²²⁴tsʅ³³i²²⁴

万分之一 uan³¹fən²²⁴tsʅ³³i²²⁴

成百 tʂʰəŋ⁵³pai²²⁴

成千 tʂʰəŋ⁵³tɕʰian²²⁴

成千上万 tʂʰəŋ⁵³tɕʰian²²⁴ʂaŋ³¹uan³¹

上百 ʂaŋ³¹pai²²⁴

上千 ʂaŋ³¹tɕʰian²²⁴

一一得一 i²²⁴i²²⁴tɤ⁵³i²²⁴

一二得二 i²²⁴l̩³¹tɤ⁵³l̩³¹

一三得三 i²²⁴san²²⁴tɤ⁵³san²²⁴

二二得四 l̩³¹l̩³¹tɤ⁵³sʅ³¹

三四十一二 san²²⁴sʅ³¹i²²⁴sʅ⁵³l̩³¹

四四一十六 sʅ³¹sʅ³¹i²²⁴sʅ⁵³liou³¹

四五二十 sʅ³¹u⁴⁵l̩³¹sʅ⁵³

三八二十四 san²²⁴pa²²⁴l̩³¹⁻⁵³sʅ³³sʅ³¹

七八五十六 tɕʰi²²⁴pa²²⁴u⁴⁵⁻²¹³
ʂʅ³³liou³¹

五八四十 u⁴⁵pa²²⁴sʅ³¹ʂʅ⁵³

八八六十四 pa²²⁴pa²²⁴liou³¹⁻⁵³
ʂʅ³³sʅ³¹

九九八十一 tɕiou²²⁴tɕiou²²⁴
pa²²⁴⁻³¹ʂʅ³³i²²⁴

一来二去 i²²⁴lai⁵³ɚ³¹tɕʰy³¹

一清二白 i⁴⁵tɕʰiŋ²²⁴ɚ³¹pai⁵³

一清二楚 i⁴⁵tɕʰiŋ²²⁴ɭ³¹tsʰu⁴⁵

一干二净 i⁴⁵kan²²⁴ɭ³¹tɕiŋ³¹

一刀两断 i⁴⁵tau²²⁴liaŋ⁴⁵tuan³¹

一举两得 i³¹tɕy⁴⁵liaŋ⁴⁵tɤ⁵³

三番五次 san²²⁴fan²²⁴u⁴⁵tsʰʅ³¹

五次三番 u⁴⁵tsʰʅ³¹san²²⁴fan²²⁴

三年两年 san²²⁴nian⁵³liaŋ⁴⁵
nian⁵³

三年五载 san²²⁴nian⁵³u⁴⁵tsai⁴⁵

三天两头儿 san²²⁴tʰian²²⁴liaŋ⁴⁵
tʰɭour⁵³

三天两早起 san²²⁴tʰian²²⁴liaŋ⁴⁵
tsau⁴⁵tɕʰi⁴⁵

三天两宿 san²²⁴tʰian²²⁴liaŋ⁴⁵
ɕiou²²⁴

三长两短 san²²⁴tʂʰaŋ⁵³liaŋ⁴⁵
tuan⁴⁵

三言两语 san²²⁴ian⁵³liaŋ⁴⁵y⁴⁵

三心二意 san²²⁴ɕin²²⁴ɭ³¹i³¹

三三两两 san²²⁴san²²⁴liaŋ⁴⁵liaŋ⁴⁵

四平八稳 sʅ³¹pʰiŋ⁵³pa²²⁴⁻³¹uən⁴⁵

四通八达 sʅ³¹tʰuŋ²²⁴pa²²⁴ta⁵³

四面八方 sʅ³¹mian³¹pa²²⁴faŋ²²⁴

四邻八家 sʅ³¹lin⁵³pa²²⁴tɕia²²⁴

四时八节 sʅ³¹ʂʅ⁵³pa²²⁴tɕie²²⁴

五湖四海 u⁴⁵xu⁵³sʅ³¹xai⁴⁵

五花八门儿 u⁴⁵xua²²⁴pa²²⁴mɚ⁵³

六六大顺 liou³¹liou³¹ta³¹suən³¹

七上八下 tɕʰi²²⁴ʂaŋ³¹pa²²⁴ɕia³¹

颠七倒八 tian²²⁴tɕʰi²²⁴tau⁴⁵pa²²⁴

乱七八糟 luan³¹tɕʰi³³pau³³tsau²²⁴
乱嘛七糟 luan³¹ma³³tɕʰi²²⁴tsau²²⁴

七长八短 tɕʰi²²⁴tʂʰaŋ⁵³pa²²⁴⁻³¹
tuan⁴⁵

七拼八凑 tɕʰi²²⁴pʰin²²⁴pa²²⁴tsʰou³¹

七嘴八舌 tɕʰi²²⁴⁻³¹tsuei⁴⁵pa²²⁴
ʂɤ⁵³

千辛万苦 tɕʰian²²⁴ɕin²²⁴uan³¹
kʰu⁴⁵

千真万确 tɕʰian²²⁴tʂən²²⁴uan³¹
tɕʰye³¹

千军万马 tɕʰian²²⁴tɕyn²²⁴uan³¹
ma⁴⁵

千变万化 tɕʰian²²⁴pian³¹uan³¹
xua³¹

千家万户儿 tɕʰian²²⁴tɕia²²⁴uan³¹
xur³¹

千言万语儿 tɕʰian²²⁴ian⁵³uan³¹
　yɻɚ⁴⁵
甲 tɕia²²⁴
乙 i²²⁴
丙 piŋ⁴⁵
丁 tiŋ²²⁴
戊 u³¹
己 tɕi⁴⁵
庚 kəŋ²²⁴
辛 ɕin²²⁴
壬 zən⁵³
癸 kuei²²⁴

子鼠儿 tsʅ⁴⁵ʂuɚ⁴⁵
丑牛 tʂʰou⁴⁵niou⁵³
寅虎儿 in⁵³xur⁴⁵
卯兔儿 mau⁵³tʰʈur³¹
辰龙 tʂʰən⁵³luŋ⁵³
巳蛇 sʅ³¹ʂa⁵³
午马 u⁴⁵ma⁴⁵
未羊 uei³¹iaŋ⁵³
申猴儿 ʂən²²⁴xour⁵³
酉鸡 iou⁴⁵tɕi²²⁴
戌狗 ɕy³¹kou⁴⁵
亥猪 xai³¹tʂu²²⁴

## 三十、地名标音举例

大国村 ta³¹kuei²²⁴⁻³¹tsʰuən³³
小祝村儿 ɕiau⁴⁵tsu²²⁴tsʰuɚ²²⁴
谢庄儿 ɕie³¹⁻⁵³tsuɻær²²⁴
张士军 tʂaŋ²²⁴⁻³¹sʅ³³tɕin⁰
葛庄 kɤ²²⁴⁻³¹tsuaŋ³³
朱家庄 tʂu²²⁴⁻³¹kɤ³³tsuaŋ²²⁴
姚左 iau⁵³tsuo⁴⁵
李代张 li⁴⁵tai³¹⁻⁵³tʂaŋ⁰
安代张 nan²²⁴tai³¹⁻⁵³tʂaŋ⁰
孙庄儿 suən²²⁴tsuɻær²²⁴
吴代张 u⁵³tai³¹⁻⁵³tʂaŋ⁰
尹代张 in²²⁴tai³¹⁻⁵³tʂaŋ⁰
烧屯儿 ʂau²²⁴tʰuɻɚ⁵³

桃花儿 tʰau⁵³⁻⁴⁵xuær⁰
后寨子 xou³¹tsai³¹⁻⁵³tsʅ⁰
前寨子 tɕʰian⁵³tsai³¹⁻⁵³tsʅ⁰
后焦洼 xou³¹tɕiau²²⁴ua²²⁴
中焦洼 tsuŋ²²⁴tɕiau²²⁴ua²²⁴
前焦洼 tɕʰian⁵³tɕiau²²⁴ua²²⁴
前张桥 tɕʰian⁵³tʂaŋ²²⁴⁻³¹tɕʰiau³³
后张桥 xou³¹tʂaŋ²²⁴⁻³¹tɕʰiau³³
西张桥 ɕi²²⁴tʂaŋ²²⁴⁻³¹tɕʰiau³³
何庄儿 xuo⁵³tsuɻær²²⁴
刘庄儿 liou⁴⁵tsuɻær²²⁴
(东)李场 tsuŋ²²⁴⁻³¹li⁴⁵tʂʰaŋ⁵³/li²²⁴
　tʂʰaŋ⁵³

（西）李场 $\text{çi}^{224-31}\text{li}^{45}\text{tʂ}^{\text{h}}\text{aŋ}^{53}/\text{li}^{224}\text{tʂ}^{\text{h}}\text{aŋ}^{53}$

西八里 $\text{çi}^{224}\text{pa}^{224-31}\text{li}^{45}$

东八里 $\text{tuŋ}^{224}\text{pa}^{224-31}\text{li}^{45}$

北袁庄儿 $\text{pei}^{224}\text{yan}^{53-45}\text{tsuʐær}^{224}$

思寨 $\text{sʐ}^{224}\text{tsai}^{31}$

崔庄儿 $\text{ts}^{\text{h}}\text{uei}^{224}\text{tsuʐær}^{224}$

曹村 $\text{ts}^{\text{h}}\text{au}^{53}\text{ts}^{\text{h}}\text{uən}^{224}$

李庄儿 $\text{li}^{224}\text{tsuʐær}^{224}$

蔡靳庄儿 $\text{ts}^{\text{h}}\text{ai}^{31}\text{tɕin}^{31}\text{tsuʐær}^{224}$

靳庄儿 $\text{tɕin}^{31}\text{tsuʐær}^{224}$

张庄儿 $\text{tʂaŋ}^{224}\text{tsuʐær}^{224}$

杨家庄 $\text{ian}^{53-45}\text{kɤ}^{0}\text{tsuaŋ}^{0}$

粘庄儿 $\text{nian}^{53}\text{tsuʐær}^{224}$

大刘家庄 $\text{ta}^{31}\text{liou}^{53-45}\text{kɤ}^{0}\text{tsuaŋ}^{0}$

刚村 $\text{kaŋ}^{224}\text{ts}^{\text{h}}\text{uən}^{224}$

西街 $\text{çi}^{224}\text{tɕie}^{224}$

西关 $\text{çi}^{224}\text{kuan}^{224}$

北街 $\text{pei}^{224}\text{tɕie}^{224}$

东关 $\text{tuŋ}^{224}\text{kuan}^{224}$

傅庄儿 $\text{fu}^{31-53}\text{tsuʐær}^{224}$

太平庄儿 $\text{t}^{\text{h}}\text{ai}^{31}\text{p}^{\text{h}}\text{iŋ}^{53}\text{tsuʐær}^{224}$

南街 $\text{nan}^{53}\text{tɕie}^{224}$

东街 $\text{tuŋ}^{224}\text{tɕie}^{224}$

解庄儿 $\text{çie}^{31-53}\text{tsuʐær}^{224}$

后丁 $\text{xou}^{31}\text{tiŋ}^{224}$

前丁 $\text{tɕ}^{\text{h}}\text{ian}^{53}\text{tiŋ}^{224}$

苏家庄 $\text{su}^{224-31}\text{kɤ}^{33}\text{tsuan}^{224}$

南袁庄儿 $\text{nan}^{53}\text{yan}^{53-45}\text{tsuʐær}^{224}$

新庄儿 $\text{çin}^{224}\text{tsuʐær}^{224}$

左庄儿 $\text{tsuo}^{224}\text{tsuʐær}^{224}$

刘广庄儿 $\text{liou}^{53}\text{kuaŋ}^{224}\text{tsuʐær}^{224}$

欢龙庄儿 $\text{xua}^{224-31}\text{liŋ}^{53-45}\text{tsuʐær}^{224}$

大王庄儿 $\text{ta}^{31}\text{uaŋ}^{53-45}\text{tsuʐær}^{224}/\text{ta}^{31}\text{uaŋ}^{53}\text{tsuʐær}^{224}$

小王庄儿 $\text{çiau}^{45}\text{uaŋ}^{53-45}\text{tsuʐær}^{224}/\text{çiau}^{45}\text{uaŋ}^{53}\text{tsuʐær}^{224}$

五里屯儿 $\text{u}^{45-213}\text{li}^{33}\text{t}^{\text{h}}\text{uʐ}^{53}$

四里屯儿 $\text{sʐ}^{31-53}\text{li}^{0}\text{t}^{\text{h}}\text{uʐ}^{53}$

苏大王儿 $\text{su}^{224}\text{tai}^{31-53}\text{uær}^{0}$

北大王 $\text{pei}^{224}\text{tai}^{31-53}\text{uaŋ}^{0}$

南大王 $\text{nan}^{53}\text{tai}^{31-53}\text{uaŋ}^{0}$

西沙窝儿 $\text{çi}^{224}\text{sa}^{224-31}\text{uʐ}^{33}$

吕庄儿 $\text{ly}^{224}\text{tsuʐær}^{224}$

大代王 $\text{ta}^{31}\text{tai}^{31-53}\text{uaŋ}^{0}$

陈屯儿 $\text{tʂ}^{\text{h}}\text{ən}^{53}\text{t}^{\text{h}}\text{uʐ}^{53}$

北小王 $\text{pei}^{224-31}\text{çiau}^{45-213}\text{uaŋ}^{33}$

孙小王 $\text{suən}^{224-31}\text{çiau}^{45-213}\text{uaŋ}^{33}$

王小王 $\text{uaŋ}^{53-45}\text{çiau}^{45-213}\text{uaŋ}^{33}$

陈小王 $\text{tʂ}^{\text{h}}\text{ən}^{53}\text{çiau}^{45-213}\text{uaŋ}^{33}$

小郭王思公 $\text{çiau}^{45}\text{kuʐ}^{224}\text{uaŋ}^{53-45}\text{sʐ}^{0}\text{kuŋ}^{0}$

大郭王思公 $\text{ta}^{31}\text{kuo}^{224}\text{uaŋ}^{53-45}\text{sʐ}^{0}\text{kuŋ}^{0}$

韩王思公 xan⁵³uaŋ⁵³⁻⁴⁵sʐ̩⁰kuŋ⁰

颉王思公 ɕie³¹uaŋ⁵³⁻⁴⁵sʐ̩⁰kuŋ⁰

小里台儿 ɕiau⁴⁵li⁴⁵⁻²¹³tʰʈɚr³³/ɕiau⁴⁵
li⁴⁵⁻²¹³tsʰʈɚr³³

大里台 ta³¹li⁴⁵⁻²¹³tsʰai³³

大中角 ta³¹tsuŋ⁴⁵⁻²¹³tɕiau³³

白石槽 pai⁵³⁻⁴⁵sʐ̩⁰tsʰau⁰

曹庄儿 tsʰau⁵³⁻⁴⁵tsuʈær²²⁴

吕村 ly²²⁴tsʰuən²²⁴

黄村 xuaŋ⁵³⁻⁴⁵tsʰuən²²⁴

小石家庄儿 ɕiau⁴⁵sʐ̩⁵³⁻⁴⁵kɤ⁰
tsuʈær²²⁴

中正村 tsuŋ²²⁴tʂəŋ³¹⁻⁵³tsʰuən⁰

西正村 ɕi²²⁴tʂəŋ³¹⁻⁵³tsʰuən⁰

东正村 tuŋ²²⁴tʂəŋ³¹⁻⁵³tsʰuən⁰

刘疃 liou⁵³tʰuən⁴⁵

前屯 tɕʰian⁵³tʰuən⁵³

孙庄儿 suən²²⁴tsuʈær²²⁴

樊庄儿 fan⁵³⁻⁴⁵tsuʈær²²⁴

郭园 kuo²²⁴yan⁵³

庞徐 pʰaŋ⁵³ɕy⁵³

蔡徐 tsʰai³¹ɕy⁵³

东徐 tuŋ²²⁴ɕy⁵³

葛徐 kɤ²²⁴ɕy⁵³

徐村 ɕy⁵³⁻⁴⁵tsʰuən⁰

小河 ɕiau⁴⁵⁻²¹³xɚ³³

祥村 ɕiaŋ⁵³⁻⁴⁵tsʰuən⁰

北云齐 pei²²⁴yn⁵³⁻⁴⁵tɕʰi⁰

邢云齐 ɕiŋ⁵³yn⁵³⁻⁴⁵tɕʰi⁰

南云齐 nan⁵³yn⁵³⁻⁴⁵tɕʰi⁰

杜村 tu³¹⁻⁵³tsʰuən⁰

小刘家庄 ɕiau⁴⁵liou⁵³⁻⁴⁵kɤ⁰tsuaŋ²²⁴

前郝 tɕʰian⁵³xau²²⁴

后郝 xou³¹xau²²⁴

苏义 su⁴⁵i³¹

苏正 su⁴⁵tʂəŋ³¹

邱（刘）庄儿 tɕʰiou²²⁴liou⁵³⁻⁴⁵
tsuʈær²²⁴/tɕʰiou²²⁴liou⁵³tsuʈær²²⁴/
tɕʰiou²²⁴tsuʈær²²⁴

郭庄儿 kuo²²⁴tsuʈær²²⁴

西张 ɕi²²⁴tʂaŋ²²⁴

西小史 ɕi²²⁴⁻³¹ɕiau⁴⁵sʐ̩⁴⁵

东小史 tuŋ²²⁴⁻³¹ɕiau⁴⁵sʐ̩⁴⁵

西回 ɕi²²⁴xuei⁵³

中回 tsuŋ²²⁴xuei⁵³

东回 tuŋ²²⁴xuei⁵³

太古刘 tʰai³¹ku⁴⁵liou⁵³

北刘庄儿 pei²²⁴liou⁴⁵tsuʈær²²⁴

前大史 tɕʰian⁵³ta³¹sʐ̩⁴⁵

后大史 xou³¹ta³¹sʐ̩⁴⁵

东大史 tuŋ²²⁴ta³¹sʐ̩⁴⁵

回张 xuei⁵³tʂaŋ²²⁴

大营 ta³¹iŋ⁵³

长里沟 tʂaŋ⁴⁵⁻⁵³li⁰kou⁰

东小里 tuŋ²²⁴⁻³¹ɕiau⁴⁵li⁴⁵

小里村 ɕiau⁴⁵⁻²¹³li³³tsʰuən⁰

武邑镇 u⁴⁵⁻²¹³i³³tʂən³¹

龙店 lun⁵³⁻⁴⁵tian³¹

河口儿 xɤ⁵³kʰour⁴⁵ 渡口儿

# 第四章　语法特点

## 第一节　词　法

### 一、重叠

武邑方言的重叠涉及名词、数词、量词、数量短语、形容词、动词、副词和拟声词等七类。其中最有特色的是形容词和动词的"A咾(个)A"或"AB咾(个)AB"式重叠。其他词类的重叠式和普通话大同小异:重叠形式和普通话相同,只在语义、语用方面有些差异。因此,这里只介绍形容词和动词的重叠式。

(一)形容词重叠式

1.武邑方言单音节形容词重叠式

A(儿)A(儿):甜甜｜好儿好儿｜臭臭 ‖ 歪歪｜弯弯｜卷卷①

A(儿)A(儿)地:甜甜地｜小儿小儿地

A(儿)咾(个)A(儿):甜咾甜｜小儿咾小儿｜歪咾歪｜弯(儿)咾弯(儿)｜卷儿咾卷儿

AA咾(个)AA:歪歪咾歪歪｜弯弯咾弯弯｜卷卷咾卷卷

上述单音节形容词重叠式中"A(儿)咾(个)A(儿)"式最

---

① "‖"表示其前后的重叠式表达的意思不同,其前表示形容词重叠后为名词,属于构词重叠;其后表示只是给原词增添了程度义、描述义,形容词重叠后仍为形容词,属于构形重叠。

普遍,绝大多数单音节形容词都有这样的重叠式;"A(儿)A(儿)地"式次多见;"AA咾(个)AA"式最少见。

其中一部分单音节形容词重叠后变成了名词,如"甜甜｜好儿好儿｜臭臭"等;一部分变成了动词,可带受事宾语,如"歪歪着脑袋"。更多情况下,单音节形容词重叠式只增添新的语法功能和语法意义,不改变词性。重叠式表示的程度比原式高。上述单音节形容词重叠式不同,表达的程度高低也不同:其中"AA咾(个)AA"表达的程度最高,甚至高到令人反感的地步。因此,其后总是跟着负面性的评价话语。其次是"A(儿)咾(个)A(儿)"和"A(儿)A(儿)地",二者所表达的程度差不多。"A(儿)A(儿)"表达的程度最低,因此前面总是跟着程度指示词来辅助表达程度。形容词重叠后语法功能会发生一些改变,而且不同的重叠式语法功能也有些许的差异。"A咾个A"式重叠一般只作谓语、补语,如"好咾个好";而"A(儿)A(儿)地"式重叠可作定语、谓语、补语等。

2. 武邑方言双音节形容词重叠式

AABB 地:干干净净地｜随随便便地｜痛痛快快地

AB 咾(个)AB:干净咾干净｜随便咾随便｜痛快咾痛快

AAB 儿 B 儿地:干干净儿净儿地｜随随便儿便儿地｜痛痛快儿快儿地

大多数情况下,前两种重叠式有对应关系,即有"AABB 地"重叠式的形容词一般有"AB 咾(个)AB"重叠式;反之,有后者的重叠式也一般有前者。但并不绝对,如"病病殃殃地｜婆婆妈妈地｜大大咧咧地"就没有相应的"AB 咾(个)AB"重叠式;而"烧心咾烧心｜妖嘛儿咾妖嘛儿｜垮拉咾垮拉｜死帮咾死帮"则没有相应的"AABB 地"重叠式。

ABAB 地:通红通红地｜刷白刷白地｜黢黑黢黑地

AB 咾(个)AB:通红咾通红｜刷儿白咾刷儿白｜黢黑咾黢黑

　　大多数情况下,这两种重叠式也有对应关系。但并不绝对,如"稀烂稀烂地｜黑瘦黑瘦地｜死沉死沉地"就没有相应的"AB 咾(个)AB"重叠式;而"紧巴咾紧巴｜各应咾各应"则没有相应的"ABAB 地"重叠式。

　　AB(儿)B(儿)地:白晃晃地｜酸溜儿溜儿地｜直挺挺地｜香喷儿喷儿地｜臭烘烘地｜冷飕飕地｜白花花地｜湿乎乎地｜干净儿净儿地

　　武邑话双音节形容词重叠式中"AB 咾(个)AB"重叠式最能产,分别对应于"AABB 地"和"ABAB 地"重叠式。"AABB 地"和"ABAB 地"重叠式差不多,能产性居第二;"AB(儿)B(儿)地"能产量最低。

　　武邑话中双音节形容词重叠式只改变语法功能和语法意义,不改变词性。重叠后表示程度深,只是不同的重叠式表达的程度深浅是不同的。其中"AB 咾(个)AB"表达的程度最高,其次是"AAB 儿 B 儿地",再次是"ABAB 地、AABB 地",二者所表达的程度差不多。"AB(儿)B(儿)地"表示的程度最低。且不同的重叠式语法功能也略有差异。如:

　　"AAB 儿 B 儿地"式重叠一般可以做主语、谓语、定语、补语、状语等句法成分。

(1)他　成　天　　　家　弄　　得 那 屋　里 干 干

　　tʰa⁴⁵tʂʰəŋ⁵³tʰian²²⁴⁻³¹ tɕia³³ nəŋ³¹⁻⁵³ti⁰na³¹u²²⁴⁻³¹li³³kan⁴⁵kan⁴⁵

　　净儿　净儿　地。

　　tɕiʴ³¹tɕiʴ³¹⁻⁵³ti⁰。

　　(他整天收拾得屋里干干净净地。)【补语】

(2)干　干　净儿　净儿　的衣　裳　穿　　　上　多

　　kan⁴⁵kan⁴⁵tɕiʴ³¹tɕiʴ³¹⁻⁵³ti⁰i²²⁴⁻³¹ʂaŋ³³tsʰuan²²⁴⁻³¹ʂaŋ³³tuo⁴⁵

　　得　劲儿　唵。

tei²²⁴tɕiʐɻ³¹⁻⁵³an⁰。

（干干净净的衣裳穿上多舒服呀。）【定语】

（3）他　干　干　净儿　净儿　　地把　当　屋儿扫　　唠
　　tʰa⁴⁵kan⁴⁵kan⁴⁵tɕiʐɻ³¹tɕiʐɻ³¹⁻⁵³ti⁰pa⁴⁵taŋ²²⁴ur²²⁴tʂʰau⁴⁵⁻²¹³lau³³
　　个　遍儿。

　　kɤ³¹piʐɻ³¹。

（他干干净净地把屋子扫了个遍儿。）【状语】

（4）他　家　　　里成　天　　　家干　干　净儿
　　tʰa⁴⁵tɕia²²⁴⁻³¹li³³tʂʰəŋ⁵³tʰian²²⁴⁻³¹tɕia³³kan⁴⁵kan⁴⁵tɕiʐɻ³¹
　　净儿　地。

　　tɕiʐɻ³¹⁻⁵³ti⁰。

（他家里成天干干净净地。）【谓语】

（5）干　干　净儿　净儿　地多　好　　嗳！
　　kan⁴⁵kan⁴⁵tɕiʐɻ³¹tɕiʐɻ³¹⁻⁵³ti⁰tuo⁴⁵xau⁴⁵⁻²¹³ai³³！

（干干净净地多好呀！）【主语】

　　"ABAB 地"式重叠在句中可以做谓语、补语等句法成分。做谓语时，很受限，一般要有解释说明性的后续句，或用于疑问句。

（6）他　脸　喝　酒　喝　得通　红　通　红　地。
　　tʰa⁴⁵lian⁴⁵xɤ²²⁴⁻³¹tɕiou⁴⁵xɤ²²⁴⁻³¹ti⁰tʰuŋ²²⁴xuŋ⁵³tʰuŋ²²⁴xuŋ⁵³⁻⁴⁵ti⁰。
　　他喝酒喝得脸通红通红地。【补语】

（7）怎　嘛乜　脸　通　红　通　红　　的唵?
　　tsou⁴⁵ma⁰nie³¹lian⁴⁵tʰuŋ²²⁴xuŋ⁵³tʰuŋ²²⁴xuŋ⁵³⁻⁴⁵ti⁰an⁰?

（怎么这脸通红通红的呢？）【谓语】

（8）他　乜　脸　通　红　通　红　　的，像　是　发　烧
　　tʰa⁴⁵nie³¹lian⁴⁵tʰuŋ²²⁴xuŋ⁵³tʰuŋ²²⁴xuŋ⁵³⁻⁴⁵ti⁰，ɕiaŋ³¹sʅ³¹fa²²⁴ʂau²²⁴⁻³¹
　　哩。

　　li³³。

（他那脸通红通红的，像是发烧呢。）【谓语】

　　"AB咾(个)AB"式重叠在句中做谓语和补语时比较自由。如：

（9）这　　绳　结　　实咾结　　实。

　　　tʂɤ³¹ʂəŋ⁵³tɕie²²⁴⁻³¹ʂʅ³³lau⁰tɕie²²⁴⁻³¹ʂʅ³³。

　　　（这绳特别结实。）【谓语】

（10）捆　　　得结　实咾结　　实。

　　　kʰuan⁴⁵⁻²¹³ti⁰tɕie²²⁴⁻³¹ʂʅ³³lau⁰tɕie²²⁴⁻³¹ʂʅ³³。

　　　（捆得特别结实。）【补语】

　　该式在语流中经常说成 D 变韵的形式"ABᴰAB"式。如：

（11）你那　脸　通　　红　　咾通　红。　＝你那脸

　　　ni⁴⁵na³¹lian⁴⁵tʰuŋ²²⁴xuŋ⁵³⁻⁴⁵lau⁰tʰuŋ²²⁴xuŋ⁵³。＝ni⁴⁵na³¹lian⁴⁵

　　　通　　红 ᴰ 通　红。

　　　tʰuŋ²²⁴xuŋ⁴⁵²tʰuŋ²²⁴xuŋ⁵³。

　　"AB（儿）B（儿）地"式重叠在句中可做谓语、定语、状语、补语，还可以直接指代主语所代表的事物。

（12）弄　那湿乎　乎的衣　裳　就　乜么　穿

　　　nəŋ³¹⁻⁵³na³¹ʂʅ²²⁴xu²²⁴⁻³¹xu⁵³⁻⁴⁵ti⁰i²²⁴⁻³¹ʂaŋ³³tsou³¹nie³¹mɤ³³tsʰuan²²⁴⁻³¹

　　　上！

　　　xaŋ³³！

　　　（把那湿乎乎的衣裳就这么穿上！）【定语】

（13）家　　来　咾就　知　道直　挺挺　　地躺

　　　tɕia²²⁴⁻³¹lai⁵³⁻⁴⁵lau⁰tsou³¹tʂʅ²²⁴tau³¹tʂʅ⁵³tʰiŋ⁴⁵tʰiŋ⁴⁵⁻²¹³ti⁰tʰaŋ⁴⁵⁻²¹³

　　　着！

　　　tʂau³³！

　　　（回到家就知道直挺挺地躺着！）【状语】

（14）今　天　这菜　香　喷儿喷儿地，刚　好　吃

　　　tɕin²²⁴tʰian²²⁴tʂɤ³¹tsʰai³¹ɕiaŋ²²⁴pʰɚ³¹pʰɚ³¹⁻⁵³ti⁰，kaŋ⁵³xau⁴⁵tʂʰʅ²²⁴⁻³¹

　　　嗹。

　　　lian³³。

（今天这菜香喷儿喷儿地,特别好吃。）【谓语】

（15）这　电　视　看　　得我心　　里酸　　溜儿　溜儿
tʂɤ³¹tian³¹sʅ³¹kan³¹⁻⁵³tiºuɤ⁴⁵xin²²⁴⁻³¹li³³suan²²⁴liʈour²²⁴liʈour²²⁴⁻³¹

地。【补语】

tiº。

（16）黄　　澄　澄　　地好　吃。
xuaŋ⁵³təŋ³¹təŋ³¹⁻⁵³tiºxau⁴⁵tʂʰʅ²²⁴

【直接指代主语所代表的事物】

　　另外,该式内部语音模式很不一致,大致可以分为两组:① 组的"BB"变调;② 组的"BB"不变调。变调的比不变调的表示的程度要高,如:

　　① 白晃晃地 | 香喷儿喷儿地 | 湿乎乎地
　　② 冷飕飕地 | 光溜儿溜儿地 | 臭烘烘地

　　3. 武邑方言儿化对形容词重叠式的影响

　　武邑方言中,一些形容词的重叠式有儿化形式。一般说来,儿化重叠式与非儿化重叠式在语义或语用方面有些差异,而语法功能方面没有什么不同。如:

　　① 儿化重叠式表达的程度更高

　　儿化重叠式"远儿远儿地 | 早儿早儿地 | 饱儿饱儿地"等都表达程度高得不能再高的意思。

　　② 儿化重叠式可以表示令人满意的、合适的程度。如:

　　香喷儿喷儿地 | 甜丝儿丝儿地

　　③ 儿化重叠式可以附加喜爱、轻松的感情色彩。如:

　　干干净儿净儿地 | 随随便儿便儿地 | 痛痛快儿快儿地

　　（二）动词重叠式

　　武邑方言动词重叠式的形式依动词类别不同会产生差异,心理活动动词为一类,其重叠式与形容词一致;其他行为动词为一类,其重叠式与普通话基本相同。

1. 单音节动词重叠式

动作行为动词有"AA、A咾A、AA着"三种重叠式;心理活动动词只有"A咾(个)A"一种重叠式。

AA:踩踩 | 约约 | 嘬嘬 | 歇儿歇儿 | 玩儿玩儿 | 呛呛(吵架或争论)| 叨叨

A咾A:踩咾踩 | 约咾约 | 嘬咾嘬 | 歇儿咾歇儿 | 玩儿咾玩儿

AA着:躺躺着 | 歪歪着 | 能能着 | 杵杵着

A咾(个)A:疼咾个疼 | 愁唠个愁 | 烦唠个烦 | 怕唠个怕 | 想咾个想

其中"AA、A咾A"式重叠与普通话基本相同,不再赘述。

"VV着"式动词重叠,不仅不表示动作的短暂和尝试,甚至不表示动作,而表示动作发生之后形成的一种可长时间持续的令人生厌的静止状态。此时的动词重叠式起的是一种描述作用,相当于形容词;但作谓语时,有时也可带宾语。如:

(17)整 天 家 乜 么 躺 躺 着, 可
$tṣən^{45}t^hian^{224-31}tɕia^{33}nie^{31}mɤ^{33}t^haŋ^{45-213}t^haŋ^{33}tṣau^{224}$, $k^hɤ^{45}$

真 自 俺。
$tṣən^{224}tsɿ^{31}an^0$。

(整天这么躺着,可真自在呀。)

(18)歪 歪 着 个 脑 袋, 也 不 嫌 丢 人。
$uai^{224-31}uai^{33}tṣau^{224}kɤ^{31}nau^{45-213}tai^{33}$, $ie^{45}pu^{224}ɕian^{53}tiou^{224}zən^{53}$。

某些既可以表示动作变化又可以表示动作状态的动词,其"A咾A"式重叠的语法意义也有两种,如动词"想"的"A咾A"式,一是表示程度量的增加,这是"A咾个A"的省略式;一是表示动作的短时和尝试义,这是"AA"式的已然义。

能做"A咾(个)A"式重叠的动词都是心理活动动词,此重叠式表示"A"的程度很高。如:

(19)他 把 小 狗 打 得怕 咾个 怕。

$t^ha^{45}pa^{45}\varsigma iau^{45}kour^{45}ta^{45-213}ti^0p^ha^{31-53}lau^0k\gamma^0p^ha^{31}$。

（他把小狗打得很害怕。）

（20）□　　因　乜　事ㄦ，他　成　天　　家　愁　咾

$y\eta^{45-213}in^{33}nie^{31}s\gamma\vartheta^{31}$，$t^ha^{45}ts\eta^{53}t^hian^{224-31}t\varsigma ia^{33}tsʰou^{53-45}lau^0$

个　愁。

$k\gamma^{31}tsʰou^{53}$。

（因为这个事情，他整天愁得不行。）

2. 双音节动词重叠式

双音节动作行为动词一般有"AABB、ABAB、AB 咾 AB"三种重叠式；心理活动动词只有"AB 咾（个）AB"一种重叠式，如：

AABB：扭扭捏捏 | 晃晃悠悠 | 闹闹哄哄 | 凑凑合合

ABAB：扎裹扎裹 | 合磨合磨 | 试巴儿试巴儿 | 圪登圪登

AB 咾 AB：扎裹咾扎裹 | 合磨咾合磨 | 试巴儿咾试巴儿 | 圪登咾圪登

AB 咾（个）AB：害怕咾个害怕 | 讨厌咾个讨厌 | 喜欢咾个喜欢 | 高兴咾个高兴

"AABB"式重叠，表示由动作行为所形成的一种状态，且表示的程度要高于基式。如：

（21）扭　　扭　　捏　　捏　地　像　么ㄦ　样　　［子嗳］!

$niou^{45-213}niou^{33}nie^{31-53}nie^0ti^0\varsigma ian^{31}m\mathrm{e}r^{53}ia\eta^{31-53}tsai^0$!

（扭扭捏捏地像什么样子呀！）

"ABAB、AB 咾 AB"式重叠表示动作的短时和尝试义，以及动作幅度的轻微。"ABAB"式表未然，"AB 咾 AB"式表已然，和普通话相同，不再赘述。

"AB 咾（个）AB"式重叠表示心理活动程度的加强。这种重叠式本质上是把心理活动的动作转化为心理活动的状态，是

对某种状态的描述,重叠无疑会使状态增强。做谓语时,不能再带宾语,如:

（22）这　个　人　讨　厌　咾个讨　厌。

　　　tṣɤ³¹kɤ³¹zən⁵³tʰau⁵³ian³¹lau⁰kɤ³¹tʰau⁵³ian³¹。

　　　（这个人讨厌极了。）

（23）他　把　小　红　说　　　得讨　厌　咾　讨　厌,　真

　　　tʰa⁴⁵pa³¹ɕiau⁴⁵xuŋ⁵³ṣuo²²⁴⁻³¹ti⁰tʰau⁵³ian³¹lau⁰tʰau⁵³ian³¹,tṣən²²⁴

　　　不　厚　道　俺。

　　　pu²²⁴xou³¹tau³¹an⁰。

　　　（他把小红说得讨厌得不行,真不厚道呀。）

　　除心理活动动词外,还有一些表示动作状态的动词也可以使用此形式表示程度量的增大,其实也是对已然状态的描述。作谓语时,也不能带宾语。如:

（24）这　车　　岗荡　咾岗荡,　别　再　把　油　洒

　　　tṣɤ³¹tṣʰɤ²²⁴kaŋ⁴⁵taŋ³¹lau⁰kaŋ⁴⁵taŋ³¹,pie⁵³tsai³¹pa⁴⁵iou⁵³sa⁴⁵⁻²¹³

　　　咾。

　　　lau³³。

　　　（这车特别晃,别再把油洒了。）

（25）他　把　车　开　　　得晃　荡　咾晃　　荡,

　　　tʰa⁴⁵pa³¹tṣʰɤ²²⁴kʰai²²⁴⁻³¹ti⁰xuaŋ³¹⁻⁵³taŋ³¹lau⁰xuaŋ³¹⁻⁵³taŋ³¹,

　　　都　有　人儿哕　　嗹。

　　　tou²²⁴iou⁴⁵zɚ⁵³ye⁴⁵⁻²¹³lian³³。

　　　（他把车开得特别晃,都有人吐了。）

## 二、代词系统

　　武邑方言代词系统中最有特点的就是人称代词和指示代词,疑问代词只是语音形式或词汇上和普通话有些不同,语法功能上大同小异。因此,本书仅详细描写人称代词和指示代词。

（一）人称代词

1. 武邑方言第一人称代词

单数：我 [uɤ⁴⁵]、俺 [nan⁴⁵]、咱 [tsan⁴⁵]

复数：俺 ＋ 俩 / 仨 / 四啊……/ 一伙子①、俺几啊（一般指三到五个人）；咱、咱 ＋ 俩 / 仨 / 四啊……/ 一伙子、咱几啊、咱大伙儿

① "我、俺、咱"语法意义的不同

"我"表单数，只用于客观的陈述，且有强调领有的意味。"俺"单复数都可以表示，但强调领有的语用效果没有"我"强烈。"俺"表单数时，总是带有某种感情色彩。"咱"只有在自夸时，表单数，大多数情况下表复数。如：

（1）乜　书　是　我 /　俺　　的。

nie³¹ʂu²²⁴sɿ³¹uɤ⁴⁵⁻²¹³/nan⁴⁵⁻²¹³ti⁰

（这书是我 / 我们的。）

（2）俺　俩　都　怕　俺　娘，　不　怕　俺　爸　爸。

nan³¹lia⁴⁵tou²²⁴pʰa³¹⁻⁵³nan³¹niaŋ⁵³, pu²²⁴pʰa³¹⁻⁵³nan³¹pa³¹⁻⁵³pa⁰。

（我们俩都怕我们妈妈，不怕我们爸爸。）

（3）这　是　咱　的，把　它　拿ᴰ走，　张　三。

tʂɤ³¹sɿ³¹tsan⁴⁵⁻²¹³ti⁰, pa⁴⁵tʰa⁴⁵na⁴⁵²tsou⁴⁵, tʂaŋ²²⁴san²²⁴。

（这是咱们的，把它拿走，张三。）

（4）咱　考　咾　第　一。

tsan⁴⁵kʰau⁴⁵⁻²¹³lau³³ti³¹i²²⁴。

（我考了第一。）

（5）这　个　疯　狗，　着　俺　一　棍　子给　打

tʂɤ³¹kɤ³¹fəŋ²²⁴⁻³¹kou⁴⁵, tʂau³¹⁻⁵³nan³¹i⁴⁵kuən³¹⁻⁵³tsɿ⁰kei⁴⁵ta⁴⁵

跑　嘞。

pʰau⁴⁵⁻²¹³lian³³。

_____

① "一伙子"指八九个人以上。

（让我一棍子给打跑了。）

（6）恁　怎　嘛光　让　俺　干　累　活儿　唵？

nei$^{45}$tsou$^{45-213}$ma$^0$kuaŋ$^{224}$zɑŋ$^{31}$nan$^{45}$kan$^{31}$luei$^{31}$xuɤr$^{53-45}$an$^0$？

（你们怎么老让我干累活儿呢？）

（7）这　回儿　俺　又　没　　考　好。

tʂɤ$^{31}$xuɚ$^{53}$nan$^{45}$iou$^{31}$mei$^{224-31}$kʰau$^{45}$xau$^{45}$。

（这回我又没考好。）

　　例（1）用"我"表单数时只是客观陈述。（4）用"咱"表单数时，就具有了自夸、自矜等感情色彩或语气。（5）~（7）用"俺"时，分别表达说话人自矜、抱怨和气馁的感情色彩。（5）中的"俺"可以换作"咱"，这样就能表达说话人得意、自吹的感情色彩。（6）（7）不宜换作"咱"。有时用"咱"，甚至带有傲慢、霸道的感情色彩。如：敢欺负咱，也不看看咱是谁！

　　此外，"看咱做的这椅子，行咾办""咱就是好欺负"和"咱哪里如恁唵"中的"咱"分别带有洋洋得意，发泄牢骚和挖苦、嘲讽的感情色彩；而"说正个的，咱跟人家张刚比还是有差距"中的"咱"虽貌似表示客观的单数，但细品会发现，此处的"咱"有缓和"我"和比较对象"张刚"之间差距的作用，这大概和"咱"表示单数"我"时，总带有一种自大的感情色彩有关。此处的"咱"表现了说话人不服输和要面子的心理。

　　②"我、俺、咱"做句法成分时的不同

　　"我、俺、咱"都可以做主语、宾语、定语。"我、俺"做主语、宾语时，除了语法意义和语用上的差别，没有什么不同；做定语时，二者有所区别。"咱"做主语时，表示"我们"或"我"；做动词宾语时，一般为转指用法，转指"你"；做介词宾语时，一般表示单数"我"，如：

（8）我／俺／咱　考　　咾　第一。

uɤ$^{45}$/nan$^{45}$/tsan$^{45}$kʰau$^{45-213}$lau$^{33}$ti$^{31}$i$^{224}$。

（我考了第一。）【主语】

（9）他 打 过 我／ 俺 咾。

t$^h$a$^{45}$ta$^{45-213}$kuo$^{33}$u$^{45-213}$／nan$^{45-213}$lau$^{33}$。

（他打得过我。）【动词宾语】

（10）他 打 过 咱 咾，咱 别 惹 他。

t$^h$a$^{45}$ta$^{45-213}$kuo$^{33}$tsan$^{45-213}$lau$^0$，tsan$^{45}$pie$^{53}$ie$^{45}$t$^h$a$^{45}$。

（他打得过你，你别惹他。）【动词宾语】

（11）你 也 给 咱 弄 弄。

ni$^{45}$ie$^{45}$kei$^{45}$tsan$^{45}$nəŋ$^{31}$nəŋ$^0$。

（你也给我弄弄。）【介词宾语】

"俺"和"咱"能直接做定语，可以用于亲属名词或表示某种社会关系的称谓词以及表示生活地域或工作单位的名词前面。"我"一般不能直接做定语，且一般不能直接用于上述名词之前，需在"我"和中心语之间加"的"，且此时的"我"表强调领有之意。当后面中心语表示某物时，前面用"俺、咱"或"我"修饰都可以，且"俺、咱、我"与中心语之间加定语标记"的"或"那"，表示领属关系。如"俺爸｜俺姨｜俺老师｜俺同学儿｜俺就伴儿的｜俺老板｜俺同事｜俺村儿｜俺单位｜俺家｜俺小红｜俺闺妮"中"俺"都能换成"咱"，但不能换成"我"；而"俺的笔｜俺那桌子｜俺的车｜俺的手｜俺的话儿"中的"俺"既能换成"咱"，也能换成"我"。

③ "我、俺、咱"表示复数的差别

第一人称代词不用后加词缀"们"表示复数，而是常用"俺／咱＋俩／仨／几啊／一伙子"的方式表示。其中用"俺"表示第一人称复数排除式；用"咱"表示第一人称复数包括式。而"我"不能和其他词语组合表示复数。

④ 搭配及语用方面的不同

武邑方言"你"和"我"、"恁"和"俺"可分别对举使用。如：

（12）你　　头　　　里走，　我　后　　头　　就　来。

　　　ni⁴⁵tʰou⁵³⁻⁴⁵li⁰tsou⁴⁵, uɤ⁴⁵xou³¹⁻⁵³tʰou⁰tsou³¹lai⁵³。

　　　（你前头走，我后头就来。）

（13）恁　头　　　里走，　俺　后　　头　　就　来。

　　　nei⁴⁵tʰou⁵³⁻⁴⁵li⁰tsou⁴⁵, nan⁴⁵xou³¹⁻⁵³tʰou⁰tsou³¹lai⁵³。

　　　（你们 / 你前头走，我们 / 我随后就来。）

　　　武邑方言中，"我"和"你"可以连用，表示一群人里头任何一个个体，但"俺"和"恁"或"俺"和"你"却不能连用。

（14）他　几　啊你推　　我、　我　打你　　的净　瞎

　　　tʰa⁴⁵tɕi⁴⁵⁻²¹³a³³ni⁴⁵tʰuei²²⁴⁻³¹uɤ⁴⁵、uɤ⁴⁵ta⁴⁵ni⁴⁵⁻²¹³ti⁰tɕiŋ³¹ɕia²²⁴

　　　闹。

　　　nau³¹。

　　　（他几个你推我、我打你的净瞎闹。）

　　　武邑方言"俺"可转指"他 / 她"。"他 / 她"一般是与"俺"有关的人，诸如丈夫、孩子等。这种转指多为妇女所用，含有对亲人的疼爱、抚慰或对他人的委婉抱怨等感情色彩，而且往往是当着双方的面来发话。如：

（15）恁　光　欺　负俺做　么儿　唵？

　　　nei⁴⁵kuaŋ²²⁴tɕʰi²²⁴⁻³¹fu³³nan⁴⁵tsou³¹mɤ⁵³an⁰？

　　　（你老欺负他 / 她干什么呀？）

　　　有时"俺"还可以转指"你"，多为大人哄"受欺"的孩子时用。此处的"受欺"指被别人逗弄，不是真正的受欺负。如：

（16）这　是　谁打　俺　　嗹？

　　　tʂɤ³¹sʅ³¹sei⁵³ta⁴⁵⁻²¹³nan⁴⁵⁻²¹³lian⁰？

　　　（这是谁打你了？）

　　　"咱"转指时，包括"你"和"我"，往往是口说"咱"而意思只指"你"或"我"一个人。这种用法的"咱"表示说话人对听

话一方立场的认同。此种用法的"咱"是从第一人称复数意义
引申来的<sup>①</sup>。如：

（17）好　闺　　妮　嗹，咱　不　哭　俺。

　　　xau$^{45}$kuei$^{224-31}$ni$^{45-213}$lian$^0$, tsan$^{45}$pu$^{45}$k$^h$u$^{224}$an$^{33}$。

　　　（好女儿，咱不哭。）

（18）看　咱　做　　的这椅　子，行　咾办？

　　　k$^h$an$^{31}$tsan$^{45}$tsou$^{31-53}$ti$^0$ts$^{31}$i$^{45-213}$ts$^0$, ɕiŋ$^{53-45}$lau$^0$pan$^0$？

　　　（看我做的这椅子，还行吧？）

　　　"咱"转指"你"时，多用于委婉的劝说。此处是批评者把
自己放在和被批评者同样的位置上，比直接用"你"显得更委
婉、和蔼，听者更容易接受。如：

（19）咱　个人　的事儿，个人　干，　别老　是指

　　　tsan$^{45}$kɤ$^{45}$zən$^{31}$ti$^0$sɤ$^{31}$, kɤ$^{45}$zən$^{31}$kan$^{31}$, pie$^{53}$lau$^{45}$s$^{31}$ts$^{45-213}$

　　　望　别　人儿。

　　　uaŋ$^{33}$pie$^{53}$zɚ$^{53}$。

　　　"咱"转指"你"时，有时还能表达嘲讽的语气，如：

（20）咱　多能俺？　谁能　赶　上　咱　嗳！

　　　tsan$^{45}$tuo$^{45}$nəŋ$^{53}$an$^0$？　xei$^{53}$nəŋ$^{53}$kan$^{45-213}$ʂaŋ$^{31-53}$tsan$^{45-213}$ai$^{33}$！

　　　（你多能耐呀？谁能比得上你呀！）

　　　"咱"有时表示"咱们家的"。如：

（21）咱　车　　子待家　里办？

　　　tsan$^{45}$tʂ$^h$ɤ$^{224-31}$ts$^0$tai$^{45}$ɕia$^{224-31}$li$^{33}$pan$^0$？

　　　（咱家自行车在家里吗？）

　　　"咱"有时还可以表示"你们家的"，带有友好或亲近的意味，
如：

---

① 　与陈泽平老师交流所知。

（22）大娘，　咱那车　　子待家　　里办？

　　　ta³¹niaŋ⁵³, tsan⁴⁵na³¹tʂɤ²²⁴⁻³¹tsɿ⁰tai⁴⁵tɕia²²⁴⁻³¹li³³pan⁰？

　　（大娘，你们家自行车在家里吗？）

　　另外，武邑方言中还有一个能表达第一人称单数和复数的说法——"这人们"。它相当于"我"或复数的"我们"，如：

（23）这　人　们的钱　　就来　得那么容　易啊？

　　　tʂɤ³¹zən⁵³⁻⁴⁵mən⁰ti⁰tɕʰian⁵³tsou³¹lai⁵³⁻⁴⁵ti⁰na³¹mɤ³³zuŋ⁵³⁻⁴⁵i⁰a⁰？

　　"这人们"比"我"的强调色彩还要浓些，一般是在气愤或警戒对方的情况下才这么用。

（24）别　人ㄦ没事ㄦ就　说　行　嗹，　合　着就

　　　pie⁵³⁻⁴⁵zɤ⁰mei²²⁴sʐɤ³¹tsou³¹ʂuo²²⁴ɕiŋ⁵³⁻⁴⁵lian⁰, xɤ⁵³⁻⁴⁵tʂau⁰tsou³¹
不管　这人　们　啊？

　　　pu³¹kuan⁴⁵tʂɤ³¹zən⁵³⁻⁴⁵mən⁰lia⁰？

　　（别人没事就说可以了，难道就不管我/我们了吗？）

　　概言之，武邑话中第一人称代词"我"只表单数，"俺"既可表单数，又可表复数；"俺"表单数时，总是带有某种感情色彩。"咱"只有在自夸时表单数，大多数情况下表复数。武邑话中第一人称代词最常用的复数形式是"俺"和"咱"以及它们与其他数量词的组合形式。且表复数时，"俺"是排除式，"咱"是包括式。如下表所示：

表4-1　武邑方言第一人称代词词表

| 类别 | 第一人称代词 | | | |
|---|---|---|---|---|
| | 我 | 俺 | 咱 | 这人们 |
| 单数 | 我 | 俺 | 咱 | 这人们 |
| 单数感情色彩 | 无 | 自矜、抱怨、气馁 | 自大、发牢骚、挖苦、嘲讽 | 愤怒或警戒对方（其复数也适用） |

| | 第一人称代词 | | | |
|---|---|---|---|---|
| 转指 | 泛指 | 他 / 她、你 | 你、我、你们家的、咱们家的 | 我 |
| 复数 | 无 | 俺（排除式） | 咱（包括式） | 这人们 |
| 复数其他形式 | 无 | 俺俩、俺仨、俺几啊、俺一伙子 | 咱俩、咱仨、咱几啊、咱一伙子 | 无 |
| 对举使用 | 我 — 你 | 俺 — 恁 | 无 | 无 |

2. 武邑方言第二人称代词

单数：恁 [nei⁴⁵]、你 [ni⁴⁵]

复数：恁 [nei⁴⁵]、恁 + 俩 / 仨 / 四啊……几啊 / 一伙子

武邑话的第二人称代词有两套，分别是"恁"和"你"。其中"你"只表单数；"恁"既可以表单数又可以表复数，"恁"的单复数需要根据语境来判断。但多数情况下，"恁"表复数。如：

（25）你 见 过 宰 猪 的 办？

　　　ni⁴⁵tɕian³¹kuo⁰tsai⁴⁵tʂu²²⁴⁻³¹ti⁰pan⁰？

　　　（你见过杀猪的吗？）

（26）俺 没 见 过， 恁 谁 见 过， 跟 他

　　　nan⁴⁵mei²²⁴tɕian³¹kuo⁰, nei⁴⁵sei⁵³tɕian³¹kuo⁰, kən²²⁴⁻³¹tʰa⁰

　　　说 说。

　　　ʂuo²²⁴ʂuo⁰。

　　　（我没见过，你们谁见过，跟他说说。）

（27）张 三， 恁 兄 弟 哩？

　　　tʂaŋ²²⁴san²²⁴, nei⁴⁵ɕyŋ²²⁴⁻³¹ti³³li⁰？

　　　（张三，你兄弟呢？）

"恁"不论表单数，还是表复数，都属于敬称，相当于普通话中的"您"。

另外，武邑话中第二人称代词常用"恁＋俩、仨、几啊、一伙子"的方式表示复数，而"你"一般不能和其他词或词缀组合表示复数。但近年随着普通话的普及，镇上某些中青年人偶尔也说"你们"。

语法功能上，做定语时，"你"和"恁"的区别与"我"和"俺"相平行："恁"可以直接用在表示亲属关系或某种社会关系的称谓词及表示生活地域或工作单位的名词前面，做定语；"你"不仅不能直接做定语，而且不能直接用在上述称谓词或名词的前面。但当修饰的是某物体时，用"恁"和"你"都可以，且要在"恁"或"你"和所修饰的物体之间加"的"或"那"，表示领属关系，如：

恁爸｜恁姨｜恁老师｜恁同学儿｜恁就伴儿的｜恁老板｜恁同事｜恁村儿｜恁单位｜恁家

*你爸｜*你姨｜*你老师｜*你同学儿｜*你就伴儿的｜*你老板｜*你同事｜*你村儿｜*你单位｜*你家

恁的笔｜恁那桌子｜恁的车｜恁那脚｜恁的话儿

你的笔｜你那桌子｜你的车｜你那脚｜你的话儿

语用方面，表示单数时，"恁"有亲切、喜爱、礼貌、尊敬的感情色彩在内，"你"则比较客观，没有这些附加意义。

据吕叔湘（1985/2017）研究，"您"是"你们"的合音，"恁"是"您"的另一种写法，后面常常隐含着一个以家庭或者其他什么为单位的集体，因此，"恁"的本义表示的是复数。可能是这种复数义使得"恁"用作第二人称单数"你"时，含有上述附加义。带亲切、喜爱感情色彩的"恁"，多用于同辈之间。如：

（28）别　说　是　恁　　嘞，　我　也　叫　　他　气　得不

pie⁵³ʂuo²²⁴sʅ³¹nei⁴⁵⁻²¹³lian³³，uɤ⁴⁵ie⁴⁵tɕiau³¹⁻⁵³tʰa⁰tɕʰi³¹⁻⁵³ti⁰pu⁴⁵

行。

ɕiŋ⁵³。

（别说是您了，我也被他气得不行。）

带礼貌和尊重感情色彩的"恁",如:

（29）恁 再 说 一 遍 办, 俺 没 听 清。

　　　nei⁴⁵tsai³¹ʂuo²²⁴⁻³¹i⁴⁵pian³¹pan⁰, nan⁴⁵mei⁴⁵tʰiŋ²²⁴tɕʰiŋ²²⁴。

　　（您再说一遍吧，我没听清。）

但如今"恁"单数用法的这种附加义已不易被人们所察觉，甚至在某些语境中消失了。此外，"恁"还可以用于说反话的语境中，表达说话人讽刺、挖苦、羡妒的感情。如:恁看恁多好嗳!（您看您多好呀!）谁能比得了恁嗳!（谁能比得了您呀!）表示羡妒时，句子的重音在"多"上，第一句和第二句的语调整体是下降的;表示挖苦、讽刺时，此时句子的重音在"恁"上，第一句的语调整体是降的，第二句的语调整体是上升的。

由于"恁"有表达尊敬的意味，因此，想缓和冲突时，用"恁"不用"你"。

（30）俺 多 喈 生 恁 那 气 嗹?

　　　nan⁴⁵tuo⁴⁵tsan⁰sən²²⁴⁻³¹nei⁴⁵na³¹tɕʰi³¹⁻⁵³lian⁰?

　　（我什么时候生您的气了？）

相反，当具体批评某个人，表达强烈的愤怒、不满之情时，一般用"你"不用"恁"。如:

（31）你 这 人儿 怎 嘛 这 么 不 解 事儿 俺?

　　　ni⁴⁵tʂɤ³¹zɤ⁵³tsou⁴⁵ma⁰tʂɤ³¹mɤ³³pu⁴⁵ɕie³¹sʐɤ³¹⁻⁵³an⁰?

　　（你这人儿怎么这么不懂事呢？）

当称呼客观上唯一存在的对象时，倾向于用"你"，这可能和"你"只能用来表单数，不会造成误解有关。比如:

（32）好 娘 嗳, 你 就 听 我 的 办。

　　　xau⁴⁵niaŋ⁵³⁻⁴⁵ai⁰, ni⁴⁵tsou³¹tʰiŋ²²⁴⁻³¹uɤ⁴⁵ti⁰pan⁰。

　　（好娘呀，你就听我的吧。）

转指用法方面，一般第二人称代词的转指用法都用"你"，除了泛指某个群体用"恁"外，如:成天家管恁这，管恁那，谁管我嗹？（整天管你们这个，管你们那个，谁管我了？）而"你"的转指用法与普通话基本相同，此不赘述。

　　概言之，武邑话的第二人称代词"你"只表单数，但"你"有很多转指用法；"恁"既可表单数，又可表复数，多数情况下表复数，表单数或复数都有表尊重的感情色彩，但"恁"基本无转指用法。第二人称复数形式最常用的是"恁"或"恁"与其他数量词的组合形式。如下表所示：

表4-2　武邑方言第二人称代词词表

| 类别 | 第二人称代词 | |
|---|---|---|
| | 你 | 恁 |
| 单数 | 你 | 恁 |
| 单数感情色彩 | 无 | 亲切、喜爱、礼貌、尊敬或讽刺、挖苦、羡妒 |
| 转指 | 任何人、人家、人们、别人、咱们、自己、他／她或实无所指 | 泛指某特定的群体 |
| 复数 | 无 | 恁 |
| 合成形式 | 无 | 恁俩、恁仨、恁几啊、恁一伙子 |

　　3.武邑方言第三人称代词

　　单数：他／她／它

　　复数：他／她／它＋俩／仨／几啊……他们一伙子

　　武邑方言第三人称单数"他／她"和"恁、俺"一样，用于与个人关系比较亲近的事物时，不加"的"；反之则需加"的"。如：

　　他家｜他单位｜他同事｜他就伴儿的｜他娘｜他姨｜他亲家｜他媳妇儿

　　他的手｜他的笔｜他的桌子｜他的地｜他的房

　　武邑方言第三人称代词的尊称形式有两种，均是用词汇手段来表示的。一是尊称与当事人有较密切社会关系的成员,比如亲属、师生、上下级等,用"恁 + 称呼语 + 人家/他"来表示;一是尊称其他社会人员,用"人(家)+ 称呼"来表示,有时也说成"称呼 + 人(家)"。

(33)听　　话儿,看　　恁爸　爸他来　　咾非　揍
　　　　$t^hiŋ^{224}xuæ r^{31}$, $k^han^{31}nei^{45}pa^{31-53}pa^0t^ha^{45}lai^{53-45}lau^0fei^{224}tsou^{31-53}$
　　　你　不　　行。
　　　$ni^{31}pu^{224}ɕiŋ^{53}$。
　　　(听话,看你爸爸他来了非揍你不行。)

(34)恁　姑人　　家都　挺　懂　事儿　的。
　　　$nei^{45}ku^{224}zən^{53-45}tɕia^0tou^{224}t^hiŋ^{53}tuŋ^{45}ʂə^{31-53}ti^0$。
　　　(你姑她们都挺懂事儿的。)

(35)恁　老师人　　家　是　为　　咾你　好。
　　　$nei^{45}lau^{45}sʅ^{224}zən^{53-45}tɕia^0sʅ^{31}uei^{31-53}lau^0ni^{45}xau^{45}$。
　　　(你们老师她们是为了你好。)

(36)人　　家小　辉　多　能　挣　钱　　　唵?
　　　$zən^{53-45}tɕia^0ɕiau^{45}xuei^{224}tuo^{45}nəŋ^{53}tsəŋ^{31}tɕ^hian^{53-45}an^0$?
　　　(人家小辉多能挣钱呀?)

表 4-3　武邑方言第三人称代词词表

|  | 第三人称代词 |
|---|---|
| 类别 | 他 / 她 / 它 |
| 单数 | 他 / 她 / 它 |
| 复数 | 他 / 她 + 们 |
| 复数其他形式 | 他 / 她俩、他 / 她仨、他 / 她几啊、他们一伙子 |
| 尊称形式 | 恁 + 称呼语 + 人家 / 他;人(家)+ 称呼 |

4.武邑方言其他人称代词

自个儿 [tʂʅ³¹kɤɹ³³]自己、个人 [kɤ⁴⁵zən⁰]自己；别人儿 [pie⁵³zɚ⁵³]、人家 [zən⁵³⁻⁴⁵tɕia⁰]/ 人 ᴰ[zən⁴⁵²]、大伙 儿 [ta³¹⁻⁵³xuɤɹ⁴⁵]、谁 [sei⁵³]/[xei⁵³],这些词的用法与普通话基本相同,此不赘述。

(二)指示代词

武邑方言的指示代词依据指代对象的远近分为近指、中指和远指,分别是"这 [tʂɤ³¹]、乜 [nie³¹]、那 [na³¹]"。"这、乜、那"本身可指单数,亦可指复数,但其复数形式"这(个)们、乜(个)们、那(个)们"指代的一定是复数。

1.形式

武邑方言中的三套基本指示代词"这、乜、那",读音也各有三套,主要是声调方面的不同。以"乜"为例说明,此词有三种读音,分别是去声的 [nie³¹]、阳平的 [nie⁵³] 和阴平的 [nie²²⁴]。其中"乜"在"乜个"中还读成上声的 [nie⁴⁵]。为了称述的方便,我们把去声的 [nie³¹]、阳平的 [nie⁵³] 和阴平的 [nie²²⁴]分别叫做乜₁、乜₂和乜₃。指别和定冠词化用法的"乜"用乜₁,虚指多个对象时为乜₃,连词和语气词用法的"乜"为乜₂。"这、那"的读音情况和"乜"基本一致。

2.来源

有关指示代词"这"和"那"的来源问题,学界已有很详细的探讨,本文不再赘述。有关"乜"的来源问题,汪化云、冯春田的讨论最为详细[①]。汪先生认为山东方言的"乜"具有本土性,"那"来自书面语。"乜"的动词义"眼球斜视"出现在元代,指示代词"乜"是从其动词义的"乜"虚化而来的。冯先生认为"乜"来源于五代时期出现的指示词"恁"。我们赞同冯先生的观点。

---

① 汪化云《汉语方言代词论略》(第 70 ～ 75 页),巴蜀书社,2008 年;冯春田《明清山东方言语法研究》(第 115 ～ 138 页),山东教育出版社,2012 年。

理由如下：

汪先生的观点让人产生的疑问是既然"乜"是本土的指示代词，那么应该存在的时间很长了，而不是在元明才开始形成。如果汪先生的推测是对的，那么元代之前山东方言的远指代词是什么？另外，根据汪先生的观点，我们知道明清时期"乜"刚形成不久，那么，"乜"之前的山东方言远指代词在成书于清初的《聊斋俚曲集》中应该有所反映，但遗憾的是，我们没有在书中发现任何蛛丝马迹。鉴于此，我们对汪先生的看法持怀疑态度。

冯先生认为"乜"可能来源于五代时期指代词"恁"。理由是"恁"在唐宋时期是样态指示词，用来指称样态、情状、程度或方式。到了明清时期，"恁"还出现了指称人、事、物等的用法。且指示词"恁"是中性的，既可近指，又可远指。由于冯先生的看法有历史文献上的传承性，且从样态指示词发展到一般指示代词也很自然，因此，我们认为冯先生的看法可信度更高。

3. 意义

① 指示物理距离的远近

"这、乜、那"对举使用时，"乜"表中指。如：

（37）——这 个 人儿我 认 得，乜 个 人儿我 不 认 得。

tʂɤ³¹kɤ³¹zɤ⁵³uɤ⁴⁵zən³¹⁻⁵³ti⁰, nie³¹kɤ³¹zɤ⁵³uɤ⁴⁵pu²²⁴zən³¹⁻⁵³ti⁰。

（这个人我认识，那个人我不认识。）

——那 里那 个 人儿知 道 办？

na³¹⁻⁵³li⁰na³¹kɤ³¹zɤ⁵³tʂʅ²²⁴tau³¹⁻⁵³pan⁰？

（那里那个人知道吗？）

"乜"独立使用时，所指的对象也是比"这"离说话人远，至少不在说话人身边，但又看得到，比"那"所指的对象离说话人近。

（38）乜儿 哈儿 有 个 猪 偷 吃 白 菜 哩。

niʐær³¹xær³³iou⁴⁵kɤ³¹tʂu²²⁴tʰou²²⁴tʂʰʅ²²⁴pai⁵³⁻⁴⁵tsʰai³¹li⁰。

（那边儿有个猪偷吃白菜呢。）

通常离说话人较近的事物用"这"指代,离说话人较远的事物用"乜"指代。如:

（39）这 是 买　　咾 四 啊 西 瓜,　就　这 一 个 还
　　　tʂɤ³¹sʅ³¹mai⁴⁵⁻²¹³lau³³sʅ³¹⁻⁵³a⁰ɕi²²⁴⁻³¹kua³³, tsou³¹tʂɤ³¹i⁴⁵kɤ³¹xan⁵³
　　　小　点儿,　乜 仨 都　挺 大　的。
　　　ɕiau⁴⁵tiʐer⁴⁵, nie³¹sa²²⁴tou²²⁴tʰiŋ⁵³ta³¹⁻⁵³ti⁰。

（这是买了四个西瓜,就这一个还小点儿,那三个都挺大的。）

"就这一个还小点儿"表示那个小点儿的西瓜可能就在说话人面前,比那三个大西瓜离说话人要近;若换成"乜",则表示这个小点儿的西瓜离说话人有了一定距离,但还看得见。而如果"乜仨都挺大的"的"乜"换成"那"后,所指之物一般不在说话现场。因此,要指示比较遥远的事物,一般选用"那"。

以说话人为参照点,"乜"比"这"指示的对象离说话人远,而"那"比"乜"指示的对象离说话人远,"乜"是个中指指示代词。

②转指心理距离的远近

当指示代词"这、乜、那"由指示空间距离的远近投射到指示心理距离的远近时,也是以指示空间距离的远近为基础来对应心理距离的远近的。如:

（40）那 /乜 /这 黑 龙 江　冬 天　刚 冷　嗹。
　　　na³¹/nie³¹/tʂɤ³¹xei²²⁴luŋ⁵³tɕiaŋ²²⁴tuŋ²²⁴tʰian²²⁴kaŋ⁵³ləŋ⁴⁵⁻²¹³lian³³。
　　　（那 /这黑龙江冬天特别冷。）

当说话人心理上对黑龙江感到遥远、陌生时,就用"那";当说话人对黑龙江有所了解时,一般用"乜";而当说话人对黑龙江特别熟悉,感到很亲切时,可以用"这"。

③无距离指示,只反映说话的顺序

连续使用"这、乜"或"那",尤其是借助手势对面前的人一一进行介绍或者举例时,"这、乜"或"那"没有距离上的区别,

只是说话顺序的反映。

（41）乜　是　恁大　妗　　子，乜　是　恁二妗　　子，乜　是
　　　nie³¹sʅ³¹nei⁴⁵ta³¹tɕin³¹⁻⁵³tsʅ⁰, nie³¹sʅ³¹nei⁴⁵l̩³¹tɕin³¹⁻⁵³tsʅ⁰, nie³¹sʅ³¹
　　　恁　小　妗　　子。
　　　nei⁴⁵ɕiau⁴⁵tɕin³¹⁻⁵³tsʅ⁰。
　　　（这是你大舅妈，这是你二舅妈，这是你三舅妈。）

（42）这　是　红　　的，这是蓝　　的，这是白　　的。
　　　tʂɤ³¹sʅ³¹xuŋ⁵³⁻⁴⁵ti⁰, tʂɤ³¹sʅ³¹lan⁵³⁻⁴⁵ti⁰, tʂɤ³¹sʅ³¹pai⁵³⁻⁴⁵ti⁰。

（43）这　是　麦　子，乜　是　韭　菜，乜　是　草。
　　　tʂɤ³¹sʅ³¹mai³¹⁻⁵³tsʅ⁰, nie³¹sʅ³¹tɕiou⁴⁵tsʰai³¹, nie³¹sʅ³¹tsʰau⁴⁵。
　　　（这是麦子，那是韭菜，那是草。）

（44）这　孩　子一霎儿吃　这　个，一霎儿吃　那个，
　　　tʂɤ³¹xai⁵³⁻⁴⁵tsʅ⁰i⁴⁵sɤʳ⁵³tsʰɻ²²⁴tʂɤ⁴⁵kɤ³³, i⁴⁵sɤʳ⁵³tsʰɻ²²⁴na⁴⁵kɤ³³,
　　　顾　　得吃　哪个？
　　　ku³¹⁻⁵³ti⁰tsʰɻ²²⁴na⁴⁵kɤ³¹？
　　　（这孩子一会儿吃这个，一会儿吃那个，顾得上吃哪个？）

（45）你乜　不　对，　我　这　也不对，　就　人　　小
　　　ni⁴⁵nie²²⁴pu⁴⁵tuei³¹, uɤʳ⁴⁵tʂɤ²²⁴ie⁴⁵pu⁴⁵tuei³¹, tsou³¹zən⁵³⁻⁴⁵ɕiau⁴⁵
　　　红　那　对　　唠。
　　　xuŋ⁵³na²²⁴tuei³¹⁻⁵³lau⁰。
　　　（你这个不对，我这个也不对，就人家小红那个对。）

　　　④ 虚指
　　　"这"和"那"对举使用，此时均无距离意义。

（46）顾　唠这头儿，顾　不　了　那头儿。
　　　ku³¹⁻⁵³lau⁰tʂɤ³¹tʳour⁵³, ku³¹⁻⁵³pu²²⁴⁻³¹liau⁴⁵na³¹tʳour⁵³。
　　　（顾得了这头儿，顾不了那头儿。）

（47）你　说　请　客　　哩，请　这　个　不　请　那个，
　　　ni⁴⁵ʂuo²²⁴tɕʰiŋ⁴⁵kʰɤʳ³¹⁻⁵³li⁰, tɕʰiŋ⁴⁵tʂɤ⁴⁵kɤ³³pu³¹tɕʰiŋ⁴⁵na⁴⁵kɤ³³,

显　　　得　多　不　好　唵。

çian⁴⁵⁻²¹³ti⁰tuo⁴⁵pu³¹xau⁴⁵an³³。

（你说请客呢，请这个不请那个，显得多不好呀。）

（48）恁　这　也　要，乜　也　要，我　还　有　　啊？

nei⁴⁵tʂɤ²²⁴ie⁴⁵iau³¹，nie²²⁴ie⁴⁵iau³¹，uɤ⁴⁵xan⁵³iou⁴⁵⁻²¹³a³³？

（你们这个也要，那个也要，我还有吗？）

　　"这"还引申出指时间的用法，意为"现在"，与普通话的"这"相同。如：

（49）这　都　几　点　嗹，还　不　起　哩。

tʂɤ³¹tou²²⁴tçi⁴⁵tian⁴⁵lian³³，xan⁵³pu³¹tçʰi⁴⁵i³³。

（这都几点了，还不起呢。）

　　4．"这、乜、那"的指示用法：当前指，回指，认同指，预指，助指

　　当前指：所指对象存在于言谈现场，或者存在于谈话所述事件的情景当中，指示词用来引入一个新的谈论对象。这种用法的"这"和"乜"使用频率差不多，不常用"那"。例如：

（50）听　人　说，还　是　多　吃　　点儿 这／乜 粗

tʰiŋ²²⁴zən⁵³⁻⁴⁵ʂuo²²⁴，xan⁵³sʅ³¹tuo²²⁴tʂʰʅ²²⁴⁻³¹tirɚ⁴⁵tʂɤ³¹/nie³¹tsʰu²²⁴

粮　好。

liaŋ⁵³xau⁴⁵。

（51）白　疼　　唠一　顿，人　家还　是　跟　那　娘

pai⁵³tʰən⁵³⁻⁴⁵lau⁰i⁴⁵tuən³¹，zən⁵³⁻⁴⁵tçia⁰xan⁵³sʅ³¹kən²²⁴na³¹niaŋ⁵³

亲。

tçʰin²²⁴。

（白疼了一顿，人家还是跟娘亲。）

　　这种用法下的指示词虽然位于名词之前，却并非用作指别。其中的"指示词＋名词"都不能用"哪个"进行提问。

回指：所指对象是上文中已经引入的一个言谈对象。回指用法绝大多数情况下用"乜"，极少情况用"这"，不用"那"。

(52) 俺　娘　　走　　可　烙　　咾一张　　饼，俺　晌
nan⁴⁵nian⁵³tsou⁴⁵⁻²¹³kʰɤ³³lau³¹⁻⁵³lau⁰i⁴tṣaŋ²²⁴⁻³¹piŋ⁴⁵, nan⁴⁵ṣaŋ⁴⁵⁻²¹³
火　也　不　做　饭　　嘞，　就　吃　乜　张　　饼
xuo³³ie⁴⁵pu⁴⁵tsou³¹fan³¹⁻⁵³lian⁰, tsou³¹tṣʰʅ²²⁴nie³¹tṣaŋ²²⁴⁻³¹piŋ⁴⁵
就　行　　嘞。
tsou³¹ɕiŋ⁵³⁻⁴⁵lian⁰。

（我妈走的时候烙了一张饼，我中午也不做饭了，就吃那张饼就行了。）

(53) 可　别　闹　　出　人　命　来　　咾，乜／这　可　不
kʰɤ⁴⁵pie⁵³nau³¹⁻⁵³tṣʰu⁰zən⁵³miŋ³¹lai⁵³⁻⁴⁵lau⁰, nie³¹/tṣɤ³¹kʰɤ⁴⁵pu²²⁴
是　闹　　着　玩儿　的。
sʅ³¹nau³¹⁻⁵³tṣau⁰uɐr⁵³⁻⁴⁵ti⁰。

（可别闹出人命来了，这可不是闹着玩儿的。）

"指示词 + 名词"用作回指上文中提到过的某个对象，可以被"乜个"替换。但也不能用来回答"哪一个"的问题，换句话说，其中的指示词也不用作指别。

认同指：用于引入一个可辨识性相对较弱的谈论对象。所引入的对象不是上文或语境里已经存在的，却是存在于听说双方的共有知识当中的。这种用法中"那"的使用频率最高，"这"和"乜"的使用频率较低。

(54) 光　想　吃　那　好　的，像　乜　焖　面　　条儿、
kuaŋ²²⁴ɕian⁴⁵tṣʰʅ²²⁴na³¹xau⁴⁵⁻²¹³ti⁰, ɕian³¹nie³¹mən²²⁴mian³¹tʰiɻaur⁵³
乜　茴　香　饺　　子，我　光　想　吃，馋
nie³¹xuei⁵³⁻⁴⁵ɕian⁰tɕiau²²⁴⁻³¹tsʅ⁰, uɤ⁴⁵kuaŋ²²⁴ɕian⁴⁵tṣʰʅ²²⁴, tsʰan⁵³⁻⁴⁵
得　不　行。
ti⁰pu⁴⁵ɕiŋ⁵³。

（老想着吃那好的,像那焖面条,那茴香饺子,我老想吃,馋得不行。）

预指:所指的对象在下文中出现。武邑方言中"这"和"乜"有预指用法,"那"没有。如:

（55）这　牌　要　赢　嗹：双王，　好几　啊尖
　　　tʂʅ³¹pʰai⁵³iau³¹niŋ⁵³⁻⁴⁵lian⁰:suaŋ²²⁴uaŋ⁵³, xau⁴⁵tɕi⁴⁵⁻²¹³a³³tɕian²²⁴⁻³¹
　　　子，还　有　乜　么　多　主　们。
　　　tsʅ⁰, xan⁵³iou⁴⁵nie³¹mɤ⁴⁵tuo²²⁴tʂu⁴⁵⁻²¹³mən³³。

（这牌要赢了:双王,好几个A,还有这么多主。）

（56）俺　光　笑　他　乜　喊　妈：一　声儿比　一　声儿
　　　nan⁴⁵kuaŋ²²⁴ɕiau³¹⁻⁵³tʰa³¹nie³¹xan⁴⁵ma²²⁴: i⁴⁵ʂɤ²²⁴pi⁴⁵⁻²¹³i⁴⁵ʂɤ²²⁴
　　　大，一霎儿招　呼起来　嗹。你　说　真
　　　ta³¹, i⁴⁵srær⁵³tʂau²²⁴⁻³¹xu³³tɕʰi⁰lai⁵³⁻⁴⁵lian⁰。ni⁴⁵ʂuo²²⁴tʂən²²⁴
　　　笑　人!
　　　ɕiau³¹zən⁵³!

（我老笑他这喊妈:一声儿比一声儿大,一会儿大叫起来了。你说真笑人!）

助指:顾名思义就是帮助指示,有时候只用一个指示代词,并不能把要指示的对象很好地区别出来,于是人们就使用多种方法(比如添加定语或使用多个指示代词)以帮助指明所指的对象,这就是助指。武邑方言通常用"那"来帮助指示,因此经常会有两个"那"连用的例子。"这"和"乜"用作助指的频率不高。如:

（57）——恁　哪　个　猪　唵?
　　　　　nei⁴⁵na⁴⁵⁻²¹³kɤ⁰tʂu²²⁴⁻³¹an³³ ?

（你们哪个猪呢?）

　　　——俺　那　个　愀玩　意儿那　个　猪　唵。
　　　　　nan⁴⁵na³¹kɤ³¹ʂau⁵³uan⁵³⁻⁴⁵iɤ⁰na³¹kɤ³¹tʂu²²⁴⁻³¹an³³。

（我们那个傻玩意儿那个猪。）

"那个愀玩意儿"属于用指示代词加形容词的助指用法。

5.定冠词化的"这、乜、那"

当"这、乜、那"指示用法虚化时,指示代词可有可无,因此"这、乜、那"都可以互换,不影响基本语义,但很多时候是根据说话人的心理习惯及说话人对所说事物心理距离的远近选用相应的词。

在专有名词前,整个名词性短语并不指语境中或谈话双方共有知识中实际存在的某一个个体,而是指具有这个个体所代表的某些特征的一类对象,属于通指用法。

（58）现　在　这　电　脑　都　普　及　　嗻。

ɕian³¹tsai³¹tʂɤ³¹tian³¹nau⁴⁵tou²²⁴pʰu⁴⁵tɕi⁵³⁻⁴⁵lian⁰.

（现在这电脑都普及了。）

（59）乜　雷　锋　可　不　是　好　当　　的。

nie³¹lei⁵³fəŋ⁵³kʰɤ⁴⁵pu⁴⁵sʅ³¹xau⁴⁵taŋ²²⁴⁻³¹ti⁰.

（60）那　摩　天　大　厦可　高　唵！

na³¹mɤ⁵³tʰian²²⁴ta³¹ʂa³¹kʰɤ⁴⁵kau²²⁴an⁰!

（那摩天大厦可高呀！）

用在专有名词如地名、机关、人名等前面,表示语境中或言谈现场具体的个体。这些专有名词本无需指代,"这、乜、那"属无指用法,标示话题,去掉指示代词也不影响句义。

（61）还　说　咱　这　里冷,你　是　没　见　过　那黑

xan⁵³ʂuo²²⁴tsan⁴⁵tʂɤ³¹⁻⁵³li⁰ləŋ⁴⁵, ni⁴⁵sʅ³¹mei²²⁴tɕian³¹kuo³¹na³¹xei²²⁴

龙　江　那　冬　天!

luŋ⁵³tɕiaŋ²²⁴na³¹tuŋ²²⁴tʰian²²⁴!

（62）这　小　峰　刚　不　听　话儿　　嗻。

tʂɤ³¹ɕiau⁴⁵fəŋ⁵³kaŋ⁵³pu⁴⁵tʰiŋ²²⁴xuær³¹⁻⁵³lian⁰.

（这小峰特别不听话。）

（63）乜　北　京　可　大。

　　　nie³¹pei²²⁴tɕiŋ²²⁴kʰɤ⁴⁵ta³¹。

（这北京可大。）

　　用在通指名词前,整个名词性短语指某一类对象,而不是语境中或言谈现场中具体的个体。

（64）乜　外　国　人　说　　话儿　叽　里　咕　噜　的,难　听

　　　nie³¹uai³¹kuo⁴⁵zən⁵³ʂuo²²⁴xuær³¹tɕi³¹li³³ku³¹lu³³ti⁰,nan⁵³tʰiŋ²²⁴⁻³¹

　　　死　嘞。

　　　sɿ³³lian⁰。

（这外国人说话叽里咕噜的,难听死了。）

（65）这　嗻　这　老　师　们　压　力　都　刚　大　嘞。

　　　tʂɤ⁴⁵tsan⁰tʂɤ³¹lau⁴⁵sɿ³¹mən³³ia²²⁴li³¹tou²²⁴kaŋ⁵³ta³¹⁻⁵³lian³³。

（现在这老师们压力都特别大。）

（66）可　不　能　跟　那　傻　　瓜　一　样,得　长　　点儿

　　　kʰɤ⁴⁵pu²²⁴nən⁵³kən²²⁴na³¹ʂa⁴⁵⁻²¹³kua³³i⁴⁵ian³¹,tei²²⁴tʂaŋ⁴⁵tiʈer⁴⁵

　　　心　　眼儿。

　　　ɕin²²⁴⁻³¹iʈer⁴⁵。

　　例（65）对"老师们"比较熟悉,因此用"这";例（66）"傻瓜"都是人们在心理上比较讨厌、比较疏远的,因此用"那"。

　　用在动词性成分之前,使动词短语所代表的动作行为具有指称性,代表某一类事件,相当于一个通指名词。如:

（67）乜／这　学　习　可　不　是　轻　　　□　　事儿。

　　　nie³¹/tʂɤ³¹ɕye⁵³ɕi⁵³kʰɤ⁴⁵pu⁴⁵sɿ³¹tɕʰiŋ⁴⁵⁻²¹³tɕʰian³³sɿə³¹。

（这学习可不是轻松的事儿。）

（68）这　拍　　马　屁　也　不　能　乱　拍。

　　　tʂɤ³¹pʰai²²⁴⁻³¹ma⁴⁵pʰi³¹ie⁴⁵pu²²⁴nən⁵³luan³¹pʰai²²⁴。

　　用在光杆名词或相当于光杆名词的"的"字式前面或黏合式偏正结构前面,不能用在数量名结构或含有描写性定语的组合式偏正结构之前。如:

（69）这　人　怎　嘛　都　这　么　坏　　唵!
　　　tʂɤ³¹zən⁵³tsou⁴⁵ma⁰tou²²⁴tʂɤ³¹mɤ³³xuai³¹⁻⁵³an⁰!
　　　（这人怎么都这么坏呢!）

（70）伞　得　买　那　质　量　好　　　的。
　　　san⁴⁵tei⁴⁵mai⁴⁵na³¹tʂʅ²²⁴lian³¹xau⁴⁵⁻²¹³ti⁰。

（71）乜　买　菜　　的　刚　挑　　嗹。
　　　nie³¹mai⁴⁵tsʰai³¹⁻⁵³ti⁰kaŋ⁵³tʰiau²²⁴⁻³¹lian³³。
　　　（这买菜的特别挑剔。）

　　用在非回指名词前,名词的所指是由于概念关联而确定的对象,而不是上文中已经出现的确定的对象。例如:

（72）你　要　做　焖　面　条儿　唵,　就　先　得　把
　　　ni⁴⁵iau³¹tsou⁰mən²²⁴mian³¹tʰiʐaur⁵³⁻⁴⁵an⁰, tsou³¹ɕian²²⁴tei⁴⁵pa⁴⁵
　　　乜　菜、　肉　么儿　的　待锅　里炒　个　半　熟,
　　　nie³¹tsʰai³¹、ʐou³¹mɐr³¹⁻⁵³ti⁰tai⁴⁵kuo²²⁴⁻³¹li⁴⁵tsʰau⁴⁵kɤ⁰pan³¹ʂou⁵³,
　　　把　擀　好　　的乜面　条儿　往　菜　　上　一铺,
　　　pa⁴⁵kan⁴⁵xau⁴⁵⁻²¹³ti⁰nie³¹mian³¹tʰiʐaur⁵³uaŋ⁴⁵tsʰai³¹⁻⁵³ʂaŋ⁰;⁴⁵pʰu²²⁴,
　　　盖　上　锅　就　行　嗹。
　　　kai³¹⁻⁵³ʂaŋ⁰kuo²²⁴tsou³¹ɕiŋ⁵³⁻⁴⁵lian⁰。
　　　（你要做焖面条的话,就先得把这菜、肉什么的在锅里炒个半熟,把擀好的面条往菜上一铺,盖上锅就行了。）

　　可以看出,在指示代词的定冠词化用法中,中指指示代词"乜"的定冠词化程度最高,只有"乜"可用于非回指名词前。这说明对于一个指称属性不明确的光杆名词来说,"乜"可以标定这个名词性成分的定指性身份,而"那"或"这"没有这个作用。

据此,我们认为只有"乜"虚化为定冠词了。

6."这、乜、那"的称代用法

"这、乜、那"之后原来有个名词,在说到它的时候把它省了,"这、乜、那"的作用就从指示转为称代,这是"转成称代"。"这、乜、那"直接指当前的、说话人和听话人都知道何所指的事物,这是"直接称代"。如:

(73)（背景:几个人在谈论银手镯。）

　　——人　家　小　银　刚　　家　有　一　个,

　　　zən$^{53-45}$tɕia$^{0}$ɕiau$^{45}$in$^{53}$kaŋ$^{224-31}$tɕia$^{33}$iou$^{45-213}$i$^{33}$kɤ$^{31}$,

　　mei$^{224}$tʂɤ$^{45-213}$ kɤ$^{33}$ta$^{31}$。

　　　没　这　　个　大。

　　（人家小银刚家有一个,没这个大。）【转成称代】

　　——噢,银　刚　　家　也　有　乜　个。

　　　au$^{31}$, in$^{53}$kaŋ$^{224-31}$tɕia$^{33}$ie$^{45}$iou$^{45}$nie$^{53}$kɤ$^{0}$。

　　（哦,银刚的媳妇也有这个。）【直接称代】

7."这、乜、那"的承接作用

"这、乜、那"常常用来做迟疑、边想边说时候的敷衍话。

(74)这　是　俺　同　学儿,　他　姓　乜　么儿?　姓　乜……

　　tʂɤ$^{31}$sʐ$^{31}$nan$^{45}$tʰuŋ$^{53}$ɕiɑur$^{53}$, tʰa$^{45}$ɕin$^{53}$nie$^{31}$mɚr$^{53}$? ɕiŋ$^{53}$nie$^{31}$……

　　（这是我同学,他姓那什么? 姓那……）

(75)她　叫　这　个……叫　这……谁　知　叫　么儿嗳,

　　tʰa$^{45}$tɕiau$^{31}$tʂɤ$^{31}$kɤ$^{31}$……tɕiau$^{31}$tʂɤ$^{31}$……xei$^{53}$tʂʅ$^{45}$tɕiau$^{31}$mɚr$^{53}$ai$^{0}$,

　　俺　给　忘　嘞。

　　nan$^{45}$kei$^{45}$uaŋ$^{31-53}$lian$^{0}$。

　　（她叫这个……叫这……谁知叫什么呢,我给忘了。）

(76)他　要　是　乜　样儿,　那……　那……　那　我　就　跟

　　tʰa$^{45}$iau$^{31}$sʐ$^{31}$nie$^{31}$iɻær$^{31}$, na$^{53}$……na$^{53}$……na$^{53}$uɤ$^{45}$tsou$^{31}$kən$^{31-53}$

他 没 完。

$t^ha^{31}mei^{224}uan^{53}$。

(他要是这样儿,那……我就跟他没完。)

连词用法的"乜、那":"乜"表示"要是这样,既然如此,尽管如此"的承接义;"那"表示是"要是那样"的承接义。

"乜"连接分句,属于后续前置连词:

(77)他 能 考 第一, 乜 俺 就 欢 喜 嗛。

$t^ha^{45}nəŋ^{53}k^hau^{45}ti^{31}i^{224}$, $nie^{53}nan^{45}tsou^{31}xuan^{224-31}ɕi^{45-213}lian^0$。

(他能考第一,我们就高兴了。)

(78)—— 俺 家 里 还 做 着 饭 哩。

$nan^{45}tɕia^{224-31}li^{45}xan^{53}tsou^{31-53}tʂau^0fan^{31-53}li^0$。

(我家里还做着饭呢。)

—— 乜 你 快 走 办。

$nie^{53}ni^{45}k^huai^{31-53}tsou^{45-213}pan^0$。

(既然如此,你快走吧。)

(79)—— 那 喳那 手 机 贵, 净 偷 手 机 的,

$na^{31}tsan^{45}na^{31}ʂou^{45}tɕi^{224}kuei^{31}$, $tɕiŋ^{31}t^hou^{224}ʂou^{45}tɕi^{224-31}ti^0$,

这 喳 没 偷 的 嗛。

$tʂɤ^{31}tsan^{45}mei^{224}t^hou^{224-31}ti^0lian^0$。

(那时候的手机贵,净是偷手机的,现在没偷的了。)

—— 乜 也 是 有 人 偷, 人 家 偷 那

$nie^{53}ie^{45}sʅ^{31}iou^{45}zən^{53}t^hou^{224}$, $zən^{53-45}tɕia^0t^hou^{224}na^{31}$

好 的。

$xau^{45-213}ti^0$。

(尽管如此,也是有人偷,人家偷那好的。)

"那"连接分句,属于后续前置连词:

(80)俺 爷 爷 还 活 着, 那 就 好 嗛。

$nan^{45}ie^{53-45}ie^0xan^{53}xuo^{53-45}tʂau^0$, $na^{31-53}tsou^{31}xau^{45-213}lian^{33}$。

（我爷爷还活着，就好了。）

（81）——俺　看　还　早　　的哩，打　着　再　做　一

nan⁴⁵kʰan³¹xan⁵³tsau⁴⁵⁻²¹³ti⁰li⁰, ta⁴⁵⁻²¹³tʂau³³tsai³¹tsou³¹⁻⁵³ᵢi¹

会儿。

xuə⁴⁵。

（我看还早呢，打算再干一会儿。）

——那　俺　先　　走　　　咥俺。

na⁵³nan⁴⁵ɕian²²⁴⁻³¹tsou⁴⁵⁻²¹³lian³³an³³。

（那我先走了啊。）

连词用法的"那"似乎比连词用法的"乜"更虚化，因为它经常用在复句当中。而"乜"更多用于承接前面的人所说的话。

语气词用法的"这、乜"：语气缓和，想要停顿的时候，就采取"这个"的形式，"这"则传达一种埋怨的语气，对按计划将要发生的事持否定的态度。

（82）——今儿　过　晌　　火　咱　考　　试俺！

tɕiᵣə²²⁴kuo³¹ʂaŋ⁴⁵⁻²¹³xuo³³tsan⁴⁵kʰau⁴⁵ʂʅ³¹an³³！

（今天下午咱们考试啊！）

——这／这个，　我　还　么儿也没　　准　备　　哩！

tʂɤ⁵³/tʂɤ⁵³kɤ⁰, uɤ⁴⁵xan⁵³mɐr⁵³ie⁴⁵mei²²⁴⁻³¹tsuən⁴⁵pei³¹⁻⁵³li⁰！

（这，我还什么也没准备呢！）

语气词"乜"传达一种非常肯定的语气，对前面所说持肯定态度。

（83）——它　非　下　大　咾　才　冲　　走　咾　哩。

tʰa⁴⁵fei²²⁴ɕia³¹ta³¹⁻⁵³lau⁰tsʰai⁵³tʂʰuŋ²²⁴⁻³¹tsou⁴⁵lau³³li⁰。

（它非下大了才冲得走呢。）

——乜／乜　可　不！

nie⁵³/nie⁵³kʰɤ⁰pu³³！

（当然！）

"乜"表肯定语气时，包括两种情况：一是与"可不"连用，构成"乜可不"，单独成句；一是"乜"单独成句。也可"可不"独用，与普通话相同。如：

（84）——乜菜　乜么　贱　　啊？

nie$^{31}$tsʰai$^{31}$nie$^{31}$mɤ$^{33}$tɕian$^{31-53}$a$^0$？

（这菜这么便宜呀？）

——乜可　不／可　不！

nie$^{53}$kʰɤ$^0$pu$^{33}$／kʰɤ$^{31}$pu$^{224}$！

（可不！）

### 表4–4　武邑方言指示代词表

| 类别 | 指示代词 | | |
|---|---|---|---|
| | 这 | 乜 | 那 |
| 语音形式 | 去声 [tʂɤ$^{31}$]、阳平 [tʂe$^{53}$]、阴平 [tʂe$^{224}$] | 去声 [nie$^{31}$]、阳平 [nie$^{53}$]、阴平 [nie$^{224}$] | 去声 [na$^{31}$]、阳平 [na$^{53}$]、阴平 [na$^{224}$] |
| 语法意义 | 近指或表时间义"现在"；称代；指别；承接义(用于句中，表说话迟疑)；表埋怨语气，持否定态度 | 中指；称代；指别；承接义(用于句中，表说话迟疑；用于句首，表"要是这样、既然如此、尽管如此")；表肯定语气，持肯定态度 | 远指；称代；指别；承接义(用于句中，表说话迟疑；用于句首，表"要是那样") |
| 语法功能 | 当前指；回指(少)；认同指；预指；助指(少)；定冠词化(程度低)；语气词 | 当前指；回指；认同指；预指；助指(少)；定冠词化(程度高)；连词化(程度低)；语气词 | 当前指(少)；认同指(多)；助指；定冠词化(程度低)；连词化(程度高) |

### 三、特殊虚词

（一）多功能成分"唠 [lau⁰]"

1. 动相补语

（1）搬　　　唠半　天，　他也没　搬　　唠乜　石
pan²²⁴⁻³¹lau³³pan³¹tʰian²²⁴, tʰa⁴⁵ie⁴⁵mei²²⁴pan²²⁴⁻³¹lau³³nie³¹ʂʅ⁵³⁻⁴⁵
头。
tʰou⁰。
（搬了半天，他也没搬动那石头。）

2. 形式补语

（2）把　球　　扔　　唠坑　　里　去！
pa⁴⁵tɕʰiou⁵³zǝŋ²²⁴⁻³¹lau³³kʰǝŋ²²⁴⁻³¹li⁴⁵tɕʰi³¹！
（把球扔到坑里去！）

（3）快　　　抬　　唠走　办！
kʰuai³¹⁻⁵³tʰai⁵³⁻⁴⁵lau⁰tsou⁴⁵pan⁰！
（快抬走吧！）

（4）把　他绑　　唠来！
pa³¹⁻⁵³tʰa⁰paŋ⁴⁵lau³³lai⁵³！
（把他绑来！）

（5）凳　　子，他搬　　唠去　　嗹。
tǝŋ³¹⁻⁵³tsʅ⁰, tʰa⁴⁵pan²²⁴⁻³¹lau³³tɕʰi³¹⁻⁵³lian⁰。
（凳子，他搬去了。）

3. 动态助词

（6）刚　飞　　走（唠）一个大　雀儿。
kaŋ²²⁴fei²²⁴⁻³¹tsou⁴⁵（lau³³）i⁴⁵kɤ³¹ta³¹⁻⁵³tɕʰiʐaur⁰。
（刚飞走了一只麻雀。）

4. 能性述补标记

（7）这　篮　子菜我拿　动唠。
tʂɤ³¹lan⁵³⁻⁴⁵tsʅ⁰tsʰai³¹uɤ⁴⁵na⁵³⁻⁴⁵tuŋ⁰lau⁰。

（这篮子菜我拿得动。）

（二）复数标记 "们 [mən⁰]"

复数标记 "们" 可以用在包括 "的" 字结构在内的几乎所有类型的体词性成分之后，包括可数名词和不可数的名词。在句中既可以做主语，也可以做宾语、定语、谓语，还可以跟数量词定语兼容。如：

（8）把　乜　碗　　们　都　刷　　唗　它。

　　　pa⁴⁵nie³¹uan⁴⁵⁻²¹³mən⁰tou²²⁴sua²²⁴⁻³¹lau³³tʰa³³。

　　　（把这些碗都刷了。）

（9）他　那　事ⱼ　们　刚　多　　哢。

　　　tʰa⁴⁵na³¹sʅɤ³¹⁻⁵³mən⁰kaŋ⁵³tuo²²⁴⁻³¹lian³³。

　　　（他事儿特别多。）

（10）今ⱼ　这　风　　们　这　个　大　唵！

　　　tɕiɻə³¹tʂɤ³¹fəŋ²²⁴⁻³¹mən⁰tʂɤ³¹kɤ⁰ta³¹an⁰！

　　　（今儿这风这个大啊！）

（11）干　苦　力　的们　那　　钱　来　的　可　不　容　　易

　　　kan³¹kʰu⁴⁵li³¹⁻⁵³ti⁰mən⁰na³¹tɕʰian⁵³lai⁵³⁻⁴⁵ti⁰kʰɤ⁴⁵pu³¹zuŋ⁵³⁻⁴⁵i⁰

　　　唵！

　　　an⁰！

　　　（干苦力的那钱来的可不容易啊！）

（12）俺　弄　　那　六　包ⱼ　药ⱼ　们　都　吃　　完

　　　nan⁴⁵nəŋ³¹⁻⁵³na³¹liou³¹paur²²⁴iɻaur³¹⁻⁵³mən⁰tou²²⁴tʂʰʅ²²⁴⁻³¹uan⁵³⁻⁴⁵

　　　哢。

　　　lian⁰。

　　　（我把那六包儿药都吃完了。）

（13）俺　赢　　唗　十　　拉回ⱼ　们　哢，他　就　赢

　　　nan⁴⁵niŋ⁵³⁻⁴⁵lau⁰sʅ⁵³⁻⁴⁵la⁰xuɚ⁵³⁻⁴⁵mən⁰lian⁰，tʰa⁴⁵tsou³¹niŋ⁵³⁻⁴⁵

咾　一　回儿。

lau⁰i⁴⁵xuɚ⁵³。

（我赢了十多回了，他就赢了一回。）

（14）把　这　们　给　恁　办。

pa⁴⁵tʂɤ³¹⁻⁵³mən⁰kei⁴⁵nei⁴⁵pan⁰。

（把这些给你吧。）

（15）都　九　点　们　嗹，还　早　啊！

tou²²⁴tɕiou²²⁴tian⁴⁵mən⁰lian⁰, xan⁵³tsau⁴⁵a⁰！

（都九点了，还早吗！）

（16）乜儿　哈儿　咾　们　么儿　也　没　有。

niɻær³¹xær³³lau⁰mən⁰mɚr⁵³ie⁴⁵mei²²⁴⁻³¹iou⁴⁵。

（那里什么也没有）

（三）多功能成分"家 [tɕia⁰]"

武邑话"家"的用法很丰富，其"家庭、住所"义的用法与普通话基本相同，不赘述。除此之外，"家"还有类属义以及强调义，甚至与其他成分凝固成词，这是其特殊之处。

1. 表类属义的词尾"家"

① 表示某人的媳妇：张军家（张军媳妇）|小华家（小华媳妇）

② 表示某类人：闺女家（闺女之类人）|老头子家（老头之类人）
　　　　　　　种地的家（种地的人）|乜不说理的家（不说理的人）

③ 表示常见的某类动物：猫家（猫）|狗家（狗）

④ 表示常见的某类植物：枣树家（枣树）|榆树家（榆树）

2. 表强调义的语尾"家"

① 强调具有某项特征的一类时间：大冬天的家（大冬天）|大夏天的家（大夏天）

② 强调时间长：成天家（天天）|整年家（整年）

③ 强调时间早晚、长短，年龄大小，如：

（17）才　七　岁　　家　就　会　做　饭　嗹。

ts$^h$ai$^{53}$tɕ$^h$i$^{224}$suei$^{31-53}$tɕia$^0$tsou$^{31}$xuei$^{31}$tsou$^{31}$fan$^{31-53}$lian$^0$。

（才七岁就会做饭了。）

（18）弄　仗　子（的）家，还　不　弄　好　点儿　　啊！

nəŋ$^{31}$tʂaŋ$^{31-53}$tsʅ$^0$(ti$^0$)tɕia$^0$, xan$^{53}$pu$^{33}$nəŋ$^{31}$xau$^{45}$tiɻer$^{45-213}$a$^{33}$ !

（弄半天的，还不弄好点儿吗！）

（19）乜　家　　伙，　大　早　起　四　点　的　家　就　　下 $^D$

nie$^{31}$tɕia$^{224-31}$xuo$^{33}$, ta$^{31}$tsau$^{45}$tɕ$^h$i$^{45}$sʅ$^{31}$tian$^{45}$ti$^0$tɕia$^0$tsou$^{31}$ɕia$^{534}$

地　嗹！

ti$^{31-53}$lian$^0$ !

（这家伙，大早起四点就下地了！）

④ 强调数量多寡：乜么些家(这么些)|这么点儿家(这么点儿)

（20）还　有　二　十斤　　家　的土　豆　　哩儿！

xan$^{53}$iou$^{45}$ʅ$^{31-53}$sʅ$^0$tɕin$^{224-31}$tɕia$^{33}$ti$^0$t$^h$u$^{45}$tɻour$^{31-53}$li$^0$ !

（还有二十斤土豆呢！）

（21）好　几　十一斤　　的　家，做　么儿糟　践　唠？

xau$^{45}$tɕi$^{45}$sʅ$^{53}$i$^{45}$tɕin$^{224-31}$ti$^0$tɕia$^0$, tsou$^{31}$mer$^{53}$tsau$^{45}$tɕian$^{45}$lau$^0$ ?

（好几十一斤，为什么糟践了呢？）

⑤ 强调程度、频率、情状：

（22）接　长　　不　断儿　　地家，就　来　看　　看。

tɕie$^{224}$tʂ$^h$aŋ$^{53}$pu$^{224}$tuɻer$^{31-53}$ti$^0$tɕia$^0$, tsou$^{31}$lai$^{53}$k$^h$an$^{31}$k$^h$an$^0$。

（时不时地，就来看看。）

（23）实在　　的家，不　像　话！

ʂʅ$^{53}$tsai$^{45-213}$ti$^0$tɕia$^0$, pu$^{224}$ɕiaŋ$^{31}$xua$^{31}$ !

（实在不像话！）

（24）正　个　的家，你坐 9　路车　回　家　就　　行。

tʂəŋ$^{31}$kɤ$^{33}$ti$^0$tɕia$^0$, ni$^{45}$tsuo$^{31}$tɕiou$^{45}$lu$^{31}$tʂ$^h$ɤ$^{224}$xuei$^{53}$tɕia$^{224}$tsou$^{31}$ɕiŋ$^{53}$。

（对呀，你坐 9 路车回家就行。）

⑥ 强调某种性质、状态：

（25）一个 人 怪 孙 的家， 俺 走 哩。

　　　i⁴⁵kɤ³¹zən⁵³kuai³¹suən⁵³⁻⁴⁵ti⁰tɕia⁰, nan⁴⁵tsou⁴⁵li³³。

　　　（一个人怪无聊的，我走了。）

（26）怪 脏 的家， 俺 不 干 嗹。

　　　kuai³¹tsaŋ²²⁴⁻³¹ti⁰tɕia⁰, nan⁴⁵pu²²⁴kan³¹⁻⁵³lian⁰。

　　　（怪脏的，我不干了。）

⑦ 强调某种动作、行为：

（27）怪 让 人 生 气 的家，乜 是 做 么儿 嗳！

　　　kuai³¹zaŋ³¹zən⁵³sən²²⁴tɕʰi³¹⁻⁵³ti⁰tɕia⁰, nie³¹sʅ³¹tsou³¹mɤr⁵³ai⁰!

　　　（怪让人生气的，这是干什么呀！）

3. 凝固成词的"家"

甭家（甭）| 没家（没有）| 没事儿家（闲着没事儿）

**四、D 变韵**

汉语北方方言中广泛存在着用系统的词屈折来表示语法意义的现象，学界称为 D 变韵。

武邑方言中的 D 变韵属于长音型，比原来的音节长了一个时间格，为五个时间格。在音节拉长的同时，D 变韵音节的声调也发生了变化，都成了长调型。D 变韵音节的声调有以下几种情况：原阴平类的单字调调值由 224 变成了 314；原阳平类的单字调调值由 53 变成了 452；原上声类的单字调调值由 45 变成了 224；原去声类的单字调调值由 31 变成了 534。

由于"长音节＋长调"并不与"音节＋长调"形成对立，为了记音的方便，本书中这个长音节都不再记出来，D 变韵一律标记为"音节＋长调"的形式。如：刷ᴰ[sua³¹⁴] 好几遍嗹。

经调查，武邑方言的 D 变韵具有以下语法功能：

1. 相当于各种功能的"V＋咾"：① 我把他撵ᴰ[nian²²⁴]/ 撵

咾走嗹。(我把他撵走了。)车子坏$^D$[xuai$^{534}$]/ 坏咾道儿上嗹。(车子坏在路上了。)② 我看$^D$[k$^h$an$^{534}$]/ 看咾三遍嗹。你怎嘛又切欢$^D$[xuan$^{314}$]/ 欢咾西瓜嗹。(你怎么又开始切西瓜了。)③ 重叠式标记:冻得那脸蛋儿通红$^D$[xuŋ$^{452}$]/ 通红咾通红。(冻得那脸蛋儿通红通红。)

2. 相当于表持续的"V＋着":屋里亮$^D$[liaŋ$^{534}$]/ 亮着灯哩。(屋里亮着灯呢。)

3. 相当于反复貌标记的"V＋唵":老乜么晃$^D$[xuaŋ$^{534}$]/ 晃唵晃的。(老这么晃啊晃的。)

4. 相当于"V＋结构助词(得、地、的)"等:别挖$^D$[ua$^{314}$]/ 挖得忒深咾。(别挖得太深了。)他乜么猛$^D$[məŋ$^{224}$]/ 猛地一推我,我差点儿倒咾。(他这么一推我,我差点儿摔倒。)你干$^D$[kan$^{534}$]/ 干的那活儿不行。

5. 相当于"N＋方位词'里'":校儿$^D$[ɕiȶaur$^{452}$]/ 校儿里有空调。

此外,武邑方言 D 变韵的使用范围还有所泛化,如吞音也造成了 D 变韵的使用,如"反$^D$[fan$^{224}$]/ 反正我不去"。这种由吞音造成的 D 变韵和前面的语义式 D 变韵音变机制是一样的,都是合音造成的结果。只不过语义式是 D 变韵合音语法化进一步发展的结果,而此处是对语义式 D 变韵直接模仿的结果。

D 变韵进一步弱化脱落还造成了一些看起来调值奇怪的字词,如:地名解庄 [ɕie$^{53}$tsuȶær$^{224}$] 的"解"本来是去声,但此处读阳平;刘庄 [liou$^{45}$tsuȶær$^{224}$] 的"刘"本来是阳平,但此处读上声。

武邑话中的 D 变韵一般都可以换用其原型形式(即非 D 变韵形式)。除了一些使用 D 变韵太频繁,以致于再换用原型形式会令人感到别扭的字外,如"我留$^D$[liou$^{452}$] 他住咾几天"。另外,值得注意的是,武邑话的 D 变韵不能用于句子的末尾,即使句末有一个语气词也不行。如:*衣裳待柜里放$^D$ 哩。(衣服在衣柜里放着呢。)

# 第二节　句　法

## 一、反复问

武邑方言的疑问句跟普通话一样，也可以根据结构分为是非问、特指问、选择问和反复问四种。其中是非问、特指问和选择问在句式方面和普通话基本相同，此不赘述。这里，我们主要描写与普通话差异较大的反复问。

和普通话相同，武邑方言一般反复问句的否定词也是"不、没（有）"两种类型，且这两类中又都有完全式和简略式两种结构形式。据刘月华《句子的用途》①，普通话否定词为"不"的正反问句，完全式比简略式常用，简略式"只是口语中的、不十分普遍的说法"，否定词为"没（有）"的，简略式比完全式"常用得多"。武邑方言与普通话不同，否定词为"不"的简略式只用于提醒、强调的场合，且往往有后续句，也即从表达上看，此类简略式不用于一般询问；而否定词为"没（有）"的简略式可用于一般询问，完全式则是一种强调的问法。很多时候，武邑方言中反复问都有一种逼问的味道，尤其是在省略语气词的情况下，要求对方必须回答，语气生硬。因此，一般情况下武邑方言用是非问发问，而不用反复问。这样，就出现了反复问的使用逐渐萎缩的情况。

1. 未然式反复问

① 完全式："VP＋俺＋不＋VP＋俺"

（1）你　给　　我　俺不　给　　我　俺？

　　　ni⁴⁵kei⁴⁵⁻²¹³uɤ³³an⁰pu²²⁴⁻³¹kei⁴⁵⁻²¹³uɤ³³an⁰？

　　　（你给我不给我呢？）

（2）你　吃　饭　不　吃　　俺？

　　　ni⁴⁵tʂʰʅ²²⁴fan³¹pu³³tʂʰʅ²²⁴⁻³¹an³³？

---

① 《句子的用途》（第48页），人民教育出版社1990年。

（你吃饭不吃饭呢？）

（3）这　活儿　长　　远　　（唵）不　长　　远　　唵？

tʂɤ³¹xuɤr⁵³tʂʰaŋ⁵³yan³¹⁻⁵³(an⁰)pu²²⁴tʂʰaŋ⁵³yan³¹⁻⁵³an⁰？

（这活儿干得时间长呢还是不长呢？）

（4）今　天　写　完　　唠唵写　不　完　　唵？

tɕin²²⁴tʰian²²⁴ɕie⁰uan⁵³⁻⁴⁵lau⁰an⁰ɕie⁴⁵⁻²¹³pu³³uan⁵³⁻⁴⁵an⁰？

（今天写得完写不完呢？）

②简略式："VP＋不"

据冯春田《明清山东方言语法研究》（第 978 页），"VP＋不"式反复问句可以说是汉语里历史最久的一类句式。但武邑方言中的"VP＋不"式反复问常常带有强调、逼问的语气，且一般仅用于提醒、强调的场合，所以后面往往有后续句。因此，实际话语中表一般询问时往往不选用"VP＋不"简略式反复问，而是选用以语气词"办"结尾的是非问"VP＋办"。

（5）他　知　道　不？　不　　知　道　　的话　赶紧　跟

tʰa⁴⁵tʂʅ²²⁴tau³¹⁻⁵³pu⁰？　pu²²⁴⁻³¹tʂʅ³³tau³¹⁻⁵³tiⁿxua³¹kan⁴⁵tɕin⁴⁵kən³¹⁻⁵³

他　说　　一　声儿。

tʰa³¹ʂuo²²⁴⁻³¹i⁴⁵ʂə²²⁴。

"VP＋不"式反复问经常做宾语，且仍附带强调、深究等意味。如：

（6）我　去　问　问　老板，　看　叫　给　　你不。

uɤ⁴⁵tɕʰi³¹uən³¹uən⁰lau⁴⁵pan⁴⁵，kʰan³¹tɕiau³¹kei⁴⁵⁻²¹³ni³³pu⁰。

甚至有时相当于反问句，只表反诘语气，如：

（7）你　要　是　再　好　看　　点儿，　你　看　他　喜　你

ni⁴⁵iau³¹sʅ³¹tsai³¹xau⁴⁵kʰan³¹tiɤr⁴⁵，ni⁴⁵kʰan³¹tʰa⁴⁵ɕi⁴⁵⁻²¹³ni⁴⁵⁻²¹³

不！

pu⁰！

"VP＋不"式反复问的可能式为"VP＋唠＋不"，如：

（8）你 干　 咾 不?　别 再 弄坏　 咾。

ni⁴⁵kan³¹⁻⁵³lau⁰pu⁰?　pie⁵³tsai³¹nuŋ³¹xuai³¹⁻⁵³lau⁰。

（你干得了吗?别再弄坏了）

"VP+咾+不"也经常做宾语,仍附带强调、探究等意味。如:

（9）不　 知道他 按 时 来　 咾 不。

pu²²⁴⁻³¹tʂʅ³³tau³¹tʰa⁴⁵nan³¹sʅ⁵³lai⁵³⁻⁴⁵lau⁰pu⁰。

（不知道他是否按时来得了。）

（10）我 看　看 小 猫 逮　住 老　鼠 咾 不。

uɤ⁴⁵kʰan³¹kʰan³¹ɕiau⁴⁵mau⁵³tai⁴⁵⁻²¹³tʂu³³lau⁴⁵⁻²¹³ʂu³³lau⁰pu⁰。

（我看看小猫是否逮得住老鼠。）

带祈使语气的"VP+不"反复问为"VP+不+办"。

语气词"不、办"连用,附带强调、深究、提醒、不耐烦、祈使等意味,常有后续句,且说话人倾向于听到肯定回答。如:

（11）这　本ₗ书 你 还 要　不办?　要　的 话 就　赶

tʂɤ³¹pɤ⁴⁵ʂu²²⁴ni⁴⁵xan⁵³iau³¹⁻⁵³pu⁰pan⁰?　iau³¹⁻⁵³tiᵒxua³¹tsou³¹kan⁴⁵

紧 来 拿。

tɕin⁴⁵lai⁵³na⁵³。

（这本ₗ书你还要不?要的话就赶紧来拿。）

我们认为其中的"办"表祈使语气,其他的附带意味是"不"带来的。理由是此种反复问作宾语,不表疑问时,"办"的祈使语气很明显;且表疑问的"不+办"式反复问也倾向于肯定回答。如:

（12）你 看 人　家 愿 跟　你 换　不办, 要 不

ni⁴⁵kʰan³¹zən⁵³⁻⁴⁵tɕiaᵒyan³¹kən³¹⁻⁵³niᵒxuan³¹⁻⁵³pu⁰pan⁰, iau³¹pu²²⁴

愿 换, 俺 也 没 法ₗ 嗹。

yan³¹xuan³¹, nan⁴⁵ie⁴⁵mei²²⁴fæɹ²²⁴⁻³¹lian³³。

（你看人家愿意跟你换不,要不愿换,俺也没法ₗ了。）

2. 已然式反复问

① 完全式

A："VP＋嗹＋没＋VP＋唵"，此类反复问可用于一般询问。

（13）你　给　　他　嗹　没　　给　　他　唵？

　　　ni⁴⁵kei⁴⁵⁻²¹³tʰa³³lian⁰mei²²⁴⁻³¹kei⁴⁵⁻²¹³tʰa³³an⁰？

　　　（你给他了没给他呢？）

（14）你　吃　　饱　嗹　没　吃　　饱　唵？

　　　ni⁴⁵tʂʰʅ²²⁴⁻³¹pau⁴⁵lian³³mei²²⁴tʂʰʅ²²⁴⁻³¹pau⁴⁵an³³？

　　　（你吃饱了没吃饱呢？）

（15）饭　熟　　嗹　没　熟　　唵？

　　　fan³¹ʂou⁵³⁻⁴⁵lian⁰mei²²⁴ʂou⁵³⁻⁴⁵an⁰？

　　　（饭熟了没熟呢？）

（16）你　愿　意　嗹　没　　愿　意　唵？

　　　ni⁴⁵yan³¹i³¹⁻⁵³lian⁰mei²²⁴yan³¹i³¹⁻⁵³an⁰？

　　　（你愿意不愿意呢？）

　　　B："有＋NP＋没＋NP＋（唵）"，此类反复问一般只用于询问体词性成分，但很少用于表疑问，多用于反诘问或做宾语，如：

（17）门儿　后　　边儿有　人儿没　人儿（唵）？　没　　有，我

　　　mə⁵³xou³¹⁻⁵³pɚʰiou⁴⁵zɚ⁵³mei²²⁴zɚ⁵³⁻⁴⁵(an⁰)？　mei²²⁴⁻³¹iou⁴⁵，uɤ⁴⁵

　　　可　倒　车　　哩。

　　　kʰɤ⁴⁵tau³¹tʂʰɤ²²⁴⁻³¹li³³。

　　　（门后边有人没人呢？没有，我可倒车了！）

（18）你　说　你　这么　闹，俺　脸　　上　有　光　没

　　　ni⁴⁵ʂuo²²⁴ni⁴⁵tʂɤ³¹mɤ³³nau³¹，nan⁴⁵lian⁴⁵⁻²¹³ʂaŋ³³iou⁴⁵kuaŋ²²⁴mei⁵³

　　　光　　嗳？

　　　kuaŋ²²⁴⁻³¹ai³³？

　　　（你说你这么闹，我脸上有光没光啊？）

（19）有　钱　　没　有　钱　　的，也得　吃　饭　　嗳。

iou⁴⁵tɕʰian⁵³mei²²⁴tɕʰian⁵³⁻⁴⁵ti⁰, ie⁴⁵tei⁴⁵tʂʰɤ²²⁴fan³¹⁻⁵³ai⁰。

（有钱没有钱的，也得吃饭啊。）

偶尔还可说成"有+没有+NP"，如：

（20）恁　听　听，他有　没有　理儿？

　　　nei⁴⁵tʰiŋ²²⁴tʰiŋ⁰, tʰa⁴⁵iou⁴⁵⁻²¹³mei³³iou⁴⁵liɚ⁴⁵？

（你们听听，他有没有理儿？）

C："VP+没+V"，此类反复问极少用于表疑问，而是经常做宾语，如：

（21）你到　底输　钱　没　输？

　　　ni⁴⁵tau³¹ti³³tʂʰu²²⁴tɕʰian⁵³mei²²⁴tʂʰu²²⁴？

（22）让　他自个儿　说，他输钱　没　输。

　　　zaŋ³¹⁻⁵³tʰa⁰tsɿ³¹⁻⁵³kɤr³³suo²²⁴suo⁰, tʰa⁴⁵tʂʰu²²⁴tɕʰian⁵³mei²²⁴tʂʰu²²⁴。

②简略式

A："VP+嚏+没有+唵"，此类反复问使用频率最高，用于一般询问。

（23）你吃　饭　嚏没　有　唵？

　　　ni⁴⁵tʂʰɤ²²⁴fan³¹⁻⁵³lian⁰mei²²⁴⁻³¹iou⁴⁵an³³？

（你吃饭了没有呢？）

（24）饭熟　嚏没　有　唵？

　　　fan³¹sou⁵³⁻⁴⁵lian⁰mei²²⁴⁻³¹iou⁴⁵an³³？

（饭熟了没有呢？）

（25）你有　书　嚏没　有　唵？

　　　ni⁴⁵iou⁴⁵su²²⁴⁻³¹lian³³mei²²⁴⁻³¹iou⁴⁵an³³？

（你有书了没有呢？）

B："有+NP+没有（+唵）"，此类反复问一般只用于询问体词性成分，且一般有后续句。

（26）你有　书　没　有　唵？没有　赶紧拿

　　　ni⁴⁵iou⁴⁵su²²⁴mei²²⁴⁻³¹iou⁴⁵⁻²¹³an³³？mei³¹iou⁴⁵kan⁴⁵tɕin⁴⁵na⁵³⁻⁴⁵

去。

tɕʰi⁰。

（你有书没有呢？没有赶紧拿去。）

（27）门儿后　　边儿有　人儿没　　有？　　　没　　　有，我

mɚ⁵³xou³¹⁻⁵³pɚr⁰iou⁴⁵zɚ⁵³mei²²⁴⁻³¹iou⁴⁵？ mei²²⁴⁻³¹iou⁴⁵, uɤ⁴⁵

可　倒　车　　哩!

kʰɤ⁴⁵tau³¹tʂʰɤ²²⁴⁻³¹li³³。

（门后边有人没有？没有，我可倒车了！）

C:"VP＋哩＋不"，此类反复问是"VP＋不"式反复问的已
然式，也是仅用于提醒、强调的场合，所以后面往往有后续句。如：

（28）你　做　完　作　业　哩不？　再　不　做　就　来

ni⁴⁵tsuo³¹uan⁵³tsuo²²⁴ie³¹⁻⁵³li⁰pu⁰？ tsai³¹pu²²⁴tsuo³¹tsou³¹lai⁵³⁻⁴⁵

不　及　　嗏。

pu⁰tɕʰi⁵³⁻⁴⁵lian⁰。

（你做完作业了没有？再不做就来不及了。）

做宾语时，不表疑问，仍附带强调、探究等意味。如：

（29）也　不　　知　道　他　做　完　　哩不，我　得　赶　紧

ie⁴⁵pu²²⁴⁻³¹tʂʐ³³tau³¹tʰa⁴⁵tsou³¹uan⁵³⁻⁴⁵li⁰pu⁰, uɤ⁴⁵tei⁴⁵kan⁴⁵tɕin⁴⁵

去　看　看　去。

tɕʰi³¹kʰan³¹kʰan⁰tɕʰi⁰。

（也不知道他做完了没有，我得赶紧去看看去。）

"VP＋哩＋不"式反复问做宾语时，有时还能构成祈使句：

（30）看　他　走　　哩　不!

kʰan³¹tʰa⁴⁵tsou⁴⁵⁻²¹³li³³pu⁰！

（看他走了没有！）

（31）看　恁姐　写　完　作　业　哩不!

kʰan³¹nei⁴⁵tɕie⁴⁵ɕie⁴⁵uan⁵³⁻⁴⁵tsuo²²⁴ie³¹⁻⁵³li⁰pu⁰！

（看你姐写完作业了没有！）

## 二、可能式

武邑方言的否定可能式与普通话相同,都是"V 不 C",本书不再赘述;肯定可能式与普通话不同,主要为"VC 唠";其次还有双重可能式"能 VC 唠",特殊可能式"V＋得＋唠"和"V＋着＋唠"。如:

1. 一般可能式,如:

（32）这　篮　　子 菜 我 拿　　唠。
tʂɤ³¹lan⁵³⁻⁴⁵tsɿ⁰tsʰai³¹uɤ⁴⁵na⁵³⁻⁴⁵lau⁰。
（这篮子菜我拿得了。）

（33）这　篮　　子 菜 我 拿 动 唠。
tʂɤ³¹lan⁵³⁻⁴⁵tsɿ⁰tsʰai³¹uɤ⁴⁵na⁵³⁻⁴⁵tuŋ⁰lau⁰。
（这篮子菜我拿得动。）

（34）明　天　星　期　天,　我 看　完　这 本儿 小
miŋ⁵³tʰian²²⁴ɕiŋ²²⁴tɕʰi²²⁴tʰian²²⁴, uɤ⁴⁵kʰan³¹uan⁵³tʂɤ³¹pɚ⁴⁵ɕiau⁴⁵⁻²¹³
说儿 唠。
ʂuɚ³³lau⁰。
（明天星期天,我看得完这本小说。）

（35）水　深,　没　　唠 人　唠。
suei⁴⁵ʂən²²⁴, mɤ²²⁴⁻³¹lau³³zən⁵³⁻⁴⁵lau⁰。
（水深,能把人淹没了。）

（36）我 拿　唠 去　唠。
uɤ⁴⁵na⁵³⁻⁴⁵lau⁰tɕʰi³¹⁻⁵³lau⁰。
（我拿得了。）

（37）他 放　唠 上 边儿 去　唠。
tʰa⁴⁵faŋ³¹⁻⁵³lau⁰ʂaŋ³¹pɚr³³tɕʰi³¹⁻⁵³lau⁰。
（他放得到上边儿去。）

2. 双重可能式,如:

（38）我 能 拿 动 这菜 篮子 咾。

uɤ⁴⁵nən⁵³na⁵³⁻⁴⁵tuŋ⁰tʂɤ³¹lan⁵³⁻⁴⁵tsɿ⁰tsʰai³¹⁻⁵³lau⁰。

（我能拿动这菜篮子。）

3. 特殊可能式：

武邑话中还有两种专门表达认识情态和义务情态的特殊可能式，分别是"V＋得＋咾"和"V＋着＋咾"。

①"V＋得＋咾"，表示受事者性能上允许或不允许某种动作。

（39）西 瓜 熟 嘞, 吃 得 咾。

çi²²⁴⁻³¹kua³³ʂu⁵³⁻⁴⁵lian⁰, tʂʰɿ²²⁴⁻³¹ti⁰lau⁰。

（西瓜熟了,能吃。）

②"V＋着＋咾"，表示受事者按照某种价值判断允许或不允许某种动作。

（40）这布 合 着 咾俺 就 买, 合 不着 俺 就

tʂɤ³¹pu³¹xɤ⁵³⁻⁴⁵tʂau⁰lau⁰nan⁴⁵tsou³¹mai⁴⁵, xɤ⁵³⁻⁴⁵pu⁰tʂau⁵³nan⁴⁵tsou³¹

不 买。

pu²²⁴⁻³¹mai⁴⁵。

（这布买着合算就买,不合算就不买。）

（41）俺 的姨,俺 管 着 咾。

nan⁴⁵⁻²¹³ti⁰i⁵³, nan⁴⁵kuan⁴⁵⁻²¹³tʂau³³lau⁰。

（我姨,我有理由照顾她。）

这两种可能式中的补语性成分只有"得"和"着"，不像前面可能式中的补语性成分那么丰富，且"得"和"着"意义较含混，应为动相补语，但二者分工明确，一般不会混淆。另外，这两种可能式的前面也不能加上"能"构成双重可能式。

# 第三节 语法例句

本语法例句根据以下几个来源综合：1. 中国社会科学院语

言研究所方言组《方言词汇调查表》第三十一部分"语法"；2. 丁声树《方言调查词汇手册》第 18 部分；3. 中国社会科学院语言研究所"汉语方言重点调查"课题组编印《语法调查例句》（未刊）；4. 中国社会科学院重大课题"中国濒危语言方言调查研究与新编《中国语言地图集》"编印《词汇语法调查条目》（未刊）；5. 根据通行语法著作适当选取的一些语法例句；6. 根据本方言特点自编的一小部分例句。

001 这句话用 × × 话怎么说？

tʂɤ³¹tɕy³¹xuær³¹yŋ³¹u⁴⁵⁻²¹³i⁴⁵xuær³¹tsou⁴⁵ma⁰ʂuo³¹an³³ ?

这 句 话儿 用 武 邑 话儿 怎 嘛 说 唵?

002 你还会说别的地方的话吗？

ni⁴⁵xan⁵³xuei³¹ʂuo²²⁴pie⁵³⁻⁴⁵ti⁰ti³¹⁻⁵³fær⁰ti⁰xuær³¹⁻⁵³pan⁰ ?

你 还 会 说 别 的地 方儿的话 办?

003 不会了，我从小就没出过门，只会说 × × 话。

pu²²⁴xuei³¹⁻⁵³lian⁰, uo⁴⁵tsʰuŋ⁵³ɕiʐaur⁴⁵tsou³¹mei²²⁴tʂʰu²²⁴kuo³¹mɤr⁵³

不 会 嗹, 我 从 小儿 就 没 出 过 门儿,

tsou³¹xuei³¹ʂuo²²⁴u⁴⁵⁻²¹³i⁴⁵xuær³¹。

就 会 说 武 邑 话儿。

004 会，还会说 × × 话、× × 话，不过说得不怎么好。

xuei³¹, xan⁵³xuei³¹ʂuo²²⁴× × xuær³¹、× × xuær³¹, tsou³¹sʅ³¹

会, 还 会 说 ××话儿、 ××话儿, 就 是

ʂuo²²⁴⁻³¹ti⁰pu²²⁴⁻³¹tsou⁴⁵ma⁰xau⁴⁵。

说 得不 怎 嘛 好。

005 会说普通话吗？

xuei³¹ʂuo²²⁴pʰu⁴⁵tʰuŋ²²⁴xuær³¹⁻⁵³pan⁰ ?

会 说 普 通 话儿 办?

006 不会说，没有学过。

pu²²⁴xuei³¹ʂuo²²⁴, mei²²⁴⁻³¹iou⁴⁵ɕiau⁵³kuo⁰。

007 会说一点儿，不标准就是了。

xuei³¹ʂuo²²⁴tiȵɚr⁴⁵, tsou³¹sɿ³¹pu²²⁴piau²²⁴⁻³¹tsuən⁴⁵。

会　　说　点儿，就　是　不　标　　准。

008 在什么地方学的普通话？

tai⁴⁵mɚr⁵³ti³¹⁻⁵³fær⁰ɕiau⁵³⁻⁴⁵ti⁰pʰu⁴⁵tʰuŋ²²⁴xua³¹⁻⁵³an⁰？

在　么儿地　　方儿学　的普　通　话　　唵？

009 上小学中学都学普通话。

ʂaŋ³¹ɕiau⁴⁵ɕiɽaur⁵³tsuŋ²²⁴ɕiau⁵³tou²²⁴ɕiau⁵³pʰu⁴⁵tʰuŋ²²⁴xua³¹。

上　小　学儿　中　学　都　学　普　通　话。

010 谁呀？我是老王。

xei⁵³ian⁰？ uɤ⁴⁵sɿ³¹lau⁴⁵uaŋ⁵³。

谁　唵？　我　是　老　王。

011 您贵姓？我姓王，您呢？

nei⁴⁵ɕiŋ³¹/ɕiŋ⁵³mɚr⁵³an⁰？ uɤ⁴⁵ɕiŋ³¹/ɕiŋ⁵³uaŋ⁵³, nei⁴⁵⁻²¹³li³³？

恁　姓　　么儿唵？　我　姓　王，　　恁　哩？

012 我也姓王，咱俩都姓王。

uɤ⁴⁵ie⁴⁵ɕiŋ³¹/ɕiŋ⁵³uaŋ⁵³, tsan⁴⁵⁻³¹lia⁴⁵tou²²⁴ɕiŋ³¹/ɕiŋ⁵³uaŋ⁵³。

013 巧了，他也姓王，本来是一家嘛。

tɕʰiau⁴⁵⁻²¹³lian³³, tʰa⁴⁵ie⁴⁵ɕiŋ³¹/ɕiŋ⁵³uaŋ⁵³, yan⁵³pən⁴⁵sɿ³¹i⁴⁵tɕia²²⁴⁻³¹

巧　　嗹，他也姓　　　王，原　本　是　一　家

tsɿ⁰an⁰。

子　唵。

014 老张来了吗？说好他也来的！

lau⁴⁵tʂaŋ²²⁴lai⁵³⁻⁴⁵li⁰pan⁰？ ʂuo²²⁴⁻³¹xau⁴⁵tʰa⁴⁵ie⁴⁵lai⁵³⁻⁴⁵ti⁰！

老　张　来　哩办？　说　　好　他也　来　的！

015 他没来，还没到吧。

tʰa⁴⁵mei²²⁴lai⁵³, xan⁵³mei²²⁴tau³¹⁻⁵³li⁰pai⁰。

他　没　来，还　没　到　哩呗。

016 他上哪儿了？还在家里呢。

tʰa⁴⁵ʂaŋ⁵³⁴na⁴⁵⁻²¹³li³³tɕʰi³¹⁻⁵³lian⁰？ xan⁵³tai⁴⁵tɕia²²⁴⁻³¹li⁴⁵li⁰。

他 上 ᴰ 哪 里 去 嗹？ 还 在 家 里 哩。

017 在家做什么？在家吃饭呢。

tai⁴⁵tɕia²²⁴⁻³¹li⁴⁵tsou³¹mɚ⁵³lian⁰？ tai⁴⁵tɕia²²⁴⁻³¹li⁴⁵tʂʰʅ²²⁴fan³¹⁻⁵³li⁰。

待家 里做 么儿 嗹？ 待家 里吃 饭 哩。

018 都几点了，怎么还没吃完？

tou²²⁴tɕi⁴⁵tian⁴⁵⁻²¹³lian³³, tsou⁴⁵ma⁰xan⁵³mei²²⁴tʂʰʅ²²⁴uan⁵³⁻⁴⁵

都 几 点 嗹， 怎 嘛还 没 吃 完

lian⁰？

嗹？

019 还没有呢，再有一会儿就吃完了。

xan⁵³mei²²⁴⁻³¹iou⁴⁵li³³, tsai³¹iou⁴⁵⁻²¹³i³xuə⁴⁵tsou³¹tʂʰʅ²²⁴uan⁵³⁻⁴⁵

还 没 有 哩，再 有 一 会儿 就 吃 完

lian⁰。

嗹。

020 他在哪儿吃的饭？

tʰa⁴⁵tai⁴⁵na⁴⁵⁻²¹³li³³tʂʰʅ²²⁴⁻³¹ti⁰fan³¹⁻⁵³an⁰？

他 在 哪 里 吃 的饭 俺？

021 他是在我家吃的饭。

tʰa⁴⁵sʅ³¹tai⁴⁵nan³¹⁻⁵³tɕia⁰tʂʰʅ²²⁴⁻³¹ti⁰fan³¹。

他 是 在 俺 家 吃 的饭。

022 真的吗？真的，他是在我家吃的饭。

tʂən²²⁴⁻³¹tia⁴⁵？ tʂən²²⁴⁻³¹ti⁰, tʰa⁴⁵sʅ³¹tai⁴⁵nan³¹⁻⁵³tɕia⁰tʂʰʅ²²⁴⁻³¹ti⁰

真的 啊？ 真 的，他 是 在 俺 家吃 的

fan³¹。

饭。

023 先喝一杯茶再说吧！

$çian^{224}xɤ^{224-31}i^{45}uan^{45}tsʰa^{53-45}ie^{0}suei^{45}tsai^{31}ʂuo^{224}pan^{0}$！

先　　喝　　一碗　茶　叶水　再　说　　办！

024 说好了就走的，怎么半天了还不走？

$ʂuo^{224-31}xau^{45-213}lau^{33}tsou^{31}tsou^{45-213}ti^{0}$, $tsou^{45}ma^{0}pan^{31}tʰian^{224-31}$

说　　好　　咾　就　走　　的，怎　嘛半　天

$lian^{33}xan^{53}pu^{224-31}tsou^{45-213}an^{33}$？

嗹　还　不　　走　　　俺？

025 他磨磨蹭蹭的，做什么呢？

$tʰa^{45}sʅ^{31}sʅ^{33}uei^{224}uei^{224-31}ti^{0}$, $tsou^{31}mɐr^{53}lian^{0}$？

他　□□□　□　　　的，做　么儿 嗹？

026 他在那儿跟一个朋友说话呢。

$tʰa^{45}tai^{45}nʐɐr^{31}xɐr^{33}lau^{0}kən^{224-31}i^{45}kɤ^{31}tɕiou^{31}pɐr^{31-53}ti^{0}ʂuo^{224}$

他　在　那儿　哈儿 咾跟　　一个　就　伴儿 的说

$xuær^{31-53}li^{0}$。

话　　哩。

027 还没说完啊？催他快着点儿！

$xan^{53}mei^{224}ʂuo^{224}uan^{53-45}lia^{0}$？ $tsʰuei^{224}tsʰuei^{0}tʰa^{45}$, $zaŋ^{31-53}tʰa^{0}$

还　没　说　完　哩啊？催　　催他，让　他

$kʰuai^{31-53}tʂau^{0}tiʐɐr^{45}$！

快　　着　点儿！

028 好，好，他就来了。

$çiŋ^{53-45}lau^{0}$, $çiŋ^{53-45}lau^{0}$, $tʰa^{45}tʂɤ^{31}tsou^{31}lai^{53-45}lian^{0}$。

行　咾，行　咾，他　这　就　来　嗹。

029 你上哪儿去？我上街去。

$ni^{45}ʂaŋ^{31}na^{45-213}lian^{33}$？ $uɤ^{45}ʂaŋ^{31}tʂʰən^{53}li^{45}$。

你　上　哪　［里嗹]？我 上　城　里。

030 你多会儿去？我马上就去。

ni⁴⁵tuo⁴⁵tsan⁰tɕʰi³¹⁻⁵³an⁰？ uo⁴⁵ma⁴⁵⁻²¹³ʂaŋ³³tsou³¹tɕʰi³¹。
你 多 嚰 去 唵？ 我 马 上 就 去。

031 做什么去呀？家里来客人了，买点儿菜去。
tsou³¹mɚ⁵³tɕʰian⁰？ tɕia²²⁴⁻³¹li⁴⁵lai⁴⁵²tɕʰie²²⁴⁻³¹lian³³，mai⁴⁵tiɚr⁴⁵
做 么儿［去唵］？ 家 里来ᴰ客 嗹， 买 点儿
tsʰai³¹⁻⁵³tɕʰi⁰。
菜 去。

032 你先去吧，我们一会儿再去。
nei⁴⁵ɕian²²⁴tɕʰi³¹pan⁰，nan⁴⁵i⁴⁵xuə⁵³tsai³¹tɕʰi³¹。
恁 先 去 办，俺 一 会儿 再 去。

033 好好儿走，别跑！小心摔跤了。
xau⁴⁵⁻²¹³ʂən³³tsou⁴⁵，pie⁵³pʰau⁴⁵！ kʰan³¹suai²²⁴⁻³¹tʂau³³lau⁰。
好 生 走， 别 跑！ 看 摔 着 咾。

034 小心点儿，不然的话摔下去爬都爬不起来。
man³¹⁻⁵³tʂau⁰tiɚr⁴⁵，iau³¹pu²²⁴suai²²⁴⁻³¹ɕia³³tɕʰi³¹pʰa⁵³tou²²⁴pʰa⁵³⁻⁴⁵
慢 着 点儿，要 不 摔 下去 爬 都 爬
pu⁰tɕʰi³¹lai⁵³。
不 起来。

035 不早了，快去吧！
pu²²⁴⁻³¹tsau⁴⁵⁻²¹³lian³³，kʰuai³¹⁻⁵³tɕʰi³¹pan⁰！
不 早 嗹， 快 去 办！

036 这会儿还早呢，过一会儿再去吧。
tʂɤ³¹kuŋ²²⁴⁻³¹fur³³xan⁵³tsau⁴⁵⁻²¹³li³³，tai³¹⁻⁵³i⁰sɻær⁵³tsai³¹tɕʰi³¹pan⁰？
这 工 夫儿还 早 哩，待 一 霎儿再 去 办。

037 吃了饭再去好不好？
tʂʰʅ²²⁴⁻³¹lau³³fan³¹tsai³¹tɕʰi³¹ɕiŋ⁵³⁻⁴⁵lau⁰pan⁰？
吃 咾饭 再 去 行 咾办？

038 不行，那可就来不及了。

$pu^{224}\varc<iŋ^{53}$, $na^{31-53}k^h\gamma^{45}tsou^{31}lai^{53-45}pu^0t\varc<i^{53-45}lian^0$。

不　行，　那　可　就　来　不　及　嗻。

039 不管你去不去，反正我是要去的。

$nei^{45}ian^{31}t\varc<^h i^{31}pu^{33}t\varc<^h i^{31}$, $fan^{45-213}\textrm{ʂ}\textrm{ə}n^{33}nan^{45}t\varc<^h i^{31}$。

恁　愿　去　不　去，　反　　正　俺　去。

040 你爱去不去。

$ni^{45}nai^{31}t\varc<^h i^{31}pu^{224}t\varc<^h i^{31}$。

041 那我非去不可！

$na^{31-53}uo^{45}fei^{224}t\varc<^h i^{31}pu^{224-31}k^h\gamma^{45}$！

042 那个东西不在那儿，也不在这儿。

$na^{31}k\gamma^{31}tuŋ^{224-31}\varc<i\textrm{ɻ}\gamma^{33}mei^{224-31}tai^{45}nie^{31-53}li^0$, $ie^{45}mei^{224-31}tai^{45}$

那　个　东　　西儿　没　　在　乜　里，　也　没　在

$t\textrm{ʂ}\gamma^{31-53}li^0$。

这　　里。

043 那到底在哪儿？

$na^{53}tau^{31}ti^{45}tai^{45}na^{45-213}lian^{33}$？

那　到　底　在　哪　　［里嗻］？

044 我也说不清楚，你问他去！

$uo^{45}ie^{45}\textrm{ʂ}uo^{224-31}pu^{33}t\varc<^h iŋ^{224}$, $ni^{45}u\textrm{ə}n^{31}t^h a^{45-213}t\varc<^h i^{33}$！

我　也　说　　不清，　你　问　他　　去！

045 怎么办呢？不是那么办，要这么办才对。

$tsou^{45}ma^0nuŋ^{31-53}an^0$？ $pu^{224}s\textrm{ɿ}^{31}nie^{31}m\gamma^{33}n\textrm{ə}ŋ^{31}$, $iau^{31}t\textrm{ʂ}\gamma^{31}m\gamma^{33}$

怎　嘛　弄　唵?　不　是　乜　么　弄，　要　这　么

$n\textrm{ə}ŋ^{31}ts^h ai^{53}tuei^{31-53}li^0$。

弄　才　对　哩。

046 要多少才够呢？

$iau^{31}tuo^{45}\textrm{ʂ}au^0ts^h ai^{53}kou^{31-53}lau^0lian^0$？

要　多　少　才　够　咾　嗻?

047 太多了,要不了那么多,只要这么多就够了。

t<sup>h</sup>ai<sup>31</sup>tuo<sup>224-31</sup>lian<sup>33</sup>, iau<sup>31-53</sup>pu<sup>0</sup>liau<sup>45</sup>na<sup>31</sup>mɤ<sup>33</sup>tuo<sup>224</sup>, tsou<sup>31</sup>tʂɤ<sup>31</sup>

太　多　嗹，　要　不　了　那　么　多，　就　这

çie<sup>45</sup>tsou<sup>31</sup>kou<sup>31-53</sup>lian<sup>0</sup>。

些　就　够　　嗹。

048 不管怎么忙,也得好好儿学习。

tsai<sup>31</sup>tsou<sup>45</sup>ma<sup>0</sup>maŋ<sup>53</sup>, ie<sup>45</sup>tei<sup>45</sup>xau<sup>45-213</sup>ʂən<sup>33</sup>tʂau<sup>224</sup>çye<sup>53</sup>çi<sup>53-45</sup>ai<sup>0</sup>

再　怎　嘛忙，　也　得　好　　生　着　学习　嗳。

049 你闻闻这朵花香不香?

ni<sup>45</sup>uən<sup>53</sup>uən<sup>0</sup>tʂɤ<sup>31</sup>kɤ<sup>31</sup>xuær<sup>224</sup>çiaŋ<sup>224-31</sup>pu<sup>33</sup>?

你　闻　闻　这　个　花儿　香　　不?

050 好香啊,是不是?

tʂən<sup>224</sup>çiaŋ<sup>224</sup>an<sup>0</sup>, sʅ<sup>31-53</sup>pan<sup>0</sup>?

真　香　俺，是　办?

051 你是抽烟呢,还是喝茶?

ni<sup>45</sup>sʅ<sup>31</sup>tʂ<sup>h</sup>ou<sup>224</sup>ian<sup>224-31</sup>an<sup>33</sup>, xan<sup>53</sup>sʅ<sup>31</sup>xɤ<sup>224</sup>tsʰa<sup>53-45</sup>ie<sup>0</sup>suei<sup>45-213</sup>an<sup>33</sup>?

你　是　抽　烟　俺，还　是　喝　茶　叶水　俺?

052 烟也好,茶也好,我都不会。

pəŋ<sup>53</sup>kuan<sup>45</sup>sʅ<sup>31</sup>tʂ<sup>h</sup>ou<sup>224</sup>ian<sup>224</sup>ie<sup>45</sup>xau<sup>45</sup>, xɤ<sup>224</sup>tsʰa<sup>53-45</sup>ie<sup>0</sup>suei<sup>45</sup>ie<sup>45</sup>

甭　管　是　抽　烟也好，　喝　茶　叶水　也

xau<sup>45</sup>, nan<sup>45</sup>tou<sup>224</sup>pu<sup>45</sup>xuei<sup>31</sup>

好，　俺　都　不　会。

053 医生叫你多睡觉,抽烟喝茶都不行。

çian<sup>224-31</sup>səŋ<sup>45</sup>tçiau<sup>31-53</sup>ni<sup>31</sup>tuo<sup>224</sup>suei<sup>31</sup>tçiau<sup>31</sup>, tʂ<sup>h</sup>ou<sup>224</sup>ian<sup>224</sup>xɤ<sup>224</sup>

先　　生　叫　你　多　睡　觉，　抽　烟　喝

tsʰa<sup>53-45</sup>ie<sup>0</sup>suei<sup>45</sup>tou<sup>224</sup>pu<sup>224</sup>çiŋ<sup>53</sup>

茶　叶水　都　不　行。

054 咱们一边走一边说。

tsan⁴⁵suei⁵³tsou⁴⁵suei⁵³ʂuo²²⁴。

咱 随 走 随 说。

055 这个东西好是好，就是太贵了。

tʂɤ³¹kɤ³¹tuŋ²²⁴⁻³¹ɕiɾɚ³³xau⁴⁵sʅ³¹xau⁴⁵, tsou³¹sʅ³¹tʰai³¹kuei³¹⁻⁵³lian⁰。

这 个 东 西儿 好 是 好, 就 是 太 贵 嗹。

056 这个东西虽说贵了点儿，不过挺结实的。

tʂɤ³¹kɤ³¹tuŋ²²⁴⁻³¹ɕiɾɚ³³tsou³¹sʅ³¹kuei³¹⁻⁵³lau⁰tiɾɚr⁴⁵, kʰɤ⁴⁵sʅ³¹

这 个 东 西儿 就 是 贵 唠 点儿, 可 是

tʰiŋ⁵³tɕie²²⁴⁻³¹sʅ³³ti⁰。

挺 结 实 的。

057 他今年多大了？

tʰa⁴⁵tɕin²²⁴nian⁵³tuo⁴⁵ta³¹⁻⁵³lian⁰？

他 今 年 多 大 嗹？

058 也就是三十来岁吧。

ie⁴⁵tsou³¹san²²⁴⁻³¹sʅ³³lai⁵³suei³¹pan⁰。

也 就 三 十 来 岁 办。

059 看上去不过三十多岁的样子。

kʰan³¹⁻⁵³ʂaŋ⁴⁵tɕʰi³¹ie⁴⁵tsou³¹san²²⁴⁻³¹sʅ³³lai⁵³suɾɚ³¹⁻⁵³ti⁰iɾær³¹。

看 上 去 也 就 三 十 来 岁儿 的 样儿。

060 这个东西有多重呢？

tʂɤ³¹kɤ³¹tuŋ²²⁴⁻³¹ɕiɾɚ³³iou⁴⁵tuo⁴⁵tʂʰən⁵³⁻⁴⁵an⁰？

这 个 东 西儿 有 多 沉 唵？

061 怕有五十多斤吧。

tei⁴⁵iou⁴⁵u⁴⁵⁻²¹³sʅ³³tuo²²⁴tɕin²²⁴pan⁰。

得 有 五 十 多 斤 办。

062 我五点半就起来了，你怎么七点了还不起来？

uɤ⁴⁵u⁴⁵tian⁴⁵pan³¹tsou³¹tɕʰi⁴⁵⁻²¹³lai⁵³⁻⁴⁵lian⁰, ni⁴⁵tsou⁴⁵ma⁰tɕʰi²²⁴⁻³¹

我 五 点 半 就 起 来 嗹, 你 怎 嘛 七

tian⁴⁵⁻²¹³lian³³xan⁵³pu²²⁴⁻³¹tɕʰi⁴⁵⁻²¹³lai⁵³⁻⁴⁵an⁰?
点　　　　嗹　　还　不　　　起　　　来　　唵?

063 三四个人盖一床被。一床被盖三四个人。

sa²²⁴sʅ³¹⁻⁵³a⁰zɚ⁵³kai²²⁴i²²⁴⁻³¹kɤ³¹pei³¹⁻⁵³tsʅ⁰。i⁴⁵kɤ³¹pei³¹⁻⁵³tsʅ⁰kai³¹⁻⁵³
仨　　四　啊人儿盖ᴰ一　个　被　　子。一　个　被　　子盖

lau⁰sa²²⁴sʅ³¹⁻⁵³a⁰zɚ⁵³。
咾仨　四　啊人儿。

064 一个大饼夹一根油条。一根油条外加一个大饼。

i⁴⁵kɤ³¹ta³¹piŋ⁴⁵tɕia²²⁴⁻³¹i⁴⁵kɤ²²⁴iou⁵³tʰiau⁵³。i⁴⁵kɤ²²⁴iou⁵³tʰiau⁵³
一个大饼　夹　　一根儿油条。　一根儿油条

uai³¹tɕia²²⁴i⁴⁵kɤ³¹ta³¹piŋ⁴⁵。
外　加一个大　饼。

065 两个人坐一张凳子。一张凳子坐了两个人。

lia⁴⁵zɚ⁵³tsuo⁵³⁴i²²⁴⁻³¹kɤ³¹təŋ³¹⁻⁵³tsʅ⁰。i⁴⁵kɤ³¹təŋ³¹⁻⁵³tsʅ⁰tsuo³¹⁻⁵³lau⁰
俩人儿坐ᴰ一　个　凳　　子。一个凳　子坐　咾

lia⁴⁵zɚ⁵³。
俩人儿。

066 一辆车装三千斤麦子。三千斤麦子刚好够装一辆车。

i⁴⁵liaŋ³¹tʂʰɤ²²⁴tsuaŋ²²⁴san²²⁴tɕʰian²²⁴tɕin²²⁴mai³¹⁻⁵³tsʅ⁰。san²²⁴tɕʰian²²⁴
tɕin²²⁴mai³¹⁻⁵³tsʅ⁰kaŋ²²⁴⁻³¹xau⁴⁵kou³¹tsuaŋ²²⁴i⁴⁵liaŋ³¹tʂʰɤ²²⁴。

067 十个人吃一锅饭。一锅饭够吃十个人。

ʂʅ⁵³⁻⁴⁵a⁰zɚ⁵³tʂʰʅ²²⁴i⁴⁵kuo²²⁴fan³¹。i⁴⁵kuo²²⁴fan³¹kou³¹tʂʰʅ²²⁴sʅ⁵³⁻⁴⁵
十　啊人儿吃　一锅　饭。一锅　饭够　吃　十

a⁰zɚ⁵³。
啊人儿。

068 十个人吃不了这锅饭。。

ʂʅ⁵³⁻⁴⁵a⁰zɚ⁵³tʂʰʅ²²⁴⁻³¹pu⁴⁵liau⁴⁵tʂɤ³¹kuo²²⁴fan³¹。
十　啊人儿吃　　不了这锅　饭。

这锅饭吃不了十个人

tʂɤ³¹kuo²²⁴fan³¹tʂʰʅ²²⁴⁻³¹pu⁴⁵liau⁴⁵ʂʅ⁵³⁻⁴⁵a⁰zɚ⁵³。

这　锅　饭　吃　　不了　十　啊人ㄦ。

069 这个屋子住不下十个人。

tʂɤ³¹kɤ³¹u²²⁴⁻³¹tsʅ⁰tʂu³¹⁻⁵³pu⁰ɕia³¹ʂʅ⁵³⁻⁴⁵a⁰zɚ⁵³。

这　个　屋　子住　　不下　十　啊人ㄦ。

070 小屋堆东西,大屋住人。

ɕiau⁴⁵uʀ²²⁴tsuei²²⁴tuŋ²²⁴⁻³¹ɕiɚ³³, ta³¹uʀ²²⁴tʂu³¹zɚ⁵³。

小　屋ㄦ堆　东　　西ㄦ, 大屋ㄦ住　人ㄦ。

071 他们几个人正说着话呢。

tʰa⁴⁵⁻²¹³mən³³tɕi⁴⁵⁻²¹³a³³zɚ⁵³tʂəŋ³¹ʂuo²²⁴⁻³¹tʂau³³xuæʀ³¹⁻⁵³li⁰。

他　们　几　啊人ㄦ正　说　　着　话　哩。

072 桌上放着一碗水,小心别碰倒了。

tsuo²²⁴⁻³¹tsʅ⁰xaŋ³¹faŋ³¹⁻⁵³tʂau⁰i³¹uan⁴⁵suei⁴⁵⁻²¹³li³³, kʰan³¹⁻⁵³tʂau⁰

桌　子上放　　着　一碗　水　　哩, 看　着

pie⁵³pʰəŋ³¹⁻⁵³lau⁰。

别　碰　　咾。

073 他家门口站着一帮人,也不知道在说着什么。

tʰa³¹⁻⁵³tɕia⁰nie³¹mɚ⁵³kʰour⁴⁵tsan³¹⁻⁵³lau⁰i⁴⁵paŋ²²⁴⁻³¹tʂʅ⁰zən⁵³, ie⁴⁵

他　家乜门　口ㄦ站　　咾一帮　子人, 也

pu²²⁴⁻³¹tʂʅ³³tau³¹ʂuo²²⁴mɚr⁵³li⁰。

不　知道　说　么ㄦ哩。

074 坐着吃好,还是站着吃好?

tsuo³¹⁻⁵³tʂau⁰tʂʰʅ²²⁴xau⁴⁵⁻²¹³an³³, xan⁵³ʂʅ³¹tsan³¹⁻⁵³tʂau⁰tʂʰʅ²²⁴

坐　着　吃　好　唵, 还是站　　着　吃

xau⁴⁵⁻²¹³an³³?

好　唵?

075 想着说,不要抢着说。

ɕiaŋ⁴⁵⁻²¹³tʂau³³ʂuo²²⁴，pie⁵³tɕʰiaŋ⁴⁵⁻²¹³tʂau³³ʂuo²²⁴。
想　　着　说，　别　抢　　着　说。

076 说着说着就笑起来了。

ʂuo²²⁴⁻³¹tʂau³³ʂuo²²⁴⁻³¹tʂau³³tsou³¹ɕiau³¹⁻⁵³tɕʰi⁰lai⁵³⁻⁴⁵lian⁰。
说　　着　说　着　就　笑　起　来　　嗹。

077 别怕！你大着胆子说吧。

pie⁵³xai³¹pʰa³¹！　ni⁴⁵faŋ³¹⁻⁵³kʰai⁰tʈɚ⁴⁵ʂuo²²⁴pan⁰。
别　害　怕！　　你　放　开　胆儿　说　办。

078 这个东西重着呢，足有一百来斤。

tʂɤ³¹kɤ³¹tuŋ²²⁴⁻³¹ɕiʈɚ³³tʂʰən⁵³⁻⁴⁵ti⁰li⁰，tsu⁵³iou⁴⁵i⁴⁵pai²²⁴lai⁵³tɕin²²⁴。
这　个　东　　西儿　沉　　得哩，足　有　一　百　来　斤。

079 他对人可好着呢。

tʰa⁴⁵tuei³¹zɚ⁵³kʰɤ⁴⁵xau⁴⁵⁻²¹³ti⁰li⁰。
他　对　人儿可　好　　的　哩。

080 这小伙子可有劲呢。

tʂɤ³¹ɕiau⁴⁵xuo⁴⁵⁻²¹³tsʅ⁰kʰɤ⁴⁵iou⁴⁵tɕiʈɚ³¹⁻⁵³ti⁰li⁰。
这　小　伙　子　可　有　劲儿　的　哩。

081 别跑，你给我站着！

pie⁵³pʰau⁴⁵，ni⁴⁵kei⁴⁵uɤ⁴⁵tsan³¹⁻⁵³tʂu⁰！
别　跑，　你　给　我　站　　住！

082 下雨了，路上小心着！

ɕia³¹⁻⁵³y⁴⁵⁻²¹³lian³³，tʈaur³¹⁻⁵³xaŋ⁰tɕia³¹⁻⁵³tʂau⁰ɕiau⁴⁵⁻²¹³ɕin³³an³³！
下　雨　嗹，　道儿　上　架　着　小　　心　唵！

083 点着火了。着凉了。

tian⁴⁵⁻²¹³tʂau³³xuo⁴⁵⁻²¹³lian³³。tʂau⁵³⁻⁴⁵lau⁰liaŋ⁵³⁻⁴⁵lian⁰。
点　着　火　嗹。　着　咾凉　　嗹。

084 甭着急，慢儿慢儿来。

pəŋ⁵³tʂau⁵³tɕi⁵³，mɐr³¹mɐr³³lai⁵³。

085 我正在这儿找你，还没照着。

uo$^{45}$kaŋ$^{224}$tai$^{45}$tʂɤ$^{31-53}$li$^0$tsau$^{45-213}$tʂau$^{33}$ni$^{45}$, xan$^{53}$mei$^{224}$tʂau$^{31-53}$

我　刚　在　这　里找　　着　你，还　没　照

tʂau$^0$li$^0$。

着　哩。

086 她呀，可厉害着呢！

tʰa$^{45-213}$a$^{33}$, kʰɤ$^{45}$iou$^{45}$pən$^{45-213}$sʅ$^{33}$li$^0$!

她　啊，可　有　本　　事哩。

087 这本书好看着呢。

tʂɤ$^{31}$pə·$^{45}$ʂu$^{224}$xau$^{45}$kʰan$^{31-53}$ti$^0$li$^0$。

这　本儿书　好　看　　的哩。

088 饭好了，快来吃吧。

fan$^{31}$xau$^{45-213}$lian$^{33}$, kʰuai$^{31-53}$ lai$^{53}$tʂʰʅ$^{224}$pan$^0$。

饭　好　嗻，　快　来吃　办。

089 锅里还有饭没有？你去看一看。

kuo$^{224-31}$li$^{45}$xan$^{53}$iou$^{45}$fan$^{31-53}$pan$^0$？ ni$^{45}$tɕʰi$^{31}$kʰan$^{31}$kʰan$^0$。

锅　　里还　有　饭　办？　你去　看　看。

090 我去看了，没有饭了。

uɤ$^{45}$tɕʰi$^{31}$kʰan$^{31-53}$lian$^0$, mei$^{224-31}$iou$^{45}$fan$^{31-53}$lian$^0$。

我去　看　　嗻，没　有　饭　嗻。

091 就剩一点儿了，吃了得了。

tsou$^{31}$ʂəŋ$^{31-53}$i$^{224-31}$tiɻer$^{45-213}$lian$^{33}$, tʂʰʅ$^{224-31}$lau$^{33}$suan$^{31-53}$lian$^0$。

就　剩　一　点儿　嗻，吃　咾算　嗻。

092 吃了饭要慢儿慢儿地走，别跑，小心肚子疼。

tʂʰʅ$^{224-31}$lau$^{33}$fan$^{31}$tei$^{224}$mər$^{31}$mər$^{33}$tʂau$^0$tsou$^{45}$, pie$^{53}$pʰau$^{45}$, iau$^{31}$pu$^{224}$

吃　咾饭　得　慢儿慢儿着　走，别　跑，　要不

tu$^{31-53}$tsʅ$^0$tʰəŋ$^{53}$。

肚　子　疼。

093 他吃了饭了,你吃了饭没有呢?

tʰa⁴⁵tʂʰʅ²²⁴⁻³¹lau³³fan³¹⁻⁵³lian⁰, ni⁴⁵tʂʰʅ²²⁴⁻³¹lau³³fan³¹⁻⁵³lian⁰mei²²⁴⁻³¹
他　吃　　唠　饭　　嗹, 你　吃　　唠　饭　　嗹　没
iou⁴⁵an³³ ?
有　俺?

094 我喝了茶还是渴。

uɤ⁴⁵xɤ²²⁴⁻³¹lau³³tsʰa⁵³⁻⁴⁵ie⁰suei⁴⁵⁻²¹³lian³³xan⁵³sʅ⁰kʰɤ²²⁴。
我　喝　　唠　茶　　叶　水　　　嗹　还　是　渴。

095 我吃了晚饭,出去溜达了一会儿,回来就睡下了,还做了个梦。

uɤ⁴⁵tʂʰʅ²²⁴⁻³¹lau³³xuŋ⁵³ɕia⁰fan³¹, tʂʰu²²⁴⁻³¹tɕʰi³³liou²²⁴⁻³¹ta³³lau⁰
我　吃　　唠　哄⁼　下饭, 出　　去　溜　达　唠
i²²⁴⁻³¹xuɚ⁴⁵, xuei⁵³⁻⁴⁵lai⁰tsou³¹suei⁵³⁴tɕiau³¹⁻⁵³lian⁰, xan⁵³tsou³¹⁻⁵³
一　会儿, 回　　来就　睡ᴰ　觉　　　嗹, 还　做
lau⁰kɤ³¹məŋ³¹。
唠　个　梦。

096 吃了这碗饭再说。

tʂʰʅ²²⁴⁻³¹lau³³tʂɤ³¹uan⁴⁵fan³¹tsai³¹ʂuo²²⁴。
吃　　唠　这　碗　饭　再　说。

097 我昨天照了相了。

uɤ⁴⁵ie³¹⁻⁵³lau⁰kʰɤ⁰tʂau³¹⁻⁵³lau⁰ɕiaŋ³¹⁻⁵³lian⁰。
我　夜　唠　可　照　　唠　相　　嗹。

098 有了人,什么事都好办。

iou⁴⁵zən⁵³, mɚ⁵³sʐ³¹tou²²⁴xau⁴⁵pan³¹。
有　人, 么儿　事儿　都　好　办。

099 不要把茶杯打碎了。

pie⁵³pa³¹nie³¹tsʰa⁵³pei²²⁴⁻³¹ tsʅ⁰suai²²⁴⁻³¹lau³³。
别　把　乜　茶　杯　　子摔　　唠。

100 你快把这碗饭吃了,都凉了。

ni$^{45}$k$^{h}$uai$^{31-53}$pa$^{45}$tʂɤ$^{31}$uan$^{45}$fan$^{31}$tʂʰʅ$^{224-31}$lau$^{33}$, tou$^{224}$liaŋ$^{53-45}$lian$^{0}$。

你　快　　把　这　碗　饭　吃　　唠，都　凉　　嗹。

101 下雨了。雨不下了，天晴了。

ɕia$^{31}$y$^{45-213}$li$^{33}$。y$^{45}$pu$^{224}$ɕia$^{31-53}$lian$^{0}$, t$^{h}$ian$^{224}$xuaŋ$^{45-213}$k$^{h}$ai$^{33}$lian$^{0}$。

下　雨　哩。雨　不　下　　嗹，天　晃　　开　嗹。

102 打了一下。去了一趟。

ta$^{45-213}$lau$^{33}$i$^{45}$ɕiɻær$^{31}$。tɕ$^{h}$i$^{31-53}$lau$^{0}$i$^{45}$t$^{h}$aŋ$^{31}$。

打　　唠　一　下儿。去　唠　一　趟。

103 晚了就不好了，咱们快点儿走吧！

uan$^{45-213}$lau$^{33}$tsou$^{31}$pu$^{224-31}$xau$^{45-213}$lian$^{33}$, tsan$^{45}$k$^{h}$uai$^{31-53}$tiɻer$^{45}$

晚　　唠　就　不　　好　　嗹，咱　快　　点儿

tsou$^{45}$pan$^{0}$！

走　办。

104 给你三天时间做得了做不了？

kei$^{45}$ni$^{45}$san$^{224}$t$^{h}$ian$^{224-31}$ti$^{0}$kuŋ$^{224-31}$fur$^{33}$tsou$^{31-53}$lau$^{0}$an$^{0}$tsou$^{31-53}$pu$^{224-31}$

给　你　三　天　　的工　夫儿做　　唠俺做　不

liau$^{45-213}$an$^{33}$？

了　俺？

105 你做得了，我做不了。

ni$^{45}$tsou$^{31-53}$lau$^{0}$, uɤ$^{45}$tsou$^{31-53}$pu$^{224-31}$liau$^{45}$。

你　做　　唠，我　做　　不　了。

106 你骗不了我。

ni$^{45}$xu$^{31-53}$luŋ$^{0}$pu$^{224-31}$liau$^{45}$uɤ$^{45}$。

你　糊　弄　不　了　我。

107 了了这桩事再说。

liau$^{45-213}$lau$^{33}$tʂɤ$^{31}$tɕian$^{31}$sɤ$^{31}$tsai$^{31}$ʂuo$^{224}$。

了　　唠这　件　事儿再　说。

108 这间房没住过人。

tʂɤ³¹kɤ³¹faŋ⁵³mei²²⁴tʂu³¹kuo³¹zɚ⁵³。
这　个　房　没　　住　过　人ㄦ。

109 这牛拉过车，没骑过人。

tʂɤ³¹niou⁵³la²²⁴kuo³¹tʂʰɤ²²⁴，mei²²⁴zaŋ³¹zən⁵³tɕʰi⁵³kuo³¹/mei²²⁴tʰ
这　牛　拉　过　车，　没　让　人　骑　过　/　没

uo⁵³kuo³¹zɚ⁵³。
驮　过　人ㄦ。

110 这小马还没骑过人，你小心点ㄦ。

tʂɤ³¹ɕiau⁴⁵mær⁴⁵xan⁵³mei²²⁴zɚ⁵³tɕʰi⁵³kuo³¹⁻⁵³li⁰/mei²²⁴tʰuo⁵³kuo³¹
这　小　马ㄦ还　没　人ㄦ骑　过　哩　/　没　驮　过

zɚ⁵³，ni⁴⁵tei⁴⁵tɕia³¹⁻⁵³tʂau⁰tiʈɚ⁴⁵ɕiau⁴⁵⁻²¹³ɕin³³。
人ㄦ，你　得　架　　着　点ㄦ小　　　心。

111 以前我坐过船，可从来没骑过马。

tsau⁴⁵ɕiʈɚ²²⁴uɤ⁴⁵tsuo³¹kuo³¹tsʰuan⁵³，tan³¹sɿ³¹tsʰuŋ⁵³lai⁵³mei²²⁴tɕʰi⁵³kuo³¹
早　先ㄦ我　坐　过　船，　但　是　从　来　没　骑　过

ma⁴⁵。
马。

112 丢在街上了。搁在桌上了。

zəŋ²²⁴⁻³¹lau³³taŋ²²⁴tɕie²²⁴⁻³¹lian³³。faŋ³¹⁻⁵³lau⁰tsuo²²⁴⁻³¹tsɿ⁰xaŋ³¹
扔　　咾　当　街　　　嗹。　放　咾桌　子上

lian⁰。
嗹。

113 掉到地上了，怎么找都没找着。

tiau³¹⁻⁵³lau⁰tɕiou²²⁴ti³¹⁻⁵³ɕia³¹lian⁰，tsou⁴⁵ma⁰tsau⁴⁵tou²²⁴mei²²⁴⁻³¹
掉　　咾就　地　下　嗹，　怎　嘛找　都　没

tsau⁴⁵⁻²¹³tʂau³³。
找　　着。

114 今晚别走了，就在我家住下吧！

tɕiɻ$^{224}$xei$^{224-31}$lau$^{33}$pie$^{53}$tsou$^{45-213}$lian$^{33}$, tsou$^{31}$tai$^{45}$nan$^{45-53}$tɕia$^{0}$

今儿 黑 咾别走 嗹，就 在 俺 家

tʂu$^{31-53}$ɕia$^{31}$pan$^{0}$ !

住 下 办!

115 这些果子吃得吃不得？

tʂɤ$^{31}$suei$^{45}$kuɚ$^{45-213}$mən$^{33}$xan$^{53}$tʂʅ$^{224-31}$ti$^{0}$lau$^{0}$pan$^{0}$ ？

这 水 果儿 们 还 吃 得咾办？

116 这是熟的，吃得。那是生的，吃不得。

tʂɤ$^{31}$sʅ$^{31}$ʂou$^{53-45}$ti$^{0}$, tʂʅ$^{224-31}$ti$^{0}$lau$^{0}$. na$^{31}$sʅ$^{31}$sən$^{224-31}$ti$^{0}$, tʂʅ$^{224-31}$pu$^{33}$

这 是 熟 的,吃 得咾。那 是 生 的,吃 不

ti$^{0}$.

得。

117 你们来得了来不了？

nei$^{45}$lai$^{53-45}$lau$^{0}$pan$^{0}$ ？ /nei$^{45}$lai$^{53-45}$lau$^{0}$an$^{0}$lai$^{53-45}$pu$^{0}$liau$^{45-213}$an$^{33}$ ？

恁 来 咾办？ / 恁 来 咾俺来 不 了 俺？

118 我没事，来得了，他太忙，来不了。

uɤ$^{45}$mei$^{224}$sɻɚ$^{31}$, lai$^{53-45}$lau$^{0}$, ta$^{45}$tʰuei$^{224}$maŋ$^{53}$, lai$^{53-45}$pu$^{0}$liau$^{45}$.

我 没 事儿, 来 咾, 他 忒 忙， 来 不了。

119 这个东西很重，拿得动拿不动？

tʂɤ$^{31}$kɤ$^{31}$tuŋ$^{224-31}$ɕiɻɚ$^{33}$kaŋ$^{53}$tʂʅhən$^{53-45}$lian$^{0}$, na$^{53-45}$tuŋ$^{31}$lau$^{0}$pan$^{0}$ ？

这 个 东 西儿 刚 沉 嗹，拿 动 咾办？

120 我拿得动，他拿不动。

uɤ$^{45}$na$^{53-45}$tuŋ$^{31}$lau$^{0}$, tʰa$^{45}$na$^{53-45}$pu$^{0}$tuŋ$^{31}$.

我 拿 动 咾,他 拿 不动。

121 真不轻，重得连我都拿不动了。

tʂən$^{224}$pu$^{33}$tɕʰiŋ$^{224}$, tʂʰən$^{53-45}$ti$^{0}$lian$^{53}$uɤ$^{45}$tou$^{0}$nəŋ$^{31-53}$pu$^{0}$tɕʰi$^{0}$lai$^{53-45}$

真 不 轻, 沉 得连 我 都 弄 不起 来

lian$^{0}$.

嗹。

122 他手巧,画得很好看。

tʰa⁴⁵sou⁴⁵tɕʰiau⁴⁵, xua³¹⁻⁵³ti⁰kaŋ⁵³xau⁴⁵kʰan³¹⁻⁵³lian⁰。

他　手　巧，　　画　得刚　好　看　　嗹。

123 他忙得很,忙得连吃过饭没有都忘了。

tʰa⁴⁵kaŋ⁵³maŋ⁵³⁻⁴⁵lian⁰, maŋ⁵³⁻⁴⁵ti⁰lian⁵³fan³¹tʂʰʅ²²⁴⁻³¹lian³³mei²²⁴⁻³¹

他　刚　忙　嗹，　忙　得连　饭　吃　　嗹　没

iou⁴⁵tou²²⁴uaŋ³¹⁻⁵³lian⁰。/tʰa⁴⁵maŋ⁵³⁻⁴⁵ti⁰pu²²⁴ɕiŋ⁵³, lian⁵³fan³¹tʂʅ²²⁴⁻³¹

有　都　忘　　嗹。/他忙　　得不　行，连　饭　吃

lian³³mei²²⁴⁻³¹iou⁴⁵tou²²⁴uaŋ³¹⁻⁵³lian⁰。

嗹　没　有　都　忘　　嗹。

124 你看他急得脸都红了。

ni⁴⁵kʰan³¹tʰa⁴⁵tɕi⁵³⁻⁴⁵ti⁰lian⁴⁵tou²²⁴xuŋ⁵³⁻⁴⁵lian⁰。

你　看　他　急　得脸　　都　红　　嗹。

125 你说得很好,你还会说些什么呢?

ni⁴⁵ʂuo²²⁴⁻³¹ti⁰kaŋ⁵³xau⁴⁵⁻²¹³lian³³, ni⁴⁵xan⁵³xuei³¹suo²²⁴⁻³¹tiɻɐr⁴⁵

你　说　　得刚　好　　嗹，　你　还　会　说　点儿

mɐr⁵³li⁰?

么儿　哩?

126 说得到,做得到,真棒!

ʂuo²²⁴tau³¹tsuo³¹tau³¹, tʂən²²⁴paŋ³¹! / ʂuo²²⁴⁻³¹ti⁰tau³¹, tsuo³¹⁻⁵³ti⁰

说　到　做　到，　真　棒! / 说　　得到，　做　　得

tau³¹, tʂən²²⁴paŋ³¹!

到，　真　棒!

127 这个事情说得说不得呀?

tʂɤr³¹kɤr³¹sɤr³¹ʂuo²²⁴⁻³¹tian³³ʂuo²²⁴⁻³¹pu³³ti³¹⁻⁵³an⁰? / tʂɤr³¹kɤr³¹sɤr³¹

这　个　事儿说得　　俺　说　　不　得　俺? /这　个　事儿

ʂuo²²⁴⁻³¹ti⁰lau⁰pan⁰?

说　　得咋　办?

128 他说得快不快？听清楚了吗？

tʰa⁴⁵ʂuo²²⁴⁻³¹ti⁰kʰuai³¹⁻⁵³pan⁰？　tʰiŋ²²⁴tɕʰiŋ²²⁴⁻³¹li³³pan⁰？

他　说　　得快　　办？　听　清　　哩办？

129 他说得快不快？只有五分钟时间了。

tʰa⁴⁵ʂuo²²⁴⁻³¹ti⁰kʰuai³¹⁻⁵³pan⁰？　tsou³¹ʂəŋ³¹⁻⁵³u⁴⁵⁻²¹³fən³³tsuŋ²²⁴⁻³¹

他　说　　得快　　办？　就　剩　　五　分　钟

ti⁰sʅ⁵³tɕian²²⁴⁻³¹lian³³。

的时间　　　嗹。

130 这是他的书。

tʂɤ³¹sʅ³¹tʰa⁴⁵⁻²¹³ti⁰ʂu²²⁴。

131 那本书是他哥哥的。

na³¹pɚ⁴⁵ʂu²²⁴sʅ³¹tʰa⁴⁵kɤ²²⁴⁻³¹ti⁰。

那　本儿书　是他哥　　的。

132 桌子上的书是谁的？是老王的。

tsuo²²⁴⁻³¹tsʅ⁰ʂaŋ³¹nie³¹ʂu²²⁴sʅ³¹sei⁵³⁻⁴⁵tian⁰？　sʅ³¹lau⁴⁵uaŋ⁵³⁻⁴⁵ti⁰。

桌　子上　乜　书是谁　的唵？是老王　　的。

133 屋子里坐着很多人，看书的看书，看报的看报，写字的写字。

ur²²⁴⁻³¹li⁴⁵tsuo³¹⁻⁵³lau⁰pu²²⁴⁻³¹ʂau⁴⁵zɚ⁵³，kʰan³¹ʂu²²⁴⁻³¹ti⁰kʰan³¹

屋儿里坐　　咾不　少　人儿，看　书　　的看

ʂu²²⁴，kʰan³¹pau³¹tsʅ⁴⁵⁻²¹³ti⁰kʰan³¹pau³¹tsʅ⁴⁵，ɕie⁵³tsʅɚ³¹⁻⁵³ti⁰ɕie⁴⁵tsʅɚ³¹。

书，看　报　纸　　的看报纸，写字儿　的写字儿。

134 要说他的好话，不要说他的坏话。

tei⁴⁵ʂuo²²⁴⁻³¹tʰa⁴⁵na³¹xau⁴⁵xuær³¹，pie⁵³ʂuo²²⁴⁻³¹ta⁴⁵na³¹xuai³¹

得说　　他那好　话儿，别　说　　他那坏

xuær³¹。

话儿。

135 上次是谁请的客？是我请的。

ʂaŋ³¹⁻⁵³xuɚ⁵³sʅ³¹sei⁵³/xei⁵³tɕʰiŋ⁴⁵⁻²¹³ti⁰kʰɤ³¹⁻⁵³an⁰？　sʅ³¹uɤ⁴⁵tɕʰiŋ⁴⁵⁻²¹³ti⁰。

上　回儿是谁　请　　的客唵？是我请　　的。

136 你是哪年来的?

ni⁴⁵sʅ³¹na⁴⁵nian⁵³lai⁵³⁻⁴⁵tian⁰?

你 是 哪 年　来的 唵?

137 我是前年到的北京。

uɤ⁴⁵sʅ³¹tɕʰian⁵³⁻⁴⁵nian⁰tau³¹⁻⁵³ti⁰pei²²⁴tɕiŋ²²⁴。

138 你说的是谁?

ni⁴⁵ʂuo²²⁴⁻³¹ti⁰sʅ³¹xei⁵³⁻⁴⁵/sei⁵³⁻⁴⁵an⁰?

你 说　　的是 谁　　　　　唵?

139 我反正说的不是你。

uɤ⁴⁵fan⁴⁵⁻²¹³/xuŋ⁴⁵⁻²¹³sən³³ʂuo²²⁴⁻³¹ti⁰pu²²⁴sʅ³¹ni⁴⁵。

我 反　　　正 说　 的不 是 你。

140 他那天见的是老张,不是老王。

tʰa⁴⁵na³¹tʰian²²⁴tɕian³¹⁻⁵³ti⁰sʅ³¹lau⁴⁵tʂaŋ²²⁴, pu⁴⁵sʅ³¹lau⁴⁵uaŋ⁵³。

他 那 天　 见　 的是 老 张,　不 是 老 王。

141 只要他肯来,我就没的说了。

tsʅ⁴⁵iau³¹tʰa⁴⁵ian³¹⁻³¹i³¹lai⁵³, uɤ⁴⁵tsou³¹mei²²⁴mɚɹ⁵³ʂuo²²⁴⁻³¹ti⁰lian⁰。

只 要 他 愿意来, 我 就 没 么儿说　　 的嗹。

142 以前是有的做,没的吃。

tsau⁴⁵ɕiɹɚɹ²²⁴⁻³¹kʰɤ³³tɕʰyŋ⁵³⁻⁴⁵ti⁰mei²²⁴mɚɹ⁵³tʂʰʅ²²⁴⁻³¹ti³³。

早 先儿 可 穷　 的没 么儿 吃 的。

143 现在是有的做,也有的吃。

tʂɤ³¹⁻⁵³tsan⁰sʅ³¹iou⁴⁵⁻²¹³ti⁰tsou³¹, ie⁴⁵iou⁴⁵⁻²¹³ti⁰tʂʰʅ²²⁴。

这　嗒是 有　 的做, 也 有　 的 吃。

144 上街买个蒜啊葱的,也方便。

tʂʰən⁵³li⁴⁵mai⁴⁵kɤ³¹suan³¹⁻⁵³an⁰tsʰuŋ²²⁴⁻³¹ti⁰, ie⁴⁵suan⁴⁵taŋ³¹⁻⁵³ti⁰
城 里买 个 蒜　 唵葱　 的,也 爽 当　 的

kuai³¹。
怪。

145 柴米油盐什么的,有的是。

$ts^hai^{53}mi^{45}iou^{53}ian^{53}mɐr^{53}ti^0$, $tou^{224}iou^{45-213}ti^0sʅ^{31}$。

炒　米　油　盐　么儿的,都　有　的是。

146 写字算账什么的,他都能行。

$çie^{45}tsʐə^{31}suan^{31}tʂaŋ^{31}mɐr^{53}ti^0$, $t^ha^{45}tou^{224}nəŋ^{53}çiŋ^{53}$。

写　字儿 算　账　么儿 的,他　都　能　行。

147 把那个东西递给我。

$pa^{45}nie^{31}kɤ^{31}tuŋ^{224-31}çiʐə^{33}ti^{31-53}kei^0/tɕi^0uɤ^{45}$。

把　乜　个　东　　西儿递　给　　我。

148 是他把那个杯子打碎了。

$sʅ^{31}t^ha^{45}nəŋ^{31-53}na^{31}pei^{224-31}tsʅ^0kei^{45}suai^{224}xuai^{31-53}lian^0$。

是 他 弄　那 杯　子给 摔　坏　嗻。

149 把人家脑袋都打出血了,你还笑!

$nəŋ^{31-53}zən^{53-45}tɕia^0na^{31}nau^{45-213}tai^{31}tou^{224}ta^{45-213}tʂ^hu^{33}çie^{224}lai^{53-45}$

弄　人　家那脑　　袋 都　打　出　血 来

$lian^0$, $ni^{45}xan^{53}çiau^{31}$ !

嗻, 你 还　笑!

150 快去把书还给他。

$k^huai^{31-53}pa^{45}ʂu^{224}xuan^{53-45}kei^0t^ha^{45}$。

快　　把 书 还　　给 他。

151 我真后悔当时没把他留住。

$uɤ^{45}tʂən^{224}xou^{31}xuei^{45}taŋ^{224}sʅ^{53}mei^{224}pa^{31}t^ha^{45}liou^{53-45}tʂu^0$。

152 你怎么能不把人当人呢?

$ni^{45}tsou^{45}ma^0nəŋ^{53}pa^{45}zən^{53}pu^{224}taŋ^{224}zən^{53-45}an^0$ ?/ $ni^{45}tsou^{45}ma^0$

你 怎　嘛 能 把 人 不 当 人　唵?/ 你 怎　嘛

$nəŋ^{53}na^{53-45}zən^{53}pu^{224}taŋ^{31-53}an^0$ ?

能　拿　人 不　当　唵?

153 有的地方管太阳叫日头。

iou⁴⁵⁻²¹³ti⁰ti³¹⁻⁵³fær⁰pa³¹tʰai³¹iaŋ³³tɕiau³¹zʅ³¹⁻⁵³tʰɻour⁰。

有　的地　方儿把太　阳　叫　日　头儿。

154 什么？她管你叫爸爸！

mɚr⁴⁵？　tʰa⁴⁵uaŋ³¹⁻⁵³ni⁰tɕiau³¹pa³¹⁻⁵³pa⁰！

么儿？　她　往　你　叫　爸　爸！

155 你拿什么都当真的，我看没必要。

ni⁴⁵mɚr⁴⁵ie⁴⁵nie³¹mɤ³³tɕiau³¹tʂɚ²²⁴，uɤ⁴⁵kʰan³¹mei²²⁴pi³¹iau²²⁴。

你么儿也乜　么　较　真儿，我　看　没　必要。

156 真拿他没办法，烦死我了。

tʂən²²⁴nəŋ⁵³tʰa⁴⁵mei²²⁴fær²²⁴，fan⁵³⁻⁴⁵sʅ⁰uɤ⁴⁵⁻²¹³lian³³。

真　弄　他　没　法儿，烦　死　我　嘑。

157 看你现在拿什么还人家。

kʰan³¹ni⁴⁵tʂɤ³¹⁻⁵³tsan⁰na⁵³mɚr⁵³xuan⁵³zən⁵³⁻⁴⁵tɕia⁰。

看　你　这　嗻拿么儿还　人　家。

158 他被妈妈说哭了。

tʰa⁴⁵zaŋ³¹⁻⁵³tʰa⁰ma²²⁴kei⁴⁵ʂuo²²⁴kʰu²²⁴⁻³¹lian³³。

他　让　他妈　给　说　哭　嘑。

159 所有的书信都被火烧了，一点儿剩的都没有。

na³¹ɕin³¹⁻⁵³mən⁰tou²²⁴tɕiau³¹xuo⁴⁵kei⁴⁵ʂau²²⁴uan⁵³⁻⁴⁵lian⁰，i²²⁴⁻³¹tiɻer⁴⁵

那　信　们都　叫　火　给　烧　完　嘑，一　点儿

ie⁴⁵mei²²⁴ʂəŋ³¹。

也　没　剩。

160 被他缠了一下午，什么都没做成。

tɕiau³¹⁻⁵³tʰa⁰tʂʰan⁵³⁻⁴⁵mɤ⁰lau⁰i⁴⁵kuo³¹ʂaŋ⁴⁵⁻²¹³xuo³³，mɚr⁵³ie⁴⁵

叫　他　缠　么　咾一　过　晌　火，么儿也

mei²²⁴kan³¹tʂʰən⁵³。

没　干　成。

161 被人给打懵了，一下子没明白过来。

tɕiau³¹zən⁵³kei⁴⁵ta⁴⁵mən²²⁴⁻³¹lian³³, i⁴⁵ɕia³¹⁻⁵³tsʅ⁰mei²²⁴ɕiŋ⁴⁵⁻²¹³kuo³³

叫　人　给　打　懵　　嗻，一下　子　没　醒　过

tɕʰiaŋ²²⁴lai⁵³。

腔　　来。

162 被雨淋了个浑身湿透。

　　tʂau³¹y⁴⁵luən⁵³⁻⁴⁵lau⁰kɤ³¹tɕiŋ²²⁴sʅ²²⁴。

　　叫　雨淋　咾个　精　湿。

163 给我一本书。给他三本书。

　　kei⁴⁵uɤ⁴⁵i²²⁴⁻³¹pɤ⁴⁵ʂu²²⁴。kei⁴⁵tʰa⁴⁵san²²⁴⁻³¹pɤ⁴⁵ʂu²²⁴。

　　给　我　一　本ㄦ书。给　他　三　　本ㄦ书。

164 这里没有书，书在那里。

　　tʂɤ³¹⁻⁵³li⁰mei²²⁴⁻³¹iou⁴⁵ʂu²²⁴, ʂu²²⁴tai⁴⁵na³¹⁻⁵³li⁰。

165 叫他快来找我。

　　tʂau³¹⁻⁵³tʰa⁰kʰuai³¹lai⁵³tsau⁴⁵⁻²¹³uɤ⁴⁵。

166 赶快把他请来。

　　kan⁴⁵tɕin⁴⁵pa³¹tʰa⁴⁵tɕʰiŋ⁴⁵lai⁵³。

　　赶　紧　把他　请　来。

167 我写了条子请病假。

　　uɤ⁴⁵ɕie⁴⁵⁻²¹³lau³³tɕʰiŋ⁴⁵tɕia³¹tʰiɽaur⁵³⁻⁴⁵lian⁰, tɕʰiŋ⁴⁵piŋ³¹tɕia³¹。

　　我　写　咾请　假　条ㄦ　嗻，请　病　假。

168 我上街买了份报纸看。

　　uɤ⁴⁵ʂaŋ⁵³⁴tʂʰəŋ⁵³li⁴⁵mai⁴⁵⁻²¹³lau³³fɤ³¹pau³¹tsʅ⁴⁵kʰan³¹。

　　我　上ᴰ城　里买　咾份　报　纸看。

169 我笑着躲开了他。

　　uɤ⁴⁵ɕiau³¹⁻⁵³tʂau⁰ʂan⁴⁵⁻²¹³kʰai³³tʰa⁴⁵lian³³。

　　我　笑　着闪　　开　他　嗻。

170 我抬起头笑了一下。

　　uɤ⁴⁵tʰai⁵³⁻⁴⁵tɕʰi⁰tʰɽour⁵³ɕiau³¹⁻⁵³lau⁰i⁴⁵ɕiɽær³¹。

　　我　抬　　起头ㄦ　笑　咾一　下ㄦ。

171 我就是坐着不动，看你能把我怎么着。

uɤ⁴⁵tsou³¹sʅ³¹tsuo³¹⁻⁵³tʂau⁰pu²²⁴tuŋ³¹, kʰan³¹ni⁴⁵nəŋ⁵³pa⁴⁵uɤ⁴⁵tsou⁴⁵

我　就　是　坐　　着　不　动，看　你　能　把　我　怎

ma⁰tʂau²²⁴。

嘛　着。

172 她照顾病人很细心。

tʰa⁴⁵tsʰʅ³¹⁻⁵³xou⁰piŋ³¹zən⁵³kaŋ⁵³tʂou²²⁴tau³¹⁻⁵³lian⁰。

她　伺　　候　病　人　刚　周　　到　嗹。

173 他接过苹果就咬了一口。

tʰa⁴⁵tɕie²²⁴⁻³¹kuo³³pʰiŋ⁵³⁻⁴⁵kuo⁰lai⁵³tsou³¹iau⁴⁵⁻²¹³lau⁰i²²⁴⁻³¹kʰou⁴⁵。

他　接　　过　苹　果　来　就　咬　　咾　一　口。

174 他的一番话使在场的所有人都流了眼泪。

tʰa⁴⁵pa⁴⁵tsai³¹tsuɤ³¹⁻⁵³ti⁰zən⁵³⁻⁴⁵mən⁰tou²²⁴ʂuo²²⁴kʰu²²⁴⁻³¹lian³³。

他　把　在　座儿　的　人　们　都　说　哭　嗹。

175 我们请他唱了一首歌。

nan⁴⁵tɕʰiŋ⁴⁵tʰa⁴⁵/tɕʰiŋ⁴⁵⁻²¹³tʰa³³tʂʰaŋ³¹⁻⁵³lau⁰i⁴⁵kɤ³¹kɤr²²⁴。

俺　请　他　　　唱　　咾　一　个　歌儿。

176 我有几个亲戚在外地打工。

nan⁴⁵iou⁴⁵tɕʰi⁴⁵⁻²¹³a³³tɕʰin²²⁴⁻³¹tɕia³³tai⁴⁵uai³¹ti³¹ta⁴⁵kuŋ²²⁴⁻³¹li³³。

俺　有　几　啊亲　　家　在　外　地　打　工　哩。

177 他整天都陪着我说话。

tʰa⁴⁵tʂʰəŋ⁵³tʰian²²⁴⁻³¹tɕia³³pʰei⁵³⁻⁴⁵tʂau⁰uɤ⁴⁵ʂuo²²⁴xuær³¹。

他　成　天　家　陪　　着　我　说　话儿。

178 我骂他是个大笨蛋，他居然不恼火。

uɤ⁴⁵ma³¹⁻⁵³tʰa⁰sʅ³¹kɤ³¹ta³¹pən³¹tan³¹, ai⁴⁵? tʰa⁴⁵tou⁴⁵pu³³fan⁵³。

我　骂　他　是　个　大　笨　蛋，欸？　他　都　不　烦。

179 他把钱一扔，二话不说，转身就走。

tʰa⁴⁵pa⁴⁵tɕʰian⁵³i⁴⁵zən²²⁴, l̩³¹xua³¹pu³³ʂuo²²⁴, niou⁴⁵tʰʈour⁵³tsou³¹

他　把　钱　一　扔，　二　话　不　说，　扭　　头儿　就

tsou⁴⁵。

走。

180 我该不该来呢？

uɤ⁴⁵kai²²⁴lai⁵³⁻⁴⁵an⁰pu³³kai²²⁴lai⁵³⁻⁴⁵an⁰？/ uɤ⁴⁵kai²²⁴lai⁵³⁻⁴⁵pan⁰？/
我　该　来　　俺不该来　　俺？/ 我　该　来　办？/
uɤ⁴⁵kai²²⁴⁻³¹pu³³kai²²⁴lai⁵³⁻⁴⁵li⁰？
我　该　　不该来　哩？

181 你来也行，不来也行。

ni⁴⁵lai⁵³ie⁴⁵ɕiŋ⁵³，pu²²⁴lai⁵³ie⁴⁵ɕiŋ⁵³。

182 要我说，你就不应该来。

iau³¹uɤ⁴⁵ʂuo²²⁴，ni⁴⁵tsou³¹pu³³iŋ²²⁴kai²²⁴lai⁵³。

183 你能不能来？

ni⁴⁵nəŋ⁵³lai⁵³⁻⁴⁵pan⁰？/ ni⁴⁵lai⁵³⁻⁴⁵lau⁰pan⁰？/ ni⁴⁵tʰuo²²⁴⁻³¹kʰai³³
你　能　来　　办？/　你来　　咾办？/ 你　脱　　开
ʂɚ²²⁴⁻³¹lau³³pan⁰？
身儿　咾　办？

184 看看吧，现在说不准。

kʰan³¹kʰan⁰pan⁰，xian³¹tsai³¹ie⁴⁵ʂuo²²⁴⁻³¹pu³³tsuən⁴⁵。
看　看　办，现　在　也说　　不准。

185 能来就来，不能来就不来。

nəŋ⁵³lai⁵³tsou³¹lai⁵³，pu²²⁴nəŋ⁵³lai⁵³tsou³¹pu²²⁴lai⁵³。

186 你打算不打算去？

ni⁴⁵ta⁴⁵⁻²¹³tʂau³³tɕʰi³¹⁻⁵³pan⁰？
你　打　　着　去　办？

187 去呀！谁说我不打算去？

tɕʰi³¹⁻⁵³an⁰！ xei⁵³ʂuo²²⁴uɤ⁴⁵pu²²⁴⁻³¹ta⁴⁵⁻²¹³tʂau³³tɕʰi³¹⁻⁵³lian⁰？
去　俺！谁　说　我　不　　打　着　去　　嗹？

188 他一个人敢去吗？

tʰa⁴⁵i⁴⁵kɤ³¹zɚˀ⁵³kan⁴⁵tɕʰi³¹⁻⁵³pan⁰？

他 一 个 人儿敢　去　　办？

189 敢！那有什么不敢的？

kan⁴⁵！　nie⁵³iou⁴⁵mɚ⁵³pu²²⁴⁻³¹kan⁴⁵⁻²¹³tian³³？

敢！　乜 有 么儿不　　敢　　[的唵]？

190 他到底愿不愿意说？

tʰa⁴⁵tau³¹ti⁴⁵yan³¹i³¹ʂuo²²⁴⁻³¹pan³³？

他 到 底 愿 意 说　　办？

191 谁知道他愿意不愿意说？

sei⁵³tʂʅ⁴⁵tʰa⁴⁵yan³¹i³¹ʂuo²²⁴⁻³¹pai³³？

谁 知 他 愿 意 说　　呗？

192 愿意说也得说，不愿意说也得说。

yan³¹i³¹ʂuo²²⁴ie⁴⁵tei³³ʂuo²²⁴，pu⁴⁵yan³¹i³¹ʂuo²²⁴ie⁴⁵tei³³ʂuo²²⁴。

愿 意 说 也 得 说，　不 愿　意说 也 得 说。

193 反正我得让他说，不说不行。

fan⁴⁵⁻²¹³ʂən³³uɤ⁴⁵tei⁴⁵zaŋ³¹⁻⁵³tʰaˀ⁰ʂuo²²⁴，pu⁴⁵ʂuo²²⁴pu⁴⁵ɕiŋ⁵³。

194 还有没有饭吃？

xan⁵³iou⁴⁵fan³¹tʂʰʅ²²⁴⁻³¹pan³³？

还　有 饭 吃　　办？

195 有，刚吃呢。

iou⁴⁵，kaŋ²²⁴xan⁵³tʂʰʅ²²⁴⁻³¹li³³。

有，　刚 还 吃　哩。

196 没有了，谁叫你不早来！

mei²²⁴⁻³¹iou⁴⁵⁻²¹³lian³³，xei⁵³tɕiau³¹⁻⁵³niˀ⁰pu²²⁴⁻³¹tsau⁴⁵lai⁵³⁻⁴⁵liaiˀ⁰！

没　有 嗹，谁 叫　你不 早 来 [哩嗳]！

197 你去过北京吗？我没去过。

ni⁴⁵tɕʰi³¹kuo³¹pei²²⁴tɕiŋ²²⁴⁻³¹pan³³？　uɤ⁴⁵mei²²⁴tɕʰi³¹kuo³¹。

你 去 过 北 京 办？　我 没 去 过。

198 我十年前去过,可没怎么玩,都没印象了。

uɤ⁴⁵ʂʅ⁵³⁻⁴⁵laᵒnian⁵³i⁴⁵tɕʰian⁵³tɕʰi³¹kuo³¹, ie⁴⁵mei⁴⁵tsou⁴⁵maᵒ

我　十　啦年　以前　　去　过,　也　没　怎　嘛

uɐr⁵³, tou²²⁴mei²²⁴mɐr⁵³in³¹ɕiaŋ³¹⁻⁵³lianᵒ。

玩儿,　都　没　　么儿印　象　　嗹。

199 这件事他知道不知道?

tʂɤ³¹kɤ³¹sʅɚ³¹tʰa⁴⁵tʂʅ²²⁴tau³¹⁻⁵³panᵒ?

这　个　事儿他　知　道　　办?

200 这件事他肯定知道。

tʂɤ³¹kɤ³¹sʅɚ³¹tʰa⁴⁵kʰən⁴⁵tiŋ³¹tʂʅ²²⁴tau³¹。

这　个　事儿他　肯　定　知　道。

201 据我了解,他好像不知道。

uɤ⁴⁵tʰiŋ²²⁴ʂuo²²⁴, tʰa⁴⁵xau⁴⁵ɕiaŋ³¹pu²²⁴⁻³¹tʂʅ³³tau³¹。

我　听　说,　他　好　像　不　知　道。

202 这些字你认得不认得?

tʂɤ³¹ɕie⁴⁵tsʅɚ³¹ni⁴⁵zən³¹⁻⁵³tiᵒpanᵒ?

这　些　字儿你　认　得办?

203 我一个字也不认得。

uɤ⁴⁵sʅ³¹tou⁴⁵ta³¹⁻⁵³tiᵒtsʅɚ³¹pu⁴⁵sʅ²²⁴⁻³¹i⁴⁵kʰuan²²⁴。

我　是　斗大　的字儿不　识　一　筐。

204 只有这个字我不认得,其他字都认得。

tsou³¹tʂɤ³¹kɤ³¹tsʅɚ³¹uɤ⁴⁵pu²²⁴zən³¹⁻⁵³tiᵒ, tɕʰi⁵³tʰa²²⁴⁻³¹tiᵒtsʅɚ³¹tou²²⁴

就　这　个　字儿我　不　认　得,其　他　的字儿都

zən³¹⁻⁵³tiᵒ。

认　得。

205 你还记不记得我了?

ni⁴⁵xan⁵³tɕi³¹⁻⁵³tiᵒuɤ⁴⁵⁻²¹³pan³³?

你　还　记　得我　办?

206 记得,怎么能不记得!

tɕi³¹⁻⁵³ti⁰, tsou⁵³⁻⁴⁵ma⁰pu²²⁴tɕi³¹⁻⁵³tian⁰!

记　得,怎　嘛不　记　[得俺]!

207 我忘了,一点都不记得了。

uɤ⁴⁵kei⁴⁵uaŋ³¹⁻⁵³lian⁰, i²²⁴⁻³¹tiɻ̩ɚ⁴⁵tou³³pu³³tɕi³¹⁻⁵³ti⁰lian⁰。

我　给　忘　　嘥, 一　点儿都　不　记　得嘥。

208 你在前边走,我在后边走。

ni⁴⁵tai⁴⁵tɕʰian⁵³⁻⁴⁵pɚ⁰tsou⁴⁵, uɤ⁴⁵tai⁴⁵xou³¹⁻⁵³pɚ⁰/xou³¹pɚ³³tsou⁴⁵。

你　在　前　　边儿走, 我　在　后　　边儿　　走。

209 我告诉他了,你不用再说了。

uɤ⁴⁵kən²²⁴⁻³¹/xuaŋ³¹⁻⁵³tʰa⁰ʂuo²²⁴⁻³¹lian³³, ni⁴⁵pu³³yŋ³¹tsai³¹ʂuo²²⁴⁻³¹

我　跟/　□　他说　　嘥, 你不用再说

lian³³。

嘥。

210 这个大,那个小,你看哪个好?

tʂɤ⁴⁵⁻²¹³kɤ³³ta³¹, nie⁴⁵⁻²¹³kɤ³³ɕiau⁴⁵, ni⁴⁵kan³¹na⁵³⁻⁴⁵kɤ³¹xau⁴⁵?

这　　个大,乜　个小, 你看　哪　个　好?

211 这个比那个好。

tʂɤ⁴⁵⁻²¹³kɤ³³pʰi⁴⁵na⁴⁵⁻²¹³kɤ³³xau⁴⁵。

212 那个没有这个好,差多了。

na⁴⁵⁻²¹³kɤ³³mei²²⁴⁻³¹iou⁴⁵tʂɤ⁴⁵⁻²¹³kɤ³³xau⁴⁵, tsʰa³¹yan⁴⁵⁻²¹³lian³³。

那　个　没　有　这　　个　好, 差远　　嘥。

213 要我说这两个都好。

iau³¹uɤ⁴⁵ʂuo²²⁴tʂɤ³¹lia⁴⁵tou²²⁴xau⁴⁵。

要　我　说　这　俩　都　　好。

214 其实这个比那个好多了。

tɕʰi⁵³ʂɿ⁵³tʂɤ⁴⁵⁻²¹³kɤ³³pi⁴⁵na⁴⁵⁻²¹³kɤ³³xau⁴⁵tuo²²⁴⁻³¹lian³³。

其　实这　个比　那　个　好多　　嘥。

215 今天的天气没有昨天好。

tɕiɻ̍ᴬ²²⁴tʂɤ³¹tʰiɻ̍ɐr²²⁴mei²²⁴⁻³¹iou⁴⁵ie³¹⁻⁵³lau⁰kʰɤ⁰xau⁴⁵。

今儿　这　天儿　没　　有　夜　唠可　好。

216 昨天的天气比今天好多了。

ie³¹⁻⁵³lau⁰na³¹tʰiɻ̍ɐr²²⁴pʰi⁴⁵tɕiɻ̍ᴬ²²⁴xau⁴⁵tuo²²⁴⁻³¹lian³³。

夜　唠那天儿　比　今儿　好　多　　嗹。

217 明天的天气肯定比今天好。

ie³¹⁻⁵³lau⁰na³¹tʰiɻ̍ɐr²²⁴kʰən⁴⁵tiŋ³¹pi⁴⁵tɕiɻ̍ᴬ²²⁴xau⁴⁵。

夜　唠那　天儿　肯　定比今儿　好。

218 那个房子没有这个房子好。

na³¹kɤ³¹faŋ⁵³mei²²⁴⁻³¹iou⁴⁵tʂɤ³¹kɤ³¹faŋ⁵³xau⁴⁵。

那　个　房　没　有　这　个　房　好。

219 这些房子不如那些房子好。

tʂɤ³¹ɕie⁴⁵faŋ⁵³pu⁴⁵y³¹na³¹ɕie⁴⁵faŋ⁵³xau⁴⁵。

这　些　房　不如那　些　房　好。

220 这个有那个大没有？

tʂɤ⁴⁵⁻²¹³kɤ³³iou⁴⁵na⁴⁵⁻²¹³kɤ³³ta³¹⁻⁵³pan⁰？

这　　个有那　个大　办？

221 这个跟那个一般大。

tʂɤ⁴⁵⁻²¹³kɤ³³kən²²⁴⁻³¹/xuaŋ³¹na⁴⁵⁻²¹³kɤ³³i⁴⁵pɐr²²⁴ta³¹。

这　个跟/　□　那　个一般儿大。

222 这个比那个小了一点点，不怎么看得出来。

tʂɤ⁴⁵⁻²¹³kɤ³³pʰi⁴⁵na⁴⁵⁻²¹³kɤ³³ɕiau⁴⁵⁻²¹³lau³³i³¹tiɻ̍ɐr⁴⁵⁻²¹³tiɻ̍ɐr⁰，ie⁴⁵

这　个比那　个小　唠一点儿　点儿，也

kʰan³¹⁻⁵³pu³³ta³¹tʂʰu²²⁴⁻³¹lai⁵³。

看　　不大出　来。

223 这个大，那个小，两个不一般大。

tʂɤ⁴⁵⁻²¹³kɤ³³ta³¹，na⁴⁵⁻²¹³kɤ³³ɕiau⁴⁵，lia⁴⁵pu⁴⁵i⁴⁵pɐr²²⁴ta³¹。

这　个大，那　个小，俩　不一般儿大。

224 这个跟那个大小一样,分不出来。

tʂɤ⁴⁵⁻²¹³kɤ³³kən²²⁴⁻³¹/xuaŋ³¹na⁴⁵⁻²¹³kɤ³³ta³¹ɕiau⁴⁵⁻⁴⁵i⁻⁵iaŋ³¹, fən²²⁴⁻³¹pu³³
这　　个　跟/　□　那　　个 大 小 一样, 分　　不

tʂʰu²²⁴⁻³¹lai⁵³。
出　　来。

225 这个人比那个人高。

tʂɤ³¹kɤ³¹zə˞⁵³pi⁴⁵na³¹kɤ³¹zə˞⁵³kau²²⁴。
这 个 人ɭ比 那 个 人ɭ高。

226 是高一点儿,可是没有那个人胖。

sʅ³¹kau²²⁴⁻³¹i⁴⁵tiɻer⁴⁵, kʰɤ⁴⁵sʅ³¹mei²²⁴⁻³¹iou⁴⁵na³¹kɤ³¹zə˞⁵³pʰaŋ³¹。
是 高 　一 点ɭ,可 是 没　　有 那 个 人ɭ胖。

227 他们一般高,我看不出谁高谁矮。

tʰa⁴⁵mən³³i⁴⁵per²²⁴kau²²⁴, uɤ⁴⁵kʰan³¹⁻⁵³pu⁰tʂʰu²²⁴⁻³¹sei⁵³kau²²⁴sei⁵³
他 们 一 般ɭ高, 我 看　　不 出 谁 高 谁

iai⁴⁵。
矮。

228 胖的好还是瘦的好?

pʰaŋ³¹⁻⁵³ti⁰xau⁴⁵⁻²¹³an³³xan⁵³sʅ³¹sou³¹⁻⁵³ti⁰xau⁴⁵⁻²¹³an³³?
胖　 的 好　 唵 还 是 瘦　 的 好　　唵?

229 瘦的比胖的好。

sou³¹⁻⁵³ti⁰pʰi⁴⁵pʰaŋ³¹⁻⁵³ti⁰xau⁴⁵。

230 瘦的胖的都不好,不瘦不胖最好。

sou³¹⁻⁵³ti⁰pʰaŋ³¹⁻⁵³ti⁰tou²²⁴pu²²⁴⁻³¹xau⁴⁵, pu⁴⁵pʰaŋ³¹pu⁴⁵sou³¹tsuei³¹
xau⁴⁵。

231 这个东西没有那个东西好用。

tʂɤ³¹kɤ³¹tuŋ²²⁴⁻³¹ɕiɻə³³mei²²⁴⁻³¹iou³³na³¹kɤ³¹tuŋ²²⁴⁻³¹ɕiɻə³³xau⁴⁵
这 个 东　 西ɭ没　 有 那 个 东　　西ɭ好

yŋ³¹。
用。

232 这两种颜色一样吗?

tʂɤ³¹lia⁴⁵sʐer²²⁴i⁴⁵iaŋ³¹⁻⁵³pan⁰ ?

这 俩 色ㄦ一 样 办?

233 不一样,一种色淡,一种色浓。

pu²²⁴⁻³¹i⁴⁵iaŋ³¹, i⁴⁵kɤ³¹sʐer²²⁴⁻³¹tɕʰian⁴⁵, i⁴⁵kɤ³¹sʐer²²⁴ʂən²²⁴。

不 一 样, 一个 色ㄦ 浅, 一个 色ㄦ 深。

234 这种颜色比那种颜色淡多了,你都看不出来?

tʂɤ³¹xaŋ³³sʐer²²⁴pʰi⁵³na³¹xaŋ³³sʐer²²⁴tɕʰian⁴⁵tuo²²⁴⁻³¹lian³³, ni⁴⁵tou²²⁴

这 行 色ㄦ比 那 行 色ㄦ浅 多 嗹, 你 都

kʰan³¹⁻⁵³pu²²⁴⁻³¹tʂʰu²²⁴⁻³¹lai⁵³ ?

看 不 出 来?

235 你看看现在,现在的日子比过去强多了。

ni⁴⁵kʰan³¹kʰan⁰tʂɤ⁴⁵tsan⁰, tʂɤ⁴⁵tsan⁰na³¹zɹ̩³¹⁻⁵³tsɹ̩⁰pʰi⁴⁵tsau⁴⁵ɕiʐer²²⁴⁻³¹

你看 看 这 嗒, 这 嗒那日 子比 早 先ㄦ

kʰɤ³³tɕʰiaŋ⁵³tuo²²⁴⁻³¹lian³³。

可 强 多 嗹。

236 以后的日子比现在更好。

uaŋ⁴⁵xou³¹na³¹zɹ̩³¹⁻⁵³tsɹ̩⁰pʰi⁴⁵ɕian³¹tsai³¹kəŋ³¹xau⁴⁵。

往 后 那日 子比 现 在 更 好。

237 好好干吧,这日子一天比一天好。

xau⁴⁵⁻²¹³ʂən³³kan³¹pan⁰, tʂɤ³¹zɹ̩³¹⁻⁵³tsɹ̩⁰i⁴⁵tʰian²²⁴pʰi⁴⁵i⁴⁵tʰian²²⁴⁻³¹

好 生 干 办, 这 日 子一天 比 一天

xau⁴⁵。

好。

238 这些年的生活一年比一年好,越来越好。

tʂɤ³¹ɕie⁴⁵nian⁵³⁻⁴⁵ti⁰səŋ²²⁴xuə⁵³i⁴⁵nian⁵³pʰi⁴⁵i⁴⁵nian⁵³xau⁴⁵, ye³¹

这 些 年 的 生 活ㄦ一 年 比 一 年 好, 越

lai⁵³ye³¹xau⁴⁵。

来 越 好。

239 咱兄弟俩比一比谁跑得快。

tsan⁴⁵ti³¹⁻⁵³ɕyŋ²²⁴⁻³¹lia⁴⁵pi⁴⁵piᵒkʰan³¹sei⁵³pʰau⁴⁵⁻²¹³tiᵒkʰuai³¹。
咱 弟 兄 俩 比比 看 谁 跑 得快。

240 我比不上你，你跑得比我快。

uɤ⁴⁵pi⁴⁵⁻²¹³puɔ³³ʂaŋ³¹ni⁴⁵，ni⁴⁵pʰau⁴⁵⁻²¹³tiᵒpi⁴⁵uɤ⁴⁵kʰuai³¹。

241 他跑得比我还快，一个比一个跑得快。

tʰa⁴⁵pʰau⁴⁵⁻²¹³tiᵒpi⁴⁵uɤ⁴⁵xan⁵³kʰuai³¹⁻⁵³liᵒ，i⁴⁵kɤ³¹pi⁴⁵;⁴⁵kɤ³¹pʰau⁴⁵⁻²¹³
他 跑 得比我 还 快 哩，一个比一个 跑
tiᵒkʰuai³¹。
得快。

242 他比我吃得多，干得也多。

tʰa⁴⁵pi⁴⁵uɤ⁴⁵tʂʰɿ²²⁴⁻³¹tiᵒtuo²²⁴，ie⁴⁵pi⁴⁵uɤ⁴⁵kan³¹⁻⁵³tiᵒtuo²²⁴。
他 比 我 吃 得多， 也比我 干 得多。

243 他干起活儿来，比谁都快。

tʰa⁴⁵kan³¹⁻⁵³tɕʰiᵒxuɚ⁵³lai⁵³，pi⁴⁵sei⁵³tou²²⁴kʰuai³¹。

244 说了一遍又一遍，不知说了多少遍。

ʂuo²²⁴⁻³¹lau³³i⁴⁵pian³¹iou³¹⁻⁵³i³¹pian³¹，pu⁴⁵tʂɿ³³ʂuo²²⁴⁻³¹lau³³tuo⁴⁵
说 咾 一 遍 又 一遍， 不 知 说 咾 多
ʂau³¹pian³¹。
少 遍。

245 我嘴笨，可是怎么也说不过他。

uɤ⁴⁵tsuei⁴⁵pən³¹，tsou⁴⁵maᵒʂuo²²⁴ie⁴⁵ʂuo²²⁴⁻³¹pu³³kuo³¹⁻⁵³tʰaᵒ。
我 嘴 笨， 怎 嘛说 也说 不过 他。

246 他走得越来越快，我都跟不上了。

tʰa⁴⁵tsou⁴⁵⁻²¹³tiᵒye³¹lai⁵³ye³¹kʰuai³¹，uɤ⁴⁵tou⁴⁵/tou²²⁴kən²²⁴⁻³¹pu³³
他 走 得越来越 快， 我 都 跟 不
ʂaŋ³¹⁻⁵³lianᵒ。
上 嗹。

247 越走越快，越说越快。

　　ye³¹tsou⁴⁵ye³¹kʰuai³¹, ye³¹ʂuo²²⁴ye³¹kʰuai³¹。

248 慢慢说，一句一句地说。

　　mɛr³¹mɛr⁴⁵tʂau⁰ʂuo²²⁴, i⁴⁵tɕy³¹i⁴⁵tɕy³¹⁻⁵³ti⁰ʂuo²²⁴。

　　慢儿 慢儿着　说，　一句　一句　　地说。

249 人家小红家的儿子特别听话。

　　zən⁴⁵²ɕiau⁴⁵xun⁵³⁻⁴⁵tɕia⁰na³¹ɕiau⁴⁵⁻²¹³tsʅ³³tʰiŋ²²⁴xuær³¹⁻⁵³lau⁰kɤ⁰

　　人ᴰ小　红　　家那小　　子听　话儿　咾个

　　tʰiŋ²²⁴xuær³¹。

　　听　话儿。

250 还有一些呢，甭着急。

　　xan⁵³iou⁴⁵i⁴⁵ta³¹ɕie⁵³⁻⁴⁵tɕia⁰li⁰, pəŋ⁵³tʂau⁵³tɕi⁵³。

　　还　有 一大些　家哩，甭　着　急。

251 怪不好意思的，就算了。

　　kuai³¹pu²²⁴⁻³¹xau⁴⁵i³¹⁻⁵³sʅ⁰ti⁰tɕia⁰, tsou³¹suan³¹⁻⁵³lian⁰。

　　怪　不　好　意 思的家，就　算　　嗹。

252 人家手里有十多张主呢，人家不怕下主。

　　zən⁴⁵²na³¹ʂou⁴⁵⁻²¹³li³³iou⁴⁵sʅ⁵³⁻⁴⁵la⁰tʂaŋ²²⁴tʂu⁴⁵⁻²¹³mən³³li⁰, zən⁵³⁻⁴⁵

　　人ᴰ那手　里有十　啦张　主　们　哩，人

　　tɕia⁰pu⁴⁵pʰa³¹la²²⁴⁻³¹tʂu⁴⁵。

　　家不　怕　拉　主。

253 哪里都有你！

　　nɻær⁴⁵xær³¹mən⁰lau⁰ie⁴⁵iou⁴⁵ni⁴⁵！

　　哪　哈儿们 咾 也 有 你！

254 把车子停在车站旁吧。

　　nəŋ⁵³tʂʰɤ²²⁴⁻³¹tsʅ⁰tʰiŋ⁵³⁻⁴⁵lau⁰nie³¹tʂʰɤ²²⁴tsan³¹tɕian⁰pan⁰。

　　弄　车　　子停　咾乜 车　站　间　办。

255 快撑死了，还吃呢。

kʰuai³¹tsʰəŋ²²⁴⁻³¹sʐ⁴⁵ti⁰xuo³¹⁻⁵³lian⁰, xan⁵³tʂʐʰ²²⁴⁻³¹li³³。
快　撑　　死的货　嗹，还　吃　　哩。

256 这个病的样子可不是什么好事。

　　nie³¹kɤ³¹piŋ³¹⁻⁵³ʂourˀkʰɤ⁴⁵pu⁴⁵sʐ³¹mɐr⁵³xau⁴⁵sʐɚ³¹！
　　乜个病　　手儿可　不是　么儿好　事儿！

257 越不让说,越说个没完没了了。

　　ye³¹pu⁴⁵zaŋ³¹ʂuo²²⁴, ye³¹ʂuo²²⁴⁻³¹tɕʰi³³lai⁴⁵²lian⁰。
　　越不让　说, 越说　　起来　嗹。

258 这一会儿又玩儿起了皮球了。

　　tʂɤ³¹i²²⁴⁻³¹xuæ⁴⁵iou³¹uɐr⁵³xuær²²⁴⁻³¹lau³³pʰi⁵³tɕʰiou⁵³⁻⁴⁵lian⁰。
　　这一　会儿又　玩儿欢　　唠皮球　　嗹。

259 两个人一见面就骂开了。

　　lia⁴⁵zɚ⁵³i⁴⁵tɕian³¹miɻɐr³¹tsou³¹ma³¹xuan²²⁴⁻³¹lian³³。
　　俩人儿一见　面儿就　骂欢　　嗹。

260 才拉开架,怎么又干起来了!

　　tsʰai⁵³la²²⁴⁻³¹kʰai³³lauˀtɕia³¹, tsou⁴⁵maˀiou³¹kan³¹⁻⁵³ʂaŋ⁰lian⁰！
　　才拉　开唠架, 怎嘛又干　上　嗹！

261 你不是说不是吗？怎么又开始说是了？

　　ni⁴⁵pu⁴⁵sʐ³¹ʂuo²²⁴pu²²⁴sʐ³¹⁻⁵³aˀ⁰？ tsou⁴⁵maˀiou³¹sʐ³¹kʰai²²⁴⁻³¹/xuan²²⁴⁻³¹
　　你不是说　不是　啊？　怎嘛又是开　/欢
　　lian³³？
　　嗹？

262 你原来不是卖油条吗？怎么又开始卖衣服了？

　　ni⁴⁵yan⁵³lai⁵³pu⁴⁵sʐ³¹mai³¹iou⁵³tʰiau⁵³⁻⁴⁵aˀ⁰？ tsou⁴⁵maˀiou³¹mai³¹⁻⁵³
　　你原来　不是卖油　条　　啊？ 怎嘛又卖
　　ʂaŋˀi²²⁴⁻³¹ʂaŋ³³lian⁰？
　　上衣　裳嗹？

263 人才走的,碗里那水还热着呢。

z̢ən⁵³tsʰai⁵³tsou⁴⁵⁻²¹³lau³³, uan⁴⁵⁻²¹³li³³nie³¹suei⁴⁵xan⁵³z̢ɤ³¹⁻⁵³tʂau⁰
人　才　走　　咾，　碗　　里乜水　还　热　　着
li⁰。
哩。

264 是我喝了那碗粥。
sʅ³¹uɤ⁴⁵xɤ²²⁴⁻³¹lau³³na³¹uan⁴⁵tsou²²⁴⁻³¹lian³³。
是我　喝　咾那　碗　粥　　嗹。

265 我吃了三碗饭了。
uɤ⁴⁵tʂʰʅ²²⁴⁻³¹lau³³san²²⁴⁻³¹uan⁴⁵fan³¹⁻⁵³lian⁰。
我　吃　咾三　　碗　饭　嗹。

266 你现在正干什么呢
ni⁴⁵tʂɤ⁴⁵tsan⁰kan³¹mɤʐ⁵³lian⁰？
你　这　嗒　干　么儿嗹？

267 他特别缺德!
tʰa⁴⁵kaŋ⁵³tɕʰye²²⁴⁻³¹lian³³!
他　刚　缺　　嗹!

268 好家伙,那么一大片!
xau⁵³tɕia⁴⁵⁻²¹³xuo³³tsʅ⁰lian⁰, na³¹mɤ³³i⁴⁵ta³¹pʰian³¹!
好　家　伙　子嗹，那么一大片!

269 你们弄完了吗?
nei⁴⁵nəŋ³¹uan⁵³⁻⁴⁵li⁰pan⁰？
恁　弄　完　哩办?

270 脸还红着呢。
lian⁴⁵xan⁵³xuŋ⁵³⁻⁴⁵tʂau⁰li⁰。
脸　还　红　着　哩。

271 锅里炖着肉呢吗?
kuo²²⁴⁻³¹li³³tuən³¹⁻⁵³tʂau⁰z̢ou³¹⁻⁵³lia⁰？
锅　　里炖　着　肉　[哩啊]?

272 真是太闲了。

tʂən²²⁴sʅ³¹kaŋ⁵³ɕian⁵³⁻⁴⁵ti⁰xuaŋ²²⁴⁻³¹lian³³。

真　是　刚　闲　　得慌　　嗹。

273 真气人。

tʂən²²⁴tɕʰi³¹⁻⁵³ti⁰zən⁵³xuaŋ²²⁴。

真　气　得人慌。

274 整天什么也不干，就这么躺着玩儿。

tʂəŋ⁴⁵tʰian²²⁴⁻³¹tɕia³³mɐr⁵³ie⁴⁵pu⁴⁵kan³¹, tsou³¹nie³¹mɤ³³tʰaŋ⁴⁵⁻²¹³

整　天　　家　么儿也不干，　就　乜　么　躺

tʰaŋ³³tʂau²²⁴uɐr⁵³。

躺　着　　玩儿。

275 地里的疙瘩就让它继续保持着吧。

ti³¹⁻⁵³li⁰nie³¹kɤ²²⁴⁻³¹ta³³tsou³¹zaŋ³¹⁻⁵³tʰa⁰kɤ²²⁴⁻³¹ta³³tʂau²²⁴⁻³¹tɕʰi³³

地　里乜疙　瘩就　让　它疙　瘩着　　去

pan⁰。

办。

276 别把砖竖着放！

pie⁵³nəŋ⁵³tsuan²²⁴su³¹⁻⁵³su⁰tʂau²²⁴faŋ³¹！

别　弄　砖　竖　竖着　放！

277 弄得菜咸得不行。

nəŋ³¹⁻⁵³nie³¹tsʰai³¹ɕian⁵³⁻⁴⁵ti⁰mei⁵³fær²²⁴。

弄　乜菜　咸　　得没法儿。

278 他那脸那个红。

tʰa⁴⁵nie³¹lian⁴⁵nie³¹kɤ³¹xuŋ⁵³。

他　乜脸　乜　个红。

279 小峰做的那个要好得多得多得多得多。

ɕiau⁴⁵fəŋ⁵³tsou³¹⁻⁵³ti⁰na⁴⁵⁻²¹³kɤ³³iau³¹xau⁴⁵⁻²¹³ti⁰tuo²²⁴⁻³¹ti⁰

tuo²²⁴⁻³¹ti⁰tuo²²⁴⁻³¹ti⁰tuo²²⁴。

280 弄得那屋里特别干净。

nəŋ³¹⁻⁵³ti⁰na³¹u²²⁴⁻³¹li³³kan⁴⁵tɕiŋ³¹lau⁰kɤ⁰kan⁴⁵tɕiŋ³¹。

弄　得那屋　里干　净　咾个干　净。

281 你给他说的那对象，他特别满意。

ni⁴⁵kei⁴⁵tʰa⁴⁵ʂuo²²⁴⁻³¹ti⁰na³¹kɤ³¹tuei³¹ɕiaŋ³¹，tʰa⁴⁵yan³¹i³¹⁻⁵³lau⁰

你给他说　　的那个对　象，　他愿意咾

kɤ⁰yan³¹i³¹。

个愿　意。

282 总是打架。

kuaŋ²²⁴ta⁴⁵tɕia³¹pu⁴⁵ɕie²²⁴⁻³¹tʂau³³。

光　打架不歇　着。

283 他俩关系极好！

tʰa³¹lia⁴⁵xau⁴⁵⁻²¹³ti⁰kən³¹mɚ⁵³a⁰sʐ³¹⁻⁵³ti⁰！/ tʰa³¹lia⁴⁵xau⁴⁵⁻²¹³lau³³

他俩好　　得跟么儿啊似　的！/他俩好　　咾

tɕʰi³¹⁻⁵³lian⁰！

去　　嘥！

284 他很早就回家了。

tʰa⁴⁵tsʰuŋ⁵³ta⁴⁵/ta⁴⁵tsʰuŋ⁵³tuo⁴⁵tsan⁰tsou³¹tɕia²²⁴⁻³¹tɕʰi³³lian⁰。

他从　打/打从　多嗒就家　去嘥。

285 结婚之前，俩人性格就合不来。

tʰou⁵³/tʰou⁵³ta⁴⁵tɕie²²⁴xuən²²⁴tsʐ⁴⁵tɕʰian⁵³，lia⁴⁵zən⁵³tsou³¹pu⁴⁵tuei³¹

头/头打结　婚之前，　两人就不对

pʰi⁵³⁻⁴⁵tɕʰi⁰。

脾　气。

286 等放暑假再来。

kan⁴⁵faŋ³¹fu⁵³tɕia³¹tsai³¹lai⁵³。

赶放伏假再来。

287 他在楼上住。

tʰa⁴⁵tsʰuŋ⁵³lou⁵³⁻⁴⁵ʂaŋ⁰tʂu³¹。

他　从　楼　上　住。

288 他是从北京来的。

tʰa⁴⁵sʅ³¹tai⁴⁵pei²²⁴tɕiŋ²²⁴lai⁵³⁻⁴⁵ti⁰。

他　是　待　北　京　来　　的。

289 用最大声音呼唤。

kʰɤ⁴⁵⁻²¹³tʂau³³saŋ⁴⁵⁻²¹³tsʅ⁰tsʰai⁵³tɕiau³¹⁻⁵³xuan⁰li⁰。

可　着　嗓　子才　叫　唤　哩。

290 你、我和小红咱们三个一组行吗？

ni⁴⁵xuaŋ³¹uɤ⁴⁵xan⁵³iou⁴⁵ɕiau⁴⁵xuŋ⁵³tsan⁴⁵sa²²⁴⁴⁵i⁴⁵pɤ²²⁴ɕiŋ⁵³⁻⁴⁵lau⁰

你□　我　还　有　小　红　咱　仨　一　拨　行　　唠

pan⁰？

办？

291 咱和不和他玩儿呢？

tsan⁴⁵xuaŋ³¹⁻⁵³pu³³xuaŋ³¹⁻⁵³tʰa⁰uɚ⁵³⁻⁴⁵an⁰？

咱　□　不　□　他玩儿　唵？

292 难道玉米还比小麦贵吗？

paŋ³¹⁻⁵³tsʅ⁰iou⁴⁵mai³¹⁻⁵³tsʅ⁰kuei³¹⁻⁵³a⁰？

棒　子有麦　子贵　啊？

293 老和那些人玩儿，学不出什么好来。

kuaŋ²²⁴xuaŋ³¹nie³¹zən⁵³⁻⁴⁵mən⁰uɚ⁵³⁻⁴⁵，ɕiau⁵³⁻⁴⁵pu⁰tʂʰu⁰xaur⁴⁵lai⁵³。

光　□　乜　人　们　玩儿，学　不出　好儿来。

294 这种果汁我觉得不好喝。

nie³¹kuo⁴⁵tʂɚ²²⁴nan⁴⁵xɤ²²⁴⁻³¹pu³³tʂʰu⁰xau⁴⁵xɤ²²⁴lai⁵³。

乜　果　汁儿俺　喝　　不出好　喝来。

295 我拿得了。

uɤ⁴⁵na⁵³⁻⁴⁵lau⁰tɕʰi³¹⁻⁵³lau⁰。

我　拿　唠去　唠。

296 这布买着合算就买，不合算就不买。

tʂɤ³¹pu³¹xɤ⁵³⁻⁴⁵tʂau⁰lau⁰nan⁴⁵tsou³¹mai⁴⁵, xɤ⁵³⁻⁴⁵pu⁰tʂau⁵³nan⁴⁵tsou³¹
这　布　合　着　唠俺　就　买，　合　不着　俺　就

pu²²⁴⁻³¹mai⁴⁵。
不　　买。

297 这个可以，那个不大好，那些就更甭提了。

tʂɤ⁴⁵⁻²¹³kɤ³³ɕiŋ⁵³⁻⁴⁵lau⁰, nie⁴⁵⁻²¹³kɤ³³pu⁴⁵ta³¹ɕiŋ⁵³, na³¹⁻⁵³kɤ³¹
这　　个　行　　唠，　乜　　个　不大　行，　那　个

mən⁰tsou³¹kən³¹pəŋ⁵³tʰi⁵³⁻⁴⁵lian⁰。
们　就　更　甭　提　嘷。

298 —— 小红特别老实。—— 谁说不是呢！

ɕiau⁴⁵xuŋ⁵³kaŋ⁵³lau⁴⁵⁻²¹³ʂʅ³³lian⁰！
—— 小红　　刚　老　　实　嘷！

nie⁵³kʰɤ⁰pu³³！
—— 乜　可　不！

299 —— 我觉得开会也没什么事。—— 那你还去吗？

uɤ⁴⁵tɕiau²²⁴⁻³¹tʂau³³kʰai²²⁴xuei³¹ie⁴⁵mei²²⁴mɤr⁵³ʂʐə³¹。
—— 我　觉　　着　开　会　也　没　么儿　事儿。

nie⁵³ni⁴⁵xan⁵³tɕʰi³¹⁻⁵³pan⁰？
—— 乜　你　还　去　办？

300 —— 姐，我今天有事去不了了！ —— 嗳，你怎么不早说呢！
我都给你做了饭了！

tɕie⁴⁵, nan⁴⁵tɕin²²⁴tʰian²²⁴iou⁴⁵ʂʐə³¹tɕʰi³¹⁻⁵³pu⁰liau⁴⁵⁻²¹³lian³³！
—— 姐，　俺　今　天　有　事儿　去　不了　　嘷！

tʂɤ⁵³, ni⁴⁵tsou⁴⁵ma⁰pu²²⁴⁻³¹tsau⁴⁵ʂuo²²⁴⁻³¹an³³！ nan⁴⁵tou²²⁴⁻³¹
—— 这，　你　怎　嘛　不　早　说　　唵！　俺　都

kei⁴⁵tsou³¹⁻⁵³ʂaŋ⁰fan³¹⁻⁵³lian⁰！
给　做　上　饭　嘷！

301 你都说话了,还能不行吗!

ni⁴⁵tou²²⁴fa²²⁴xuær³¹⁻⁵³lian⁰, xan⁵³iou⁴⁵kɤ³¹pu²²⁴ɕiŋ⁵³⁻⁴⁵a⁰!

你 都 发 话儿 嗉,还 有 个 不 行 啊!

302 放在桌子上就行了。

faŋ³¹⁻⁵³lau⁰tsuo²²⁴⁻³¹tsɿ⁰xaŋ⁰tsou³¹ɕiŋ⁵³⁻⁴⁵lian⁰。

放 咾桌 子上 就 行 嗉。

303 小红,你妈干什么去了?

ɕiau⁴⁵xuŋ⁵³, nei⁴⁵niaŋ⁵³kan³¹mɐr⁵³tɕʰi³¹⁻⁵³lian⁰?

小 红, 怎 娘 干 么儿 去 嗉?

304 我妈去地里了。

nan⁴⁵niaŋ⁵³ʂaŋ³¹⁻⁵³lau⁰ti³¹⁻⁵³li⁰tɕʰi³¹⁻⁵³lian⁰。

俺 娘 上 咾地 里 去 嗉。

305 这书是我的。

nie³¹su²²⁴sɿ³¹uɤ⁴⁵⁻²¹³ti⁰。

乜 书 是 我 的。

306 这书是我们的。

nie³¹su²²⁴sɿ³¹nan⁴⁵⁻²¹³ti⁰。

乜 书 是 俺 的。

307 你们俩怕你们妈妈呢还是怕你们爸爸呢?

nei³¹lia⁴⁵pʰa³¹⁻⁵³nei³¹niaŋ⁵³⁻⁴⁵an⁰xan⁵³sɿ³¹pʰa³¹⁻⁵³nei³¹pa³¹⁻⁵³pa⁰

怎 俩 怕 怎 娘 唵还是 怕 怎 爸 爸

an⁰?

唵?

308 我们俩都怕我们妈妈,不怕我们爸爸

nan³¹lia⁴⁵tou²²⁴pʰa³¹⁻⁵³nan³¹niaŋ⁵³, pu²²⁴pʰa³¹⁻⁵³nan³¹pa³¹⁻⁵³pa⁰。

俺 俩 都 怕 俺 娘, 不 怕 俺 爸 爸。

309 这是咱的,把它拿走,张三。

tʂɤ³¹sʅ³¹tsan⁴⁵⁻²¹³ti⁰, pa³¹tʰa⁴⁵na⁴⁵²tsou⁴⁵, tʂaŋ²²⁴san²²⁴。

这　是　咱　　的，把　它　拿ᴰ走，　张　　三。

310 我考了第一。

tsan⁴⁵kʰau⁴⁵⁻²¹³lau³³ti³¹i²²⁴。

咱　考　　　咾　第一。

# 第五章 标音举例

## 第一节 俗 语

一 九 二 九 不 出 手, 三 九 四 九
i²²⁴⁻³¹tɕiou⁴⁵l̩³¹tɕiou⁴⁵pu⁴⁵tʂʰu²²⁴⁻³¹ʂou⁴⁵, san²²⁴⁻³¹tɕiou⁴⁵sʅ³¹tɕiou⁴⁵
沿 凌 走。五 九 六 九 萌 芽 生, 七 九
ian⁵³liŋ⁵³tsou⁴⁵。u⁴⁵tɕiou⁴⁵liou³¹tɕiou⁴⁵məŋ⁵³ia⁵³səŋ²²⁴, tɕʰi²²⁴⁻³¹tɕiou⁴⁵
河 开, 八 九 雁 来, 九 九 杨 大 纱 开。
xɤ⁵³kʰai²²⁴, pa²²⁴⁻³¹tɕiou⁴⁵ian³¹lai⁵³, tɕiou⁴⁵tɕiou⁴⁵iaŋ⁵³⁻⁴⁵ta⁰sa³¹kʰai²²⁴。

白 露 早, 寒 露 迟, 秋 分 麦 子 正
pai⁵³⁻⁴⁵lu⁰tsau⁴⁵, xan⁵³⁻⁴⁵lu⁰tʂʰʅ⁵³, tɕʰiou²²⁴⁻³¹fən³³mai³¹⁻⁵³tsʅ⁰tʂəŋ³¹
当 时。小 雪 大 雪, 小 寒 大 寒, 打 春
taŋ²²⁴sʅ⁵³。ɕiau⁴⁵ɕye²²⁴ta³¹ɕye²²⁴, ɕiau⁴⁵xan⁵³ta³¹xan⁵³, ta⁴⁵tsʰuən²²⁴
过 年。腊 七儿 腊 八儿 冻 死一家儿。腊 月 二
kuo³¹nian⁵³。la³¹tɕʰiɻɤ²²⁴la³¹pær²²⁴tuŋ³¹⁻⁵³sʅ⁰ʲi⁴⁵tɕiɻær²²⁴。la³¹⁻⁵³ye⁰l̩³¹⁻⁵³
十三, 灶 王 爷 上 天。
ʂʅ⁰san²²⁴, tsau³¹uaŋ⁵³ie⁵³ʂaŋ³¹tʰian²²⁴。

冷 在 三 九, 热 在 中 伏。
ləŋ⁴⁵tai³¹san²²⁴⁻³¹tɕiou⁴⁵, zɤ³¹tai³¹tsuŋ²²⁴fu⁵³。

初　八　二　十　三　出　没　半　经　天①。
tsʰu²²⁴pa²²⁴l̩³¹⁻⁵³ʂ̩⁰san²²⁴tʂʰu²²⁴mɤ³¹pan³¹tɕiŋ²²⁴tʰian²²⁴。

十　七　十　八儿　一　黑　摸　　瞎儿。
ʂ̩⁵³tɕʰi²²⁴ʂ̩⁵³pær²²⁴i⁴⁵xei²²⁴mau²²⁴ɕiɻær²²⁴。

劁　猪　骟　马　打　驴　蹄。
tɕʰiau²²⁴tʂu³¹ʂan³¹ma⁴⁵ta⁴⁵ly⁵³tʰi⁵³。

大　冰　盘　喝　　白　粥②，可　　着　面　子
ta³¹piŋ²²⁴pan⁵³xɤ²²⁴⁻³¹pai⁵³⁻⁴⁵tʂou⁰，kʰɤ⁴⁵⁻²¹³tʂau³³mian³¹⁻⁵³tʂ̩⁰
的来。
ti⁰lai⁵³。

戗　剪　　子磨　菜　刀。
tɕʰiaŋ⁴⁵tɕian⁴⁵⁻²¹³tʂ̩⁰mɤ⁵³tsʰai³¹tau²²⁴。

锔　盘　　子锔　碗　锔　大　缸。
tɕy²²⁴pʰan⁵³⁻⁴⁵tʂ̩⁰tɕy²²⁴⁻³¹uan⁴⁵tɕy²²⁴ta³¹kaŋ²²⁴。

迈　担　子，不　妨　汉　子;迈　火　盆儿，不　妨
mai³¹tan³¹⁻⁵³tʂ̩⁰，pu⁴⁵faŋ²²⁴xan³¹⁻⁵³tʂ̩⁰;mai³¹xuo⁴⁵pʰɚ⁵³，pu⁴⁵faŋ²²⁴
人儿③。
zɚ⁵³。

盛　头　生儿，惯　老　生儿，当　　乎儿　间儿
ʂən³¹tʰou⁵³⁻⁴⁵sɻɤr⁰，kuan³¹lau⁴⁵⁻²¹³sɻɤr³³，taŋ²²⁴⁻³¹xur³³tɕiɻer⁵³⁻⁴⁵
里打　补　丁儿。
li⁰ta⁴⁵pu⁴⁵⁻²¹³tiɻer³³。

有儿有　女　的活　冤　家，没　儿没
iou⁴⁵l̩⁵³iou⁴⁵ny⁴⁵⁻²¹³ti⁰xuo⁵³yan²²⁴⁻³¹tɕia³³，mei²²⁴l̩⁵³mei²²⁴⁻³¹

———————
① 月亮在农历初八半宿出现,在农历二十三半宿落下。
② 大冰盘,一种很浅的用于放暖壶的盘子。
③ 本句涉二婚时求吉祥的仪式。新娘迈过扁担,不克夫;迈过火盆,不克别人。

女　的活菩　萨。

ny⁴⁵⁻²¹³ti⁰xuo⁵³pʰu⁵³⁻⁴⁵sa⁰。

剃　头儿　挑　　子一　头儿热。

tʰi³¹tʰʈour⁵³tʰiau²²⁴⁻³¹tsʅ⁰i⁴⁵tʰʈour⁵³zɤ³¹。

# 第二节　谜　语

## 镜子

刨　　闷儿，刨　　闷儿，刨　到　金　字儿，金　　字儿

pʰau⁵³mɚ³¹pʰau⁵³mɚ³¹，pʰau⁵³tau³¹tɕin²²⁴tsʈɚ³¹，tɕin²²⁴tsʈɚ³¹

看　我，我　看　金　字儿。

kʰan³¹uɤ⁴⁵，uɤ⁴⁵kʰan³¹tɕin²²⁴tsʈɚ³¹。

## 收音机

四四方　方一座　　城，里　头　盛　咾百

sʅ³¹sʅ³¹faŋ²²⁴faŋ²²⁴i⁴⁵tsuo²²⁴tʂʰəŋ⁵³，li⁴⁵⁻²¹³tʰou³³tʂʰəŋ⁵³⁻⁴⁵lau⁰tɕʰian²²⁴

万　兵，光　见　兵　打仗。不　见　兵　出　城。

uan³¹piŋ²²⁴，kuaŋ²²⁴tɕian³¹piŋ²²⁴ta⁴⁵tʂaŋ³¹。pu⁴⁵tɕian³¹piŋ²²⁴tʂʰu²²⁴tʂʰəŋ⁵³。

## 花生

麻屋子，红帐　子，里　头　盛　着白

ma⁵³u²²⁴⁻³¹tsʅ⁰，xuŋ⁵³tʂaŋ³¹⁻⁵³tsʅ⁰，li⁴⁵⁻²¹³tʰou³³tʂʰəŋ⁵³⁻⁴⁵tʂau⁰pai⁵³

胖　子。

pʰaŋ³¹⁻⁵³tsʅ⁰。

## 核桃

皱　皱箱，皱　　皱柜，皱　　皱

tʂʰou²²⁴⁻³¹tʂʰou³³ɕiaŋ²²⁴，tʂʰou²²⁴⁻³¹tʂʰou³³kuei³¹，tʂʰou²²⁴⁻³¹tʂʰou³³

奶　奶在里　头　睡。

nai⁴⁵⁻²¹³nai³³tai⁴⁵li⁴⁵⁻²¹³tʰou³³suei³¹。

皱　皱爷爷打一拐，皱　皱奶

tʂʰou²²⁴⁻³¹tʂʰou³³ie⁵³⁻⁴⁵ie⁰ta⁴⁵⁻²¹³i³³kuai⁴⁵，tʂʰou²²⁴⁻³¹tʂʰou³³nai⁴⁵⁻²¹³

奶　蹦　　出　　来。

nai³³pəŋ³¹⁻⁵³tʂʰu²²⁴⁻³¹lai⁵³。

### 饺子

　　南　边儿飞　来一伙　子　蛾儿，□　□　噗　呲　乱

nan⁵³pɐr⁰fei²²⁴lai⁵³i³¹xuo⁴⁵tsʅ⁰uɤr⁵³, tɕʰi³¹liŋ⁴⁵pʰu³¹tsʰʅ³³luan³¹

跳　河。　也有沉　底儿　的，也有洑水儿　的。

tʰiau³¹xɤ⁵³。ie⁴⁵iou⁴⁵tʂʰən³¹tiɻɚ⁴⁵⁻²¹³ti⁰, ie⁴⁵iou⁴⁵fu³¹suɻɚ⁴⁵⁻²¹³ti⁰。

### 风箱

　　开　抽　　抽，拉　抽　　抽，里　头　盛

kʰai²²⁴tʂʰou²²⁴⁻³¹tʂʰou³³, la²²⁴tʂʰou²²⁴⁻³¹tʂʰou³³, li⁴⁵⁻²¹³tʰou³³tʂʰən⁵³⁻⁴⁵

着　毛　丫　头。

tʂau⁰mau⁵³ia²²⁴⁻³¹tʰou³³。

### 水

　　嗖　嘛东　　西儿越洗越　脏？

sou⁵³ma⁰tuŋ²²⁴⁻³¹ɕiɻɚ³³ye³¹ɕi⁴⁵ye³¹tsaŋ²²⁴ ?

### 云南

　　雾　气　腾　腾　刮　北　风。

u³¹tɕʰi³¹tʰəŋ⁵³tʰəŋ⁵³kua²²⁴pei²²⁴fəŋ²²⁴。

### 浙江

　　蝎　　子落　咾江　当　中。

ɕie²²⁴⁻³¹tsʅ⁰lau³¹⁻⁵³lau⁰tɕiaŋ²²⁴taŋ²²⁴tsuŋ²²⁴。

### 贵州

　　十两　银　子一碗　饭。

ʂʅ⁵³liaŋ⁴⁵in⁵³⁻⁴⁵tsʅ⁰i³¹uan⁴⁵fan³¹。

### 四川

　　一双　袜　子二人　蹬。

i⁴⁵suaŋ²²⁴ua³¹⁻⁵³tsʅ⁰l̩³¹zən⁵³təŋ²²⁴。

# 第三节　儿　歌

## 盘脚栏

盘　盘　盘　脚　栏，　脚　栏　花，　二　百

$p^han^{53}p^han^{53}p^han^{53}tɕiau^{224}lan^{53}$, $tɕiau^{224}lan^{53}xua^{224}$, $l^{31-53}pai^0$

八。　有　钱儿　的买　着　吃，　没　钱儿　　的

$pa^{224}$。$iou^{45}tɕʰiɻer^{53-45}ti^0mai^{45-213}tʂau^{33}tʂʰ\ɻ^{224}$, $mei^{224-31}tɕʰiɻer^{53-45}ti^0$

去　一　只。

$tɕʰy^{31-53}i^{31}tʂ\ɻ^{224}$。

## 稳稳歌

稳儿 稳儿稳儿三　妮儿，　三　妮儿　坐　　着　车

$uɚ^{224}uɚ^{224}uɚ^{224}san^{224}niɻɚ^{224}$, $san^{224}niɻɚ^{224}tsuo^{31-53}tʂau^0tʂʰ\gamma^{224-31}$

轱　　辘儿。

$ku^{45-213}liɻɚ^{33}$。

稳儿 稳儿 稳儿三　麻儿，　三　麻儿　坐　着　车

$uɚ^{224}uɚ^{224}uɚ^{224}san^{224}mær^{53}$, $san^{224}mær^{53}tsuo^{31-53}tʂau^0tʂʰ\gamma^{224-31}$

尾　巴儿。

$i^{45-213}pær^{33}$。

稳儿 稳儿 稳儿三　　嫂，　三　　嫂坐　　着　牛

$uɚ^{224}uɚ^{224}uɚ^{224}san^{224-31}sau^{45}$, $san^{224-31}sau^{45}tsuo^{31-53}tʂau^0niou^{53}$

犄　角。

$ti^{31}tɕiau^{45}$。

## 小鹁鸽

小　　鹁　鸽，　遥　大　里　滚儿，　嫌　他　奶　奶　不

$ɕiau^{45}pu^{45}kau^{31}$, $iau^{53-45}ta^0li^0kuɚ^{45}$, $ɕian^{53-45}tʰa^0nai^{45-213}nai^{33}pu^{31}$

买　粉儿。

$mai^{45}fɚ^{45}$。

买　　咾 粉儿，不会　　搽，嫌　　他奶　　奶 不
mai$^{45-213}$lau$^{33}$fɚ$^{45}$，pu$^{45}$xuei$^{31}$tsʰa$^{53}$，ɕian$^{53-45}$tʰa$^{0}$nai$^{45-213}$nai$^{33}$pu$^{31}$
买　麻。
mai$^{45}$ma$^{53}$。

买　　咾 麻，不 会 搓，嫌　　他奶　　奶 不
mai$^{45-213}$lau$^{33}$ma$^{53}$，pu$^{45}$xuei$^{31}$tsʰuo$^{224}$，ɕian$^{53-45}$tʰa$^{0}$nai$^{45-213}$nai$^{33}$pu$^{31}$
买　钵。
mai$^{45}$pɤ$^{224}$。

买　　咾 钵，不　会 做，嫌　　他奶　　奶 不
mai$^{45-213}$lau$^{33}$pɤ$^{224}$，pu$^{45}$xuei$^{31}$tsuo$^{31}$，ɕian$^{53-45}$tʰa$^{0}$nai$^{45-213}$nai$^{33}$pu$^{31}$
买　磨。
mai$^{45}$mɤ$^{31}$。

买　　咾 磨，不　会　推，　嫌　　他奶　奶
mai$^{45-213}$lau$^{33}$mɤ$^{31}$，pu$^{45}$xuei$^{31}$tʰuei$^{224}$，ɕian$^{53-45}$tʰa$^{0}$nai$^{45-213}$nai$^{33}$
不 买　笔。
pu$^{31}$mai$^{45}$pei$^{224}$。

买　　咾 笔，不 会　写，一写 写　　咾 个 牛
mai$^{45-213}$lau$^{33}$pei$^{224}$，pu$^{45}$xuei$^{31}$ɕie$^{45}$，i$^{31}$ɕie$^{45}$ɕie$^{45-213}$lau$^{33}$kɤ$^{31}$niou$^{53}$
瘪　　咧。
pie$^{45-213}$lie$^{33}$。

## 小老鼠

小　老　　鼠儿，上 灯　台，　偷　　油儿 吃，　下
ɕiau$^{45}$lau$^{45-213}$ʂuɚ$^{45}$，ʂaŋ$^{31}$təŋ$^{224}$tʰai$^{53}$，tʰou$^{224}$iʈour$^{53}$tʂʰʅ$^{224}$，ɕia$^{31-53}$
不来。 让　他 奶　　奶 抱，他 奶　　奶 不　抱，　气
pu$^{31}$lai$^{53}$。ẓaŋ$^{31-45}$tʰa$^{0}$nai$^{45-213}$nai$^{33}$pau$^{31}$，tʰa$^{45}$nai$^{45-213}$nai$^{33}$pu$^{45}$pau$^{31}$，tɕʰi$^{31-53}$
得 他 就　睡　大 觉。
ti$^{0}$tʰa$^{45}$tsou$^{31}$suei$^{31}$ta$^{31}$tɕiau$^{31}$。

### 小小子

小　小　子儿，坐　门　墩儿，哭　着　闹　着
ɕiau⁴⁵ɕiau⁴⁵⁻²¹³tsʅ²³³, tsuo³¹men⁵³tʈuɚ²²⁴, kʰu²²⁴⁻³¹tʂau³³nau³¹⁻⁵³tʂau⁰
要　媳　妇儿。
iau³¹ɕi⁴⁵⁻²¹³fɚ³³。

### 架老头

架　老　头儿，喝　香　油儿。架　老　妈儿　妈儿，
tɕia³¹lau⁴⁵tʰʈour⁵³, xɤ²²⁴ɕiaŋ²²⁴iʈour⁵³。tɕia³¹lau⁴⁵mær⁴⁵⁻²¹³mær³³,
吃　鸡　粑儿　粑儿。
tʂʰʅ²²⁴tɕi²²⁴⁻³¹pær⁴⁵⁻²¹³pær³³。

### 岗荡车

岗　荡　车，　岗　荡　轴，　岗　荡　咾　北　京　不
kaŋ⁴⁵taŋ³¹tʂʰɤ²²⁴, kaŋ⁴⁵taŋ³¹tʂou⁵³, kaŋ⁴⁵taŋ³¹lau⁰pei²²⁴tɕiŋ²²⁴pu⁴⁵
摽　油。　看　看　磨　得　谁　的　轴。
liau³¹iou⁵³。kʰan³¹kʰan⁰mɤ⁵³⁻⁴⁵ti⁰xei⁵³⁻⁴⁵ti⁰tʂou⁵³。

### 小面梨

小　面　梨儿，歪　歪　把儿，小　狗　跟　着
ɕiau⁴⁵mian³¹liʈɚ⁵³, uai²²⁴⁻³¹uai³³pær³¹, ɕiau⁴⁵kou⁴⁵kən²²⁴⁻³¹tʂau³³
我　学　唱儿。
uɤ⁴⁵ɕiau⁵³tʂʰær³¹。

# 第四节　故　事

### 北风和太阳

北　风　□　太　阳　是　好　朋　　友，关　系
pei²²⁴fəŋ²²⁴xuan³¹tʰai³¹iaŋ³³sʅ³¹xau⁴⁵pəŋ⁴⁵⁻²¹³iou⁰, kuan²²⁴ɕi²²⁴
挺　强。　可　是　哩，有　一　天，　他　俩　□　以
tʰiŋ⁵³tɕʰiaŋ⁵³。kʰɤ⁴⁵sʅ³¹⁻⁵³li⁰, iou⁴⁵⁻²¹³i⁴⁵tʰian²²⁴, tʰa⁴⁵lia⁴⁵yŋ⁴⁵⁻²¹³i³³

争　谁　的　本　事　大，吵　　起　来　嗻。

tsəŋ²²⁴sei⁵³⁻⁴⁵ti⁰pən⁴⁵⁻²¹³ʂʅ³³ta³¹, tsʰau⁴⁵⁻²¹³tɕʰi³³lai⁵³⁻⁴⁵lian⁰。

　　北　风　说："我　　的　本　　事　大，我　只　要　稍

pei²²⁴fəŋ²²⁴ʂuo²²⁴: "uɤ⁴⁵⁻²¹³ti⁰pən⁴⁵⁻²¹³ʂʅ³³ta³¹, uɤ⁴⁵tsʅ⁴⁵iau³¹sau²²⁴

微　　地　吹　　一　口　气儿，人　　们　就　得　冻　得

uei²²⁴⁻³¹ti⁰tʰuei²²⁴⁻³¹i³³kʰou⁴⁵tɕʰiɻə⁰³¹, zən⁵³⁻⁴⁵mən⁰tsou³¹tei⁴⁵tuŋ³¹⁻⁵³ti⁰

全　身　打　哆　　嗦。"太阳说："我　的本　　事大，

tɕʰyan⁵³ʂən²²⁴ta⁴⁵tuo²²⁴⁻³¹suo³³。"tʰai³¹iaŋ³³ʂuo²²⁴: "uɤ⁴⁵⁻²¹³ti⁰pən⁴⁵⁻²¹³ʂʅ³³ta³¹,

我　只　要　稍　微　　地一用　劲儿，人　　们　就　得　热

uɤ⁴⁵tsʅ⁴⁵iau³¹sau²²⁴uei²²⁴⁻³¹ti⁰i⁴⁵yŋ³¹tɕiɻə⁰³¹, zən⁵³⁻⁴⁵mən⁰tsou³¹tei⁴⁵zɤ⁰³¹⁻⁵³

得　浑　身　出　汗。"他俩争　　过来争　　过去，

ti⁰xuən⁵³⁻⁴⁵ʂən²²⁴tʂʰu⁴⁵xan³¹。"tʰa⁴⁵lia⁴⁵tsəŋ²²⁴⁻³¹kuo³³lai⁵³tsəŋ²²⁴⁻³¹kuo³³tɕʰi³¹,

谁　也　不　服　谁。

sei⁵³ie⁴⁵pu²²⁴fu⁵³sei⁵³。

　　这　工　　夫儿，可　巧儿　道　边儿　上　来　咾一

tʂɤ³¹kuŋ²²⁴⁻³¹fur³³, kʰɤ⁴⁵tɕʰiɻaur⁴⁵tau³¹piɻər²²⁴⁻³¹xaŋ³³lai⁵³⁻⁴⁵lau⁰i⁴⁵

个　人儿。太　阳　对　北　风　说："这么　着　办，

kɤ³¹zɤ⁵³。tʰai³¹iaŋ³³tuei³¹pei²²⁴fəŋ²²⁴ʂuo²²⁴: "tʂɤ³¹mɤ⁰³³tʂau²²⁴pan⁰,

咱　俩　比　比，看　谁　能　把　乜　个　人儿的衣　裳　脱　下

tsan³¹lia⁴⁵pi⁴⁵pi⁴⁵, kʰan³¹sei⁵³nən⁰pa³¹nie⁰³¹kɤ⁰zɤ⁵³⁻⁴⁵ti⁰i²²⁴⁻³¹ʂaŋ³¹tuo²²⁴⁻³¹ɕia³³

来，就　算　谁　的　本　　事大。"北　风　点

lai⁵³, tsou³¹suan³¹sei⁵³⁻⁴⁵ti⁰pən⁴⁵⁻²¹³ʂʅ³³ta³¹。"pei²²⁴fəŋ²²⁴tian⁴⁵⁻²¹³

咾点　头儿说："乜　还　不　　好　办　啊？看　我

lau³³tian⁴⁵tʰɻour⁵³ʂuo²²⁴: "nie⁵³xan⁵³pu²²⁴⁻³¹xau⁴⁵pan³¹⁻⁵³a⁰？kʰan³¹uɤ⁴⁵⁻²¹³

的办。"

ti⁰pan⁰。"

　　北　风　好　歹　地吸　咾一　口　气儿，吹　　出

pei²²⁴fəŋ²²⁴xau⁴⁵tai⁴⁵⁻²¹³ti⁰ɕi³¹⁻⁵³lau⁰i⁴⁵⁻³¹kʰou⁴⁵tɕʰiɻə⁰³¹, tsʰuei²²⁴⁻³¹tʂʰu³³

去　　唡。

tɕʰi³¹⁻⁵³lian⁰。

那 个 人ɪ 冒 失 的 觉 着 冷 唡，把 衣

na³¹kɤ³¹zə˞⁵³mau⁵³ʂʅ⁵³⁻⁴⁵ti⁰tɕiau²²⁴⁻³¹tʂau³³lən⁴⁵⁻²¹³lian³³, pa³¹i²²⁴⁻³¹

裳 紧 唠 紧。

ʂaŋ³³tɕin⁴⁵⁻²¹³lau³³tɕin⁴⁵。

北 风 刚 不 服 气 唡，他 发 狠 地 吸

pei²²⁴fən²²⁴kaŋ⁵³pu⁴⁵fu⁵³tɕʰi³¹⁻⁵³lian⁰, tʰa⁴⁵fa²²⁴⁻³¹xən⁴⁵ti⁰ɕi²²⁴⁻³¹

唠一 口 气ɪ，鼓 起 腮 帮 子使劲一吹。

lau³³i²²⁴⁻³¹kʰou⁴⁵tɕʰiɻə˞³¹, ku⁴⁵⁻²¹³tɕʰi³³sai²²⁴paŋ²²⁴⁻³¹tsʅ⁰sʅ⁴⁵tɕin³¹⁻⁴⁵tsʰuei²²⁴。

可 那 个 人ɪ不 光 没 有 脱 衣 裳，还 把

kʰɤ⁴⁵na³¹kɤ³¹zə˞⁵³pu⁴⁵kuaŋ²²⁴mei²²⁴⁻³¹iou⁴⁵ tʰuo²²⁴i²²⁴⁻³¹ʂaŋ³³, xan⁵³pa³¹

衣 裳 裹 得 更 严 唡，甚 至 为 唠 挡 风，

i²²⁴⁻³¹ʂaŋ³³kuo⁴⁵⁻²¹³ti⁰kən³¹ian⁵³⁻⁴⁵lian⁰, ʂən³¹tsʅ³¹uei³¹⁻⁵³lau⁰taŋ⁴⁵fən²²⁴,

弄 衣 裳 领 子 都 竖 起 来 唡。 这 下ɪ

nən⁵³i²²⁴⁻³¹ʂaŋ³³liŋ⁴⁵⁻²¹³tsʅ⁰tou²²⁴ʂu³¹⁻⁵³tɕʰi⁰lai⁵³⁻⁴⁵lian⁰。 tʂɤ³¹ɕiɻær³¹

可 把 北 风 气 干 唡。他 铆 足 唠 全 身

kʰɤ⁴⁵pa³¹pei²²⁴fən²²⁴tɕʰi³¹kan³¹⁻⁵³lian⁰。 tʰa⁴⁵mau⁴⁵tsu⁵³⁻⁴⁵lau⁰tɕʰyan⁵³ʂən²²⁴⁻³¹

的劲ɪ，吹 唠一 口 气ɪ。

ti⁰tɕiɻə˞³¹, tsʰuei²²⁴⁻³¹lau³³i²²⁴⁻³¹kʰou⁴⁵tɕʰiɻə˞³¹。

冷 风 嗖 嗖 的，那 个 人ɪ弄 脖 子 抽

lən⁴⁵fən²²⁴sou²²⁴sou²²⁴⁻³¹ti⁰, na³¹kɤ³¹zə˞⁵³nən⁵³pɤ⁵³⁻⁴⁵tsʅ⁰tʂʰou²²⁴⁻³¹

抽 着，弄 手 揣 唠袖 子 里 去，俩 胳

tʂʰou³³tʂau⁰, nən⁵³ʂou⁴⁵tsʰuai²²⁴⁻³¹lau³³ɕiou³¹⁻⁵³tsʅ⁰li⁰tɕʰi³¹, lia⁴⁵kɤ²²⁴⁻³¹

膊 待 胸 前 抱 抱 着，反 正 是 弄 衣

pʰa³³tai⁴⁵ɕyŋ²²⁴tɕʰian⁵³pau³¹⁻⁵³pau⁰tʂau⁰, fan⁴⁵⁻²¹³ʂən³³sʅ³¹nuŋ³¹⁻⁵³i²²⁴⁻³¹

裳 裹 得 更 严 唡。太 阳 背 地ɪ里 觉

ʂaŋ³³kuo⁴⁵⁻²¹³ti⁰kən³¹ian⁵³⁻⁴⁵lian⁰。 tʰai³¹iaŋ³³pei³¹tiɻə˞³¹⁻⁵³li⁰ tɕiau²²⁴⁻³¹

着　刚　好　笑　嗻，他　说："我　说　北　风　老
tʂau³³kaŋ⁵³xau⁴⁵ɕiau³¹⁻⁵³lian⁰, tʰa⁴⁵ʂuo²²⁴: "uɤ⁴⁵ʂuo²²⁴pei²²⁴fəŋ²²⁴lau⁴⁵
弟，你　还　是　看　我　的办。"说　完，太　阳　使
ti³¹, ni⁴⁵xan⁵³sʅ³¹kʰan³¹uɤ⁴⁵⁻²¹³ti⁰pan⁰。"ʂuo²²⁴uan⁵³, tʰai³¹iaŋ³³sʅ⁴⁵
劲儿一照，爷儿爷儿挺　强，马　上　把寒　气儿
tɕiɻɚ³¹i⁴⁵tʂau³¹, iɻɚ⁴⁵iɻɚ⁰tʰiŋ⁵³tɕʰiaŋ⁵³, ma⁴⁵⁻²¹³xaŋ³³ pa³¹xan⁵³tɕʰiɻɚ³¹
赶　跑　嗻。那个人儿冒失地又觉着
kan⁴⁵pʰau⁴⁵⁻²¹³lian³³。na³¹kɤ³¹zɚ⁵³mau⁵³sʅ⁵³⁻⁴⁵ti⁰iou³¹tɕiau²²⁴⁻³¹tʂau³³
热　嗻，又　伸　出　手来，挽　下领　子，
zɤ³¹⁻⁵³lian⁰, iou³¹ʂən²²⁴⁻³¹tʂʰu³³ʂou⁴⁵lai⁵³, uan⁴⁵⁻²¹³ɕia³³liŋ⁴⁵⁻²¹³tsʅ⁰,
弄衣　裳扣子也　解　开　嗻。太阳再一
nəŋ⁵³i²²⁴⁻³¹ʂaŋ³³kʰou⁵³tsʅ⁰ie⁴⁵tɕʰie⁴⁵⁻²¹³kʰai³³lian⁰。tʰai³¹iaŋ³³tsai⁰i²²⁴⁻³¹
使劲儿，爷儿爷儿更　强　嗻，给那个人晒　得
sʅ⁴⁵tɕiɻɚ³¹, iɻɚ⁴⁵iɻɚ⁰kəŋ³¹tɕʰiaŋ⁵³⁻⁴⁵lian⁰, kei⁴⁵na³¹kɤ³¹zən⁵³sai³¹⁻⁵³ti⁰
浑　身大汗，马　上把衣　裳给脱　下
xuən⁵³⁻⁴⁵ʂən²²⁴ta³¹xan³¹, ma⁴⁵⁻²¹³ʂaŋ³³pa³¹i²²⁴⁻³¹ʂaŋ³³kei⁴⁵tʰuo²²⁴⁻³¹ɕia³³
来　嗻。
lai⁵³⁻⁴⁵lian⁰。

　瞧　不知太　阳越来越毒，那个人儿只能
tɕʰiau⁵³pu²²⁴tʂʅ²²⁴tʰai³¹iaŋ³³ye³¹lai⁵³ye³¹tu⁵³, na³¹kɤ³¹zɚ⁵³tsʅ⁴⁵nəŋ⁵³
把衣　裳脱光　咾，"扑　通"　地一声，
pa³¹i²²⁴⁻³¹ʂaŋ³³tʰuo²²⁴kuaŋ²²⁴⁻³¹lau³³, "pʰu²²⁴⁻³¹tʰuŋ²²⁴⁻³¹"ti⁰i⁴⁵ʂən²²⁴,
跳　咾道边儿上那小河儿里凉　快去
tʰiau³¹⁻⁵³lau⁰tau³¹piɻɚ²²⁴⁻³¹xaŋ³³na³¹ɕiau⁴⁵xɤɤ⁵³⁻⁴⁵li⁰liaŋ⁵³⁻⁴⁵kʰuai³¹tɕʰi³¹⁻⁵³
嗻。
lian⁰。

　北　风　特别佩服太阳的本　事，可
pei²²⁴fəŋ²²⁴tʰɤ³¹pie⁵³pʰei³¹fu⁵³tʰai³¹iaŋ³³ti⁰pən⁴⁵⁻²¹³sʅ³³, kʰɤ⁴⁵

太　阳　谦　　虚　　地　说：　"要　比　让　人　把　衣　裳
tʰai³¹iaŋ³³tɕʰian²²⁴ɕy²²⁴⁻³¹ti⁰ʂuo²²⁴："iau³¹pi⁴⁵zaŋ³¹zən⁵³pa³¹i²²⁴⁻³¹ʂaŋ³³

脱　　下　来，是　我　　的　本　　事　大；可　　要　比　谁　能
tʰuo²²⁴⁻³¹ɕia³³lai⁵³，sʅ³¹uɤ⁴⁵⁻²¹³ti⁰pən⁴⁵⁻²¹³sʅ³³ta³¹；kʰɤ⁴⁵iau³¹pi⁴⁵sei⁵³nəŋ⁵³

叫　人　穿　　　上　衣　裳，那　就　　是　你　　的　本
tɕiau³¹zən⁵³tsʰuan²²⁴⁻³¹xaŋ³³i²²⁴⁻³¹ʂaŋ³³，na³¹tsou³¹sʅ³¹ni⁴⁵⁻²¹³ti⁰pən⁴⁵⁻²¹³

事大　嗹。　北　风　老　弟　俺！　其　实　咱　俩　各
sʅ³³ta³¹⁻⁵³lian⁰。pei²²⁴fəŋ²²⁴lau⁴⁵ti³¹⁻⁵³an⁰！tɕʰi⁵³sʅ⁵³tsan³¹lia⁴⁵kɤ⁴⁵

有　所　长！"
iou⁴⁵suo⁴⁵tʂʰaŋ⁵³！"

　　任　何　人　任　何　事ㄦ　都　有　自　个ㄦ的　优
zən³¹xɤ⁵³zən⁵³zən³¹xɤ⁵³sɻɚ³¹，tou²²⁴iou⁴⁵tsʅ³¹⁻⁵³kɤr³³ti⁰ iou²²⁴⁻³¹

点、长　　处，发　挥　自　个ㄦ的优　点，才　能
tian⁴⁵tʂʰaŋ⁵³⁻⁴⁵tʂʰu³¹，fa²²⁴xuei²²⁴tsʅ³¹⁻⁵³kɤr³³ti⁰iou²²⁴⁻³¹tian⁴⁵，tsʰai⁵³nəŋ⁵³

做　　得更　好。
tsuo³¹⁻⁵³ti⁰kəŋ³¹xau⁴⁵。


### 西游记之三打白骨精

　　唐　僧　师　徒　到　　咾一　片　小　树　林ㄦ里
tʰaŋ⁵³səŋ²²⁴sʅ²²⁴tʰu⁵³tau³¹⁻⁵³lau⁰i⁴⁵pʰian³¹ɕiau⁴⁵ʂu³¹liɻɚ⁵³li⁴⁵⁻²¹³

边ㄦ，猪　　八　戒　说："师　傅ㄦ，俺　想　尿　泡。"
per³³，tʂu²²⁴⁻³¹pa³³tɕie³¹ʂuo²²⁴："sʅ²²⁴⁻³¹fur³³，nan⁴⁵ɕiaŋ⁴⁵niau³¹pʰau²²⁴。"

唐　僧　待　马　上　不　耐　烦ㄦ地说："你　个　兔
tʰaŋ⁵³səŋ²²⁴tai⁴⁵ma⁴⁵⁻²¹³xaŋ³³pu⁴⁵nai³¹fer⁵³⁻⁴⁵ti⁰ʂuo²²⁴："ni⁴⁵kɤ³¹tʰu²²⁴⁻³¹

崽　子，怎　嘛　就　乜　么　多　地　事ㄦ俺！　紧　忙ㄦ
tsai⁴⁵⁻²¹³tsʅ⁰，tsou⁴⁵ma⁰tsou³¹nie³¹mɤ³³tuo³¹ti⁰sɻɚ³¹⁻⁵³an⁰！tɕin⁵³mær⁵³⁻⁴⁵

地俺！"　猪　　八　戒　跑　　咾一　边ㄦ里　尿　尿
ti⁰ an³³！"tʂu²²⁴⁻³¹pa⁴⁵tɕie³¹pʰau⁴⁵⁻²¹³lau³³i⁴⁵piɻɚ²²⁴⁻³¹li³³niau³¹niau³¹⁻⁵³

去 咧。孙　　悟空　　说："师　傅儿，俺 饿　　咧，
tɕʰi⁰lian⁰。sun²²⁴⁻³¹u⁴⁵kʰuŋ²²⁴ʂuo²²⁴："sʅ²²⁴⁻³¹fur³³，nan⁴⁵uɤ³¹⁻⁵³lian⁰，
给俺 弄　俩小 菜儿吃 办。"
kei⁵³nan³¹nəŋ³¹⁻⁵³lia⁰ɕiau⁴⁵tsʰɤer³¹tʂʅ²²⁴pan⁰。"

　　唐僧 急眼 咧："恁娘　　啦个屄　的！怎
tʰaŋ⁵³səŋ²²⁴tɕi⁵³ian⁴⁵lian³³："nei⁴⁵niaŋ⁵³⁻⁴⁵la⁰kɤ⁰pi²²⁴⁻³¹ti⁰！tsou⁴⁵
嘛就这么多 地事儿 唵！等 会儿，你 先 弄
ma⁰tsou³¹tʂɤ³¹mɤ³³tuo²²⁴⁻³¹ti⁰sʅɤ³¹⁻⁵³an⁰！təŋ²²⁴xuə⁴⁵，ni⁴⁵ɕian²²⁴nəŋ³¹
点儿吃　的去，我 待 这儿 哈儿 咾 等　着你。"
tiɤer⁴⁵tʂʰʅ²²⁴⁻³¹ti⁰tɕʰi³¹，uɤ⁴⁵tai⁴⁵tʂær³¹⁻⁵³xær³¹lau⁰təŋ⁴⁵⁻²¹³tʂau³³ni⁴⁵。"
孙　 悟空 说："我 走 不 动 道儿 咧，你 赶
sun²²⁴⁻³¹u⁴⁵kʰuŋ²²⁴ʂuo²²⁴："uɤ⁴⁵tsou⁴⁵⁻²¹³pu³³tuŋ³¹tʂaur³¹⁻⁵³lian⁰，ni⁴⁵kan⁴⁵
紧　 地去办，一会儿老 母儿 就 出　来 咧。"唐
tɕin⁴⁵⁻²¹³ti⁰tɕʰi³¹pan⁰，i³¹xuə⁴⁵lau⁴⁵mur⁴⁵tsou³¹tʂʰu²²⁴⁻³¹lai³³lian⁰。"tʰaŋ⁵³
僧 没 法儿 咧，下 咾马 骂 二溜三 地走
səŋ²²⁴mei²²⁴fær²²⁴⁻³¹lian⁰，ɕia³¹⁻⁵³lau⁰ma⁴⁵ma³¹ɭ⁰liou⁵³san²²⁴⁻³¹ti⁰tsou⁴⁵⁻²¹³
咧。 他 冒 不实 地听 见 有 刷刷 的音儿，
lian³³。tʰa⁴⁵mau⁵³pu⁰ʂʅ⁵³⁻⁴⁵ti⁰tʰiŋ²²⁴⁻³¹tɕian³³iou⁴⁵sua²²⁴sua²²⁴⁻³¹ti⁰iɤ⁴⁻²²⁴，
就 觉　着 不大 对劲儿，怕 有 么儿事儿，就
tsou³¹tɕiau²²⁴⁻³¹tʂau³³pu²²⁴ta³¹tuei³¹tɕiɤ⁴³¹，pʰa³¹iou⁴⁵mɐr⁵³ʂɤ³¹，tsou³¹
爬 着 往 前 走。刚 爬 咾一 小 骨 碌儿，
pʰa⁵³tʂau⁰uaŋ⁴⁵tɕʰian⁵³tsou⁴⁵。kaŋ²²⁴pʰa⁵³⁻⁴⁵lau⁰i²²⁴⁻³¹ɕiau⁴⁵ku⁵³⁻⁴⁵lɭour⁰，
就 看　见 有 个 女 的待 就 地 下□　□着，
tsou³¹kʰan³¹⁻⁵³tɕian⁰iou⁴⁵kɤ³¹ny⁴⁵⁻²¹³ti⁰tai⁴⁵tɕiou²²⁴ti³¹⁻⁵³xa⁰ku⁵³⁻⁴⁵tɕi⁰tʂau⁰，
不 知 道 干 么儿哩。那 女　的猛　地看　见
pu²²⁴⁻³¹tʂʅ³³tau³¹kan³¹mɐr⁵³li⁰。na³¹ny⁴⁵⁻²¹³ti⁰məŋ⁴⁵⁻²¹³ti⁰kʰan³¹⁻⁵³tɕian⁰
是唐 僧，就 不 愿意 咧，急 忙儿 地提　起 裤
sʅ³¹tʰaŋ⁵³səŋ²²⁴，tsou³¹pu³³ian³¹i³¹⁻⁵³lian⁰，tɕi⁵³mær⁵³⁻⁴⁵ti⁰tʰi⁵³⁻⁴⁵tɕʰi⁰kʰu³¹⁻⁵³

子来就骂欢 嗹:"我贪恁哥,做么儿
tsʐ⁰lai⁵³tsou³¹ma³¹xuan²²⁴⁻³¹lian³³ : uɤ⁴⁵tsʰən³¹⁻⁵³nei³¹kɤ²²⁴, tsou³¹mɐr⁵³

嗹你!"唐僧一看 这事儿不 好意思嗹,
lian⁰ni⁴⁵ !" tʰaŋ⁵³səŋ²²⁴i⁴⁵kʰan³¹tʂɤ³¹sɻə³¹pu²²⁴⁻³¹xau⁴⁵i³¹⁻⁵³sʐ⁰lian⁰,

说:"我找米 鲜哩。"乜女 的就是白骨精。
ʂuo²²⁴ : "uɤ⁴⁵tsau⁴⁵mi⁴⁵⁻²¹³iaŋ³³li⁰。"nie³¹ ny⁴⁵⁻²¹³ti⁰tsou³¹sʐ³¹pai⁵³ku⁴⁵tɕiŋ²²⁴。

但唐僧可不 知道。白骨精 还是不依
tan²²⁴tʰaŋ⁵³səŋ²²⁴kʰɤ⁴⁵pu²²⁴⁻³¹tʂʅ³³tau³¹。pai⁵³ku⁴⁵tɕiŋ²²⁴xan⁵³sʐ³¹pu³³i²²⁴

不饶:"你就说你干么儿哩办?"唐僧说:
pu³³iau⁵³ : "ni⁴⁵tsou³¹ʂuo²²⁴ni⁴⁵kan³¹mɐr⁵³li⁰pan⁰ ? " tʰaŋ⁵³səŋ²²⁴ʂuo²²⁴ :

"夜姥可我 喝多 嗹,有点儿串 稀,这
"ie³¹⁻⁵³lau⁰kʰɤ⁰uɤ⁴⁵xɤ²²⁴tuo²²⁴⁻³¹lian⁰, iou⁴⁵tiɻr⁴⁵tsʰuan²²⁴ɕi²²⁴, tʂɤ³¹

不快晌 火哩啊?还找 不着个茅子,
pu³³kʰuai¹¹ʂaŋ⁴⁵⁻²¹³xuo³³lia⁰ ? xan⁵³tsau⁴⁵⁻²¹³pu³¹tsau⁵³kɤ³¹mau⁵³⁻⁴⁵tsʐ⁰,

我记得这边儿有 一个,备 不住记差 嗹。"
uɤ⁴⁵tɕi³¹⁻⁵³ti⁰tʂɤ³¹pɐr²²⁴iou⁴⁵⁻²¹³i⁴⁵kɤ³¹, pei³¹⁻⁵³pu⁰tsu³¹tɕi³¹tsʰa³¹⁻⁵³lian⁰。

那白骨精急嗹:"私孩子!我正
na³¹pai⁵³ku⁴⁵tɕiŋ²²⁴tɕi⁵³⁻⁴⁵lian⁰ : "sʐ²²⁴⁻³¹xai⁵³⁻⁴⁵tsʐ⁰ ! uɤ⁴⁵tʂəŋ⁴⁵

拉粑 粑哩,吓 姥我一大跳!"唐僧说:
la³¹pa⁴⁵⁻²¹³pa³³li⁰, ɕia³¹⁻⁵³lau⁰uɤ⁴⁵i⁴⁵ta³¹tʰiau³¹ ! " tʰaŋ⁵³səŋ²²⁴ʂuo²²⁴ :

"俺 师徒儿几 啊饿 嗹,有么儿吃 的办?"
"nan⁴⁵sʐ²²⁴tʰɻur⁵³tɕi⁴⁵⁻²¹³a³³uɤ³¹⁻⁵³lian⁰, iou⁴⁵mɐr⁵³tʂʅ²²⁴⁻³¹ti⁰pan⁰ ? "

白骨精 给姥他个篮 子,里 边儿有
pai⁵³ku⁴⁵tɕiŋ²²⁴kei⁴⁵lau⁰tʰa⁴⁵kɤ³¹lan⁵³⁻⁴⁵tsʐ⁰, li⁴⁵⁻²¹³pɐr³³iou⁴⁵

几 啊馍 馍,唐僧谢 姥白骨精 就往
tɕi⁴⁵⁻²¹³a³³mɤ⁵³⁻⁴⁵mɤ⁰, tʰaŋ⁵³səŋ²²⁴ɕie³¹⁻⁵³lau⁰pai⁵³ku⁴⁵tɕiŋ²²⁴tsou³¹uaŋ⁴⁵

回 里走。孙 悟空他 们饿 得没 法儿
xuei⁵³⁻⁴⁵li⁰tsou⁴⁵。sun²²⁴⁻³¹u⁴⁵kʰuŋ²²⁴tʰa⁴⁵⁻²¹³mən³³uɤ³¹⁻⁵³ti⁰mei²²⁴fær²²⁴⁻³¹

嗹, 就 都 嘟 嚷 开 嗹:"恁 说 咱 师
lian⁰, tsou³¹tou²²⁴tu²²⁴⁻³¹naŋ³³kʰai²²⁴⁻³¹lian³³ : "nei⁴⁵ʂuo²²⁴tsan⁴⁵sʅ²²⁴⁻³¹

傅儿做 鸡 巴 么儿 去 嗹?" 猪 八 戒 说:"挡
fur³³tsou³¹tɕi²²⁴⁻³¹pa³³mɚr⁵³tɕʰi³¹lian⁰?"tʂu²²⁴⁻³¹pa⁴⁵tɕie³¹ʂuo²²⁴ : "taŋ⁵³

不 □ 女妖 精 谈 恋 爱 去 嗹。要 不 咱
pu⁰xuaŋ³¹ny⁴⁵iau²²⁴⁻³¹tɕiŋ³³tʰan⁵³lian³¹nai³¹⁻⁵³tɕʰi³¹lian⁰。iau³¹pu⁴⁵tsan⁴⁵

自个儿 刨 点儿 长 果儿 吃 办。 咱 那 夜 咾可
tsʅ³¹kɤ³³pʰau⁵³tiɚr⁴⁵tʂʰaŋ⁵³kuɤr⁴⁵tʂʰʅ²²⁴pan⁰。tsan⁴⁵na³¹ie³¹⁻⁵³lau⁰kʰɤ⁰

那 卷 子都 丝 □ 嗹。"不 大 工 夫儿,唐
na³¹tɕyan⁴⁵⁻²¹³tsʅ⁰tou²²⁴sʅ²²⁴⁻³¹nau³³lian⁰。"pu⁴⁵ta³¹kuŋ²²⁴⁻³¹fur³³, tʰaŋ⁵³

僧 回 来嗹,弄 馍 馍 一 放, 徒 弟们 就
səŋ²²⁴xuei⁵³⁻⁴⁵lai⁰lian⁰, nəŋ⁵³mɤ⁵³⁻⁴⁵mɤ⁰i⁴⁵faŋ³¹, tʰu⁵³⁻⁴⁵ti⁰mən⁰tsou³¹

上 去 抢 去, 猪 八 戒 刚 咬 咾一 口
ʂaŋ³¹⁻⁵³tɕʰi³¹tɕʰiaŋ⁴⁵⁻²¹³tɕʰi³¹, tʂu²²⁴⁻³¹pa⁴⁵tɕie³¹kaŋ²²⁴iau⁴⁵⁻²¹³lau⁰i²²⁴⁻³¹kʰou⁴⁵

就 啰 嗹, 说:"这 卷 子都 长 餡儿 嗹,
tsou³¹ye⁴⁵⁻²¹³lian⁰, ʂuo²²⁴ : "tʂɤ³¹tɕyan⁴⁵⁻²¹³tsʅ⁰tou²²⁴tʂaŋ⁴⁵pur⁵³⁻⁴⁵lian⁰,

吃 不 的 嗹。"
tʂʰʅ²²⁴⁻³¹pu³³ ti⁰ lian⁰。

    孙 悟 空 一 变, 卷 子变 成 咾
    sun²²⁴⁻³¹u⁴⁵kʰuŋ²²⁴i⁴⁵pian³¹, tɕyan⁴⁵⁻²¹³tsʅ⁰pian³¹tʂʰən⁵³⁻⁴⁵lau⁰

土 坷 拉 □ 癞蛤 蟆嗹,随 着 就 扔 咾
tʰu⁴⁵kʰɤ³¹la³³xuaŋ³¹lai³¹xɤ⁵³⁻⁴⁵ma⁰lian⁰, suei⁵³⁻⁴⁵tʂau⁰tsou³¹zəŋ²²⁴⁻³¹lau³³

大 坑 里 去 嗹。
ta³¹kʰəŋ²²⁴⁻³¹li⁴⁵tɕʰi³¹⁻⁵³lian⁰。

    猪 八 戒 说: "咱 要 是 有 个 打 火儿 机
    tʂu²²⁴⁻³¹pa⁴⁵tɕie³¹ʂuo²²⁴ : "tsan⁴⁵iau³¹sʅ³¹iou⁴⁵kɤ³¹ta⁴⁵xuɤr⁴⁵tɕi²²⁴

就 好 嗹, 就 是 有 盒儿洋 火儿也 得 得 没
tsou³¹xau⁴⁵⁻²¹³lian³³, tsou³¹sʅ³¹iou⁴⁵xɤr⁵³iaŋ⁵³xuɤr⁴⁵ie⁴⁵tei²²⁴⁻³¹ti⁰mei⁵³

法儿 嗳， 咱 还 能 烤 块儿 山 药 吃。 谁 知
fær²²⁴⁻³¹ai³³，tsan⁴⁵xan⁵³nəŋ⁵³kʰau⁴⁵kʰuɐr³¹san²²⁴iau³¹tʂʰʅ²²⁴。sei⁵³tʂʅ²²⁴

道 咱 师 傅儿 上 咾 哪 里 摸 悠 咾一 圈儿
tau³¹tsan⁴⁵sʅ²²⁴⁻³¹fur³³ʂaŋ³¹⁻⁵³lau⁰na⁴⁵⁻²¹³li³³mɤ²²⁴⁻³¹iou³³lau⁰i⁴⁵tɕʰyɽer²²⁴⁻³¹

嗳，弄 咾这 么 俩 磕 磣 玩 意儿来。"
ai³³，nəŋ³¹⁻⁵³lau⁰tʂɤ³¹mɤ³³lia⁴⁵kʰɤ³¹tsʰən³³uan⁵³iɽə⁰lai⁵³。"

　　唐 僧 不 耐 烦儿 嗹， 说:" 恁娘 啦个
　　tʰaŋ⁵³səŋ²²⁴pu⁴⁵nai³¹fɐr⁵³⁻⁴⁵lian⁰，ʂuo²²⁴:" nei⁴⁵niaŋ⁵³⁻⁴⁵la⁰ kɤ⁰

屄 的， 怎 嘛 就 这 么 多 地事儿 唵! 有
pi²²⁴⁻³¹ti⁰，tsou⁴⁵ma⁰tsou³¹tʂɤ³¹mɤ³³tuo²²⁴⁻³¹ti⁰sɽə³¹⁻⁵³an⁰! iou⁴⁵

就 不 赖 嗹， 还 真 让 我 嘬 瘪 子唵!
tsou³¹pu⁴⁵lai³¹lian³³， xan⁵³tʂən²²⁴zaŋ³¹⁻⁵³uɤ⁰tsuo⁰pie⁴⁵⁻²¹³tsʅ⁰an⁰!

咱 夜 咾可 那 卷 子行 么 样儿的就 没
tsan⁴⁵ie³¹⁻⁵³lau⁰kʰɤ⁰na³¹tɕyan⁴⁵⁻²¹³tsʅ⁰xan⁵³mɤr⁰iɽær³¹ti⁰tsou³¹mei⁵³⁻⁴⁵

嗹。"孙 悟 空 说:" 行 嗹! 就 你 那 点儿
lian⁰。"sun²²⁴⁻³¹u⁴⁵kʰuŋ²²⁴ʂuo²²⁴:" ɕiŋ⁵³⁻⁴⁵lian⁰! tsou³¹ni⁴⁵na³¹tiɽer⁴⁵

破 卷 子让 谁 吃 唵? 我 吃 咾一个
pʰɤ³¹tɕyan⁴⁵⁻²¹³tsʅ⁰zaŋ³¹xei⁵³tʂʰʅ²²⁴⁻³¹an³³? uɤ⁴⁵tʂʅ²²⁴⁻³¹lau³³i⁴⁵kɤ³¹

就 出 咾一 叶 勒盖汗! 怎 嘛也 找 不
tsou³¹tʂʰu²²⁴⁻³¹lau³³i⁴⁵ie³¹⁻⁵³lie⁰kai³¹xan³¹! tsou⁴⁵ma⁰ie⁴⁵tsau⁴⁵⁻²¹³pu³³

着 条 手 巾。 不 是我 说 你， 师 傅儿，你
tʂau⁵³tʰiau⁵³ʂou⁴⁵⁻²¹³tɕin³³。pu⁴⁵sʅ³¹uɤ⁴⁵ʂuo²²⁴⁻³¹ni⁴⁵，sʅ²²⁴⁻³¹fur³³，ni⁴⁵

念 紧 箍 咒儿念 得我 耳 朵 眼儿疼， 我 还
nian³¹tɕin²²⁴ku⁴⁵tʂour³¹nian³¹⁻⁵³ti⁰uɤ⁴⁵ɭ⁴⁵⁻²¹³tau³³iɽer⁴⁵tʰən⁵³，uɤ⁴⁵xan⁵³

没 说 你 哩。那 工 夫儿气 的我 把 齐 门帘儿/
mei²²⁴ʂuo²²⁴⁻³¹ni⁴⁵ li⁰。na³¹kuŋ²²⁴⁻³¹fur³³tɕʰi³¹⁻⁵³ti⁰uɤ⁴⁵pa³¹tɕʰi⁵³⁻⁴⁵mən⁵³liɽer⁵³/

头 发身儿都 给 铰 嗹。"
tʰou⁵³⁻⁴⁵fa³¹ʂɐr²²⁴tou²²⁴kei⁴⁵tɕiau⁴⁵⁻²¹³lian³³。"

后　来　实　在　没　法儿　　哳,　刨　　咾　几　根儿
xou³¹lai⁵³ʂʅ⁵³tsai³¹mei²²⁴fær²²⁴⁻³¹lian³³, pʰau⁵³⁻⁴⁵lau⁰ tɕi⁴⁵kɤr²²⁴

胡　萝卜　吃。　再　后　来　猪　　八　戒　碰　　上　白
xu⁵³⁻⁴⁵luo⁰pei⁰tʂʰʅ²²⁴。tsai³¹xou³¹lai⁵³tʂu²²⁴⁻³¹pa⁴⁵tɕie³¹pəŋ³¹⁻⁵³xaŋ⁰pai⁵³

骨　精　　哳。猪　　八　戒　上　去　就　问:"你　是　谁
ku⁴⁵tɕiŋ²²⁴⁻³¹lian³³。tʂu²²⁴⁻³¹pa⁴⁵tɕie³¹ʂaŋ³¹⁻⁵³tɕʰi⁰tsou³¹uən³¹ : "ni⁴⁵sʅ³¹sei⁵³⁻⁴⁵

唵?　顾　拥顾　拥地　方儿让　　俺　过　去　行
an⁰?　ku³¹⁻⁵³ yŋ⁰ku³¹⁻⁵³ yŋ⁰ti³¹⁻⁵³ fær⁰ zaŋ³¹⁻⁵³nan⁰kuo³¹⁻⁵³tɕʰi⁰ɕiŋ⁵³⁻⁴⁵

咾　不?　我　问　一　下儿,　哪儿　哈儿　咾　有　卖　吃　　的唵?"
lau⁰pu⁰?　uɤ³¹uən³¹⁻⁵³i⁰ɕiɻə³¹,nɻær⁴⁵xær³¹lau⁰iou⁴⁵mai³¹tʂʰʅ²²⁴⁻³¹ti⁰an⁰?"

白骨　精　说:"要　买　吃　的啊,得　跑　　咾那　远
pai⁵³ku⁴⁵tɕiŋ²²⁴ʂuo²²⁴ : "iau³¹mai⁴⁵tʂʰʅ²²⁴⁻³¹tia³¹, tei⁴⁵pʰau⁴⁵⁻²¹³lau³³na¹yan⁴⁵⁻²¹³

处儿　里去,　那地　方儿土　刚　多　　哳,　爆　　腾　得　没
tsʰuɻə³³li⁰tɕʰi³¹, na³¹ti³¹⁻⁵³fær⁰tʰu⁴⁵kaŋ⁵³tuo²²⁴⁻³¹lian⁰, pau³¹⁻⁵³tʰəŋ⁰ti⁰mei²²⁴

法儿。"
fær²²⁴。"

　　在　道儿　上　又　碰　　上　咾个　蝎　　虎　连　　子。
tai⁴⁵tɻaur³¹⁻⁵³xaŋ⁰iou³¹pʰəŋ³¹⁻⁵³xaŋ⁰lau⁰kɤ⁰ɕie²²⁴⁻³¹xu⁰lian⁵³⁻⁴⁵tsʅ⁰。

黑　咾　那地　方儿檐　蝙蝠儿还　刚　多　　哳。
xei²²⁴⁻³¹lau³³　na³¹ti³¹⁻⁵³fær⁰ian⁵³⁻⁴⁵pai⁰xur³¹xan⁵³kaŋ⁵³tuo²²⁴⁻³¹lian³³。

猪　　八　戒　走　　咾老　远,　碰　　上咾个　小　卖
tʂu²²⁴⁻³¹pa⁴⁵tɕie³¹tsou⁴⁵⁻²¹³lau³³lau⁴⁵yan⁴⁵, pʰəŋ³¹⁻⁵³xaŋ⁰lau⁰kɤ⁰ɕiau⁴⁵mai³¹

部,　买　　咾点儿　面　包　　么儿的,都　不　挡　呛。
pu³¹, mai⁴⁵⁻²¹³lau³³tiɻər⁴⁵mian³¹pau²²⁴mɚr⁵³ti⁰, tou²²⁴pu³¹taŋ⁴⁵tɕʰiaŋ³¹。

　　挡　不　是　走　　的工　　夫儿忒　长　　哳,他
taŋ⁵³pu⁰sʅ¹tsou⁴⁵⁻²¹³ti⁰kuŋ²²⁴⁻³¹fur³³tʰuei²²⁴tʂʰaŋ⁵³⁻⁴⁵lian⁰, tʰa⁴⁵

觉　着　他　裆　里　难　受,　备　不　住　是　痔　　疮
tɕiau²²⁴⁻³¹tʂau³³tʰa⁴⁵taŋ²²⁴⁻³¹li⁴⁵nan⁵³ʂou³¹, pei³¹⁻⁵³pu⁰tʂu³¹sʅ¹tsʅ³¹⁻⁵³tsʰuaŋ³¹

又　犯　　嗹。
iou³¹fan³¹⁻⁵³lian⁰。

　　回　来的时　候儿又　碰　　上白骨精　　嗹。
xuei⁵³⁻⁴⁵lai⁰ti⁰ sʅ⁵³⁻⁴⁵xour⁰iou³¹pʰən³¹⁻⁵³xaŋ⁰pai⁵³ku⁴⁵tɕiŋ²²⁴⁻³¹lian³³。
问　猪　　八戒："刚　回儿那个　白　脸儿　的和　　尚
uən³¹tʂu²²⁴⁻³¹pa⁴⁵tɕie³¹："kaŋ²²⁴xuɤ⁵³na³¹kɤ³¹pai⁵³liɻer⁴⁵⁻²¹³ti⁰xɤ⁵³⁻⁴⁵ʂaŋ⁰
是　恁么儿亲　　家俺？"猪　　八戒　说："是俺
sʅ³¹nei⁴⁵mɚ⁵³tɕʰin²²⁴⁻³¹tɕia³³an⁰？"tʂu²²⁴⁻³¹pa⁴⁵tɕie³¹ʂuo²²⁴："sʅ³¹nan⁴⁵
二叔。"
l̩³¹ʂou²²⁴。"

　　接　　着猪　八戒跟　白骨精　白　话
tɕie²²⁴⁻³¹tʂau³³tʂu²²⁴⁻³¹pa⁴⁵tɕie³¹kən³¹pai⁵³ku⁴⁵tɕiŋ²²⁴pai⁵³⁻⁴⁵xua³¹⁻⁵³
咾一　会儿。
lau⁰i²²⁴⁻³¹xuɚ⁴⁵。

　　一　会儿的工　　夫儿白骨精　就　显　原　形
i²²⁴⁻³¹xuɚ⁴⁵ti⁰kuŋ²²⁴⁻³¹fur³³pai⁵³ku⁴⁵tɕiŋ²²⁴tsou³¹ɕian⁴⁵yan⁵³ɕiŋ⁵³⁻⁴⁵
嗹，变　咾一个红　眼儿绿腔沟儿　的毛　猴儿。
lian⁰, pian³¹⁻⁵³lau⁰i⁴⁵kɤ³¹xuŋ⁵³iɻer⁴⁵ly³¹tiŋ³¹kour²²⁴⁻³¹ti⁰mau⁵³xour⁵³。
孙　悟空杀　咾杀腰　带,一棍　子就弄
sun²²⁴⁻³¹u⁴⁵kʰuŋ²²⁴sa²²⁴⁻³¹lau³³sa²²⁴iau²²⁴tai³¹, i⁴⁵kuən³¹⁻⁵³tsʅ⁰tsou³¹nəŋ⁵³
白骨精　给　棒　死嗹。　完事儿用胰子洗
pai⁵³ku⁴⁵tɕiŋ²²⁴kei⁴⁵paŋ²²⁴⁻³¹sʅ⁴⁵lian⁰。uan⁵³sɻə³¹yŋ³¹i⁵³⁻⁴⁵tsʅ⁰ɕi⁴⁵⁻²¹³
咾洗手。孙　悟空　随　走　随骂："妈拉个
lau³³ɕi⁴⁵ʂou²²⁴。sun²²⁴⁻³¹u⁴⁵kʰuŋ²²⁴suei⁴⁵tsou⁴⁵suei⁴⁵ma³¹："ma⁵³la⁰kɤ⁰
巴　子的! 张　　罗　子百　式儿　的! 败贱　玩
pa²²⁴tsʅ⁰ti⁰! tʂaŋ²²⁴⁻³¹luo⁵³⁻⁴⁵tsʅ⁰pai²²⁴ʂɚ³¹⁻⁵³ti⁰! pai³¹tɕian³¹uan⁵³⁻⁴⁵
意儿!"
iɚ⁰!"

# 第五节　本地风土人情

武邑过年的风俗

年　前儿　预　备　过　年　　的东　　西儿。
nian⁵³tɕʰiɻər⁵³y³¹⁻⁵³pei³¹kuo³¹nian⁵³⁻⁴⁵tiᵒtuŋ²²⁴⁻³¹ɕiɻə³³。

在　吃　上，买　肉　奄、菜　　奄、还有　走
tai⁴⁵tʂʰɻ²²⁴⁻³¹xaŋ³³, mai⁴⁵zou³¹⁻⁵³an⁰、tsʰai³¹⁻⁵³an⁰、xan⁵³iou⁴⁵tsou⁴⁵

亲　　的东　西儿。头　年儿　里推　　碾　子，推
tɕʰin²²⁴⁻³¹tiᵒtuŋ²²⁴⁻³¹ɕiɻə³³。tʰou⁵³niɻər⁵³⁻⁴⁵liᵒtʰuei²²⁴⁻³¹nian⁴⁵⁻²¹³tsɻ⁰, tʰuei²²⁴

磨，推　出　过　年　的糁　子、面　子、面
mɤ³¹, tʰuei²²⁴⁻³¹tʂʰu³³kuo³¹nian⁵³⁻⁴⁵tiᵒsən²²⁴⁻³¹tsɻ⁰、mian³¹⁻⁵³tsɻ⁰、mian³¹

么儿的。
mer⁵³tiᵒ。

待　穿　　　上，　买过　年　　的衣　裳。男　　的
tai⁴⁵tsʰuan²²⁴⁻³¹xaŋ³³, mai⁴⁵kuo³¹nian⁵³⁻⁴⁵tiᵒi²²⁴⁻³¹ʂaŋ³³。nan⁵³⁻⁴⁵tiᵒ

推　头，　女　的铰头　　发。老俗　话儿“正
tʰuei²²⁴tʰou⁵³, ny⁴⁵⁻²¹³tiᵒtɕiau⁴⁵tʰou⁵³⁻⁴⁵fa³¹。lau⁴⁵ɕy⁵³⁻⁴⁵xuær⁰ "tʂən²²⁴⁻³¹

月里推头　死舅”，　头　年儿　　里必须　理发。
ye³³liᵒtʰuei²²⁴tʰou⁵³sɻ⁴⁵tɕiou⁵³", tʰou⁵³niɻər⁵³⁻⁴⁵liᵒpi³¹ɕy⁴⁵li⁴⁵fa²²⁴

待　用　上，买过年　　的炮　　仗、小　鞭儿、
tai⁴⁵yŋ³¹⁻⁵³xaŋ⁰, mai⁴⁵kuo³¹nian⁵³⁻⁴⁵tiᵒpʰau³¹⁻⁵³ʂaŋ⁰、ɕiau⁴⁵piɻər²²⁴、

花儿　么儿的。头　年儿　里，闺　妮、闺　妮　女
xuær²²⁴mer⁵³tiᵒ。tʰou⁵³niɻər⁵³⁻⁴⁵liᵒ, kuei²²⁴⁻³¹ni³³、kuei²²⁴⁻³¹ni³³ny⁴⁵⁻²¹³ɕy³³

婿上　娘　家去一　趟，给老人儿买　点儿吃
ʂaŋ³¹nian⁵³⁻⁴⁵tɕiaᵒtɕʰi³¹⁻⁵³i³¹tʰaŋ³¹, kei⁴⁵lau⁴⁵zə⁵³mai⁴⁵tiɻər⁴⁵tʂʰɻ²²⁴⁻³¹

的、用　的。
tiᵒ、yŋ³¹⁻⁵³tiᵒ。

接　着　蒸　干　粮，有　蒸　馒　头　的，
tɕie²²⁴⁻³¹tʂau³³tʂəŋ²²⁴kan²²⁴⁻³¹liaŋ³³，iou⁴⁵tʂəŋ²²⁴man⁵³⁻⁴⁵tʰou⁰tiˀ⁰，

有　蒸　包　　子的，有　蒸　　花　卷ㄦ的，有　蒸
iou⁴⁵tʂəŋ²²⁴pau²²⁴⁻³¹tʂʅ⁰ tiˀ⁰，iou⁴⁵tʂəŋ²²⁴xua²²⁴⁻³¹tɕyɻɚ⁴⁵tiˀ⁰，iou⁴⁵tʂəŋ²²⁴

丝　糕　的，有　蒸　黏　窝　窝的，有　蒸　窝　窝
sʅ²²⁴⁻³¹kau³³tiˀ⁰，iou⁴⁵tʂəŋ²²⁴nian⁵³uɤ²²⁴⁻³¹uɤ³³tiˀ⁰，iou⁴⁵tʂəŋ²²⁴uɤ²²⁴⁻³¹uɤ³³

的，有　蒸　假　肉　的。那工　　夫ㄦ蒸　　卷
tiˀ⁰，iou⁴⁵tʂəŋ²²⁴tɕia⁴⁵zou³¹⁻⁵³tiˀ⁰。na³¹kuŋ²²⁴⁻³¹fuɚ³³tʂəŋ²²⁴⁻³¹tɕyan⁴⁵⁻²¹³

子、蒸　花　　卷ㄦ、蒸　假　　肉　么ㄦ的少，待个
tʂʅ⁰、tʂəŋ²²⁴xua²²⁴⁻³¹tɕɻɚ⁴⁵、tʂəŋ²²⁴tɕia⁴⁵zou³¹mɚr⁵³tiˀ⁰ʂau⁴⁵，tai³¹kɤ³¹

客　　俺么ㄦ的俺，才　舍　　得用麦　　子面　蒸。
tɕʰie²²⁴⁻³¹an³³mɚr⁵³tiˀan⁰，tsʰai⁵³ʂɤ⁴⁵⁻²¹³tiˀ⁰yŋ³¹mai³¹⁻⁵³tsʅ⁰mian³¹tʂəŋ²²⁴。

那工　　夫ㄦ预备　的年　货ㄦ多，得吃　得过
na³¹kuŋ²²⁴⁻³¹fuɚ³³y³¹⁻⁵³pei³¹tiˀ⁰nian⁵³xuɤ³¹tuo²²⁴，tei²²⁴tʂʅʰ²²⁴⁻³¹tiˀ⁰kuo³¹⁻⁵³

咾十　五。这嗻不弄　那么　多　　嗻，过　咾
lau⁰sʅ⁵³⁻⁴⁵u⁰。tʂɤ³¹tsan³³pu⁴⁵nəŋ³¹na³¹mɤ⁰tuo²²⁴⁻³¹liaŋ³³，kuo³¹⁻⁵³lau⁰

年ㄦ初　　几就　又做新　　的嗻。
niɻɚr⁵³tsʰu²²⁴⁻³¹tɕi⁴⁵tsou³¹iou³¹tsou³¹ɕin²²⁴⁻³¹tiˀ⁰liaŋ⁰。

　年　三　十ㄦ黑　咾上供，放炮　仗。上
nian⁵³san²²⁴ʂɚ⁵³xei²²⁴⁻³¹lau³³ʂaŋ³¹kuŋ³¹，faŋ³¹pʰau³¹⁻⁵³ʂaŋ⁰。ʂaŋ³¹

完　供吃饺　子。炮　仗一放放一宿。
uan⁵³⁻⁴⁵kuŋ³¹tʂʅʰ²²⁴tɕiau²²⁴⁻³¹tsʅ⁰。pʰau³¹⁻⁵³ʂaŋ⁰i⁴⁵faŋ³¹faŋ⁵³iˀ³¹ɕiou²²⁴。

初　一早起起五更，　上　供，吃饺　　子，
tsʰu²²⁴i²²⁴tsau⁴⁵tɕʰi⁴⁵tɕʰi⁴⁵u⁴⁵⁻²¹³tɕiŋ³³，ʂaŋ³¹kuŋ³¹，tʂʅʰ²²⁴tɕiau²²⁴⁻³¹tsʅ⁰，

上　坟。上　完　坟回　　来村ㄦ　里人ㄦ互相
ʂaŋ³¹fən⁵³。ʂaŋ³¹uan⁵³⁻⁴⁵fən⁵³xuei⁵³⁻⁴⁵lai⁵³tsʰuɻɚ²²⁴⁻³¹li³³zɚ⁵³xu³¹ɕiaŋ⁴⁵

问　好ㄦ拜年。初　一过　晌　火，走亲
uən³¹xaur⁴⁵pai³¹nian⁵³。tsʰu²²⁴i²²⁴kuo³¹ʂaŋ⁴⁵⁻²¹³xuo³³，tsou⁴⁵tɕʰin²²⁴⁻³¹

去。　一般　着　紧　的亲　家　头　晌　去，不
tɕʰi³³。 i⁴⁵pan²²⁴tʂau⁵³tɕin⁴⁵⁻²¹³ti⁰tɕʰin²²⁴⁻³¹tɕia³³tʰou⁵³ʂaŋ⁴⁵⁻²¹³tɕʰi³¹，pu²²⁴
着　紧　的亲　家　过　晌　去。
tʂau⁵³tɕin⁴⁵⁻²¹³ti⁰tɕʰin²²⁴⁻³¹tɕia³³kuo³¹ʂaŋ⁴⁵⁻²¹³tɕʰi³¹。

　　初　二上　姥　娘　门儿　上　走亲　拜　年
tsʰu²²⁴ɭ̩³¹ʂaŋ³¹lau⁴⁵⁻²¹³niaŋ³³mə⁰⁵³⁻⁴⁵xaŋ⁰tsou⁴⁵tɕʰin²²⁴pai³¹nian⁵³⁻⁴⁵
去。吃　咾晌　火饭上　舅　舅家　一个
tɕʰi⁰。 tʂʰɻ̩²²⁴⁻³¹lau³³ʂaŋ⁴⁵⁻²¹³xuo³³fan³¹ʂaŋ³¹tɕiou³¹⁻⁵³tɕiou⁰tɕia²²⁴i⁴⁵kɤ³¹
院儿　里拜　年　去。初　三　给　姑　唵、姨的拜
yɻer³¹⁻⁵³li⁰pai³¹nian⁵³⁻⁴⁵tɕʰi⁰。 tsʰu²²⁴san²²⁴kei⁴⁵ku²²⁴⁻³¹an³³、i⁵³⁻⁴⁵ti⁰pai³¹
年　去。初　四、初　六闺　女、女　婿给
nian⁵³⁻⁴⁵tɕʰi⁰。 tsʰu²²⁴sɻ̩³¹、tsʰu²²⁴liou³¹kuei²²⁴⁻³¹ni³³、ny⁴⁵⁻²¹³ɕy³³kei⁴⁵
老丈　人、丈　母娘拜　年　去。初　五
lau⁴⁵tʂaŋ³¹⁻⁵³zən⁰、tʂaŋ³¹⁻⁵³mu⁰niaŋ⁵³pai³¹nian⁵³⁻⁴⁵tɕʰi⁰。 tsʰu²²⁴⁻³¹u⁴⁵
吃　饺　子，俗称　　　"破　五儿"。
tʂʰɻ̩²²⁴tɕiau²²⁴⁻³¹tsɻ̩⁰，su⁵³tʂʰəŋ²²⁴ "pʰɤ³¹ ur⁴⁵"。

　　正　月十　五吃饺　子，十六爐肉菜。
tʂəŋ²²⁴⁻³¹ye³³ʂɻ̩⁵³⁻⁴⁵u⁰tʂʰɻ̩²²⁴tɕiau²²⁴⁻³¹tsɻ̩⁰，ʂɻ̩⁵³liou³¹nau²²⁴zou³¹tsʰai³¹。
十六黑　咾夜静　咾，静　静□儿□儿的看
ʂɻ̩⁵³liou³¹xei²²⁴⁻³¹lau³³ie³¹tɕiŋ³¹⁻⁵³lau⁰，tɕiŋ³¹⁻⁵³tɕiŋ⁰per³¹per⁵³⁻⁴⁵ti⁰kʰan³¹
年景。弄桌　子一个角儿　上　摆　上
nian⁵³tɕiŋ⁰。 nəŋ³¹⁻⁵³tsuo²²⁴⁻³¹tsɻ̩⁰i⁴⁵kɤ³¹tɕiɻaur²²⁴⁻³¹xaŋ³³pai⁴⁵⁻²¹³xaŋ³³
一碗水，用手稍微一拨　拉，问来年
i³¹uan⁴⁵suei⁴⁵，yŋ³¹ʂou⁴⁵sau²²⁴uei²²⁴ i⁴⁵pɤ²²⁴⁻³¹la³³，uən³¹lai⁵³nian⁵³⁻⁴⁵
的收　成。　要是好年　头儿，碗就　转
ti⁰ʂou²²⁴⁻³¹tʂʰəŋ³³。 iau³¹sɻ̩³¹ xau⁴⁵nian⁵³tʰɻour⁵³，uan⁴⁵tsou³¹tsuan³¹⁻⁵³
悠，要是年　头儿不济，碗就　不转　悠。
iou⁰，iau³¹sɻ̩³¹ nian⁵³ tʰɻour⁵³pu²²⁴tɕi³¹，uan⁴⁵tsou³¹pu⁴⁵tsuan³¹⁻⁵³iou⁰。

或　者　请　桃　花　女儿。找　　俩　十五六　没
xuo⁵³tʂɤ⁴⁵tɕʰiŋ⁴⁵tʰau⁵³⁻⁴⁵xua⁰ nyɻɚ⁴⁵。tsau⁴⁵⁻²¹³lia³³ʂʅ⁵³u⁴⁵liou³¹mei²²⁴

结　婚　的小　妮儿，两　根儿　秫　秸。　小　妮
tɕie²²⁴xuən²²⁴⁻³¹ti⁰ɕiau⁴⁵niɻɚ²²⁴, liaŋ⁴⁵kɚ²²⁴ʂu⁵³⁻⁴⁵tɕie⁰。ɕiau⁴⁵niɻɚ²²⁴

脑　袋上　带　上花儿，　秫　秸上绑　　上花儿。
nau⁴⁵⁻²¹³tai³³xaŋ⁰tai³¹⁻⁵³xaŋ⁰xuær²²⁴, ʂu⁵³⁻⁴⁵tɕie⁰xaŋ⁰paŋ⁴⁵⁻²¹³xaŋ³³xuær²²⁴。

一人儿一手　里拿　着一根儿秫　秸的一头儿。　要　是
i⁴⁵zɚr⁵³⁻⁴⁵ʂou⁴⁵⁻²¹³li⁴⁵na⁵³⁻⁴⁵tʂau⁰i⁴⁵kɚ²²⁴ʂu⁵³⁻⁴⁵tɕie⁰ti⁰i⁴⁵tʰɻour⁵³。iau³¹ʂʅ³¹

好　年　头儿，　秫　秸就胀　饱儿，要是年　头儿
xau⁴⁵nian⁵³tʰɻour⁵³, ʂu⁵³⁻⁴⁵tɕie⁰tsou³¹tʂaŋ³¹⁻⁵³paur⁰, iau³¹ʂʅ³¹nian⁵³tʰɻour⁵³

不　好，　秫　秸就　缩。　正　　月二　十　五打囤。
pu³¹xau⁴⁵, ʂu⁵³⁻⁴⁵tɕie⁰tsou³¹suo²²⁴。tʂəŋ²²⁴⁻³¹ye³³ʅ³¹⁻⁵³ʂʅ⁵u⁴⁵ta⁴⁵tuən³¹。

待　当　院　　里打几　啊粮　食囤。　二　月二，龙
tai⁴⁵taŋ²²⁴yan³¹⁻⁵³li⁰ ta⁴⁵tɕi⁴⁵⁻²¹³a³³liaŋ⁵³⁻⁴⁵ʂʅ⁰tuən³¹。ʅ³¹⁻⁵³ye³³ʅ³¹, luŋ⁵³

抬　头。　早　□　起　来，先　么儿也别　干。　弄
tʰai⁵³tʰou⁵³。tsau⁴⁵⁻²¹³ ɕin²²⁴tɕʰi⁴⁵⁻²¹³lai³³, ɕian²²⁴mɚr⁵³ie⁴⁵pie⁴⁵kan³¹。nəŋ⁵³

着　火　镰　棍儿敲　梁　头，一边儿敲　　一边儿
tʂau⁰xuo⁴⁵⁻²¹³lian³³kuɚ³¹tɕʰiau²²⁴liaŋ⁵³tʰou⁵³, i⁴⁵pɚr²²⁴tɕʰiau²²⁴ i⁴⁵pɚr²²⁴

叨　叨："金　子、银　子往　家　流。"　叨　　叨
tau²²⁴⁻³¹tau³³:"tɕin²²⁴⁻³¹tsʅ⁰、in⁵³⁻⁴⁵tsʅ⁰uaŋ⁴⁵tɕia²²⁴liou⁵³。" tau²²⁴⁻³¹tau³³

三　遍儿。
san²²⁴piɻɚ³¹。

　　接　着敲　炕　沿，也是一边儿敲　一边儿
tɕie²²⁴⁻³¹tʂau³³tɕʰiau²²⁴kʰaŋ³¹ian³¹, ie⁴⁵ʂʅ³¹i⁴⁵pɚr²²⁴tɕʰiau²²⁴i⁴⁵pɚr²²⁴

叨　叨："蝎　子、蚰　蜒不见　面。"　也是叨
tau²²⁴⁻³¹tau³³:"ɕie²²⁴⁻³¹tsʅ⁰、liou³¹⁻⁵³ian⁰pu⁰⁴⁵tɕian³¹mian³¹。" ie⁴⁵ʂʅ³¹tau²²⁴⁻³¹

叨　三　遍儿。　完　咾开　始包　饺　子。过
tau³³san²²⁴piɻɚ³¹。uan⁵³⁻⁴⁵lau⁰kʰai²²⁴⁻³¹ʂʅ⁴⁵pau²²⁴tɕiau²²⁴⁻³¹tsʅ⁰。kuo³¹⁻⁵³

唡　二　月二，年　就　过　完　　嗹。
lau⁰ l̩³¹⁻⁵³ye³³l̩³¹, nian⁵³tsou³¹kuo³¹uan⁵³⁻⁴⁵lian⁰。

## 武邑丧葬风俗

　人　断　　唡气儿后，找　好　主丧　的，吹
zən⁵³tuan³¹⁻⁵³lau⁰tɕʰiɻə³¹xou³¹, tsau⁴⁵xau⁴⁵tʂu⁴⁵saŋ²²⁴⁻³¹ti⁰, tsʰuei²²⁴⁻³¹

打的。主　丧　的一般　　的都　是　院儿里人儿。主
ta³³ti⁰。tʂu⁴⁵saŋ²²⁴⁻³¹ti⁰i⁴⁵pan²²⁴⁻³¹ti⁰tou²²⁴s̩³¹yɻer³¹⁻⁵³li⁰zər⁵³。tʂu⁴⁵

丧　的派　院儿　里人儿给亲　　家们　报　丧
saŋ²²⁴⁻³¹ti⁰pʰai³¹yɻer³¹⁻⁵³li⁰ zər⁵³kei⁴⁵tɕʰin²²⁴⁻³¹tɕia³³mən⁰pau³¹saŋ²²⁴⁻³¹

去。　人死　唡断　　唡气儿以后，抬　唡床
tɕʰi⁰。zən⁵³s̩⁴⁵⁻²¹³lau³³tuan³¹⁻⁵³lau⁰tɕʰiɻə³¹ i⁴⁵xou³¹, tʰai⁵³⁻⁴⁵lau⁰tsʰuan⁵³⁻⁴⁵

上去。脑　　瓜儿冲　西，底　下铺　　上褥子，
xaŋ⁰tɕʰi⁰。nau⁴⁵⁻²¹³kuær²²⁴tsʰuŋ³¹ɕi²²⁴, ti⁴⁵⁻²¹³xa³³pʰu²²⁴⁻³¹xaŋ³¹y³¹⁻⁵³ts̩⁰

身　上盖　上蒙　子。脑　袋头　里摆
ʂən²²⁴⁻³¹xaŋ³³kai³¹⁻⁵³xaŋ⁰mən⁵³⁻⁴⁵ts̩⁰。nau⁴⁵⁻²¹³tai³³tʰou⁵³⁻⁴⁵li⁰pai⁴⁵⁻²¹³

上供桌　子。死人脑　袋头　里放　一个
xaŋ³³kuŋ³¹tsuo²⁴⁻³¹ts̩⁰。s̩⁴⁵zən⁵³nau⁴⁵⁻²¹³tai³³tʰou⁵³⁻⁴⁵li⁰faŋ³¹⁻⁵³i³¹kɤ³¹

影　身草儿，　脚　头　里放　一个影　身
iŋ⁴⁵⁻²¹³ʂən³³tsʰɻaur⁴⁵, tɕiau²²⁴⁻³¹tʰou⁵³⁻⁴⁵li⁰faŋ³¹⁻⁵³i³¹kɤ³¹iŋ⁴⁵⁻²¹³ʂən³³

草儿。死　唡人后，先　送　死人，再　报
tsʰɻaur⁴⁵。s̩⁴⁵⁻²¹³lau³³zən⁵³xou³¹, ɕian²²⁴suŋ³¹s̩⁴⁵zən⁵³, tsai³¹pau³¹

庙儿，　再烧　纸儿，一连　气儿　送三　趟儿，叫
miɻaur³¹, tsai³¹ʂau²²⁴⁻³¹tsɻə⁴⁵, i⁴⁵ lian⁵³tɕʰiɻə³¹suŋ³¹san²²⁴tʰɻær³¹, tɕiau³¹

紧　三　趟儿。
tɕin⁴⁵san²²⁴tʰɻær³¹。

　完　唡，买纸　扎儿，花　圈，　小　轿儿，
uan⁵³⁻⁴⁵lau⁰, mai⁴⁵ts̩⁵³tsɻær³¹, xua²²⁴tɕʰyan²²⁴, ɕiau⁴⁵tɕiɻaur³¹,

车　　马　楼　子么儿的。紧接　着拽白单
tʂʰɤ²²⁴⁻³¹ma⁴⁵lou⁵³⁻⁴⁵tsʅmɚr⁵³ti⁰。tɕin⁴⁵tɕie²²⁴⁻³¹tʂau³³tsuai³¹pai⁵³tan²²⁴

裤　子，女　的还给勒头布子，男　的
kʰu³¹⁻⁵³tsʅ⁰，ny⁴⁵⁻²¹³ti⁰xan⁵³kei⁴⁵luei²²⁴⁻³¹tʰou³³pu³¹⁻⁵³tsʅ⁰，nan⁵³⁻⁴⁵ti⁰

还给相帽　子。闺　女、媳　妇儿、侄女儿、外
xan⁵³kei⁴⁵ɕiaŋ³¹mau³¹⁻⁵³tsʅ⁰。kuei²²⁴⁻³¹ni⁴⁵、ɕi⁴⁵⁻²¹³fə³³、tʂʅ⁵³⁻⁴⁵nyʈʂɚ⁰、uai³¹⁻⁵³

甥闺　女、孙　女儿么儿的还给白单裤　子
səŋ⁰kuei²²⁴⁻³¹ni⁴⁵、suən²²⁴⁻³¹nyʈʂɚ⁴⁵mɚr⁵³ti⁰xan⁵³kei⁴⁵pai⁵³tan²²⁴kʰu³¹⁻⁵³tsʅ⁰

□勒头布子。小　子、侄儿、外甥儿、孙
xuan³¹luei²²⁴⁻³¹tʰou³³pu³¹⁻⁵³tsʅ⁰。ɕiau⁴⁵⁻²¹³tsʅ⁰、tʂɚ⁵³、uai³¹⁻⁵³sʈʂɚr⁰、suən²²⁴⁻³¹

子儿么儿的还给白单裤　子□相帽　子，远
tsʈʂɚ⁰mɚr⁵³ti⁰xan⁵³kei⁴⁵pai⁵³tan²²⁴kʰu³¹⁻⁵³tsʅ⁰xuan³¹ɕiaŋ³¹mau⁵³tsʅ⁰，yan⁴⁵

点儿的亲　家光给勒头布子□相帽　子
tiʈʂer⁴⁵⁻²¹³ti⁰tɕʰin²²⁴⁻³¹tɕia³³kuaŋ²²⁴kei⁴⁵luei²²⁴⁻³¹tʰou³³pu³¹⁻⁵³tsʅ⁰xuaŋ³¹ɕiaŋ³¹mau³¹⁻⁵³tsʅ⁰。

同辈儿的亲　家像兄弟
tʰuŋ⁵³pɚ³¹⁻⁵³ti⁰tɕʰin²²⁴⁻³¹tɕia³³ɕiaŋ³¹ɕyŋ⁴⁵⁻²¹³ti³³

姊妹们来哭哭就行　嗹，么儿也不给。
tsʅ⁴⁵⁻²¹³mən³³mən⁰lai⁰kʰu⁰kʰu⁰tsou³¹ɕin⁵³⁻⁴⁵lian⁰，mɚr⁵³ie⁴⁵pu³¹kei⁴⁵。

　　第二天起，一天烧　三　遍纸儿。早起、
ti³¹ɭ³¹tʰian²²⁴tɕʰi⁴⁵，i⁴⁵tʰian²²⁴ʂau⁰san²²⁴pian³¹tsʈʂɚ⁴⁵。tsau⁴⁵tɕʰi⁴⁵、

晌火、黑　咾各一遍儿。接　着送盘
ʂaŋ⁴⁵⁻²¹³xuo³³、xei²²⁴⁻³¹lau³³kɤ⁴⁵i⁴⁵piʈʂer³¹。tɕie²²⁴⁻³¹tʂau⁰suŋ³¹pʰan⁵³⁻⁴⁵

缠。亲　家流人　们来烧　纸儿，闺
tʂʰan⁰。tɕʰin²²⁴⁻³¹tɕia³³liou⁵³zən⁵³⁻⁴⁵mən⁰lai⁰ʂau²²⁴⁻³¹tsʈʂɚ⁴⁵，kuei²²⁴⁻³¹

女摆供。小　子背　着门幡儿放咾供
ni³³pai⁴⁵kuŋ³¹。ɕiau⁴⁵⁻²¹³tsʅ⁰pei³¹⁻⁵³tʂau⁰mən⁵³⁻⁴⁵fɚr⁰faŋ³¹⁻⁵³lau⁰kuŋ³¹

桌　子间。亲　家流人　们冲　着
tsuo²²⁴⁻³¹tsʅ⁰tɕian⁰。tɕʰin²²⁴⁻³¹tɕia³³liou⁵³zən⁵³⁻⁴⁵mən⁰tsʰuŋ³¹⁻⁵³tʂau⁰

门　幡儿磕　头，　磕　完头　烧　门　幡儿。入殓，
mən⁵³⁻⁴⁵fɚ⁰kʰɤ²²⁴tʰou⁵³, kʰɤ²²⁴uan⁵³tʰou⁵³ʂau²²⁴mən⁵³⁻⁴⁵fɚ⁰。y³¹lian³¹,
往棺　材　里撒　上　钱儿，往　里装　死人，封
uaŋ⁴⁵kuan²²⁴⁻³¹tsʰai³³li⁰sa⁴⁵⁻²¹³xaŋ³³tɕirɚ⁵³, uaŋ⁴⁵li⁴⁵tsuaŋ²²⁴sʅ⁴⁵zən⁵³, fəŋ²²⁴
棺。　头　起　灵前，　小　子打　的幡儿一　直待
kuan²²⁴。tʰou⁵³tɕʰi⁴⁵liŋ⁵³tɕʰian⁵³, ɕiau⁴⁵⁻²¹³tsʅ⁰ta⁴⁵⁻²¹³ti⁰fɚ²²⁴⁴⁵tsʅ⁵³tai⁴⁵
棺　材　脑　袋头　里放　着。辞灵儿，亲
kuan²²⁴⁻³¹tsʰai³³nau⁴⁵⁻²¹³tai³³tʰou⁵³⁻⁴⁵li⁰faŋ³¹⁻⁵³tʂau⁰。tsʰʅ⁵³lirɚ⁵³, tɕʰin²²⁴⁻³¹
家　流　人　们　送　烧　纸，闺　女摆供。出
tɕia³³liou⁵³zən⁵³⁻⁴⁵mən⁰suŋ³¹sau²²⁴⁻³¹tsʅ⁴⁵, kuei²²⁴⁻³¹ni³³pai⁴⁵kuŋ³¹。tʂʰu²²⁴
殡，乜　一天　头　晌　火刨　坟。刨　坟前
pin³¹, nie³¹⁴⁵itʰian²²⁴tʰou⁵³ʂaŋ⁴⁵⁻²¹³xuo³³pʰau⁵³fən⁵³。pʰau⁵³fən⁵³tɕʰian⁵³
放炮　仗。要　是死　的是头　一个老人儿，还
faŋ³¹pʰau³¹⁻⁵³ʂaŋ⁰。iau³¹sʅ³¹sʅ⁴⁵⁻²¹³ti⁰sʅ³¹tʰou⁵³⁻⁴⁵i³¹kɤ³¹lau⁴⁵zɚ⁵³, xan⁵³
得先　扑　坟。就　是小　子抱　着白公
tei⁴⁵ɕian²²⁴pʰu²²⁴fən⁵³。tsou³¹sʅ³¹ɕiau⁴⁵⁻²¹³tsʅ⁰pau³¹⁻⁵³tʂau⁰pai⁵³kuŋ²²⁴⁻³¹
鸡，把鸡冠　子弄破唠，血　最　先　滴
tɕi³³, pa³¹tɕi²²⁴kuan²²⁴⁻³¹tsʅ⁰nuŋ³¹pʰɤ³¹⁻⁵³lau⁰, ɕie²²⁴tsuei³¹ɕian²²⁴ti²²⁴⁻³¹
到　哪　里就　待哪　里剜第一铁　锨。过晌
tau³³na⁴⁵⁻²¹³li³³tsou³¹tai⁴⁵na⁴⁵⁻²¹³li³³uan²²⁴ti³¹i³¹tʰie²²⁴⁻¹ɕie³³。kuo³¹ʂaŋ⁴⁵⁻²¹³
火　出殡　的时　候儿，小　子多　的,大小
xuo³³tʂʰu²²⁴pin³¹⁻⁵³ti⁰sʅ⁵³⁻⁴⁵xour³¹, ɕiau⁴⁵⁻²¹³tsʅ⁰tuo²²⁴⁻³¹ti⁰, ta³¹ɕiau⁴⁵⁻²¹³
子打　幡儿，二小　子抱　罐儿。小　子少　的，
tsʅ⁰ta⁴⁵fɚ²²⁴, l̩³¹ɕiau⁴⁵⁻²¹³tsʅ⁰pau³¹kuɚ³¹。ɕiau⁴⁵⁻²¹³tsʅ⁰sau⁴⁵⁻²¹³ ti⁰,
小　子打幡儿，儿媳　妇儿抱　罐儿。没小　子
ɕiau⁴⁵⁻²¹³tsʅ⁰ta⁴⁵fɚ²²⁴, l̩⁵³ɕi⁴⁵⁻²¹³fur³³pau³¹kuɚ³¹。mei²²⁴ɕiau⁴⁵⁻²¹³tsʅ⁰
的就　侄儿来。这嚓没　小　子的就闺　女
ti⁰tsou³¹tʂɚ⁵³lai⁵³。tʂɤ⁴⁵tsan⁰mei²²⁴ɕiau⁴⁵⁻²¹³tsʅ⁰ti⁰tsou³¹kuei²²⁴⁻³¹ni⁴⁵

来。埋棺　材　之前，　小　　子打　的幡儿
lai⁵³。mai⁵³kuan²²⁴⁻³¹tsʰai³³tʂʅ⁴⁵tɕʰian⁵³，ɕiau⁴⁵⁻²¹³tsʅ⁰ta⁴⁵⁻²¹³ti⁰fɚr²²⁴

插　咾　坟旁边儿。　埋棺　　材　的时　候儿，
tsʰa²²⁴⁻³¹lau³³fən⁵³paŋ⁵³piɻr²²⁴。mai⁵³kuan²²⁴⁻³¹tsʰai³³ti⁰sʅ⁵³⁻⁴⁵xour³¹，

亲　家　流人　们　围着　坟坑　子往
tɕin²²³⁻³¹tɕia³³liou⁵³ʐən⁵³⁻⁴⁵mən⁰uei⁵³⁻⁴⁵tʂau⁰fən⁵³⁻⁴⁵kʰəŋ²²⁴⁻³¹tsʅ⁰uaŋ⁴⁵

棺　材　上撒土，一共围　着坟坑　子
kuan²²⁴⁻³¹tsʰai³³xaŋ³¹sa⁴⁵tʰu⁴⁵，i⁴⁵kuŋ³¹uei⁵³⁻⁴⁵tʂau⁰fən⁵³⁻⁴⁵kʰəŋ²²⁴⁻³¹tsʅ⁰

转　三　圈儿，　又叫　圆坟。
tsuan³¹san²²⁴tɕʰyɻə²²⁴，iou³¹tɕiau³¹yan⁵³fən⁵³。

　　埋　咾死人后烧脑　袋头　里那个
mai⁵³⁻⁴⁵lau⁰sʅ⁰ʐən⁵³xou⁵³ʂau²²⁴nau⁴⁵⁻²¹³tai³³tʰou⁵³⁻⁴⁵li⁰na³¹kɤ³¹

影身草儿，烧花圈、　纸扎儿、车马楼
iŋ⁴⁵⁻²¹³ʂən³³tsʰaur⁴⁵，ʂau²²⁴xua²²⁴tɕʰyan²²⁴、tsʅ⁵³tsɻær⁴⁵、tʂʰɤ²²⁴⁻³¹ma⁴⁵lou⁵³⁻⁴⁵

子么儿的。出　殡这一天　埋　的坟头儿没那
tsʅ⁰mɚr⁵³ti⁰。tʂʰu²²⁴pin³¹tʂɤ³¹i⁴⁵tʰian²²⁴mai⁵³⁻⁴⁵ti⁰fən⁵³tʰɻour⁵³mei²²⁴na³¹

么高。
mɤ⁰kau²²⁴。

　　出　咾殡乜一天　黑　咾，拿着点儿
tʂʰu²²⁴⁻³¹lau³³pin³¹nie³¹i⁴⁵tʰian²²⁴xei²²⁴⁻³¹lau³³，na⁵³⁻⁴⁵tʂau⁰tiɻr⁴⁵

烧纸，弄着死人的衣裳裹着脚
ʂau²²⁴⁻³¹tsʅ⁴⁵，nəŋ³¹⁻⁵³tʂau⁰sʅ⁰ʐən⁵³⁻⁴⁵ti⁰i²²⁴⁻³¹ʂaŋ³³kuo⁴⁵⁻²¹³tʂau⁰tɕiau²²⁴⁻³¹

头里那个影身草儿送咾十字道儿上，
tʰou³³li⁰na³¹kɤ³¹iŋ⁴⁵⁻²¹³ʂən³³tsʰaur⁴⁵suŋ³¹⁻⁵³lau⁰sʅ⁵³⁻⁴⁵tsʅ³¹tɻaur³¹⁻⁵³xaŋ⁰

弄影身草儿□烧　纸烧　咾，送的
nəŋ⁵³iŋ⁴⁵⁻²¹³ʂən³³tsʰaur⁴⁵xuaŋ³¹ʂau²²⁴⁻³¹tsʅ⁴⁵ʂau²²⁴⁻³¹lau³³，suŋ³¹⁻⁵³ti⁰

时　候儿不能说话儿，往回走　的时候儿
sʅ⁵³⁻⁴⁵xour⁰pu⁴⁵nəŋ⁵³ʂuo²²⁴xuær³¹，uaŋ⁴⁵xuei⁵³tsou⁴⁵⁻²¹³ti⁰sʅ⁵³⁻⁴⁵xour⁰

别　回　　头儿。

pie⁵³xuei⁵³tʰɻour⁵³。

　　回　　来　后　弄　死　人　那　衣　裳　扔　　唠　房

xuei⁵³⁻⁴⁵lai⁰xou³¹nəŋ⁵³sʅ⁴⁵zən⁵³na³¹i²²⁴⁻³¹ʂaŋ³³zən⁴⁵⁻²¹³lau³³faŋ⁵³⁻⁴⁵

上　去。

xaŋ⁰tɕʰi⁰。

　　出　　唠殡第二天　复三。　亲　　家　流

tʂʰu²²⁴⁻³¹lau³³pin³¹ti³¹ʅ³¹tʰian²²⁴fu²²⁴san²²⁴。tɕʰin²²⁴⁻³¹tɕia³³liou⁵³

人　们　都　来，　上　坟、烧　　纸儿、供　香　去，

zən⁵³⁻⁴⁵mən⁰tou²²⁴lai⁵³，ʂaŋ³¹fən⁵³ʂau²²⁴⁻³¹tsɻ̍⁴⁵kuŋ³¹⁻⁵³ɕiaŋ⁰tɕʰi⁰，

把　打　的那　幡儿也烧　　唠。

pa³¹ta⁴⁵⁻²¹³ti⁰na³¹fɚr²²⁴ie⁴⁵ʂau²²⁴⁻³¹lau³³。

　　死　唠人　三　年　内　不　能　给　坟　添　　土。

sʅ⁴⁵⁻²¹³lau³³zən⁵³san²²⁴nian⁵³nei³¹pu⁴⁵nəŋ⁵³kei⁴⁵fən⁵³tʰian²²⁴⁻³¹tʰu⁴⁵。

复完　三，　再　给　坟　添　些　　家　土，让　坟

fu²²⁴uan⁵³san²²⁴，tsai³¹kei⁴⁵fən⁵³tʰian²²⁴ɕie⁴⁵⁻²¹³tɕia³³tʰu⁴⁵，zaŋ³¹fən⁵³

头　子尽　可　能　的　高　点儿。死　唠满　一个

tʰou⁵³⁻⁴⁵tsʅ⁰tɕin³¹kʰɤ⁴⁵nəŋ⁵³⁻⁴⁵ti⁰kau²²⁴ tiɻər⁴⁵。sʅ⁴⁵⁻²¹³lau³³man⁴⁵i⁴⁵kɤ³¹

月，亲　　家　流人　们　都　来，上　坟、烧　　纸儿、

ye³¹，tɕʰin²²⁴⁻³¹tɕia³³liou⁵³zən⁵³⁻⁴⁵mən⁰tou²²⁴lai⁵³，ʂaŋ³¹fən⁵³ʂau²²⁴⁻³¹tsɻ̍⁴⁵

供　香　去。死　唠满　俩月，个人　的小　　子、

kuŋ³¹⁻⁵³ɕiaŋ⁰tɕʰi⁰。sʅ⁴⁵⁻²¹³lau³³man⁴⁵lia⁴⁵ye³¹，kɤ⁴⁵zən⁰tiɕiau⁴⁵⁻²¹³tsʅ

闺　女、儿媳　妇儿么儿的上　坟、烧　　纸儿、供　香　去。

kuei²²⁴⁻³¹ni³³、ʅ⁵³ɕi⁴⁵⁻²¹³fur³³mɚr⁵³ti⁰ʂaŋ³¹fən⁵³⁻⁴⁵ʂau²²⁴⁻³¹tsɻ̍⁴⁵kuŋ³¹⁻⁵³ɕiaŋ⁰tɕʰi⁰。

　　死　唠人　满　一百　天，　亲　　家　流人

sʅ⁴⁵⁻²¹³lau³³zən⁵³man⁴⁵i⁴⁵pai²²⁴tʰian²²⁴，tɕʰin²²⁴⁻³¹tɕia³³liou⁵³zən⁵³⁻⁴⁵

们　都　来，上　坟、烧　　纸儿、供　香　去。

mən⁰tou²²⁴lai⁵³，ʂaŋ³¹fən⁵³ʂau²²⁴⁻³¹tsɻ̍⁴⁵kuŋ³¹⁻⁵³ɕiaŋ⁰tɕʰi⁰。

# 参考文献

白鸽《冀州方言的领属范畴》,《语言研究集刊》第 10 辑,上海辞书出版社 2013 年

陈淑静《平谷方言研究》,河北大学出版社 1998 年

曹牧春《河北威县方言的 D 变韵》,《语言学论丛》第 36 辑,商务印书馆 2007 年

陈玉洁《汉语指示词的类型学研究》,中国社会科学出版社 2010 年

方梅《指示词"这"和"那"在北京话中的语法化》,《中国语文》2002 年第 4 期

河北北京师范学院、中国科学院河北省分院语文研究所《河北方言概况》,河北人民出版社 1961 年

贺巍《获嘉方言韵母变化的功用举例》,《中国语文》1965 年第 4 期

贺巍《获嘉方言研究》,商务印书馆 1989 年

河北省昌黎县县志编委会、中国社会科学院语言研究所《昌黎方言志》,上海教育出版社 1984 年

河北省志地方志编纂委员会《河北省志·方言志》,方志出版社 2006 年

黄伯荣《汉语方言语法类编》,青岛出版社 1996 年

柯理思《北方官话里表示可能的动词词尾"了"》,《中国语文》1995 年第 4 期

柯理思《从河北冀州方言对现代汉语 [V 在 + 处所词 ] 格式的再探讨》,《汉语方言语法研究与探索》,黑龙江人民出版社 2003 年

柯理思、刘淑学《河北省冀州方言"拿不了走"一类的格式》,《中国语文》2001 年第 5 期

李行健《河北方言词汇编》,商务印书馆 1995 年

刘淑学《中古入声字在河北方言中的读音研究》,河北大学出版社 2000 年

刘淑学《论古知庄章三组声母在冀州方言中的音变层次》,《语言科学》2005 年第 2 期

刘丹青《语法调查研究手册》,上海教育出版社 2008 年

吕叔湘《现代汉语八百词》(增订本),商务印书馆 2010 年

吕叔湘著,江蓝生补《近代汉语指代词》,商务印书馆 2017 年

沈明《山西岚县方言》,中国社会科学出版社 2014 年

武邑县地方志编纂委员会编,李根旺主编《武邑县志》,方志出版社 1996 年

中国社会科学院语言研究所、中国社会科学院民族学与人类学研究所香港城市大学语言资讯科学研究中心《中国语言地图集(第 2 版)》,商务印书馆 2012 年

张晓静《河北武邑方言语法研究》,福建师范大学博士学位论文 2014 年

张晓静《河北武邑方言复数标记"们"》,《中国语文》2015 年第 2 期

张晓静《武邑方言的 D 变韵》,《国际公关》2019 年第 7 期

张晓静《河北武邑方言"家"的用法》,《方言》2020 年第 1 期

# 后　记

　　时光匆匆，一晃两年时间过去了。两年之前，我受河北师范大学教授桑宇红老师邀请参加编写《河北方言研究丛书》的工作。受邀之时，我诚惶诚恐，当时我才怀上宝宝两个多月，孕期反应很厉害，害怕耽误团队的进程。想到硕士、博士阶段对武邑方言的语音、语法已经大致摸了一遍，犹豫再三，还是接下了这个任务。桑老师对我也颇多照顾，允许我最后一批完成任务。

　　《衡水武邑县方言研究》编写期间，我得到了很多人的帮助。首先要感谢的是我亲爱的公公婆婆。公公帮忙照顾宝宝。婆婆帮我操起了家务。同时，两人还充当发音人的角色。没有他们的鼎力相助，书稿无论如何是完不成的。

　　其次，还要感谢其他发音人的热心相助。虽然给他们的报酬不多，但他们责任心很强，认为自己既然接下了这个活儿，就不能耽误别人的事，本来两天才能完成的工作，他们加班加点一天或一天半就完成了。很多时候路途遥远，来往不便，便直接吃住在发音人家里。这也为我节省了很多时间和金钱。

　　还要特别感谢我的导师陈泽平先生。毕业离开先生至今五年有余。无论生活、工作，还是学业上遇到困难，向先生求助时，先生总是热心相助，提出中肯的建议。尤其在学业上，对我的指导一如既往。先生之恩，没齿难忘！

　　最后，还要感谢中华书局的秦淑华老师及工作人员，书中舛误错漏之处颇多，感谢各位为书稿出版付出的心血。

　　由于个人才疏学浅，书中难免有不妥之处，还望方家指正。

张晓静

2019 年 12 月 20 日于临汾

# 作者简介

　　张晓静,河北省武邑县人。山西师范大学文学院副教授、硕士生导师。主要研究方向为汉语方言学,曾在《中国语文》《方言》等期刊上发表过文章。现主持国家社科基金青年项目1项。